世界史座標下的中國

從50個課題切入
看懂歷史發展的脈絡與邏輯

張宏杰——著

世界史座標下的中國（二版）：從50個課題切入，看懂歷史發展的脈絡與邏輯

作　　者　張宏杰
責任編輯　夏于翔
協力編輯　王彥萍
校　　對　魏秋綢
內頁構成　李秀菊
封面美術　兒日

發 行 人　蘇拾平
總 編 輯　蘇拾平
副總編輯　王辰元
資深主編　夏于翔
主　　編　李明瑾
業　　務　王綬晨、邱紹溢、劉文雅
行銷企劃　廖倚萱
出　　版　日出出版
　　　　　地址：231030新北市新店區北新路三段207-3號5樓
　　　　　電話：02-8913-1005　傳真：02-8913-1056
　　　　　網址：www.sunrisepress.com.tw
　　　　　E-mail信箱：sunrisepress@andbooks.com.tw

發　　行　大雁文化事業股份有限公司
　　　　　地址：231030新北市新店區北新路三段207-3號5樓
　　　　　電話：02-8913-1005　傳真：02-8913-1056
　　　　　讀者服務信箱：andbooks@andbooks.com.tw
　　　　　劃撥帳號：19983379　戶名：大雁文化事業股份有限公司

印　　刷　中原造像股份有限公司
二版一刷　2023年10月
定　　價　650元
I S B N　978-626-7382-05-9

原書名：《簡讀中國史：世界座標下的中國》

本書圖片為作者提供

國家圖書館出版品預行編目（CIP）資料

世界史座標下的中國：從50個課題切入，看懂歷史發展的脈絡與邏輯／張宏杰著. -- 二版. -- 臺北市：日出出版：大雁文化發行, 2023.10
456面；17×23公分
ISBN 978-626-7382-05-9（平裝）
1.中國史　2.世界史
610　　112016467

圖書許可發行核准字號：文化部部版臺陸字第109002號
出版說明：本書由簡體版圖書《簡讀中國史：世界座標下的中國》以正體字在臺灣重製發行。

周雖舊邦，其命維新。——《詩經・大雅・文王》

自序　為什麼寫《世界史座標下的中國》

〈一〉

歷史是一門非常重要的學科。

有多重要？

歷史就是一個國家的記憶。

我們都知道，記性不好的人，今天的事明天就忘，做事顛三倒四，他的人生顯然會受到很大影響。同樣，一個國家，一個民族，如果不善於梳理分析自己的歷史，他在現實當中就會總犯錯誤，甚至會總在同一個地方跌倒。

因此有一句話，「讀史使人明智」。

但是，「讀史使人明智」這句話並不是說一個人只要多讀幾本史書，就會明智起來，沒那麼簡單。讀史關鍵在於方法，要善於總結和分析。記住一堆年號並不能使人明智。

然而，分析歷史的規律是件很難的事情，面臨著很多困難。

第一個是歷史資料方面的困難。

有些國家歷史分析的困難在於歷史太短，資料太少，沒什麼可歸納總結的。而中國歷史分析的困難在於太長，資料太多，總結不易。

確實，中國是世界上最重視歷史的國家，從商代開始我們就有史官了，因此，中國是世界上歷史資料最多的國家，可謂浩如煙海，汗牛充棟。別的不說，整套《二十四史》就有四千多萬字，讀起來非常困難。

所以如果你遇到一個人說他通讀過二十四史，你最好別信。

為什麼呢，因為二十四史是古文，裡面有今天讀者不熟悉的大量生僻字，不知道的人名、地名，不熟悉的典章制度，讀起來很費力。因此，假設你一天讀三千字原文，不論過年過節、颳風下雨，一天也不間斷，那麼讀一遍二十四史，要花多長時間？我算了一下，大約是三十六年。因此，除了少數的專業史學家（例如張舜徽[1]），極少有人能真正通讀二十四史。

那麼除了二十四史，我們還有《資治通鑑》、《史通》、《通典》……都是大部頭的。如果你都想通讀一遍，再去歸納總結，一輩子也讀不完。

所以這是第一個困難，資料方面的困難。

第二個困難，是總結和梳理的困難。

你掌握了史料，讀了大量的史書，也不見得能從歷史當中獲得益處，相反，還可能被歷史欺騙了。

1　張舜徽（1911至1992）曾任中國華中師範大學歷史系教授。他說：「年齡稍大，又發願通讀《二十四史》，不畏艱難，不避寒暑，堅持不懈地認真去讀。從《史記》到《隋書》，都用硃筆圈點，讀得很仔細；從新舊《唐書》到《明史》，也點閱了一遍。整整花了十年時間，終於讀完了這部三千二百五十九卷的大書。」（《自強不息，壯心未已——略談我在長期治學過程中的幾點體會》）

為什麼呢？因為同樣的一段歷史，不同的人可能會歸納總結出完全不同的規律。

歷史是一個民族的記憶，然而，並不是記性好的人就能生活得很好，因為記憶力和邏輯思維能力並不是同義詞。

很多人記性很好，但是思考的邏輯性很差。例如我的一位舅媽，她的記憶力不錯，說起多年前的什麼事來都講得連枝帶葉，非常生動。但是每次生病她都不去醫院，而是去找村裡的算命先生。她堅持認為人會生病都是因為「衝撞」了什麼「不潔的魂靈」所致，按照算命先生的指示，朝某個方向燒紙錢就能夠治好。曾經有兩次巧合，燒完紙錢後不久，她的病還真好了，她的那套理論因此更加強化，還嘲笑我關於病毒和細菌的說法是異端邪說。直到五十多歲時因為急性腎炎拖延治療而去世前，她都認為我是讀書把腦子讀壞了。

一個國家也是這樣。

中國擁有最龐大的史料庫，然而並不見得因此就能產生最偉大的歷史學。事實上，在漫長的中國古代史中，歷史學家們基本上是按照「善惡忠奸」這個簡單的思路，對複雜的歷史記憶進行整合。幾千年來，中國的讀書人總是認為，中國之所以沒有治理好，就是因為人心不古，不肯好好聽孔子的話。如果大家都老老實實貫徹孔孟之說，那麼堯舜之治很快會再現。而普通老百姓聽了歷代的評書、演義，得出的結論更是簡單：一切成功都是因為皇上聽了忠臣的話，一切失敗都是因為皇上聽了奸臣的話。所以只要「親賢臣、遠小人」，天下自然太平。這種歷史總結能力，是中國從秦朝到清朝，一直在「鬼打牆」式的治亂循環中繞圈子的原因之一。

所以，讀史需要悟性。「讀史使人明智」這句話並不絕對正確。學歷史不見得都能獲得智慧，有的時候獲得的是更深的愚昧。

一般來說，我們普通讀者的頭腦中，其實充斥著大量不準確甚至是錯誤的歷史常識，例如：

「歐洲中世紀是一個黑暗時代。」
「羅馬帝國的皇帝和中國古代的皇帝一樣也是世襲的。」
「漢武帝獨尊儒術，尊的是孔子、孟子的學說。」
「以推翻王朝為目的的農民起義是全世界歷史共有的現象。」
「中國歷史上腐敗很嚴重，是因為皇帝們不能下狠心反貪腐。」
「歷史是直線發展的，越到後面肯定越進步。」
……
這些都是不準確甚至是錯誤的常識。

基於讀史的困難，我決定寫一本簡單明瞭的《世界史座標下的中國》。它的作用，是幫助一般讀者在世界史的背景下，迅速了解中國歷史的大脈絡，在比較短的時間內建立起對中國史的一個整體概念。

〈二〉

有人問，為什麼不寫一部《中國通史》？

第一個原因，是通史的體例不利於讀者簡明地了解中國歷史大脈絡。通史字數往往比較多，例如著名的白壽彝的《中國通史》，共十二卷二十二冊，約一千四百萬字。另外一個，通史的寫法通常比較刻板，首先是按照朝代的順序，一朝一朝地講下去。其次是每一朝分成政治、經濟、科技、文化等各個方面，一塊一塊地像疊豆腐一樣地疊上去。往往看到後面，就把前面的忘掉了。特別是現有的通史，很多都有同一個問題，那就是重史實而輕史識，只注意羅列知識重點，並沒有把這些重點背後的邏輯打通，也就是說，沒有下功夫梳理歷史背後的規律。

因此我要做的，是打破朝代的順序，提煉中國歷史的大脈絡。跳出具體朝代、具體人物、具體事件，聚焦歷史背後大的規律。

所以，這本書不會津津樂道於歷史上一個又一個的權謀故事，一次又一次的君臣爭鬥過程，還有一個又一個王朝的興起和崩潰，因為這些過程雖然每次都花樣翻新，但本質上無非都是一些規律性的重複。我要向大家介紹的，是這些過程背後的遊戲規則，以及這些規則是怎麼形成的。

所以打個比方，通史像是一個人的年譜，每一年都要寫。而我的「簡讀」，更像是對這個人的一些評論或者考察結果，只談幾個重點，但是希望能談深、談透。

〈三〉

第二個原因是，通史很難進行中外比較，或者說難以在世界史的背景下分析中國史。

有的時候，歷史需要「長時間、遠距離、寬視野」地去看，才能發現一些整體性的規律。例如只有升上太空，你才會看清楚地球是圓的。或者說，只有跳出廬山之外，你才能發現廬山的真面目。

「不讀中國史，不知中國之偉大；不讀世界史，不知中國之特質[2]。」不讀世界史，你無法準確地判斷中國文明在世界上的位置，以及自身的獨特之處。

所以這本書要做的，是把中國史放到世界史的背景下去觀察。

一般來講，中國人寫中國史，會有一個問題，那就是局限於中國本身，並不去注意影響中國發展的世界因素。然而事實上，在中國史的發展進程中，世界因素在很多時候發揮了關鍵作用。例如兩河流域文明的一些要素，對中國早期王朝的出現和發展有重要的刺激作用。當然，這些外來因素並沒有削弱，反而強化了中國的文化個性。

所以這本書還有一個重點，是分析中國與世界的相同與差異。事實上，中國歷史有很多與歐洲歷史相似的階段。例如周代封建制下的貴族社會，與西方的「封建時代」（也就是中世紀），有著非常相似的貴族精神和遊戲規則。中國的秦漢帝國，更是與歐洲的羅馬帝國有著許多驚人的相似之處。漢帝國滅亡後的「蠻族入侵」（或者說「五胡亂華」），並不是中國獨有的現象，而是當時一個世界性的現象，羅馬帝國也是在同一波「蠻族入侵」中滅亡的。中國史與其他國家的歷史也有「神同步」的階段，例如晚清中國面對外來侵略的反應，與東南亞的鄰國緬甸幾乎一模一樣[3]。

當然，中國史與其他國家的歷史更多的是本質上的不同。例如羅馬帝國雖稱帝國，卻不是一家一姓的天下，也沒有做到書同文、車同軌。正是因為這種不同的歷史本質，導致秦漢帝國和羅馬帝國分別滅亡後，中國和歐洲各自走上不同的發展路徑。

因此我會在這本書中對照比較在地理因素影響下的先秦和希臘文明、秦漢帝國和羅馬帝國、清代中國與工業革命前後英國的財政能力，對比中國、日本和緬甸在西方殖民主義入侵時的反應，這樣才能凸顯出中國歷史的獨特規律。

---

2 借用並改寫中國西南聯大皮名舉教授的話。原話是「不讀中國史，不知中國之偉大；不讀世界史，不知中國之落後」。

3 同樣是因為面子外交、禮儀之爭（中國是叩頭問題，緬甸是鞋子問題），而導致國勢進一步淪亡。詳見本書第46、47章內容。

一千個人眼中有一千個哈姆雷特，每個人讀史也都會歸納總結出不同的經驗和教訓。這本書的性質是普及讀物，並非對歷史知識的均衡敘述。更重要的是，我自始至終是個「歷史愛好者」，而非「歷史學家」。因此我這本書是典型的一家之言，肯定有很多偏頗之處。但如果這本小書能刺激你更主動、更積極地思考歷史，或者說，你能把這本書當成是我手繪的中國歷史導覽圖，拿著它去漫遊，探索更深入、更廣闊的歷史，那麼我的目的就達到了。

目錄

第六篇　歐洲與中國的交錯

第一篇

中國文明的起源

第一章

中國歷史的幾條大脈絡

我在自序中提到，這本書的目的是呈現中國歷史的一些大脈絡。那麼，中國歷史到底有哪些大的脈絡呢？

在第一章中，我先以簡要的目錄式為大家介紹一下。

第一條脈絡是，中華文明是世界上唯一未曾中斷的文明。這是現今讓我們能非常自豪說起的一點。

確實，這是中華文明非常重要的一個特點。今天的中國人使用的是商朝時就已經使用的文字，從字體上，已經由甲骨文演變成了楷書。我們現在讀中國三千年前的詩歌（《詩經》中一些周代早期作品），會發現仍然是押韻的。今天中國人祭祀祖先的方式與商周時期大同小異。事實上，如果一個漢朝人在今天醒來，他會發現，這個民族的心理和處世習慣，與漢朝其實相去不遠。也就是說，幾千年來，中國文明整體上是獨立發展的，一直有著自己鮮明的個性。

對比世界史，這一點就看得更清楚。人類歷史上的其他古文明，今天都已經「滅絕」了。今日的埃及人除了利用金字塔發展旅遊觀光，他們的文化和古埃及文明幾乎沒什麼關係，因為在歷史上，他們先後被希臘人、波斯人、羅馬人、阿拉伯人征服，埃及的語言、文化甚至種族都發生了根本變化。兩河流域的所有古代文明，例如蘇美文明，更是這樣。事實上，生活在這片土地上的阿拉伯人原本不知道蘇美文明的存在，直到近代以來充滿好奇的西方外交官在這裡挖掘出幾千年前的神廟遺址，人類才知道這片土地上以前居然有過這樣一段輝煌的歷史。羅馬帝國滅亡後，蠻族大量湧入，社會面貌徹底改變，拉丁語由活的語言變成了死的語言，再也沒能恢復。比較一圈下來，只有中國，文化幾千年一以貫之。如果把文化多樣性比作生物多樣性的話，中國文化就是一隻從遠古一直倖存到現在的「古生物」。

因此法國神父、知名漢學家杜赫德（Jean Baptiste du Halde）在《中華帝國全志》中用驚訝的口吻說：「……四千多年間，它（中國）自己的君主統治著自己的國民，從未間斷。其居民的服裝、道德、風俗與習慣始終不變，毫不偏離其古代立法者們創立的智慧制度。」這在世界各國中絕對是獨一無二的。

從這一點我們能得到的啟示是，中國文化的慣性是極其強大的，遠比世界上其他國家還要強大。因此「太陽底下無新事」這句話套用在中國身上特別合適。我們今天所觀察到的一切現象，在歷史上幾乎都可以找到先例。也正因如此，我們可以預測，中國歷史上的許多現象，在以後還會重演。這也是我們要學習歷史、研究歷史的重要原因。

為什麼中華文明有這樣強的延續性呢？一個主要的原因是地理特點。

世界上其他幾大古文明，中東兩河流域文明、古埃及文明、古希臘文明和古羅馬文明，它們之間相互影響和交流很多。為什麼呢？看地圖就會明白，它們中間有一個地中海，如同內湖一樣，讓它們連接在一起。

在世界古文明中，只有中國與其他文明的隔絕程度是最高的。中國的西南面和西面，是一系列世界上最高的山脈；東面，是浩瀚的太平洋；北面和西北面，是沙漠和大草原。而中國人還嫌這種隔絕程度不夠，後來在北邊又築起了一道萬里長城，以加強與外部世界的隔絕程度。這種隔絕是很有效的，所以玄奘要去一次印度，得走上十來年；甘英出使羅馬帝國，也是無功而返。

這種地理上的隔絕有兩個影響。

第一個影響是，中國文明在幾大古代文明中，並不是最早發展起來的。

在世界歷史上，中國文明並不是最古老的。

世界上最古老的文明是出現在兩河流域的美索不達米亞文明，時間是西元前三五〇〇年前後。文明在美索不達米亞平原生根後，開始陸續向歐亞大陸的其他方向傳播：埃及文明起於約西元前三〇〇〇年，印度河流域文明起於約西元前二五〇〇年，它們都鮮明地受到美索不達米亞文明的影響。中國黃河流域的文明，二里頭文明起源於約西元前一七五〇年[1]。由於中國地理上的隔絕性，中國文化基本上可以認為是獨立起源的，因為中東一些文明要素，例如青銅、戰車、牛和羊，傳到中國時，中國文化的一些基本特點已經形成。「造成中國文化有別於世界其他地區的原因，的確與中國地理環境有莫大的關係。……因為中國與印度河流域、美索不達米亞的其他早期文明中心距離很遠，很難到達，它們之間的聯繫也很少[2]。」

但是中國地理還有一個特點，那就是黃河中下游非常適合農業文明的發展。

人類四大古文明都興起於大河流域，這說明灌溉農業對文明的形成具有重要意義。而黃河流域在四個大河流域中是條件最好的，因為黃土的結構疏鬆，天然適於農耕，人們僅僅利用原始的石刀、木犁，就可以開闢大面積耕地。

因此，中國的黃河中下游地區，是一個非常適合文明發展的「子宮」。所以中華文明有後發的優勢，一度比其他文明發展得快，很早就到達成熟狀態。

---

1 但西方學術界往往把中國文明的起始定於商代，也就是更晚。因為國際學術界判斷文明產生所慣用的三大指標是城市、青銅器和文字，安陽殷墟是上述三大指標性要素都齊備的最早文化遺址，這在中國境內具有唯一性。

2 劉莉、陳星燦：《中國考古學：舊石器時代晚期到早期青銅時代》，生活·讀書·新知三聯書店，2017年，第413頁。

這造就了中國的第二條發展脈絡：中華文明是一個非常早熟的文明。農業文明在黃河中下游出現後，發展得非常快。在高度發達的農業文明基礎上，中國的政治文明也迅速發展，中國是世界上最早大規模實行分封制的國家，中國建立層層分封的「封建制度」，不但時間上比歐洲早了一兩千年，而且在形式上也比歐洲更整飭有序。中國的青銅文明雖然後起，但是遠比其他地區的青銅文明輝煌，這個從博物館中的展示可以一目了然：湖北省博物館中的曾侯乙墓青銅文物，其精緻和繁複程度，是其他地區的青銅器物無法望其項背的。

在春秋戰國時代，中國出現了諸子百家，這早早地奠定了中國文化的基本格局。及至秦朝，中國又率先在人類史上創立最大的郡縣制君主專制國家，建立了當時國家對人民最嚴格、最精密的控制。因此，中國歷史的一大特點是，社會很早就出現「現代化」的面貌。美國知名中國問題專家李侃如說：「發端於秦朝的官僚制度，經歷幾個世紀，呈現出近代西方官僚制度的特點：界定清晰的職位，基於功績的任命，明確的報酬結構，職能的專業化，高度發達的正式溝通體系，關於權力行使的適當路線之詳細規章，定期的報告職責，正式的監察組織，等等。」

北京大學中文系教授李零說，秦代政治的那套「理性設計」，包括「郡縣制」、法典化控制以及文官制度等，「若以西洋史的眼光看，都是非常『現代』的創設」，遠比世界其他地方「先進」，西方要在一千多年後才出現這些東西。幾乎決定中國文化特點的一切因素，從文化特性到政治體制，在兩千年前就已經完全成熟了。美國史丹佛大學政治學教授法蘭西斯・福山（Francis Fukuyama）也認為，中國出現「現代國家」要比其他地區早得多：「中國是創造現代國家的第一個世界文明」。

但是，在秦始皇統一中國後，中國演變的步伐突然慢了下來。自秦朝到晚清，中國思想文化基本上都是沿襲闡釋先秦諸子，原創性的新成就不多。中國的政治制度也是歷代沿襲秦制，沒有本質性的變化。因此在歷史上，就呈現出「治亂興衰的不斷循環」。

中國文明的早熟是因為得天獨厚的地理環境，中國文明後來的穩定，也是由於地理環境的優越。在文明基本成熟之後，半封閉的地理環境以及周邊民族文化上的普遍落後，使中國早期文明遇到的挑戰很小，從而使它喪失了「探索農業文明以外的其他文明形式」的動力，也喪失自我劇烈變革的壓力[3]。

中國歷史發展的第三條脈絡，是兩頭變化劇烈，中間不斷循環。

我們說中國文化是連續的、沒有中斷的，但並不是說沒有過變化。

中國歷史上有兩次重大突變：周秦之變和捲入全球化之變。

周秦之變，說白了就是秦始皇統一中國。這個變化是中國古代歷史上最根本的一次變化。

在周秦之變前，中國社會是「封建」社會。我們需要先清楚的是，「封建」這兩個字，用來指秦始皇之後的中國歷史是不合適的，封建就是封邦建國，指的是政治制度中的分封制，這是周代的事。在周代封建制度下，人們生活在一個又一個小的自治社會中，用老子的話說，是一個個「小國寡民」，老死不相往來。這個時代和後來歐洲中世紀的貴族時代很相似，大家都生活在一個個分散的莊園之中，處於半自治狀態，橫向聯繫不多，縱向也沒有一個能「一竿子插到底」的政治權力。

3　對這種早熟和不變，有兩種評價。歌德說：「在審美標準上，當歐洲人還在叢林中奔跑時，中國人已有優美的傳奇故事了。」這句話演變到今天，就變成了我們常說的「我們中國人已經進入文明社會的時候，你們歐洲人還生活在樹上呢」。但是也有一些西方學者認為，中國是一個「活化石」型的社會，甚至語出驚人地說這是「一種毫無意義的存在」，「它之所以能活著只是因為它已經僵化了」。（阿諾爾得・約瑟・湯恩比 Arnold Joseph Toynbee《歷史研究》）當然，這種說法是典型的「西方中心主義」。

而秦始皇統一中國後，中國進入帝制時代。社會運轉規律完全改變。小自治體被打散，統一成一個大共同體，政治權力縱向一竿子插到社會最底層，國家直接控制每一個人，汲取能力空前提升，因此也形成一系列非常獨特的中國特色。秦到清這個時期的中國，很多特徵是人類其他政治體絕無僅有的。

因此所謂周秦之變，在中國史和世界史上，都是劃時代的大事。

第二個變化，是捲入全球化。這個變化也就是李鴻章所謂的「三千餘年一大變局」，或者是歷史教科書所說的「西方列強用堅船利炮打開中國的大門」，這一變局讓中國不可回頭地捲入全球經濟新秩序中，整個社會的運轉規律又再一次發生質變。

在周秦之變和全球化之變當中的兩千多年，則是我們都熟知的王朝興替時期。也就是說，一個王朝建立一二百年後，就會「官逼民反」，出現農民起義，不久被另一個新興王朝取代，如此循環不已。

這種現象大家都習以為常，但是可能很多讀者不知道的是，這種頻繁的改朝換代、易姓更王，並不是世界歷史的常態。世界上絕大多數國家並不是這樣的。日本天皇萬世一系，英國「威廉征服」以後直到今天，血統上也是一直延續的。事實上，世界上只有中國和受中國文化影響極深的越南和朝鮮，出現過週期性的「農民起義」導致改朝換代的現象。在中國範圍之內，也只有漢文化地區才有此類現象，西藏地區和大部分土司統治地區，都沒有週期性的所謂「農民起義」或者「農奴起義」現象。何以如此？最基本的原因是在郡縣制度下，政府的汲取能力空前提升，而這種汲取能力缺乏有效的制約，通常很快就會超過社會的承受能力，導致社會的瓦解。當然，這個機制的具體過程，我以後還會細講。

我要介紹的第四條大脈絡，是在一頭一尾兩次巨變中，中國政治和社會一方面不停地循環，另一方面卻朝著一個固定的方向演進。

從表面上看，從秦到清中間這兩千多年陷入一種簡單的循環中，不只是王朝更替的循環，其他方面也有很多循環。例如在皇帝與丞相的關係上，表現為皇帝對丞相的防範，用自己身邊的臨時祕書班底取代丞相或者正式的政府機構。結果這個小班底又演變為正式的政府機構，皇帝又建立新的小班底取代這個正式的班底。這就是中國歷史上丞相的名目不停變化的原因，從丞相變為尚書省，再變成同中書門下平章事，再變成內閣大學士，再變成軍機大臣。在地方與中央的關係上，朝廷總信不過地方官，派出臨時官員前去巡察。結果這些巡察的官員慢慢又變成固定的地方官，下一個朝代又要制定新的臨時巡察制度，如此循環不已，兩千多年一直在不停地玩這種遊戲。

當然，這個循環中也有進步。這兩千多年並不是如西方學者所說，是一個完全僵化、停滯的時代。在這兩千多年間，貫穿著一條主線，那就是政治技術的不斷演進。例如，雖然皇帝和丞相的關係總是在不停地變動循環中，但是總體的趨勢是皇權越來越重，相權越來越輕，直至皇權可以完全取代相權。這一變化，又影響到中國社會各方面的發展。

我要介紹的中國歷史第五條大脈絡，是邊疆與中央的關係問題。

中國歷史上幾乎所有的新興政權，都是來自邊疆地區。對夏人來說，商人是邊緣民族，是東夷。對商人來說，周人也是邊緣民族，是西夷。一些歷史學研究認為，周人的先祖很可能是北方的狄人，例如歷史學家徐中舒先生認為，周人出自北狄中的白狄。而在中原的諸侯國看來，秦人也是西邊的蠻夷之國，受草原文化影響極深，「不與中國諸侯之會盟，夷翟遇之」，待之以夷狄。然而正是這個邊緣、被視為蠻夷的國家，最終一統天下。

這種邊緣與中央的關係，到漢代以後，還產生一個固定的模式，那就是幾乎都是來自東北的少數民族占據半壁江山，或者一統天下。占據半壁江山的是鮮卑的北魏、契丹的遼朝和女真的金朝，一統天下的是蒙古的元朝和滿洲的清朝，他們都曾長期生活在東北地區。這些民族有很多相似性，例如鮮卑、契丹、女真和滿洲人都剃去前額和頭頂的頭髮，鮮卑有「八柱國」，契丹有「八部」，滿洲有「八旗」。隋唐兩朝也是受少數民族文化影響極深的王朝，因為他們的開國之君身上不但有著至少一半以上的鮮卑血統，而且在文化上也嚴重地「鮮卑化」[4]，這些也鮮明的表現在隋唐前期的政治中。

因此，邊緣民族入主中原，不是一時一世的特例，而是中國歷史的規律性現象。這一規律性現象背後有著深刻的原因。

以上就是我這本書的大脈絡。接下來，我們將按照這些脈絡分章進行講解。

4 他們的父祖都是鮮卑王朝的武將，甚至是柱國，在文化和生活方式上受鮮卑的影響非常深。

第二章

夏朝為什麼出現在河南

〈一〉

在我上學的時候，歷史課本是這樣開頭的：

中國人，自古以來生活在這片廣袤的土地上。上百萬年前，中國大地上生活著許多原始人類，例如雲南元謀人、陝西藍田人和北京猿人。今天的中國人是從這些古人類進化來的。

這聽起來非常合理。中國人自古生活在中國，原湯化原食，聽起來很自然。然而，今天的分子人類學研究得出了不同的結論。

復旦大學有一個「現代人類學研究中心」，他們做了一項研究，一共採集了一萬兩千多名中國人的Y染色體進行分析。他們發現，中國人和世界上所有其他的人類一樣，是六萬多年前從非洲遷徙來的[1]。也就是說，六萬多年前，生活在東非（大約在今天的伊索比亞一帶）的一些現代人，也叫「智人」，開始向外遷移。其中一部分智人在大約三萬年前，抵達今天中國的疆域之內。

有人問，那麼雲南元謀人、陝西藍田人和北京猿人到哪去了呢？很不幸，早就滅絕了，他們的基因對今天的中國人沒有影響[2]。

分子人類學的研究建立在大量的科學數據基礎上，所以在世界上被比較廣泛地接受，成為主流觀點。但是在中國，存在兩種看法。第一種是接受分子人類學的研究成果，第二種則仍然堅持原來的獨立起源說，認為中國人和世界上其他人類不一樣，是獨立起源的[3]。

〈二〉

分子人類學的研究認為，智人最早是從雲南和珠江流域進入中國的，來到中國後，又很快向北遷徙，迅速遍布中國全境。進入新石器時代後，中國土地上出現了許多個文明中心，對考古學比較感興趣的讀者肯定都知道北方的紅山文化、中原的仰韶文化、東方的龍山文化、南方的良渚文化、西南地區的三星堆文化。

當然，這些文化中心彼此相距都比較遠，它們如同一顆顆星星，在當時文明還是一片黑暗的中國土地上，一點點地亮起來，所以，考古學中稱這個時代為「滿天星斗」。

這些文化中心有的在遼河流域，有的在陝西，有的在長江下游，那個時候草萊未闢，交通非常不方便，甚至可以說沒有交通，因此有學者說它們「從起源到興盛均是各自獨立

---

1 李輝、金力：《Y染色體與東亞族群演化》，上海科學技術出版社，2015。金力說：「在做2001年的那篇論文時，我心想我是中國人，祖先是從非洲來的？我非要找出一個人，不是非洲人的後代。做了覆蓋整個東亞、東南亞、西伯利亞……的12000人、163個群體以後，我都傻眼了。我都不信這個結果。我對學生說，你把資料拿來看一下，看上去比較模糊的，你給我重新做一遍。又有400多個樣本重做了，結果，還是這樣子，那我沒辦法，我只能說，大概就是這樣是對的。」

2 智人在遷移的路上，與尼安德塔人可能出現過偶然的雜交，以至今天人類體內有少量的尼安德塔人基因。

3 中國科學院古脊椎動物與古人類研究所研究員劉武表示，中國進行基因研究的學者大多持「單起源說」，而搞考古的大多持「多起源說」。（劉錚：〈「北京人」是我們的祖先嗎？〉，《新京報》）

發展起來的」。我們從出土文物中可以看到，這些文化確實都帶有自己強烈的個性，風格各異。

但是，這些文化中心也都有一些引人注目的共同特性，例如對玉器的重視和崇拜。

我們知道，玉器這個東西，一直是中國人很重視的，但是世界上其他地方很少出現。在世界各古代文化中，只有大洋洲的紐西蘭及中美洲的墨西哥等極少幾個地方發現了玉器，但是出現的時代都比較晚，而且只出現很短的時間就消失了。

而在中國，新石器時代早期的很多文化中心就出現了玉器，例如紅山文化那個著名的玉豬龍，是距今約八千至七千年的東西，屬於新石器時代早期。到了新石器時代中期，在中國各個文化中心，從南到北，從東到西，幾乎都出現了玉器，這在人類歷史上其他地區是絕無僅有的。因此人類學家費孝通先生曾經說過，中國的玉器「是西方文化中未見而是中華文明所獨有的」。

而且還有一個引人注目的現象，那就是新石器時代中期，各地出土的玉器長得還很不一樣，各有特點。然而到了晚期，就長得越來越像，甚至完全一樣了。例如最早出現在薛家崗文化中的玉琮，造型就很有特點。後來，在長江下游的良渚文化中出現的玉琮和玉璧，發展到非常精美的階段。到了新石器時代晚期，中國全境從甘肅陝北到山東河北，再到湖南，都出現了這樣的玉琮和玉璧，長得與良渚文化中的幾乎一模一樣。

所以讀這些考古資料的時候，我經常感到很驚訝。在六七千年前，中國還沒有道路，各個文明中心之間就已經開始了交流，而且這種文化交流還越來越密切。一個文明中心的東西，往往不過百十來年，就傳到了幾千公里外的另一個文明中心。因此，那時候各地交通聯繫之密切，可能遠超過今人的想像[4]。

所以社科院考古研究所研究員徐良高在《中國民族文化源新探》中說：「到了約西元前四千年，我們就看見了一個會持續一千多年的有力程序的開始，那就是這些文化彼此密切聯繫起來，而且它們有了共同考古上的成分，這些成分把它們帶入一個大的文化網。」

〈三〉

說到這裡，我要介紹一個我非常認同的觀點。這是歷史學家斯塔夫里阿諾斯（Leften Stavros Stavrianos）在《全球通史》（*A Global History*）中多次強調的：「文明是在交流和碰撞中產生的。」

人類的整個歷史證明，一種文明能不能進步，往往取決於它能否從外界獲得刺激。不同文明之間交流的機會越多，各自進步也就越快。而那些長期與世隔絕的社會，注定要停滯，因為它們接收不到外來的刺激和壓力。這就是為什麼幾乎所有高度文明都產生在歐亞大陸的原因。

我們知道，世界共有五大洲，但是較為發達的文明，例如中東文明、希臘羅馬文明、印度文明、中國文明，都產生在歐亞大陸，埃及文明也緊鄰歐亞大陸的中心區。美洲、非洲中部和南部、澳洲都只產生了相對低度的文明。

為什麼呢？顯然是因為歐亞大陸的地理環境是相互聯通的，特別是因為有了地中海，各文明可以相互促進、相互啟發，中東文明、埃及文明、希臘羅馬文明，都是環地中海文明，而美洲、非洲與澳洲相對隔離。「文化的進步取決於某個社會群體擁有的向其鄰近社會群體學習經驗的機會。該社會群體的發現會傳播給其他社會

4 「那時候不僅陸上交通頻密，海上交通也遠比我們想像的發達。史前中國與日本的海上交流已經出現，日本出土了中國長江流域新石器時代的典型文化遺存，中國福建黃瓜山遺址出土了西元前兩千年來在北方的小麥種子。山東半島發現了長江良渚文化風格的陶器。」劉莉、陳星燦：《中國考古學：舊石器時代晚期到早期青銅時代》，生活・讀書・新知三聯書店，2017，第413頁。

群體，且這種往來越多，學習的機會就越大。文化最簡單的部落基本上是那些與世隔絕較長時期、因而無法從其鄰近部落的文化成就中獲益的部落[5]。」所以，交流帶來文明成長。

那麼，理解這一點，我們就能理解，為什麼中國歷史上第一個王朝——夏王朝，出現在河南。

河南在地理上有什麼特點呢？它位於「天下之中」。所以我們今天還稱河南叫「中州」。我們講過，中國的地理環境是封閉的，北邊是草原，東南是大海，西邊是青藏高原。在這種地勢包圍下，是可以相互交流的中國腹地，而這個腹地的中心就是河南。

為什麼中東會率先在人類歷史上出現文明呢？因為中東正好地處歐亞非三大洲之間的十字路口，是當時各個新石器文化中心交流的中心地帶，所以它能從周圍吸取到最多的訊息，受到最大的刺激。因此，這個地區在人類歷史上非常重要，我們知道，基督教、猶太教和伊斯蘭教這三大宗教都起源於中東，人類最早的農業社會、最早的城市也都起源於中東。

河南也是這樣，它在中國各文化中心中，處於中心位置。所以我們從出土的文物來看，一開始，黃河中游的新石器時代文明並不比其他文化——例如紅山文化——先進，但是它的地理位置好，各地文明的交流都要經過它，所以它可以不斷接觸，不斷學習外來文化。與此同時，河南周圍沒有天險，四面都是威脅，文明部族想要生存下去，就要強化自我組織的能力。這就刺激它成為中國第一個王朝的誕生地。

所以徐良高說：「夏朝之所以在黃河中游地區興起，一方面是因為，它同各個周邊文化的往來接觸均便利，有利於它吸收各個文化的優點與長處，另一方面，它受到周邊各文化的衝

5　斯塔夫里阿諾斯：《全球通史》，北京大學出版社，2005，第340頁。

擊、壓力最大，挑戰最嚴重，應戰也就最有力，發展也就最快，優勢地位從而率先確立，強有力的社會組織機構出現，一統國家建立了。」關於夏朝的存在及時間，現在世界學術界還有爭議[6]。中國主流學術界一般認為，夏朝的存在是確定無疑的，時間大約是西元前二十一世紀到西元前十六世紀，夏朝的領土大部分在河南。但是對於夏朝前期的首都在何處，卻一直沒有新的發現。一般認為，在河南省西部發現的二里頭，可能是夏朝中晚期的首都之一。漢族的前身叫華夏族，「華夏」今天是中國的代名詞之一，都是因為夏這個朝代而起。

當然，夏朝的出現，除了位於中國地理位置的中心外，還有一個因素，就是它也受到中國版圖之外的文明的刺激。

6 關於夏朝是否真的存在、傳統夏史記載是否可信，近代以來發生過多次爭論。20世紀下半葉以來，田野考古取得一系列突破性成果，因此中國主流學術界認為二里頭遺址是夏都。20世紀末的「夏商周斷代工程」，在某種程度上可以說是對1959年以來夏文化考古的總結，然而歐美學術界對「夏商周斷代工程」存在質疑。參見陳民鎮《信史抑或偽史——夏史真偽問題的三次論爭》。

第三章

中國文明起源的世界因素

〈一〉

關於夏朝的出現，中國傳統史書的解釋是，本來原始部族的三位領袖堯、舜、禹之間一直是高風亮節地禪讓。然而後來大禹產生私心，改變傳位方式，傳給了兒子，中國歷史上第一個世襲王朝就這樣出現。

當然，真實的歷史絕不可能這樣簡單。

上一章我們講到，夏王朝出現在河南，是中國內部各文明中心之間交流的結果，而現代考古學的進展則證明夏王朝的出現也有世界因素的刺激。什麼世界因素呢？就是青銅文明、小麥、牛和羊從中東傳到中國，推動了中國歷史上早期王朝的出現和發展[1]。

前面說過，世界上最早的文明出現在中東。兩河流域的蘇美文明比夏朝要早。西元前三五〇〇年，蘇美人就已經建立了發達的灌溉網，進入文明時代。西元前三〇〇〇年，蘇美人已經建立城邦，從鄉村人變成城邦人，修建巨大而精美的神廟，留下眾多精美的塑像，創立了成熟的曆法，還用楔形文字記載了當時複雜的社會生活（讀這些文字，你會驚訝於當時人類的心智已經成熟精微到那樣的程度）。而當時世界上其他地區的人，還處於原始社會末期。

青銅文明最早也產生在中東。中東早在西元前四〇〇〇年就已經開始使用青銅器。人類學界已逐漸達成共識：「大約五千年前西亞和中亞部分地區已進入青銅時代，逐漸形成了青銅時代世界體系，歐洲與東亞都是這個體系的邊緣地區。大約四千年前東亞開始進入青銅時代世界體系[2]。」

這一點在考古學上的證據非常明顯。我們可以看到的是，已經挖掘出來成熟的青銅器，按時間順序，是先出現在中東，然後出現在新疆，經過新疆的綠洲逐步向中國內陸傳播，經過甘肅，沿著黃河，傳到夏王朝可能的首都二里頭。「中國北方，由西往東，四壩文化、朱開溝文化、夏家店之下層，這一連串位在北疆的文化，都有銅刀、銅製裝飾品出土，其間有相當的一致性，時代大都在西元前第二千年紀早、中期。從地理位置來看，它們可以說連成一條青銅進入中國的通道[3]。」中原地區發現的第一批青銅器，是西元前十九世紀後期，在二里頭文化第一、第二期出現的為數不多的一批青銅器，它們帶著濃厚的西北早期青銅文化圈風格。

因此，在絲綢之路之前，已經存在著一條青銅之路了。沿著這條青銅之路傳進來的，不只有青銅，還有小麥、黃牛和羊。這

---

1 青銅時代起源於歐亞西部青銅技術的西東向傳播，不僅發生的時代早，而且傳播過程具有持續性、廣泛性，對沿途文化的影響全面而深刻。中國國內外學術界很早就展開了相關研究，近年來，隨著中亞和中原新的考古發現以及多學科研究的突破，學術界對史前「青銅之路」有了全新認識。目前的研究表明，隨著史前「青銅之路」的開闢，至少還有小麥的種植技術、羊和牛的馴養技術西東向的傳播。中原文明的起源是多種因素碰撞交融與發展的結果，特別是自西向東的外來因素起到了舉足輕重的作用。劉學堂、李文瑛：〈史前「青銅之路」與中原文明〉，《新疆師範大學學報（哲學社會科學版）》2014年第2期。

2 莊孔韶主編：《人類學研究》（第八卷），浙江大學出版社，2016，第234頁。

3 許倬雲：《萬古江河：中國歷史文化的轉折與開展》，上海文藝出版社，2006，第40頁。

些也都是從中亞傳進來的。

有人說，牛、羊都是六畜之一，難道不是中國本土的物種嗎？

還真不是。中國的所有新石器時代遺址中，都沒發現過西元前二五〇〇年之前的馴養黃牛和綿羊的遺骸。

事實上，考古學家公認，人類文明最早期的一些馴化物種，幾乎都是在中亞和中東出現的，例如距今一萬年前，人類在中亞西部馴化了小麥；也差不多同時，也就是一萬年前，人類在中東馴化了綿羊和山羊；距今八千年前，人類在中東一帶馴化了黃牛。

「根據考古資料，中國沒有小麥、大麥和燕麥栽培過程的證據」，「綿羊和山羊引入中國在某種程度上和小麥、大麥的東傳是平行發生的[4]」，這些馴化物種，小麥、牛和羊，傳入中國的途徑和青銅相同，它們先是傳入新疆，然後傳入了中原。在西元前二五〇〇年之後，馴養的牛和羊的骸骨開始出現在中國的遺址中，而且數量越來越多。所以考古發現，在中國新石器時代的遺址中，西元前二五〇〇年以前用來祭祀的供品一直是豬，從來沒有出現過牛和羊。而到了商周時代，就普遍改用牛和羊了。「中原地區，除了傳統的豬殉葬外，綿羊首先在河南偃師商城成為殉葬儀式中的組成部分。這種做法在商代晚期的都城安陽殷墟變得更加司空見慣[5]。」商代甲骨文中多次提到「太牢」和「少牢」，太牢就是指祭祀時用牛、羊和豬，少牢就是只用

4 劉莉、陳星燦：《中國考古學：舊石器時代晚期到早期青銅時代》，生活·讀書·新知三聯書店，2017，第101頁。

5 同上書，2017，第115頁。

6 這裡的牛指的是黃牛。不過水牛也不是來自中國本土牛的馴化。「線粒體DNA檢測的結果表明，中國現代水牛屬於主要分布在東南亞的沼澤型水牛，因此牠不可能源於中國本土野水牛。……中國本土水牛遺存中沒有馴化過程的證據。」同上書，第119頁。

羊和豬。

因此，六畜之中，只有一半，也就是豬、狗、雞，是中國的土產。其他三種，馬、牛、羊，都是從中亞傳進來的[6]。

〈二〉

那麼，牛、羊、小麥的傳入，和中國早期王朝的出現有什麼關係呢？

它們提高了生產力。

中國本來沒有食草的馴養動物，豬、狗、雞都不吃草。所以牛和羊傳進來後，既不會跟中國本土的豬、狗等傳統家畜爭奪食物，又為中國人提供了大量的新肉食來源。

小麥是一種高產農作物，中原地區原來都是種小米的，但夏代之前突然開始普遍種植小麥。

因此，這些外來物種的貢獻首先是提供了大量食物來源，幫助人口增長。

「外來馴化的動植物，如小麥、大麥、綿羊、山羊和黃牛，最早出現在新石器時代晚期，在二里頭和商時期逐漸成為常見之物，成為新的食物來源，使城市中心的人口迅速增長，也促進了早期國家疆域的擴張[7]。」

其次，小麥和青銅的引進，提升中國人的組織能力。

「由於小麥是需要灌溉的農作物，因此它的大面積種植需要公共管理系統對水源進行分

---

7 劉莉，陳星燦：《中國考古學：舊石器時代晚期到早期青銅時代》，生活·讀書·新知三聯書店，第415頁。

配與調節[8]。」這就需要出現新的社會管理組織，正是這種需求促進了中原文明的發展。而青銅器的出現，更促使文明不斷成熟。因為與石器和木器相比，青銅器的製造要複雜許多倍，需要透過大規模精密的社會組織行為才能實現。

> 「考古資料顯示，如果沒有吸收來自中國之外的很多新技術，中國文明不可能達到這麼高的複雜程度。最顯著的發明如青銅技術、馬車、小麥、大麥、馬、山羊、綿羊，都是從中亞傳入中國的。……與外部世界的交流刺激了中國社會政治與技術的發展。外來技術被中原居民改造，並被納入本土的社會政治與精神觀念系統[9]。」

所以夏文明的出現並非偶然，是外因和內因交互作用的結果。「外來刺激常常引起質變。日本近萬年的繩紋時代文化發展緩慢，受外來文化影響彌生時代文化發展異常迅速。中國的新石器時代六千多年發展緩慢，進入青銅時代明顯加速[10]。」

> 「在國家形成期，從二里頭到商，（外來）技術運用之密集度與強度都達到很高的水準[11]。」

如果說我引用的上述眾多學者的研究成果，還不足以讓

---

8 劉學堂，李文瑛：〈史前「青銅之路」與中原文明〉，《新疆師範大學學報（哲學社會科學版）》2014年第2期。唐際根在《「青銅社會」：古代王權的運轉》中也說：「青銅器的生產需要一個複雜的管理體系……種種跡象表明，殷墟的作坊遺址空間分布呈現出一種較強的規律性。從布局上看，這些作坊都圍繞著溝渠。商人把水由洹河從北往南引導到一個地方後，再由西北往東南把水引過來，使水從西北地勢高的地方向東南地勢低的地方流淌2000多公尺。商人用幾千公尺的溝渠，把各類作坊區連接起來，在洹河南部形成一個巨大的布局，這絕非普通人能做得到的，僅依靠一兩個家族也是做不到的，而是要借助相當的權力進行協調安排。……由如此規模的作坊遺址可見，青銅鑄造業的背後是王權的管理。」

9 劉莉，陳星燦：《中國考古學：舊石器時代晚期到早期青銅時代》，生活・讀書・新知三聯書店，2017，第414頁。

10 易華：〈東亞與青銅時代世界體系〉，《三代考古》2009年第8期。

你相信外來因素對中華文化的刺激作用，那我只能引用由中國官方認可的多學科結合、研究中國歷史與古代文化的重大科研項目「中華文明起源與早期發展綜合研究」（簡稱「中華文明探源工程」）的結論：「探源工程最近十來年最新的發現表明，儘管中國文明的起源、早期形成和發展過程由於地理的原因處在東亞地區，是相對孤立、相對獨立、自己摸索向前發展的，但是在古國時代的晚期，最近十來年考古工作的重要成果表明，中國文明和其他文明有了接觸，源自於中亞地區的麥類作物，黃牛、綿羊、山羊等家畜品種以及青銅冶金技術，在這個時期陸續進入了中國文明之中。而且，其中一部分很快地被加以改造和提升。這就為中國文明的持續發展注入新的動力或者能量，也就展現了中國文明的互相借鑑、兼收並蓄能力[12]。」

〈三〉

除了青銅、牛、羊和小麥，中國文明中還有一些重要的東西來自中東，馬和戰車就是典型的例子。它們是在商代傳入中國的。

西元前五〇〇〇年左右，人類在中亞高原馴化了馬。西元前三五〇〇年，兩河流域的人又發明了輪子。這兩者一結合，便誕生了戰車。

戰車剛出現的時候是很簡陋的。考古發現，最早的戰車車輪只是簡單的圓木，後來演變成實心的木頭圓盤，在中亞經過一千五百多年的漫長發展，最後才變成輻

---

11 劉莉，陳星燦：《中國考古學：舊石器時代晚期到早期青銅時代》，生活·讀書·新知三聯書店，第415頁。

12 〈中華文明探源將是一個非常長期、需要繼續付出努力的研究任務〉，中國國務院新聞辦公室網 http://www.scio.gov.cn/xwfbh/xwbfbh/wqfbh/37601/38374/zy38378/Document/1630143/1630143.htm

條式車輪。到西元前二〇〇〇年左右，中亞的戰車發展到非常精美和成熟的階段，一輛戰車由幾十件非常精緻的零件組成。戰車從最初到原始狀態，再到最終定形狀態，就像馬的化石顯示原來很小的始祖馬進化為後來的高頭大馬一樣，這中間的發展過程在中東的考古發掘中看得非常清楚。但是中國戰車的出現卻是「橫空出世」的。在商代之前的遺跡當中從來沒有出土過戰車。最早的戰車出現在商代晚期，而且一出土就已經非常成熟。所以俄羅斯的列·謝·瓦西里耶夫、中國社會科學院考古研究所的王巍等人都注意到兩者「在功能和結構上的一致性，以及原則上和細節、部件上的共同性」。如果排除中國古人有超人一樣的聰明，更大的可能性是，戰車是和馬一起，直接從中亞傳過來的。

此外，中國文化中還有很多因素可能是來自中東和中亞。

例如中國的十二生肖。其實不只中國有十二生肖，埃及、印度和希臘都有，只不過十二種動物不完全一樣。例如印度的十二生肖，用獅子取代了中國的老虎，其餘都一樣。現代歷史學家郭沫若認為，各民族的生肖都起源於巴比倫，是中亞地區居民模仿巴比倫黃道十二宮而制定的。

另外，對於中國自古以來用來紀年的干支中的十二地支，郭沫若在《甲骨文字研究·釋干支》中也認為其起源於巴比倫黃道十二宮。

有什麼證據呢？

中國最早的詞典《爾雅》當中有這樣一段話：

> 太歲在寅曰攝提格，在卯曰單閼，在辰曰執徐，在巳曰大荒落，在午曰敦牂，在未曰協洽，在申曰涒灘，在酉曰作噩，在戌曰閹茂，在亥曰大淵獻，在子曰困敦，在丑曰赤奮若。

我們讀到這一段，會感覺非常困惑，因為這些詞明顯不是漢語。晉代著名學者郭璞雖然「博聞多識，猶云字未詳」，在《爾雅注》中對此只好「闕而不論」（見《爾雅》郭璞注）。今天的讀者讀到這些詞，估計第一反應都會認為這是譯音。中國科學家竺可楨認為，這些詞源自外來語的譯音詞是「無可諱言」的。歷史學家岑仲勉認為是來自伊朗[13]，郭沫若則認為是來自古巴比倫文化。

我們來看第一個，「太歲在寅曰攝提格」。甲骨文的「寅」字是弓箭的形狀。郭沫若說，這個星在巴比倫文化中對應的是豐收女神伊什塔爾，通常也是站在獅背上手持弓箭的形象[14]。

漢語學家史有為說：「從郭沫若提供的巴比倫語或其親屬語言的對音來看，其中大部分確實有語音上的對應關係。這些讀音不是個別的，因此不能用偶然相似來解釋。另外，這十二歲名也確實不像漢語固有的，名稱奇特，無法用上古漢語單音節語素去解釋。巴比倫是古代天文學最早也是最發達的地區，根據各方面的合理推斷，古代華夏人同西方的聯繫也應該早在史籍記載之前就已經開始，因此天文知識連同這些名稱，萬里輾轉輸入中國是完全可能的[15]。」

當然，還有人解釋說，攝提格對應的拉丁語是Sagittarius [sædʒi ˈteəriəs]，即十二星座中的射手座，這個詞前三個音節Sagitta（音「瑟即他」）發音與「攝提格」接近。因此，這個譯音與拉丁語有親緣關係。這個我們就存而不論了。

因為以上這些原因，所以長久以來就有一種說法，叫「文明西來說」。

13 參見黃顯功：《月下掩卷：史林學步集》，上海人民出版社，2017，第243頁。

14 王寧：〈〈釋支干〉辯補——〈釋支干〉研究之四〉，《郭沫若學刊》1997年第2期。

15 史有為編：《漢語外來詞》（增訂本），商務印書館，2013，第36頁。

郭沫若說，中國早期的天文學知識與中東如此相似，所以「古巴比倫星曆之輸入，必在有夏一代。意者商民族本自西北遠來，來時即挾有由巴比倫所傳授之星曆知識，入中土後而沿用之邪？」

也就是說，商族人有可能是在夏代從中東來到中國，帶來了天文學知識。

俄羅斯學者瓦西里耶夫在《中國文明的起源問題》中則斷言，有一個中東或中亞的部族向東遷徙到黃河沿岸，才有了高度發達的殷商文明。

〈四〉

那麼，中國文明到底是不是西來的呢？

到今日，學術界比較一致的意見是，中國早期的一些馴化物種，也包括一些重要的技術，例如青銅、馬車，還有一些天文學知識，確實是從中東和中亞傳入的。

但是，我們絕不能因此斷言，中國文明是西來的。

因為在這些物種和技術知識傳入之前，中國本土文明的基本特點和性格已經完全形成了。「考古學家已經揭示東亞新石器時代定居農業文化是本土起源，且連續進化。」這些新技術不但沒有改變中國本土文明的基本特點，相反，還刺激了其獨特發展[16]。

16《全球通史》的作者斯塔夫里阿諾斯就認為，中國文明是在本土繁榮的新石器時代的文化基礎上發展起來的，中國本土文化一直是連續發展的。外來的物種和技術只是刺激了中華文明的發展，而並沒有改變它的基本性格。

第四章

中國文明的基本性格

〈一〉

上一章我們提到，誕生於黃河流域的中華文明，在青銅、小麥和馬、牛、羊傳入之前，就已經形成自己的獨特個性，與其他幾大古文明有明顯的不同。

什麼個性呢？主要表現在血緣家族和祖先崇拜這兩方面。

西安市人民北路附近有一處文化遺址，叫姜寨遺址，是新石器時期的，距今將近七千年。這是一個村子，裡面有一百多間的房子。考古學家發現，這些房子的布局很有特點，它們分成五組，都圍繞著村子中間一個很大的廣場，房門都開向廣場。這說明，這個村子是由一個先祖分下來的五個大家庭組成的。

中間的廣場就是家族集會和祭祀先祖的地方。那麼這個村子所有房屋都圍繞著一個圓心，房門都朝著中心方向，這樣的話無疑會使村莊中一定比例的房屋採光不好。這種建築布局說明原始村莊的一種集體主義精神：為了全族的團結，相當一部分的人不得不放棄生活上的舒適。特別能說明這個原始村莊集體大於個人價值取向的一個事實是，在他們的公共墓地裡，沒有夫妻合葬墓，每個人都是單獨按輩分高低和血緣關係的遠近、以及死亡的先後順序埋在墓地裡。

所以姜寨古村呈現中國傳統文化的一些基本基礎：家長制、血緣紐帶和祖先崇拜。血緣網絡把一百多個小家庭緊密地編織成一個大家族。在這個村子裡，一切由輩分最高的男性家長說了算。在村子中間的廣場上，每年都要舉行祭祀祖先的盛大儀式[1]。

中國上古，人們到底信奉哪種宗教呢？有人說是太陽神崇拜，有人說是生殖崇拜。其實這都是生硬地套用西方的概念。

事實上，中國上古的信仰，除了新石器時代世界各民族普遍都有的薩滿教崇拜之外，更為突出的特點是祖先崇拜。

祖先崇拜是中國文化的核心特點之一，甚至今天依然如此。中國人最信什麼？最信的是祖先崇拜，或者說祖先有靈。

基督教和伊斯蘭教都認為人死後會上天堂或者下地獄，佛教認為人死後會進入六道輪迴，但是中國古人認為人死後會去陰間，並且永遠生活在那裡。每年節日，中國人都要去上墳，寄給祖先紙錢。他們一邊燒紙，會一邊念叨：「爸、媽，給你們送錢來了，你們在陰間保佑你們的兒子和孫子們日子過得平平安安、興興旺旺的。」如果夢到死者，他們多會認為這是祖先因為缺錢或者在陰間境遇不好而「託夢」，立刻到墳上去燒紙錢，或者找「算卦」、「看相」、「跳神」的巫師「破解」。「血緣祖先崇拜是由鬼魂信仰發展而來的。鬼魂信仰的內容大致有三：一是相信人死以後靈魂不滅；二是認為靈魂有超人的能力，足令生者畏之，但也能依賴之；三是也有一個類似人間社會的鬼魂世界[2]。」

1 嚴文明：〈史前聚落考古的重要成果——《姜寨》評述〉，《文物》1990年第12期。

2 劉明：《先秦儒家生死觀探析》，碩士學位論文，鄭州大學，2004。

我的舅媽曾經長期為一件事焦慮，甚至達到幾乎患上憂鬱症的程度——沒有孫子。她兒子的前兩個孩子都是女兒，為了讓兒子再生第三胎，她什麼辦法都想得出來，包括喝農藥。

為什麼非要生孫子呢？因為沒有孫子，就是「絕後」了。絕後有什麼可怕之處呢？就是沒有人會上墳燒紙錢到陰間，他們會沒錢用。因此會淪為孤魂野鬼，永遠以乞討為生。

因此，對中國人來說，子孫後代最重要的事就是祭祀祖先。甚至一個部族、一個國家，最重大的事也不過是兩件：一件是祭祀，一件是打仗。「國之大事，唯祀與戎。」

這個觀念從什麼時候開始的呢？至少從新石器時代晚期就開始了。新石器時代晚期，部落規模越來越大，從原來的幾十人變成幾千人，這樣，祖先崇拜就顯得越來越重要，因為它能形成凝聚力，讓部落裡的人團結在一起。我們從考古遺跡中發現，越接近新石器時代晚期，各地文化中祭祀祖先的建築規模就越大。

到了西元前三〇〇〇年左右，黃河中下游一帶的很多部落轉化為「邦族」，也就是原始的國家。這些原始國家都是以供奉祖先的宗廟為中心建立起來的，而且它們的政治結構也都是血緣結構，什麼意思呢？誰是輩分最高的家長，誰就是首領，原始國家內部的關係完全是由血緣的遠近親疏決定，與家長血緣關係近的人，就處於社會的上層，距離遠的人，就處於社會下層。紅山文化、良渚文化時代的部落組織都屬於這種社會類型。

這種原始國家的血緣結構，後來又直接演變為夏商周的政治結構。

我們看，夏商周三代的城市遺址都有一個特點，那就是宗廟都位於國都的絕對中心。而且興建都城時，第一位要考慮的是宗廟。或者換句話說：建都，首先是為了祭祀祖先。《禮記．曲禮》說：「君子將營宮室，宗廟為先，廄庫為次，居室為後。」要建一座宮殿，首先要考慮的是把供奉祖宗的宗廟建好。

從考古發現來看，夏商周時代，宗廟確實是都城中最中心、規模最大、建築等級最高的建築，建築品質在王宮之上。國王住在宗廟的旁邊，他最主要的也最繁重的職責是祭祀。祭祀非常隆重，有明確而嚴格的規定，考古學家陳夢家先生最早將之命名為「周祭制度」。「從上甲開始，以世代為序，在與其名字的十干相當的那一天順次舉行祭、劦、壹、彡、翌五種祭祀。（根據董作賓所言，這五種祭祀完成一遍大約需要一年[3]。）」今天挖掘出的甲骨文拓片中，有關祭祀的內容達數萬條，「從卜辭數量來看，祖先祭祀方面的卜辭超過其他任何一類卜辭的數量。這是殷末重視血緣祖先崇拜的有力證據[4]」。

遇到日常事務，國王或者召集親人們討論解決，或者在祖先靈位前用占卜也就是燒牛骨頭和烏龜殼的方式解決。當今考古發掘的甲骨文拓片就有大量的這類記錄。國王或親人生病，通常也要占卜，日本學者伊藤道治注意到「一期」卜辭裡，就有問疾病是否由某祖先作祟導致的記錄。

夏商周時期還沒有出現後來的官僚系統，國王怎麼治理國家呢？主要依靠血緣關係，也就是依靠自己的親人。商代政治權力就是按血緣遠近分配的，這從商王創立分封制的名字上就可以看得出來。我們都知道，中國古代的爵位有「公」、「侯」、「伯」、「子」、「男」，這些其實都是起源於家族內部的稱呼：「公」是指長輩，自然地位最高，「伯」是兄長，次之，「子」、「男」是晚輩，所以屬於低階爵位。

我們都知道，中國上古時期的玉文化非常發達，古墓中大量出土的玉琮、玉璧、玉圭、玉璜都非常精美，製作這些玉器顯然花費了無數心血。那麼，這些玉器是做什麼用的呢？基本上都是用來祭祀。當然，這些祭祀中，既有用於祭祀祖先的，也有祭祀天地

3 范州成：《從殷墟卜辭看血緣祖先崇拜的由來》，碩士學位論文，蘇州大學，2005。

4 同上

時用於薩滿儀式的[5]。

我們上一章說過，西方的物種和技術介入了中華文明的早期發展，但是這種介入，強化而不是削弱中國本土文化的特點，這典型地具體展現在青銅文化中國化的過程中。青銅器雖然是從中亞傳過來的，但是中國很快就後來居上，在製作水準上遙遙領先。「製造工藝極其先進，令人拍案叫絕，其工藝水準遠勝於中東[6]。」當然，這種藝術水準也意味著消耗了大量的社會資源。

然而，中國的青銅器用途和其他地方不同。在世界其他地方，青銅主要被用來製造兵器和農具，也就是說，是實用的。「西方青銅器的主流傳統，是那些製作規整、形體相對統一、區域特徵明顯，主要用於生產和戰爭的工具與武器，如斧、劍、矛、鑿等，多是實用的器物。這些器物在天山北路墓地基本上找不到了。青銅之路由歐亞西部進入東天山地區，繼而向東，遠抵中原腹地，功能的變化日漸明顯[7]。」在中國商周時代，人們費心費力地製造出大量精美的青銅器，主要是用來祭祀祖先。那些巨大的青銅鼎，用來盛放獻給祖先的牛和羊，那些精美的觚和爵，則是祭祀典禮上盛酒的器具，這些青銅器初期造型都是直接複製原來祭祀用的白陶器。老百姓平時用的工具，都還是簡陋的石刀、石斧。

所以青銅文化的中國化，清楚說明了外來技術的傳入不但沒有削弱

5 「薩滿教」是在世界各地普遍存在的原始信仰，今天仍然遺存於中國東北、蒙古、北美、澳大利亞、北極因紐特人地帶。張光直認為，「薩滿式的文明是中國古代文明最主要的一個特徵」。薩滿「登天入地進行宇宙飛行」的觀念和中國古代的「巫覡通天」觀念一脈相承。商代文化中表現出大量薩滿教的特徵。商人起自東北（傅斯年《夷夏東西說》），商人的酒文化和占卜文化，明顯地混合了薩滿教和祖先崇拜。

6 塞繆爾·E·芬納：《統治史》（卷一），華東師範大學出版社，2014，第477頁。

7 劉學堂：《彩陶與青銅的對話》，商務印書館，2016，第203頁。

中國文化特色，反而增強了這種特色，也就是祖先崇拜。

因此，祖先崇拜是早期中國文化的核心特點。

當然，祖先崇拜其實並不是中國獨有的，而是人類早期社會共有的特徵。直到今天，世界上一些原始部族社會，例如南部非洲或者大洋洲的一些部落，還保持著祖先崇拜的傳統。現存於非洲的祖先崇拜，其「理論依據」和「實際表現」與古代中國保持了驚人的一致性。

李保平在《論非洲黑人的祖先崇拜》一文中說，非洲黑人「各族普遍認為，祖先出沒於人間的村莊、茅舍，存在於日常生活中，始終陪伴著生者，干預著塵世間的事情」，「祖先看管著家園，佑助著家族、部族成員，直接關心和過問家庭和財產方面的一切事情；他們使後代五穀豐登、六畜興旺、人丁昌盛、福祿長壽」，祖先可以託夢給人，「祖先也會發怒和破壞，降下天災人禍以懲罰後人。當祖先發怒時，人們必須設法撫慰，使祖先的精靈安息。例如，用飲料、家禽或牲畜等祭品進行祭奠」，「直到今天，非洲人還在互相叮囑，不要忽略對祖先的祭奠。因為得不到祭品的人在死者世界中是窮人，是靠別人施捨過活的窮人。如果祖先的墳墓多年失修，那麼不肖子孫就要負起修葺之責，以消除內心愧疚。既福佑於人又致禍於人的祖靈特性，反映了各族黑人信仰意識中對祖先敬愛與畏懼交織的矛盾心理」。

相信每個人讀了這段介紹，都會理解現今非洲黑人對祖先的那種虔信。其實，直到今天，中國大部分農民對祖先靈魂的看法與非洲黑人仍然毫無二致。

那麼，既然是人類社會早期的共同崇拜，我們為什麼說祖先崇拜是中國的獨特性格，而不是人類文明的普遍性格呢？

這是因為其他發達文明在氏族制度解體時，通常就打破了祖先崇拜觀念，轉求於與人類建立契約的上帝，或者其他宗教。中國雖然也屬於擁有發達文明的國家，卻沒有突破血緣社會的瓶頸，而是停留在祖先崇拜階段。

為什麼會這樣呢？最初的原因可以追溯到地理環境。

第五章

為什麼希臘人「弒父」而中國人「殺子」

〈一〉

中國文化和西方文化有著巨大的差別。

希臘神話中一個常見的主題是「弒父」，其中最有名的一個是伊底帕斯的故事。

有一位國王，得到一條神諭，說他「將被兒子所殺」。這個國王很害怕，因此甚至不敢和王后同床。有一天，他酒後忍不住亂了一下性，結果生出一個兒子，叫伊底帕斯。國王很害怕，就把這個嬰兒扔到山裡。結果這個孩子被一個牧羊人發現並且養大。長大之後，他和國王在城裡狹路相逢。兩個人互不認識對方，國王命令伊底帕斯讓路，伊底帕斯脾氣也很暴躁，盛怒之下把國王也就是自己的親生父親殺死了。然後他因為能力出眾，被民眾選為國王，按照習俗與前王后也就是自己的母親成婚，於是應驗了他將「弒父娶母」的神諭。

這個故事後來被佛洛伊德引用，成為心理學中一個著名術語：「伊底帕斯情結」。

除了這個故事之外，在希臘神話中，「弒父」的例子實際上還有許多。希臘的神界頻繁發生父子衝突，父親通常會對自己的兒子百般提防。天空之神烏拉諾斯把子女們囚禁於地下，結果他的兒子克洛諾斯用大鐮刀閹割了父親，取代父親的統治地位。

克洛諾斯成為神界的主人後並不放心，因為他的父親死前對他說：「你也將像我一樣被自己的兒子推翻。」於是克洛諾斯做出了一個殘忍的決定：把生下來的孩子全吃掉。所以他的前五個孩子，全都在剛出生時被他一口吞下。第六個孩子叫宙斯，也就是希臘神話中最偉大的神，出生之後，被母親用石頭掉包，僥倖活了下來。長大後，宙斯把父親扔出王宮，自己成為眾神之王。

希臘神話中「弒父」的故事這麼多，並不是一個偶然的巧合，而是反映了希臘社會當時的某種現實。遍觀中國上古神話，我們絕對看不到這類「大逆不道」的情節，與此相反，我們看到的多是「殺子」的傳說。

例如堯舜禹中的舜很有才幹，但是他的父親瞽叟卻不喜歡他，經常無緣無故地毒打他。舜怎麼辦呢？他從來也不反抗。打得輕，他就乖乖地忍受著；打得重，他就逃到荒野中，一個人痛哭。堯聽說了這些事情，認為舜品德高尚，準備重用他。結果瞽叟更不高興了，他聯合自己小妾生的兒子象，要謀殺舜。有一次，瞽叟要舜修房頂。舜剛爬上去，瞽叟和象立刻抽走梯子，放火燒屋。好在舜把自己頭上戴的斗笠當作降落傘使用，然後跳了下來，逃過一死。結果過了兩天，瞽叟叫舜去挖井，舜又老老實實去了，等舜下到井底，他的老爹和弟弟就急急忙忙地挖土填井，想把他給活埋。幸運的是，舜很有警覺性，知道他們沒安好心，一下井就早早在井的側壁鑿出一條暗道，這才又撿回一條命。

因為這種「百忍成家」、「不惜一切代價維持和諧家庭」的精神，讓舜成為那個時代最偉大的聖賢，被萬人歌頌，後來又成為領袖。這個現在讀起來有點怪異的傳說，在一九一一年以前，一直被當作教育中國人的最經典故事之一，列為「二十四孝」之首。

「二十四孝」中還有一個很有名的故事：在一個大災之年，一名叫郭巨的孝子為了省下一口糧食以確保母親不挨餓，打算把自己的兒子活埋。他的理論是，兒子死了可以再生一個，母親死了就不能復生。這就是二十四孝中著名的「郭巨埋兒」。

這兩個故事也不是偶然出現的，在中國傳統文化中，這樣極端地強調孝道的故事很多。所以從這個意義上來說，我們也許可以把中國文化解讀為「殺子文化」。

那麼，為什麼西方神話的主題是弒父而我們是殺子呢？

這個原因比較複雜，歸根結柢還是要追溯到中國和希臘地理環境上的不同。

前面已經講過，中國地理環境有兩個特點。第一，它是半封閉的，由青藏高原、草原、沙漠、長城圍起來。第二，被圍起來的這一大塊腹地，土地很肥沃，非常適合發展農業，也非常適合定居。

而希臘的地理環境與中國幾乎完全相反。希臘地理環境的第一個特點是開放性。希臘是個半島，看希臘地圖，給人留下第一個印象是：它的海岸線很長。除了北部，這個半島的其他任何地方距海邊都不過五十公里，海岸天然良港密布，航海條件得天獨厚。用當代思想家顧準的話來說，「這種條件幾乎是世界上任何其他地區都不具備的」。

第二個特點是土地非常貧瘠。希臘多山，土壤裡有很多石塊和沙礫，不利於農業耕作。所以古希臘作家、歷史學家希羅多德說希臘「一生下來就是由貧窮哺育的」。

這種地理環境的不同，決定了中國文明和希臘文明的區別。

我們的祖先很早就在黃河兩邊世代定居下來，很快形成了大規模、單純的定居農業模式。中國文明從根上就是農業文明、定居文明。定居文明中，人們的生活方式不過是重複上一代，老年人的經驗和智慧是至關重要的，因為他們知道什麼時候發洪水，什麼時候播種。所以我們說：「不聽老人言，吃虧在眼前。」

在農業社會，老年人是永遠的權威，一切社會資源都掌握在老年人手裡，老年人對家族的支配是終身制的，年齡越大，輩分越高，發言權就越大。所以中國社會是一個「尚老社會」，與「老」有關的一切詞都是好的：「老實」、「老練」、「少年老成」、「老闆」、「老總」……都有成熟、穩重、德高望重的意思。

而希臘人的生活卻不是這樣。

希臘貧瘠的土地不適合種稻米和麥子，不過那些多岩石的山坡能用來種葡萄樹和橄欖樹，也可以養羊。所以，希臘糧食不能自給，但是可以生產橄欖油、葡萄酒和羊毛。

橄欖油、葡萄酒和羊毛不能吃，怎麼辦呢？可以賣掉換糧食吃。所以希臘人就到海上去做生意，把自己生產的橄欖油、葡萄酒和羊毛賣到別的國家，把別的國家的糧食運回來。

海上貿易和定居農業這兩種生活方式完全不同。大海顯然是年輕人的天下。因為大海充滿危險，一次遠航要費時數月，與風濤搏鬥，這是老年人做不到的。所以在早期的希臘社會，最富有的往往是年輕人。在希臘傳說中，我們讀到更多的是對青春、活力的讚美。希臘雕塑歌頌的多是青春、健美的人體，因為希臘人崇尚展示青春和力量的體育運動。

這種航海的商業活動更重要的一個作用是打散了血緣紐帶。大規模的航海活動，不可能是一個家族的男女老幼同上一條船，只能是各家的年輕人上一條船，在這條船上，人與人之間是平等關係，而不是長幼尊卑的關係。所以一般來講，在古代希臘，兒子成年後，父親就會承認他的平等地位。這一傳統後來演變成了一條法律：「雅典男性成年後（滿十七歲、滿十八歲）即完全擺脫家父的控制，在透過由家父或監護人及立法大會主持的市民資格考察以後，即可獲得獨立權利而登記造冊。」

說到這裡，我們回頭再看希臘神話。神話是現實社會的隱喻。佛洛伊德在《文明與缺憾》（*Civilization and its discontents*）一書中，把西方民主制度的產生直接歸因於兒子對父親的反抗。他認為，文明的發展過程就是從「原始父親」的專制向「兄弟聯盟」的民主轉變過程。在希臘社會的發展過程中，血緣紐帶不斷鬆弛，父權不斷弱化。成年人以平等的方式組成社會，從而創造出希臘的民主城邦。

「弒父精神」是推動希臘西方社會不斷發展的一個基本精神動力。人們對家庭權威的態度，決定了他長大之後對社會權威的態度。西方文化的一個明顯特徵是敢於反抗權威，在代際衝突中完成新陳代謝和自我更新。

在中國人的精神世界中，鬼魂經常干涉人世的生活，需要人的供奉。而血緣紐帶斷裂後的希臘並非如此。「在古希臘羅馬人的觀念中，靈魂猶如飄忽的影像，不具實體，甚至連思考和說話的功能都沒有，無力干涉生者的世界。而且，死者一經埋葬或火化，其靈魂即可渡過陰河，進入一去不復返之鄉，從此斷了還陽的歸路。因而，古希臘人對已經安葬，尤其是已經火化的死者的靈魂並沒有畏懼感，很少有鬼魂上門造訪的故事[1]。」

在世界其他主要文明中，血緣紐帶也以其他不同的方式早早地被割斷了。例如兩河流域的蘇美文明，也很早就從血緣酋邦時代進入分層社會，推動這一變化的主要因素之一是商業。而商業在兩河流域之所以重要，也是因為兩河流域的地理環境與中國相當不同。

「古代蘇美位於兩河之間……每一座城市及其衛星城鎮都被沙漠和其他的城市分離開來。……蘇美幾乎沒有石頭或金屬，除了棕櫚、檉柳、柳樹和白楊這些並不太好的建材之

1 王以欣：〈古代中國與希臘羅馬世界的通靈術——一個文化比較研究〉，《外國歷史研究》2018年第1期。

外，幾乎沒有木材。銅、石頭和建築木材，如果需要的話，也只能透過與北部上游的貿易而獲得[2]。」

因此，蘇美文明不存在如中國這樣自給自足的農業經濟，不同地區的物產必須大量交換，大商業特別是長距離的遠途販運在蘇美社會中具很重要的地位，並且決定性地影響社會組織的形成。「在蘇美人那裡……大商業的存在是生產分工或者說社會勞動分工中不可缺少的，而且是將整個社會生活整合起來的黏合劑[3]。」

因此，蘇美人的血緣紐帶也很早就斷裂了，血緣紐帶斷裂的一個表現就是神廟的興起。因為人群不再以血緣為聯繫紐帶，自然也就不能用共同的祖先來維繫團結。他們要尋找新的共同信仰，這就令中東地區出現巨大的神廟。蘇美各個城邦都竭盡全力，修建精美的神廟，供奉整個城市崇拜的主神，這些神與祖先是沒有關係的。共同的神「是有力的社會黏合劑，將居民團結在一起，團結在國王身邊，順從其作為宇宙秩序的一部分[4]。」人們的社會地位由財產而不是血緣決定，窮人大批地成為富人的奴隸，由此進入奴隸社會。

而在中國，商業自始至終不發達，自給自足的自然經濟一直是主體。「美國著名甲骨學家吉德煒指出，中國古代的地理環境特點有助於解釋其文化發展的形式。早期中國文化的根基是農耕，所以市場的作用似乎很不重要。另外，中國境內主要大河的流向是自西向東的，這種自然環境很難激發地區間貿易的發展，因為它們流經的緯度相同，故而自然資源基本相似。缺少大範圍貿易網絡也可以用自然資源分布的廣泛性來解釋，各

2　塞繆爾・E・芬納：《統治史》（卷一），華東師範大學出版社，2014，第111頁。

3　陳宣良：《中國文明的本質》（卷五），上海人民出版社，2016，第90頁。

4　塞繆爾・E・芬納：《統治史》（卷一），華東師範大學出版社，2014，第110頁。

地日常生活都可自給自足，沒有必要進行貿易。古代美索不達米亞的自然環境與此完全不同，社會發展所需的金屬礦石、堅硬的石料和優質的木材十分匱乏，都要依賴遠程貿易網[5]。」

因此，中國歷史的發展與其他主要文明不同。在其他文明血緣斷裂的同時，中國卻出現了血緣群體的不斷擴張，從家庭、家族擴大到部落、部落聯合體，最終形成國家。

商代和比它早一千多年的蘇美城邦有一些相似的地方，例如城市、宮殿、文字和青銅器。但這只是表面類似，骨子裡，中國早期文明和蘇美文明及後來的美索不達米亞文明有很多截然不同的地方：在兩河流域，青銅器之所以出現和發展，主要是由於耕種和作戰這些實用因素。而在早期中國，青銅器主要被製造成禮器，用於政治目的。雖然中國的青銅文化如此發達，但農民們用的一直都是簡陋的石器。

蘇美人創造文字是為了記帳，或者說為了服務於經濟。而中國的甲骨文記錄的幾乎都是占卜，而占卜是商代政治的運作方式。在蘇美，城市是從經濟中心或者說商品交易中心發展來的，而在中國，最早的城市都是政治中心，而非經濟中心。因此，考古學家張光直強調，推動中國文明形成社會變革的主要動力是政治而非技術和貿易。而在世界其他很多地方，例如希臘和蘇美，是相反的[6]。

張光直也因此認為，中國早期文化與馬雅文化有一個共同點，就是「重要特

5 「中國古代文明不同於美索不達米亞文明，後者依賴貿易獲取必需品和貴重物品，貿易對經濟至關重要，也是政治體制形成的關鍵所在。而古代中國人主要依靠豐富的本地自然資源滿足生業需求。」（劉莉、陳星燦：《中國考古學：舊石器時代晚期到早期青銅時代》，生活·讀書·新知三聯書店，2017，第415頁。）

6 劉莉、陳星燦：《中國考古學：舊石器時代晚期到早期青銅時代》，生活·讀書·新知三聯書店，2017，第412頁。

徵是連續性的，就是從野蠻社會到文明社會許多文化、社會成分延續下來」。而蘇美文化「是一個突破式的，就是在人與自然環境的關係上，經過技術、貿易等新因素的產生而造成一種對自然生態系統束縛的突破」。「親屬制度被破壞，親緣關係被地緣關係所取代[7]。」

然而，雖然和中國一樣屬於連續發育的文化，馬雅文化也沒有祖先崇拜，只有神靈崇拜。所以，我們看馬雅文化與蘇美文明、埃及文明、希臘文明一樣，有著巨大的神廟建築。中國沒有這種與民居完全不同的神廟建築類型，中國的太廟建築與活人使用的宮殿建築毫無二致。

因此，血緣這個紐帶，從新石器時代到春秋戰國，一直牢牢地束縛著中國人。儒家的政治學說原理，其實就是把血緣原則放大到國家。有人說，中國人的宗教是儒教，而儒教的核心是孝道，是「慎終追遠」、「無後為大」。語言學家研究統計，世界上主要民族的語言中，關於親屬的稱謂有二十五個詞左右，但中文裡有多少個呢？三百五十個。與父親同輩的男性，英語只用一個uncle就打發了，而中文有伯父、叔父、姑父、舅父、姨父等五種稱謂。英語中cousin這個詞，在中文中要用堂兄、堂弟、堂姐、堂妹、表兄、表弟、表姐、表妹這八個詞才能完全表達。這正說明血緣關係在中國人生活中的重要性。

直到明清，太廟仍然建在離皇宮最近的位置上。在中國南方，一個村子中心最精美的建築基本上都是宗祠。而如果你到世界各地去旅遊，你會發現，不論是印度、中東還是歐洲，他們城市中心的教堂、寺廟供奉的都是神，沒有一個是供奉祖先的。

中國人的廟供奉的是祖先，其他文明的廟供奉的是神[8]。這是中國文明與其他文明的一個根本區別。

7 張光直：《考古學專題六講》，文物出版社，1986，第23頁。

8 佛教寺廟是外來文化，道教也是後起的，不在此論之列。

第六章

夏商周三代：血緣紐帶的擴大

〈一〉

中國歷史上，把夏、商、周三個朝代稱作「三代」。這三代，在中國傳統文化中被認為是一個黃金時代，後來的讀書人總是夢想「回到三代」。但實際上，這三代彼此之間還是很不一樣的。

因為一直未能出土類似安陽殷墟甲骨卜辭的文字記載，所以夏代的歷史在今天看來還是模糊不清的。學術界一般認為，雖然實現了形式上的家天下，但中國歷史上的首個國家夏，實際上在某種程度上只能算是部落聯盟而已。

在夏代，各部落對中央政權的出現並不習慣，中央政權對地方的控制也缺乏經驗。它沒有建立系統的分封制度，無法實現對其他部落的直接控制。因此夏雖然已經是國家，但是仍然保留部落聯合體的諸多特徵：夏的天下共主地位主要是名義上的，它只對夏族部落的地域有絕對的控制權，其他部落只要承認夏政權的正統性，並向中央政權交納點貢賦（傳說大禹因此作《禹貢》），就可以基本上不受干涉地進行自我管理[1]。

在夏王朝統治的晚期，夏朝疆域的東部邊緣，有一個叫商的部族興旺了起來。歷史學家傅斯年認為，商最早起源於中國東北地區，與後來東北地區的滿族類似，商人認為自己的祖先來自燕子的卵。

在西元前一六〇〇年左右，商族的首領湯率領著方國部落討伐夏桀。邊緣部族乘中原衰弱入主中原，並繼承中原的文化傳統，中國歷史的這一永恆主題，其實從商代夏就開始了。「殷因於夏禮」，商人在攻滅夏之後繼承了夏的文化遺產，並且將其發展壯大。

《全球通史》認為，商滅夏不是一次孤立的行動，而是全球第一次游牧民族大入侵的一部分。「約西元前一五〇〇年前後，手執青銅武器的戰車兵也入侵了遙遠的中國北部黃河流域。」斯塔夫里阿諾斯說，這不是中國一地的現象：

> 馬和鐵製武器的結合，促使游牧民發起兩次大規模席捲諸文明中心的入侵浪潮。第一次約在西元前一七〇〇至前一五〇〇年之間，入侵者通常是手執青銅武器，駕著馬拉的戰車侵入文明中心；第二次約在西元前一二〇〇至前一一〇〇年之間，入侵者通常都是騎在馬上，用鐵製武器作戰。這些入侵不應看作是取代當地種族、完全改變種族分布的大規模游牧部落入侵，而應說，是為數不多的入侵者，憑藉軍事技術上的優勢，組成武士貴族集團，統治了人數上遠遠超過他們的諸多被征服民族。

在朝代更替之際，統治技術往往發生飛躍式的進步。商王朝與夏王朝統治的

1　這樣的話，夏朝這種天下共主的地位就很不穩固。我們都聽說過后羿射日的傳說，據說后羿就一度取代了夏朝君主的統治地位。原來夏啟死了之後，他的兒子太康繼位。但是這個太康不怎麼爭氣，能力比較差，於是東夷一個叫有窮氏的部落趁機西進，這個部落的首領就是那位著名的善射的后羿，他把太康趕跑，即位稱王（后）。夏朝直到少康才復國，史稱「少康中興」。但是經此一變，夏朝的國王對天下「萬國」的統治更是只剩下名義上的意義。

一個重大區別是，商王朝更有效地依靠血緣的力量。在征夏的過程中征服那些邦國之後，商朝發明分封制，商王把自己的一些兄弟叔伯分封到各地，從而使商王族直接控制的地區比夏王族控制的大了數倍。這樣，商朝的統治就比夏朝更有力而且更穩定。所以從商朝開始，我們可以把中國稱作「封建社會」。

但是和周朝比起來，商朝仍然是一個不完備的封建社會。商代早期，王室和貴族不斷產生矛盾，曾經多次遷都。由於王位繼承制度不明確，內部不斷爭奪王位，曾出現「九世之亂」。商朝在政治上迷信占卜，國家大事都靠算卦，其方式與印第安人用薩滿儀式決定族群大事相類似，這樣的治理水準肯定有限。這些統治制度上的缺陷，就需要下一次改朝換代來完善。

〈二〉

傳統史書說，商朝來自東夷，而周則起於西夷。

一些學者例如徐中舒先生認為周人出自北狄，是北方少數民族，具體地說是白狄。歷史學者沈長雲先生結合考古與文獻資料，認為周族是來自內蒙古鄂爾多斯一帶，後來隨著氣候逐漸乾冷，他們轉移到渭水流域的岐山一帶。「由於地理優勢，他們更容易得到來自西亞的軍事技術，特別是戰車技術[2]。」也就是說，他們的戰車技術要比東邊政權的更先進。西元前一〇四六年，周武王率軍攻伐商紂王，完成了又一次邊緣少數民族對中原的征服，開啟周朝近八百年的歷史。

周代和商代比起來，在統治技術上出現明顯進步。

2 馮盛國：《兩周時期華夷關係研究》，博士學位論文，陝西師範大學，2014。

首先，周代把商代創造的分封制度系統化。

商代雖然發明了分封制，但商王所封的同姓諸國只占商代三千多國中的極少數。而周王朝建立之時，黃河中下游那些邦國原來的土地全部被分封給了周王族的近支親人。《荀子・儒效》裡提到周公「兼制天下，立七十一國，姬姓獨居五十三人。而天下不稱偏焉」。在西周建立之時，天下主要的七十一個邦國中，周王族擁有的多達五十三個。周王的近支叔伯子侄，只要智力正常，都成了顯赫的諸侯。

周王朝建立分封制目的十分明確，就是確保周王族對天下的統治。這在「封建」二字的起源上表現得很清楚，「封建親戚，以蕃屏周」。打仗親兄弟，上陣父子兵，把親人們分封到各地，是為了護衛周王。這樣周王朝對天下的控制力比商朝要強許多。

其次，商代雖然建立分封制，但是沒有制定相對應的完備禮儀和宗法制度，這就導致商代的政治比較混亂。商王傳位，很多情況下是「兄終弟及」，因此中丁之後出現多次爭奪王位的內亂。周代配合分封制，建立了「周禮」，王位傳承奉行嚴格的嫡長制，只有嫡長子才能繼承王位，不是嫡長子的只能封為諸侯，這就從制度上杜絕了爭奪王位的內亂。在王室與諸侯的關係上，周王透過「周禮」中的「朝聘」、「征伐」、「會盟」等禮儀形式，嚴密地控制諸侯。這樣，透過系統化的分封制，西周社會建立起真正意義上的大一統統治，也就是所謂的「溥天之下，莫非王土；率土之濱，莫非王臣」。

商代與周代還有一個區別，那就是商代重鬼神，而周代信天命。

和古埃及一樣，夏商兩代，鬼神是人們生活的主宰。夏商兩代的鬼與神，基本都與祖先有關。甲骨文中經常出現「帝」或者「上帝」，用來稱呼天上的最高神靈。但是這個「上帝」並不是基督教的神，而是商族的祖先。因為甲骨文中，「帝」是花蒂的意思，瓜熟蒂落的那個「蒂」，也即祖先，部族的根。

商代貴族認為，神，或者說上帝，是商族的祖先，因此只保佑商族。神的統治是不可能被人類推翻的，所以他們只要好好祭祀，別讓天上的祖宗不高興，就可以永遠統治下去。所以商代統治者不太重視統治手段，只顧恣意享受，酒池肉林，醉生夢死，這從商代青銅器中那眾多精美的酒器就可以看出來。當然，還有一種可能，就是商代君主如此沉迷於酒，與印第安祭司們沉迷於致幻劑一樣，都是追求「通神」的一種方式。

而周代則把上帝從商人的上帝變成所有人的上帝，從而創造了「天命」這個說法。

周人推翻商朝之後，需要為自己的這一行為進行辯護，即為自己的統治合法性進行論證。因此《詩經・大雅・文王》裡說，「天命靡常」。上天或者上帝並不是商族一個民族的祖先，而是普天下各民族共同的主宰。天下各族都是平等的，哪個民族能入主中原，關鍵是看他有沒有德行，有沒有獲得天命。

當初商湯因為有德行，所以被上天選中當了天子。然而商紂胡作非為，已經耗盡祖先的道德資源。而周人因為有德行，所以成功地實現了改朝換代。

然而周人既然憑藉這套說辭奪取了政權，這套意識形態自然就對周政權形成制約。既然天下各族都有可能獲得天命，那麼這就要求周朝的統治者要自我約束，要好好做，否則就有可能被推翻。

這是周代比較重視政治文明的一個主要原因。《尚書》中的《無逸》篇，是周公教導他的侄子成王的，主要內容是告誡成王不要逸惰，不要酗酒，否則就可能像商代那樣因為失德而失去天下。

因此，周文化是具有革命性、突破性、開創性的文化。它把人的命運主動權從鬼神的手中奪回，掌握在人的手中。世界上大部分古老文化都是宗教文化，人們沉迷於對上天之主的侍奉中，一生都在為彼岸世界做準備。蘇美人說，神創造人，就是為了服侍神。如果你了解中美洲文明，看古代的美洲人為了討神靈的歡心付出多少生命代價，你會覺得不寒而慄。只有中國，從周代起就已經擺脫「宗教負擔」，成為一個致力於現世幸福的「世俗文化」國家。這在人類世界中，應該是最早的。

〈三〉

按照過去一段時間內的說法，中國的夏商周三代是「奴隸社會」。如果是這樣的話，那麼中國歷史就可以和西方歷史一樣，同樣被劃分為「原始社會、奴隸社會、封建社會、資本主義社會」等幾個遞進的階段。

然而如果關注歷史研究的進程，你就會發現，這個說法的論據在今天已經大幅動搖了。對夏商周三代實行奴隸制這一說法，主張最力的是郭沫若，然而郭沫若當時的論點和根據，基本上都已經被後來的研究和考古發現動搖了[3]。

我們說夏商周三代可能不是奴隸社會，首先是夏商周三代並沒有大量存在奴隸制的文字資料，沒有大量人口買賣的紀錄。這說明夏商周雖然存在一定數量的奴隸（其實數量和在人口中的占比，還沒有後來的漢代多），但是並沒有形成奴隸制度。事實上，真正意義上的奴隸制與商品經濟是有密切聯結的。古代希臘、羅馬的奴隸制，與高水準的商品經濟密不可分。換句話說，沒有發達的全國性奴隸市場和大規模的奴隸貿易，很難產生奴隸制。在中國穩定的農業經濟狀態下，是不太可能產生奴隸制的。

其次，郭沫若主張商周實行奴隸制的一個主要論據是，商周遺址中經常出現人殉、人牲，也就是把活人殺掉殉葬和祭祀。郭沫若說，「以人殉葬不消說正是奴隸制的特徵」，「由

3 如果想深入了解這方面的最新研究成果，可以參考陳民鎮的論文〈奴隸社會之辯——重審中國奴隸社會階段論爭〉，《歷史研究》2017年第1期。

上可知周代的奴隸，正是一種主要的財產」。

然而很多人認為，將如此多的人用來殉葬和祭祀，恰恰證明了商周時代還不是奴隸社會。奴隸社會中，戰俘通常是奴隸的主要來源，戰俘以青壯年為主，正是最好的勞動力，但是商周卻多是把他們殺掉，用來祭祀祖先[4]。這說明，中國歷史上沒有出現過西方意義上的奴隸社會。

那麼，在西方人用奴隸作為勞動力的時候，中國社會是怎麼發展生產勞動力的呢？或者說，中國社會是怎麼分層的呢？

中國早期社會分層，也是透過血緣標準來進行的。我們說，周代王位繼承實行嫡長制。其實嫡長制不只存在於王室，而是通行於整個社會。北宋的大儒張載在《經學理窟．宗法》中描述了一個層層分封的金字塔結構：諸侯在國內，同樣要把爵位傳給嫡長子，其他兒子則被封為卿大夫。卿大夫的地位，也只能傳給嫡長子，其他的兒子就降到「士」這個階級。士的嫡長子仍然是士，但是其他的兒子就只能算是平民了。

當然這是一種過於理想化的描述，實際情況可能不是這麼規整，但大致是符合當時的社會情況。例如姬姓族人，雖然同樣和周王一樣姓姬，但是因為血緣遠近不同，在社會上就處於不同的階層。誰在血緣上離周王近，誰就位於社會上層，成為中高級別的貴族；誰在血緣上離嫡長子遠，誰就處於大家族社會地位的下層，成為士或者平民。

周天子的家族是這樣，其他周代貴族家族也是這樣。周代每一個宗族其實就是一個小小的「國家」，嫡長子世襲「宗子」之位。嫡長子就是家族的國君，正因如此，銅器銘文中的他乾脆被尊稱為「宗君」。

4　在甲骨卜辭中可以看到，羌人戰俘大量被用作祭祀中的人牲。

只有身為嫡長子的「宗君」才有權主持祭祀祖先的活動，也只有他才有權掌管本家族的共同財產。

因此《禮記·內則》說，家族內部，最有權威的是宗子。旁系子孫「雖貴富，不敢以貴富入宗子之家。雖眾車徒，舍於外，以寡約入。子弟猶歸器、衣服、裘、衾、車馬，則必獻其上，而後敢服用其次也。若非所獻，則不敢以入於宗子之門，不敢以貴富加於父兄、宗族」。

也就是說，如果你血緣地位低，即使因為特殊原因發了橫財，比宗子更富有，但是你在宗子面前仍然要畢恭畢敬，而且在衣服、器用、車馬的享受上都不得超過宗子。不能在宗子面前炫耀，不管你是坐著多好的車來的，也要遠遠地停在門外。你要是有好的衣服、好的車馬，則必須把最好的部分獻給族長，你只能用次等的。

所以這就導致了上古時代中國特殊的斂財方式，即「先貴而後富」：你在血緣譜系上地位越尊貴，支配的財富就越多，就越容易富有。這就形成了中國政治權力「超經濟強制」的傳統。

當然，我們以上說的都是周人，也就是「國人」。西周社會分為「國人」、「野人」兩大階層。所謂「國人」是統治階層，以征服者的身分來到各諸侯國，定居在城邑中。「野人」指被征服階層，原住居民，居住在城邑之外，耕種田地，交納賦役。被征服階層同樣按宗族劃分，每一個宗族自我管理，共耕一片井田。

所以，在血緣時代，血緣地位和權力地位是完全一體的。周代的家與國是合一的。中央和地方的關係，不只是政治關係，更是血緣關係。「由宗法所封建的國家，與周王室的關係，一面是君臣，一面是兄弟伯叔甥舅。而在其基本意義上，伯叔兄弟甥舅的觀念，重於君臣的觀念[5]。」

5 徐復觀：《兩漢思想史》，九州出版社，2014，第28頁。

所以我們看，自從開天闢地以來，中國人從氏族、部落到邦族，再到國家，血緣家族一再擴大，到了周朝，這種宗族意識達到頂峰。可以說，在三代以前，中國人是完全生活在宗族之中的。「在春秋中期以前的中國社會中，沒有具有自我意識獨立的人，有的只是許許多多以貴族為長的家族[6]。」

6 劉澤華、王茂和、王蘭仲：《專制權力與中國社會》，天津古籍出版社，2005，第5頁。

第二篇

秦始皇以前的中國

第七章

貴族文化的黃金時代

〈一〉

依託分封制，在皇帝制度出現前，西周就已經建立了真正意義上的大一統統治，這個時代在經濟、文化上都創造空前的輝煌。因此孔子雖然是商代王族的後代，卻衷心地以身為周人為榮。他一再說「吾從周」，認為周代是三代之治的頂峰，一切都達到完美的狀態：「周監於二代，鬱鬱乎文哉！」

那麼，「鬱鬱乎文哉」的周代是個什麼樣的社會呢？是個貴族社會。

對於「貴族」的概念，中國人已經很陌生。雖然現在許多別墅社區，都取「貴族苑」、「貴族莊園」、「傲城尊邸」之類的名字，今天的中國人也開始崇尚所謂「貴族」生活，但是很不幸，大部分人所理解的貴族生活，就是住別墅、開賓利車、打高爾夫，就是揮金如土花天酒地，就是對人呼之即來揮之即去。

其實，這不叫貴族精神，這叫「暴發戶精神」。

什麼叫貴族精神呢？讓我們先從宋襄公的故事講起。

相信讀過春秋歷史的人都知道宋襄公的「泓水之戰」。透過那次戰役，宋襄公被貼上「蠢豬式的仁義」的標籤，成了後世人嘲笑的對象。

《韓非子》中是這樣記載這個故事的：宋國與楚國打仗，宋國軍隊列好了陣，楚國軍隊渡過泓水來交戰。宋國的軍官對宋襄公說：「楚軍比我軍人數多，我們應該趁他們正在渡河，馬上發動進攻，那樣楚軍必敗。」宋襄公卻回答說：「不行，那不符合戰爭規則。君子說：『不能攻擊已經受傷的敵人，不能擒獲鬢髮已經斑白的敵人；敵人處於險地，不能乘人之危；敵人陷入困境，不能落井下石；敵軍沒有做好準備，不能突施偷襲。』（『君子不重傷，不禽二毛。古之為軍也，不以阻隘也。寡人雖亡國之餘，不鼓不成列。』）現在楚軍正在渡河，我軍就發動進攻，不合仁義。等楚軍全部渡過河，列好陣，我們再進攻。」

結果是等楚軍全部渡過河後，雙方才開戰。宋軍最終因寡不敵眾，落得大敗，宋襄公也受了傷，第二年悲慘地死去。

用今人的眼光來看，這位宋襄公確實愚蠢呆板得可以。但是如果我們對宋襄公所處的時代有所了解，就會知道他的選擇正是對「貴族精神」的詮釋。

周代文化的首要指標是「禮」。

封建天下諸侯之後，周公「制禮作樂」，制定一系列的典章制度，來界定國與國及人與人之間的上下尊卑、親疏遠近。這就是所謂的「周禮」。

因此，所謂周禮就是規定不同輩分的人、關係遠近不同的人，見面該怎麼行禮，平時該怎麼往來。據說這一制度體系完備，煌煌盛美，「大禮有三百，小禮有三千」。

周禮是很有用的。考察西周二百七十多年的歷史，雖然多次有異族入侵而造成政治危機，卻基本沒有卿士大夫犯上作亂，可以說這套禮法制度發揮了重要作用。

在周代上層社會中，「禮」如同空氣一樣無處不在，就如同今天的「錢」無處不在一樣。甚至在戰場上，人們也需要遵守「戰爭禮」。因為周代的歷史記載到春秋時代才開始豐富起來，所以我們今天能看到的資料多數是春秋時代的。但是即使到春秋，周代的精神風貌依然存在，我們從歷史記載中仍然能清楚地看到這一點。

黃仁宇在《赫遜河畔談中國歷史》中說：「春秋時代的車戰，是一種貴族式的戰爭，有時彼此都以競技的方式看待，布陣有一定的程序，交戰也有公認的原則，也就是仍不離開『禮』的約束。」

春秋時的戰爭方式以車戰為主，因此必須選擇好一處平坦開闊的地點，雙方約好時間，大致同時抵達，等列好隊伍之後，鳴起戰鼓，驅車衝向對方。這就是所謂的「約日定地，各居一面，鳴鼓而戰，不相詐」。

這種戰爭更像體育比賽，要遵守一定的次序。《左傳．昭公二十一年》記載的宋國公子城與華豹之戰就十分典型。雙方戰車在赭丘相遇，華豹張弓搭箭，向公子城射來，結果卻偏離目標。華豹動作敏捷，又一次搭箭上弦。公子城一見，對他不屑地大喊：「不更射為鄙！」意思是戰爭的規則是雙方一人一箭。你射我一箭，現在應該我射你一箭了。你不守規則，豈不太卑鄙！華豹聞言，就放下弓，老老實實地等公子城張弓，結果公子城一箭射死了華豹。史書並沒有嘲笑華豹愚蠢，相反卻肯定他以生命維護了武士的尊嚴。

在今人看來，這些老祖宗在戰場上的表現似乎太迂腐，其實不然。因為春秋以前的作戰方式和戰爭理念都與後世有很大的不同。春秋時期的軍隊都是以貴族為主體，戰士人數不多，幾百輛戰車而已，每次戰爭所用的時間一般不超過一天。因此，那個時候的戰爭更像是一次大規模紳士間的決鬥。貴族在戰爭中比的是勇氣和實力，偷襲、欺詐、乘人之危都是不道德的。正如徐傑令所說：「春秋戰爭裡最大的特點，在於講究承諾，遵守信義，不以陰謀狡詐取勝。」宋襄公所說的「不重傷」（不讓人二次受傷，就是不攻擊傷員），「不禽二毛」（不俘虜老年人），「不鼓不成列」（對方沒有排好隊列時，本方不能進攻），和《淮南子》說的「古之伐國，不殺黃口，不獲二毛」，正是那個時代普遍的戰爭規則。

〈二〉

那時的戰爭規則對今人來說已經十分陌生，那個時代戰場上貴族們的風度和言辭，更是今天讀者難以想像的。《左傳．成公十六年》記述了晉國和楚國在鄢陵打的一場大仗，讓我們看到春秋時代的「戰爭」是多麼彬彬有禮。史書的原文是：「郤至三遇楚子之卒，見楚子，必下，免冑而趨風。」

也就是說，在這次戰鬥裡，晉國的大將軍郤至前後三次遇到楚共王。他每次見到楚共王，都脫下頭盔，趨避到一邊，以表示對楚共王的恭敬。楚共王很欣賞這位晉國將軍的風度，派工尹襄贈給郤至一張弓，並說：「方事之殷也，有韋（紅色皮革）之跗注（綁腿），君子也，屬見不穀（國君自稱）而下，無乃傷乎？」意思是：「戰鬥正激烈的時候，我看到有位用紅色皮綁腿的有禮貌之人。他一見到我，就遵循禮節疾步而走，讓他受累了！」

郤至怎麼回答？《國語》中說：「郤至甲冑而見客，免冑而聽命，曰：『君之外臣至，以寡君之靈，間蒙甲冑，不敢當拜君命之辱，為使者故，敢三肅之。』」

意思是郤至接見了工尹襄，脫去盔甲，聽他傳達楚王的話後，回答說：「您的外國臣子郤至，奉我國君主的命令作戰，在戰場上正穿戴著盔甲，不能下拜。承蒙您派人慰問，我心裡實在不敢當。因為在戰鬥當中，只好對您的使者行個敬禮。」說完，對工尹襄作三個揖就走了。

正如這個故事表現的那樣，即便是在血腥的戰爭中，優雅仍然是春秋時代貴族的基本追求。雖然彼此的目的都是擊敗對方，但他們的言辭仍然處處得體。正如錢穆先生評價：「當時的國際間，雖則不斷以兵戎相見，而大體上一般趨勢，則均重和平，守信義。外交上的文雅風流，更足表現出當時一般貴族文化上之修養與了解。即在戰爭中，猶能不失他們重人道、講禮貌、守信義之素養，而有時則成為一種當時獨有的幽默。」

了解這些背景，我們就了解了泓水之戰中宋襄公的所為並非心血來潮。作為貴族的後代，從小受到嚴格貴族教育的宋襄公，講究貴族風度是他根深柢固、深入骨髓的觀念。在戰爭中，他既要取勝，也要贏得「漂亮」，贏得「合理」，贏得「高貴」。甚至在一定意義上，風度大於勝敗。那些今天看起來迂腐的禮儀，其實不僅是儀式和禮節，更是一個階級不可更改的文化信念。宋襄公的「愚蠢」，其實是那個時代貴族風度的光彩流露。

那麼，為什麼今天我們在歷史教科書中公然嘲笑宋襄公呢？這是由於中國的貴族傳統中斷太久，我們的貴族時代在西元前就結束了，所以今天的我們確實已經很難理解春秋戰國時代老祖宗們的內心世界。

如果我們感覺宋襄公在戰爭中遵守的「不重傷，不禽二毛，不鼓不成列」的規則過於迂腐，難以理解，那麼，打一個比方，也許就容易明白了：春秋時代的戰爭規則，其實就是中世紀歐洲的「騎士精神」。中世紀歐洲騎士打仗要遵守的行為準則是：第一，不傷害俘虜；第二，不攻擊未披掛整齊的騎士；第三，不攻擊非戰鬥人員，如婦女、兒童、老人。

宋襄公說的戰爭倫理，和歐洲的騎士精神非常相似。所以貴族社會有著共通的精神價值。可惜的是，今天，相當多的中國人崇拜歐洲的騎士精神，卻很少有人意識到它是我們嘲笑了幾千年的「宋襄公主義」的歐洲版。

從這個事實中我們就能看出，現在的中國人和春秋戰國時代的中國人，已經非常不一樣了，精神世界幾乎已經不能相通。

同泓水之戰一樣，春秋時代還有許多故事，我們今天讀起來，都感覺是那麼難以理喻甚至可笑。其實，這些故事在一千多年後西方中世紀的貴族時代，都能找到類似的翻版。

例如，人們津津樂道的一個故事是「子路正冠」。說的是孔子的弟子子路在戰爭中陣亡，他臨死前還不忘繫好被對手砍斷的帽纓，正冠而死。人們認為這個故事說明儒家學說害人不淺：死到臨頭，還對教條念念不忘。

〈三〉

其實禮教精神的一個重要原則，就是在任何時候都要保持尊嚴和風度。子路在敵人的刀鋒下繫好帽纓，其實正展現了在死亡面前貴族式的從容不迫。西方的貴族社會也能找到類似的例子。法國大革命高峰的時候，路易十六和皇后都被送上了斷頭台，皇后上斷頭台的那一刻，不小心踩到劊子手的腳，她留下的最後一句話是優雅的道歉：「對不起，先生。」

春秋時代的戰爭中，還有許多有趣的插曲。例如發生在楚國與晉國的「邲之戰」中的一個場景。那場戰爭中，晉國落得大敗，在逃跑時，晉國的許多戰車陷入泥坑，狼狽不堪。楚國士兵不但不乘機追殺，反而還跑上前教晉車如何抽去車前橫木，以便衝出陷坑。晉軍脫離困境後，還回頭對楚軍開玩笑說：「吾不如大國之數奔也。」還是你們逃跑有經驗啊！

在今天的人看來，這種戰爭簡直就像小孩子玩扮家家酒。其實這種「可笑」的場景在中世紀歐洲貴族的王位之爭中也經常出現。

一一三五年，亨利一世去世，他的外孫亨利二世和外甥史帝芬都認為自己有權繼承英國王位，史帝芬搶先一步登上王位，亨利二世不服，多次領兵前來爭奪王位。在第一次王位爭奪戰中，年僅十四歲的亨利二世經驗不足，準備不充分，還沒開戰，軍隊就沒有了糧餉。陷入飢餓、困窘的他，居然向敵人史帝芬請求支援，而史帝芬呢，居然也慷慨解囊，借錢讓亨利二世把飢餓的雇傭軍打發回家，第一次戰爭就這樣可笑地不了了之。

數年之後，亨利羽翼已豐，捲土重來，雙方再次展開大戰，這次亨利很快取得勝利，史帝芬俯首投降。然而，雙方談判後達成的結果卻讓人大跌眼鏡：雙方約定，史帝芬繼續做英國國王，不過要宣布亨利二世為他的繼承人。

這些故事反映出，貴族時代的戰爭與平民時代明顯不同。貴族間的戰爭一般並不以殺戮和徹底征服為目的，而是點到為止。在戰場上，大家是敵人；下了戰場，大家仍然是朋友。

中國的貴族社會在秦始皇統一中國後就基本結束了，而西方一直持續到近代早期，也就是說比中國晚結束了一千多年。這是構成中西歷史風貌不同的一個重要原因。

第八章

亂世的活力

（一）

講了分封制的發展之後，我們回過頭來需要再分析一下分封制的起源和弱點。

分封制在中國起源很早。中國歷史傳說中，黃帝就曾經分封過他的眾多兒子，「黃帝二十五子，其得姓者十四人」。這種傳說也不是沒有依據，因為分封制是一種比較原始的政治治理模式。一般來講，從部落時代進入國家時代，最容易選擇的政治模式就是分封制。因為這個時候，還不可能發展出一套官僚系統，形成對國家自上而下的控制。同時，交通條件也不足以支撐地方頻繁地與中央聯繫。因此，透過分封制給予各地諸侯很大的自治權限，是最自然的選擇。不光中原民族是這樣，草原民族也是這樣。《元典章》記載：「太祖皇帝初起北方時節，哥哥弟弟每商量定，取天下了呵，各分地土，共享富貴。」後來成吉思汗擔心後代為了領地起紛爭，曾經對他兒子們說了另一句話：「世界之大，江河眾多。你們攻占外國，去各自分配，擴大自己的牧地。」正如成吉思汗所計畫的那樣，後來，當時已知的全世界曾一度被成吉思汗的幾個兒子瓜分。

努爾哈赤在統一女真各部的過程中，也建立了八旗體制，其實也就是分封制度。在後金時期，八旗相對獨立，類似於各個諸侯國，或是蒙古各個汗國。八旗軍隊互不統屬，由各旗旗主、領主執掌。在八旗分封體制下，財物、人口、土地必八家均分，「八旗共議國政」，推舉汗王。

不光中國如此，外國也這樣。羅馬帝國滅亡後，各蠻族建立的國家都不約而同地採取了「分封制」這一種簡單易行的政體。

在眾多分封制政體中，中國周代的分封制因為天命觀和「周禮」的出現，而顯得最成熟和完備。所以西周初期，王朝紀律嚴明，君君臣臣，綱紀整飭，出現所謂的「成康之治」，也就是「成康之際，天下安寧，刑措四十餘年不用」。

但是，分封制不是完美的，它有著嚴重的缺點，最致命的一個是它依託血緣關係建立，因此效能自然隨著時間的推移、血緣的淡化而遞減，最終會導致內部紛爭。

西周盛世沒能像周王朝的開創者設想的那樣永遠延續下去。時間如水，總在沖淡血緣。在周朝建立初期，周天子和諸侯國通常是父子、叔侄、兄弟關係，這種關係是很親近的，彼此有一種天然的信任感。過了幾代，關係越來越遠，彼此又很難見面，就談不上什麼感情了，這樣，周王對地方的控制力越來越弱。

因此，到西周晚期，各大諸侯國朝拜的頻率越來越低，周天子的話越來越沒有人聽，各諸侯國越來越習慣各行其是。

終於，到周幽王時代，周王朝衰弱到了這樣的程度：當西邊的犬戎入侵時，各地諸侯甚至都不來幫周王抵抗，所以有了所謂的「烽火戲諸侯」的故事。

什麼叫烽火戲諸侯呢？是說周幽王有一個非常寵愛的妃子，叫褒姒。這個褒姒太美了，周幽王特別喜歡她，可是她有個缺點，不愛笑，為了逗她笑，周幽王就想了個主意，和她一起來到驪山的烽火台邊，點燃烽火，一時間，狼煙四起，烽火衝天。各地諸侯一見狼煙警報，以為有敵人打過來，趕緊率兵前來救援。他們不約而同來到驪山腳下，卻發現沒有敵人，這才知道被戲弄了，只好又都灰溜溜地撤走。褒姒見千軍萬馬招之即來，揮之即去，如同兒戲一般，覺得十分好玩，不禁嫣然一笑。周幽王大喜，說終於把愛妃給逗笑了。結果後來，一支叫犬戎的少數民族軍隊打過來，周幽王趕緊點燃烽火，但是諸侯們都不相信了，沒有人來救天子，犬戎最終攻破周代的首都鎬京，殺死了周幽王。

這個故事是被司馬遷記入正史的。不過，雖然被載入正史，我們仍然要說，這顯然是一個憑空編造的故事。為什麼呢？因為陝西省的一把狼煙，是無法讓河南、河北、山東、山西的諸侯同時看到的。就算各國同時看到了，但是諸侯國離烽火台的距離遠近不同，近的幾十里，遠的上千里，軍隊根本不可能同時到達。那時候行軍很慢，近的走一兩天，遠的要走上幾個月，你總不能讓周幽王和褒姒在烽火台邊待上幾個月，就為了看這樣一個笑話吧？

所以，這只能當是一個傳說，錢穆因此稱司馬遷的這一記載為「委巷小人之談」。不過傳說的背後，也總能反映出一定的歷史真實。這個故事實際呈現的是這樣一個事實：西周末年的時候，周王已經號召不了各地諸侯。所以在西元前七七一年，周王的領地被犬戎軍隊占領，周幽王被殺死，他的兒子周平王不得不將都城從鎬京遷往東都洛陽，這宣告西周滅亡，東周開始，中國歷史也進入著名的春秋戰國時代。

〈二〉

春秋戰國時代是一個混亂的時代。

沒有了「天下共主」，原本靠周王室中央權威維繫的大一統政治秩序失效了。在權威主義的管理模式中，一切都由最高權威規定和裁決，被管理的各國橫向間缺乏有效聯繫和溝通的方式，也缺乏協商共事能力。因此，一旦權威傾覆，天下立刻一片混亂。不再有共同的標準和原則，不再有有效的協調機制。整個春秋戰國時代，各國遵守的都是弱肉強食的森林法則，你爭我奪，互相大打出手。史家說「春秋無義戰」。

據統計，春秋時代弒君三十六位，亡國五十二次，大小征戰不計其數；戰國時代的大小戰爭約有二百二十二次。各國的百姓生活在戰爭不斷的動盪中，當然非常痛苦。

然而，就是這樣一個混亂的時代，卻成為中國歷史上一個罕見的黃金年代。這是一個英雄輩出的時代，大政治家、大軍事家、大外交家，導演了一齣齣驚心動魄、威武雄壯的歷史活劇；這是一個創造的時代，孔子、孟子、老子、莊子、墨子、韓非子等思想巨人，一個又一個接連出現。百家爭鳴，爭相著述，互相辯駁，形成中國歷史上唯一一次絢爛奪目的思想大爆發。他們留下的著作，被後世人視為永恆的經典和永不枯竭的智慧之源。

為什麼亂世會成為黃金時代呢？恰恰是因為「亂」。

西周前期，雖然秩序井然、社會安定，然而過分的穩定和過於嚴格的禮儀約束，也束縛了人們的創造力和活力。同時，小國寡民導致各國往來頻率不高。除了周公，西周前期並沒有出現偉大的思想家。

春秋時代的中國之所以能夠生機勃勃、絢麗多彩，是因為列國競爭的環境，使得春秋時代的空氣遠比西周時代更為自由。

多元的政治格局和競爭激烈的社會環境，使各國統治者急於延攬人才，因此對人才不得不特別尊重。許多底層人士可以以智慧和知識為資本，抗禮王侯，主宰自己的命運。因此，春秋時期是中國士人能夠活得頂天立地的少數時代之一，他們特別強調精神的自由和人格的獨立，每以君王的師友身分自居，將自己所學之「道」置於權勢之上，合則留，不合則去，這一點，以儒家最為凸顯。孔子周遊列國，不留戀高官厚祿，不屈服於任何政治權威，只為推行自己的政治主張：「三軍可奪帥也，匹夫不可奪志也。」

孟子則遠比孔子更鋒芒畢露。孟子性格外向，感情豐富，行事張揚。他自負到公然宣稱：「如欲平治天下，當今之世，捨我其誰也？」他特別強調精神的自由和人格的獨立，與國君交談之際，也毫無奴顏媚態，「說大人則藐之，勿視其巍巍然」。

更為重要的是，春秋之後，經濟發展，城市大量出現，各國往來越來越頻繁，知識交流的速度越來越快。人才可以四處流動，從貴族、士人到普通農民，人人都擁有逃亡的自由，或者說是「用腳投票」的自由。孔子見七十二君，就是說孔夫子他老人家走遍了七十二個國家。正如梁啟超在《論中國學術思想變遷之大勢》中所說：「周既不綱，權力四散，游士學者，各稱道其所自得以橫行於天下，不容於一國，則去而之他而已。故仲尼干七十二君，墨翟來往大江南北，荀卿所謂『無置錐之地，而王公不能與之爭名；在一大夫之位，則一君不能獨畜，一國不能獨容』。言論之自由。至是而極……豈所謂『海闊從魚躍，天空任鳥飛』者耶？」

所以，自由釋放活力，交流迸發智慧。各派學者相互啟發、相互攻訐，知識產生和升級的速度大大加快。

〈三〉

春秋戰國之後，中國歷史上還有一個知識分子活得特別有個性的時期，那就是魏晉南北朝時期。我們都知道「魏晉風度」這個詞，這個時代的士人給人的印象都是「非常有個性」，例如劉伶「常乘鹿車，攜一壺酒，使之荷鍤而隨之，謂曰：『死便埋我。』」。他們公然蔑視禮法。阮籍當眾放言：「禮豈為我輩設也！」這一點和春秋戰國時期很像。

為什麼呢？因為魏晉南北朝也是一個大動盪、大變革的時期。這個時代戰爭連綿，動亂不斷，皇帝如同走馬燈一樣換來換去。鐵桶一般的大一統政治秩序被打破，士人們的頭腦又一次獲得解放。因此，魏晉南北朝時期在中國歷史上也是一個比較有創造力的時代，但是這種創造力主要不是表現在政治思想領域，而是在文學藝術領域，例如出現了王羲之這樣的大書法家，顧愷之這樣的大畫家，陶淵明、謝靈運這樣的大詩人，誕生了《廣陵散》這樣的千古絕唱。

所以，歷史的規律說明，大思想家和大藝術家往往都誕生於亂世，亂世往往打開了新的思考空間。連中國人自己都說，「亂世出英雄」。

第九章

戰國史就是變法史

〈一〉

我們經常把春秋和戰國連稱，但是大部分人都沒有注意到春秋與戰國之間本質性的差別。

戰國時代戰爭的激烈程度和殘酷程度都遠超過春秋時代。春秋時代的戰爭都是貴族的遊戲，以榮譽為目標，戰爭規則明確，風度翩翩。因此，春秋時代被滅掉的都是大國身邊微不足道的小國，從來沒有哪個大國吞掉另一個大國。例如，鄭國夾在楚國和晉國之間，被攻打了近一百次，卻始終沒有被楚、晉任何一方吞併。而戰國時代，戰爭卻是功利的，目的是直接消滅對方的國家，掠奪對方的人口。越國吞併吳國，開創了一個大國吃掉另一個大國的不幸先例，在那之後，滅國戰爭愈演愈烈，直至秦滅六國。

春秋時代的貴族活得從容而優雅，國與國之間的邊界和關塞並不用遣重兵把守，因為人們不會不宣而戰。而到了戰國時代，各國防範森嚴，日日枕戈待旦，「不擇手段」成了戰爭的主要手段。春秋時代一個重要的戰爭規則是「師不伐喪」，如果一個國家出兵時遇到對方國君去世，就要主動退兵。然而從春秋晚期開始，特別是到戰國時代，對方國君去世之時卻成了己方出兵的最佳時機。

因此，戰國時代戰爭的規模和慘烈程度，也是春秋時代無法比擬的。春秋時代的戰爭規模通常很小，「未有殺人累萬者」，戰爭通常會在一天之內結束，很少有超過三天的大戰。而在戰國時代，戰爭曠日持久，十分慘烈，「爭地以戰，殺人盈野，爭城以戰，殺人盈城」（《孟子・離婁上》）。西元前二九三年，白起大敗韓魏聯軍，史載被秦軍斬首者達二十四萬。而據文獻統計，秦國在統一戰爭中一共屠殺了超過一百五十萬的他國士兵。

〈二〉

這是為什麼呢？主要是因為鐵器在春秋末期、戰國初期才開始普及。

青銅時代形成的國家規模比較小，因為青銅不足以支撐大規模的生產力。我們說過，青銅器很珍貴，所以主要用來做禮器和兵器，農業工具大部分還是木頭和石頭做的，所以糧食產量不高。

但是鐵器出現就不同了。

在歷史上，鐵的出現是一件大事。鐵器價格便宜，同時相比於木犁，能更輕鬆地耕種土地。鐵器的使用使越來越多的森林得到開墾，糧食產量大幅增加。

我們知道，在鐵器普及之前，春秋時代的各國並不是連在一起的，什麼意思呢？就是說，國與國之間沒有邊界。西方漢學家吉德煒說，商代的國家結構如同瑞士乾酪，裡面充滿空洞。周王分封諸侯，只是派自己的兄弟子侄到一片荒蠻的大地上建立一個又一個殖民點而已。所以西周初期的一千多個方國，其實「領土就好似一個擁有超過一千七百個周朝堡壘、要塞和據點的群島，其周圍就是由潛在的村民和異族部落組成的汪洋大海[1]」。春秋時代以前的諸侯國，是一個一個點，而不是一片一片的，點和點之間是荒野，是游牧民族生活的地方，所以叫「華夷雜處」。當時的游牧民族，並非只生活在中原王朝的北邊，很多生活在中原各諸侯國之間的荒野上。

舉個例子，宋國和鄭國之間有隙地六邑，相當於今天三個縣的面積，整整六百年，這片土地一直是沒人要的。總之，春秋以前，中國大部分國土是沒開發的，開發的只占一小部分。這種情況下，就沒有出現統一國家的壓力。

但是，鐵器普及後，糧食產量翻了一番，「若西周的畝產為每畝一石，則戰國畝產（以每畝二石計）增加了一〇〇％[2]」，人口也迅速地爆炸式增長，荒野都被開闢，各國的疆界這時也開始連接，國土的爭奪越來越激烈，一個統一的國家也就呼之欲出。

〈三〉

在政治環境相對寬鬆的春秋時代，人們可以活得很優雅，而到了冷酷的戰國時代，人們必須活得精確且無情，才能在異常激烈的競爭中倖存下來。

因此，法家學派誕生了。這是在弱肉強食的戰國時代所興起的一種全新思考方式。周代禮樂文明的基礎是「人性善」。因為大家都出身於同一個家族，或者存在親戚關係，所以相互之間提倡體諒包容，「仁」是處理人際關係的準則。而法家學派的理論基礎是「人性惡」。在人慾橫流、生死存亡之秋的戰國時代，「溫良恭儉讓」已經落伍

1　塞繆爾·E·芬納：《統治史》（卷一），華東師範大學出版社，2014，第480頁。

2　李根蟠：〈從銀雀山竹書《田法》看戰國畝產和生產率〉，《中國史研究》1999年第4期。

了，沒用了，人們必須放下溫情，準備戰鬥。因此法家的思想就是透過變法摧毀以禮樂文明為代表的貴族制度，建立一套全新的統治方式，強化集權，擴大軍隊，提高戰鬥力，確保國家生存下去。

為什麼要強化集權呢？因為當時各諸侯國的政治通常都是比較混亂的。前面說過，周代的分封制在經過幾代之後因為血緣聯繫弱化，諸侯就不聽天子的了，而各諸侯國中也出現相似的情況。諸侯也都是把領地分給自己的親人，讓他們當卿大夫。過了幾代，這些卿大夫也不聽諸侯的了。甚至諸侯的陪臣居然也敢使用天子才能用的「八佾」儀仗，令孔子大呼「是可忍孰不可忍」。最典型的是三家分晉，幾個卿大夫乾脆合夥瓜分這個國家，把一個晉國分成了韓、趙、魏三國。

一旦內部分裂，對外當然就失去抵抗力。所以，君主首先要打擊貴族勢力，統一指揮，提高國家戰鬥能力。

接著，要擴大軍隊。國家若想不被吞併，就要有強大的武裝。

要擴大軍隊，最關鍵的是什麼？是錢。

戰爭是最能消耗資源的。因此需要提高政府對社會資源的汲取能力，換句話說，要從民眾身上獲得更多的錢，徵到更多的兵。

鐵器普及之後，井田制就瓦解了，為什麼呢？因為農民用鐵器，在很短的時間內就把原來用木器、石器種一年的公地種完了。種完公地之後還有大把時間，於是就自己開荒——春秋末期，土地還大量荒著。開了荒，種出的農作物不用上繳，可以歸自己。

這樣，大家都忙著開荒，原來那點地就可種可不種了。井田制就瓦解了，國君和貴族能收到的農作物就更少了。

所以魯國最早進行了一次改革，叫「初稅畝」。按字面解釋，就是第一次開始按畝納稅。也就是說，不管老百姓手裡是公田還是私田，都要交稅。原來只有公田要交稅，現在自己開荒的地也需要交稅，這樣，國君的稅收就大幅增加了。這一制度於西元前五九四年自魯國開始，後來楚國、鄭國、晉國等國家也陸續跟進。這是國家汲取能力的第一次大幅增強。

國家力量的第二次增強，則是分封制演變成郡縣制。郡縣制是楚國發明的。楚國原來是南方的一個蠻夷之國，不太懂中原國家的規矩。一般來說，一個國家打下一塊新的土地，都要新封一個貴族。楚王不這樣做，他把這塊新的土地叫作「縣」，就是「懸著」的意思，意指懸在邊疆的一塊土地。楚王派自己的一個僕人去管理這塊土地，收的稅直接歸楚王所有。這樣的縣越來越多，楚王直接控制的土地也就越來越多了。

這就是郡縣制的雛形。制度創新往往是在楚國這樣的邊緣國家完成的。

分封制相當於地方自治，國君想直接從各地貴族手裡徵調百姓、徵收賦役，會遇到貴族的阻撓和反對，很不容易。但分封制變成郡縣制後，國家取得對老百姓的最終控制權，無論徵稅還是發兵，都由國君說了算，貴族不再有發言權。於是，各國紛紛效仿，越來越多的國家實行郡縣制，這就是戰國變法的基本邏輯，其實也是一千多年後中世紀西方各國建立中央集權、形成近代民族國家的邏輯。

如果說「爭霸」是春秋時代的主題，那麼「變法」就是戰國時代的主旋律。進入戰國之後，各國爭先恐後開始變法。管仲以富國強兵為目的，在齊國舉起改革大旗。不久，李悝在魏國又興起改革大潮。楚國的吳起變法是戰國時代又一次著名的變法。可以說，一部戰國史就是一部變法史。每一次變法，都會催生一個強國；每一次變法，都會引起周圍國家的倣效。

在各國的變法中，最成功、最徹底的是秦國的變法。

第十章

法家的基本思路

〈一〉

在戰國變法中，最成功的一次是商鞅變法。

秦國本來在當時各大國中是最落後的。秦人起源於甘肅天水一帶。荒涼的西北高原物產稀少，人民生活貧困。《漢書．刑法志》這樣描述秦國：「其生民也狹隘，其使民也酷烈。」

商鞅變法在各國變法中的時間排序也是比較晚的。在此之前，各國變法的主要內容基本相似，商鞅在很大程度上其實是一個抄襲者。我們比對一下商鞅變法和吳起變法，可以發現商鞅變法在許多方面幾乎是吳起變法的翻版。

就說著名的「徙木立信」吧，分明就是抄襲吳起「車轅立信」的典故。原來吳起在魏國做將軍時，曾經在城北放了一根車轅，下令說，誰能把車轅搬到南門外，就厚加封賞。人們都感覺這簡直是個玩笑，半天沒人去動那根車轅。後來一個傻乎乎的士兵說這有何難，扛起車轅搬到南門外。吳起當場賞賜給他大筆錢財，士兵們因此知道吳起說話算數。商鞅效法吳起，在秦國都城的南門前也立起一根木柱，並承諾誰要是把木樁搬到北門，就給誰一大筆錢，由此拉開他的改革序幕。這是對吳起變法毫不掩飾的簡單抄襲。

至於商鞅變法的其他方面，和楚國變法也幾乎如出一轍。商鞅其中一個最重要的措施是把全國土地重新劃分成三十一個縣，建立中央集權，如前所述，這種郡縣制改革是楚國首先實行的。商鞅還取消世卿世祿，獎勵軍功，鼓勵耕戰，發展生產……這些措施都是吳起做過的。甚至商鞅的「燔詩書而明法令」，也是抄襲自吳起的「破橫散縱，使弛說之士無所開其口」。因此，我們可以說，商鞅變法不過是吳起變法的升級版和擴大版。

那麼，為什麼在戰國諸國中，只有秦國的變法獲得徹底的成功，其他國家甚至是楚國變法的效果都遠遠不如秦國呢？

這正是因為秦國的落後。

〈二〉

法家是作為周代禮樂文化的反叛者出現的。禮樂文化追求的是典雅、寬容、仁愛、穩定，這種文化性格適合和平年代，在生死存亡的戰爭年代就顯得刻板、遲鈍和顢頇。相比之下，法家文化直接、痛快、高效。法家推崇制度理性，要用制度而不是道德來解決問題，這個思路應該說比儒家更為高明。「法家學說主要是政治科學與社會科學，它就像馬基維利的學說一樣，是在理性主義、現實主義、經驗主義的立場上審視政治與國家的產物，……蘊含了足夠豐厚的現代性[1]。」法家改革者打破一切框架的勇氣，不避鋒芒、敢為人先的魄力和摧陷廓清、翻天覆地的氣勢，確實也讓人感覺振奮。呂思勉說：「法家之學，在先秦諸子

1 喻中：〈法家的現代性及其理解方式〉，《山東大學學報（哲學社會科學版）》2018年1月。

中，是最為新穎的。先秦諸子之學，只有這一家見用於時；而見用之後，居然能以之取天下；確非偶然之事[2]。」

然而法家文化是有嚴重缺陷的，它精於算計而不擇手段，雖然有效率但是殘忍。主導楚國變法的名將吳起在政治上的崛起，就是透過著名的「殺妻求將」來達成的。《史記．孫子吳起列傳》載：「齊人攻魯，魯欲將吳起。吳起取齊女為妻，而魯疑之。吳起於是欲就名，遂殺其妻，以明不與齊也。魯卒以為將。將而攻齊，大破之。」吳起是魯國人，娶了齊國女子為妻。後來齊國和魯國交戰，吳起因為「善用兵」而為人舉薦，然而妻子的國籍成了吳起登壇拜將的障礙。「魯疑之」，擔心吳起不盡力。於是吳起毅然殺掉妻子，用妻子的頭顱換來自己的功成名就。

因此法家提倡的是一種赤裸裸的功利主義文化[3]。

法家學派的另一個嚴重問題，是它的思考完全圍繞著「君主利益」這個圓心，而不顧及其他階層的利益。因此法家變法的基本思路，就是把民眾當成君主的工具，透過嚴刑峻法，把百姓都變成亦兵亦農的斯巴達式戰士，把國家改造成一台有效率的戰爭機器。

所以法家和儒家的思考方式在很多方面是針鋒相對、完全相反的。例如儒家認為，民眾是國家的主體，也就是《尚書》所說的「民為邦本」，國家是為民眾而存在的。法家卻認為，君主是國家主體，或者說，國家的存在是為君主服務的。所謂「君上之於民也，有難則用其死，安平則盡其力」，就是說，百姓對君主有什麼用呢？作戰的時候，可以貢獻生命；和平的時候，可以貢獻勞力——這就是百姓存在的意義。

2　呂思勉：《中國政治思想史》，中華書局，2014，第41頁。

3　法家只求實用，不講原則。商鞅曾把禮樂、孝悌、誠信、仁義、非兵、羞戰，列為有害國家的「六虱」。他說，只有杜絕了「六虱」，國家才能強盛。

儒家學說認為，君主應該爭取民心，獲得民眾發自內心的支持。民眾的感受就是上天的感受，所謂「天視自我民視，天聽自我民聽」。老百姓滿意，君主才能繼續做下去。法家卻堅決反對這一點。韓非子在《顯學》篇中說道：

今不知治者必曰：「得民之心。」欲得民之心而可以為治，則是伊尹、管仲無所用也，將聽民而已矣。民智之不可用，猶嬰兒之心也。……為政而期適民，皆亂之端。

意思是說，不懂得政治的人才會說要爭取民心，如果要獲得百姓的支持後才能施政，那麼要政治家有什麼用？人民都像無知的嬰兒一樣，政府要他們吃點小苦以謀求永久的大利，犧牲一世代的幸福換來國家的長治久安，他們竟然全然不能了解。如果治國的時候聽取老百姓的意見，那國家必然要陷入混亂。

儒家認為有恆產才有恆心，「民之為道也，有恆產者有恆心，無恆產者無恆心，苟無恆心，放僻邪侈，無不為已」。中產階級是社會的穩定器，因為他們有不大不小的「恆產」，所以心態很平穩。一個人如果沒有自己的財產基礎，那麼他就會「光腳的不怕穿鞋的」，就會走上歪門邪道。

商鞅卻說，治國之要訣是「弱民」和「勝民」。也就是壓制、打擊民眾，削弱民眾的力量。為什麼呢？商鞅說：「民弱國強，國強民弱，故有道之國，務在弱民。」（《商君書・弱民》）意為只有民弱了國才能強，只有讓民眾既愚昧又貧窮，這個國家才能強大。

這是基於什麼邏輯呢？商鞅在《算地》中說：

技藝之士資在於手；商賈之士資在於身。故天下一宅，而圜身資。民資重於身，而偏托勢於外。挾重資，歸偏家，堯舜之所難也；故湯、武禁之，則功立而名成。

有手藝的人靠手藝致富，做生意的人靠經商發財，這樣他們都有所依靠，不把官府當回事，國家就不好管理，只有先讓他們窮下來，賤下來，弱下來，他們才會尊重權力，把官員當回事，「民辱則貴爵，弱則尊官，貧則重賞」。

商鞅在《賞刑》篇中還說：

所謂壹教者，博聞、辯慧、信廉、禮樂、修行、群黨、任譽、清濁，不可以富貴，不可以評刑，不可獨立私議以陳其上。堅者被（破），銳者挫。……然富貴之門，要存戰而已矣。

要消滅民眾中那些知識面廣、聰明、有信義講廉恥的、有禮樂修養的、喜歡結黨的、追求名譽的人，這樣的人，不能讓他們獲得富貴。

因此，儒家認為「倉廩實而知禮節」，法家卻認為知禮義是沒有必要的。商鞅認為中產階級對更高精神理想的追求是可怕的，因為這樣他們就不會畏懼權力。

所以治國首先要讓百姓窮下來，失去生存的基礎，讓他們乖乖地聽從權力的指揮，遵循國家政策導向。所以「治國能令貧者富，富者貧，則國多力，多力者王」（《商君書．去強》）。治國的人如果能隨便讓窮人富起來，富人窮下來，那麼證明這個國家有力量，有力量的國家才能稱王。

儒家認為，要任用知識分子，選拔賢人去治理國家，韓非子認為，這也是大錯特錯的。因為這些聰明人頭腦太活躍，不容易統一指揮。「儒以文亂法，而俠以武犯禁。」、「故舉士而求賢智，為政而求適民，皆亂之端，未可與為治也。」知識這個東西雖然有用，但是副作用太大，因此只好割愛。「故遣賢去知，治之數也。」把賢能和有知識的人趕走，這是治理的必需。

那麼，用什麼人治民呢？

為了弱民，《商君書．去強》提出要「以奸民治」：

> 國以善民治奸民者，必亂，至削；國以奸民治善民者，必治，至強。

用有良心的人去治理奸惡之徒，這個國家必亂。用奸惡之人去壓制有良心的人，國家才能強。

換句話說，就是要用黑惡勢力來統治民眾，讓民眾屈從於流氓統治，接受任何不合理的現狀，這樣民眾才能越來越懦弱，越來越屈從強權。

因此，法家文化完全是建立在人性惡的基礎上，一提起性惡論者，大家都會想到英國政治哲學家湯瑪斯．霍布斯（Thomas Hobbes）。因為霍布斯有一句名言：「人對於人是狼。」然而在人類文化史上將人性惡推到極致的，正是法家。

歷史學家秦暉先生說，如果你認真讀霍布斯，你會發現，霍布斯的性惡論是有條件、有限定的，主要講的是陌生人之間的關係。霍布斯沒有說過，熟人、親人之間也相互是狼。

可是，韓非子卻這樣說過。

韓非子的原話是什麼呢？「夫以妻之近與子之親而猶不可信，則其餘無可信者矣。」意思是你不要相信任何人，連你的老婆孩子都是在成天算計你。你寵愛某個妃子，但是你知道這個妃子怎麼想嗎？她正成天盼著你早死，因為她現在正在受寵，她的孩子有可能成為繼承人。可是如果你再活幾十年，她年老色衰，你就會移情別戀，她的孩子也會被冷落，所以她沒事就謀算著怎麼給你下毒。妻子是這樣，兒子也是這樣。如果你立了一個太子，你以為他會感謝你嗎？恰恰相反，他巴不得你早點死，他好早點接班。

這才是徹底的性惡論者。韓非子認為，人性本惡，百姓自私自利而且愚蠢，所以最高統治者不能相信任何人，只相信三樣東西：法、術、勢。「以法刑人，以勢壓人，以術馭人。」

所謂「法」，就是指嚴刑峻法，嚴酷地對待百姓，運用好賞罰這個利益槓桿：不聽話的，狠狠打擊；賣命的，就給高官厚祿。所謂「術」，就是權術。韓非子說：「君以計蓄臣，臣以計事君，君臣之交，計也。」皇帝出於算計，任用大臣。大臣們也是出於算計，才為皇帝服務。所以皇帝和大臣的關係，就是相互算計的關係。君臣之間，「一日百戰」，一天需要玩一百次心計，因此皇帝一定要精於權術。所謂勢，就是嚴刑峻法造成的一種威勢，一種恐怖氣氛。這樣就可調動起所有社會資源，達到富國強兵的目的。

這樣的理論，與貴族文化的性格反差太大了，在有著禮樂文明基礎的其他國家很難徹底推行。這就是法家理論在其他國家都遇到重重阻礙，變法都無法徹底進行的主要原因。

但是秦國的民族性卻與法家文化一拍即合。這一點古人早已指明，《淮南子・要略》謂「秦國之俗，貪狠強力，寡義趨利。……孝公欲以虎狼之勢而吞諸侯，故商鞅之法生焉」。秦國的風氣是貪婪、狠猛、殘暴，所以才出現了商鞅之法。

第十一章

秦國崛起的祕密

〈一〉

秦國是一個蠻夷化程度很深的國家。從西周時代起，中原的諸侯國就認為秦國是蠻夷之邦，認為它是異類，稱之為「秦夷」，說它是「戎狄」。秦「僻在雍州，不與中國諸侯之會盟，夷狄遇之」，列國開會的時候都不叫上秦國。

確實，秦國在很多地方和中原諸侯國不一樣。首先是它沒文化，李斯所謂「士不產於秦」，荀子說秦國「無儒」，沒有深厚的禮樂文化傳統。所以秦國的人才包括商鞅、韓非、李斯都是從外面招聘來的，沒有本國培養出來的；其次，秦國不實行嫡長繼承制，沒有嚴格的宗法制，「擇勇猛者而立之」（《春秋公羊傳．昭公五年》），老百姓生活當中「父子無別，同室而居」（《史記．商君列傳》）。所以這確實是一個沒什麼文化的落後地方。

秦國的發展曲線是春秋列國中最為特別的。其他國家的發展史都是一個逐漸中原化的過程，例如楚國，雖然一開始也是蠻夷，但是後來努力不懈地吸收中原文化，成功地成為一個禮樂之邦，文化非常發達，甚至變得比中原國家還講究。

但是秦國的發展路線與楚國相反，秦國在一開始也曾經努力中原化，但是中間因為一次偶然事件而轉向。

秦穆公時，西戎的使者由余前來拜訪，兩人之間有了一次對話。

秦穆公問：「中國以詩書禮樂法度為政，然尚時亂，今戎夷無此，何以為治，不亦難乎？」中原國家有詩書禮樂，現在尚且亂成一團，你們西戎沒有什麼文化，治理起來是不是更難啊？

由余本是晉人之後，因為投身於西戎而被重用，因此，他非常熟悉中原文化和游牧文化的區別。由余笑著回答道：「此乃中國所以亂也。夫自上聖黃帝作為禮樂法度，身以先之，僅以小治。及其後世，日以驕淫。阻法度之威，以責督於下，下罷極則以仁義怨望於上，上下交爭怨而相篡弒，至於滅宗，皆以此類也。夫戎夷不然。上含淳德以遇其下，下懷忠信以事其上，一國之政猶一身之治，不知所以治，此真聖人之治也。」

在由余看來，詩書禮樂，正是中原國家混亂的原因。因為中原文化發展的規律是國家富強後統治者必然驕奢淫逸，下層則以禮義的標準來要求上層，導致國家上層和下層分裂，造成內亂。而草原民族文化則不然。草原地區物質文化不發達，貧富差距也不大，他們沒有民主觀念，沒有權利意識，能吃苦，以絕對服從為天職，具有高度的凝聚力和向心力。因此上下一心，都很團結。

這一席話說得秦穆公如夢初醒，深以由余為賢，遂聘由余為賓客。從此之後，秦國的立國戰略發生根本性變化，它不再致力於向中原發展，而是向戎狄發展，「益國十二，開地千里，遂霸西戎」。

吞併了大量羌戎人口，大力吸收戎狄文化之後，秦國的文化發生了明顯變化。考古發現秦文化中的屈肢葬、土洞墓、繭形壺、鏟形袋足鬲等一系列獨具特色的文化因素，中原其他國家沒有，但是西北一些少數民族卻有[1]。

這種文化吸收是有意識的行為，是為了競爭的需要、生存的需要。西北少數民族的強兵良馬成為秦軍隊的主要力量；與西戎的融合，為秦人的軀體注入更多粗獷和野蠻，決定了秦人狼一樣的性格。

因此，在戰國七雄中，秦國文化是最獨特的。秦國百姓和游牧民族一樣，停留在「淳樸忠厚」的半野蠻狀態。與中原散漫的農業文明相比，秦國文化具有紀律嚴明、上下一致的軍事化作風：「秦中士卒，以軍中為家，將帥為父母，不約而親，不謀而信，一心同功，死不旋踵。」

在戰國七雄中，秦國文化是最野蠻、最缺乏人道主義精神的。正在中原國家漸漸廢止殉人的野蠻風俗時，秦國卻變本加厲。考古發現，秦武公死時（西元前六七八年），殉葬者六十六人；秦穆公死時（西元前六二一年），殉葬者居然多達一百七十七人，創歷史之最。

戰國七雄中，秦國也是最功利的，只求物質利益，不重精神價值。秦國文化的簡單直接，可以從以下故事中看出：

秦國宣太后執政期間，韓國曾向秦求救。宣太后在朝堂上對韓國使者大談性生活：「我從前服侍先王時，先王把大腿壓在我身上，我很難受；先王把身子壓在我身上，我卻很愉悅。為什麼呢？因為承寵交歡，我嘗到了甜頭。韓向秦求救，要拿什麼讓秦不覺得沉重，而感到愉悅呢？」

政治高層在外交場合聊起性來這樣開放而直接，這在其他國家是無法想像的。

〈二〉

法家思想因此在秦國如魚得水。

1 徐良高：〈中國早期文明研究中的幾個問題〉，《中原文物》2006年第2期。

商鞅在秦國打擊商業，「廢逆旅」廢除旅店，禁止商人隨便出行；「一山澤」將山川湖澤等自然資源收歸國有，禁止農民以此謀生[2]。

民眾什麼都不能做，能做什麼呢？只有兩件事，耕與戰。你或者上戰場，為國家獻出生命；或者努力種地，把收穫的一大半糧食充作軍糧。

如果你既不想耕也不想戰，怎麼辦？進監獄。商鞅制定了極為殘酷的法律，民眾稍有違反，就割鼻斷腳。《鹽鐵論》形容秦人的苦況說：「商鞅之任秦也，刑人若刈菅茅，用師若彈丸；從軍者暴骨長城，戍漕者輦車相望，生而往，死而旋，彼獨非人子耶？」商鞅治理下的秦國，殺人如斬草，用兵如彈丸，秦國人或者從軍，或者運糧，死亡極眾。

這樣，國家的汲取能力大大提高。商鞅透過變法，把整個秦國變成一家農場和一座軍營，所有秦國人都成了戰爭機器中的零件和合格的螺絲釘[3]。

這樣一種體制當然會引起民間社會的反彈，為統一思想，控制輿論，商鞅不僅燒了書，還規定，民眾「不得議」國家的政策：

> 秦民初言令不便者有來言令便者，衛鞅曰：「此皆亂化之民也。」盡遷之於邊城。其後民莫敢議令。

除了「不得議」，商鞅還建立了互相監視的「告奸」制度。儒家主張「父為子

---

2 為了把農民捆綁在土地上，商鞅還明令「民無得擅徙」，這是束縛了中國人幾千年的「戶籍制度」的起源之一。

3 韓非子在《五蠹》篇中說：「故明主之國，無書簡之文，以法為教；無先王之語，以吏為師；無私劍之捍，以斬首為勇。是境內之民，其言談者必軌於法，動作者歸之於功，為勇者盡之於軍。」這個理想在秦國真的實現了。

隱」，而法家卻鼓勵親人之間相互揭發，秦律甚至規定妻子告發丈夫，妻子的財產可免遭抄沒；丈夫告發妻子，妻子的財產可以用來獎賞他。這樣做的目的就是使人人自危，「構造怨仇而民相殘」。因此商鞅說：「至治，夫妻交友不能相為棄惡蓋非，而不害於親，民人不能相為隱。」

這一套嚴酷的反人道制度，在其他國家難以推行，但是在秦國卻很快落地生根，運轉良好。秦國透過改革，建立起一個由國家來全面壟斷、控制和調動社會資源的新系統，很快獲得了其他國家無法獲得的龐大兵源和巨額的軍費。

政治學教授法蘭西斯・福山（Francis Fukuyama）的《政治秩序的起源》（*The Origins of Political Order*）說：

> 與其他軍事化社會相比，周朝的中國異常殘暴。有個估計，秦國成功動員了其總人口的八%到二〇%，而古羅馬共和國僅一%，希臘提洛同盟僅五・二%，歐洲早期更低。人員傷亡也是空前未有的，羅馬共和國在特拉西梅諾湖和坎尼會戰中，總共損失約五萬軍人，而……中國的數字簡直是西方對應國的十倍。

動員如此高比例的人口，進行高密度的殘酷戰爭，秦國百姓付出極為慘痛的代價。不過這一切的背後除了壓力也有動力，因為秦國的軍功是按人頭計算的，殺敵一人晉爵一級，《商君書・境內》中說：

> 能得甲首一者，賞爵一級，益田一頃，益宅九畝，除庶子一人，乃得入兵官之吏。

只要拎著敵人的腦袋來，就可以邀功請賞，一個腦袋意味著一級爵位、一頃良田、九畝（當然，秦國的畝比今天的畝要小很多）宅基地、一個僕人，還有機會進入政府或軍隊中充當下級官吏。

法家的特點是說話算數，絕不含糊，「一手交錢一手交貨」。如果你殺敵殺得多，真的可以平步青雲，獲得榮華富貴。

前有軍功爵位為賞，後有嚴刑峻法為罰，在沒有其他選擇的情況下，秦人只好「勇於公戰」、「民聞戰而相賀也」。整個社會陷入對戰爭的狂熱之中。「民之見戰也，如餓狼之見肉，是以三軍之眾，從令如流，死而不旋踵。」

商鞅建立的這種國家結構雖然在文化上落後，政治上殘酷，但在軍事上卻有效。秦國舉國上下，步調一致，紀律嚴明，令行禁止，雷厲風行。只要國君一聲令下，民眾便猛獸般地撲向敵人。這樣的「虎狼之國」，哪裡還有對手？

「正如野蠻的斯巴達人摧毀了高度文明的雅典城邦，後來亞歷山大的帝國又否定了作為西方文化之根的希臘文明，秦國掃平了齊楚燕韓趙魏六國，建立了秦國[4]。」原本沒沒無聞的秦國最終統一天下，證明法家文化在這片土地上取得了最後的勝利。

來自邊緣的周人創建了完整的「封建與天命」政治結構，同樣來自邊緣地區、充分吸收了草原文明的秦人，也創立了一個決定二千年文明基本結構的新制度。

---

4 陳明：〈從殷周之變到周秦之變——論中國古代社會基本結構的形成〉，《社會學研究》1993年第2期。

第十二章

中國統一與歐洲分裂

〈一〉

百家爭鳴當中，諸子百家一直在相互攻訐，而且罵得很厲害，例如孟子就攻擊墨子的思想是「禽獸」思想。

但是百家在思想上有一個共同點，那就是追求「大一統」。所有的學派都呼籲趕快實現國家的重新統一，都認為天下沒有共主是不正常的，這會讓人心神不寧，必然導致天下混亂，戰爭連綿，民不聊生。

孟子徵引孔子的說法：「天無二日，民無二王。」（《孟子・萬章上》）面對「天下惡乎定」這個問題，孟子說「定於一」（《孟子・梁惠王上》），唯一的途徑是統一天下。

墨子則主張建立一個絕對君主專制的大一統國家。他的政治夢想是「尚同」（《墨子・尚同》），建立一個層級鮮明、紀律嚴厲、絕對整齊劃一、消滅個性和多樣性的社會。這樣才能「集中力量辦大事」，使國家富強安定。

老子認為，宇宙的本質是「一」，統一會解決一切問題。他說：「天得一以清，地得一以寧……侯王得一以為天下正。」（《老子・第三十九章》）

法家則是對大一統政治制度貢獻最多的一個思想流派。韓非子認為「一棲兩雄」、「一家二貴」、「夫妻持政」（《韓非子．揚權》）是禍亂的原因。

但是，與此形成鮮明對比的是，希臘時代的思想家卻紛紛反對統一。希臘在歷史上一直沒能統一。希臘版圖由無數個小小的碎片構成，那些林立的城邦在數世紀中一直動盪不安，這種形勢和春秋戰國十分相似。不過，希臘人對「統一」從來沒有熱衷過。希臘人極為推崇城邦獨立自治制度，小國寡民的城邦，是他們所能夠想像的唯一的國家形式。為了抵禦共同的敵人，希臘的歷史上出現過微弱的聯合呼聲，不過建立大一統的政治統一卻從未使他們動心。

亞里斯多德在批判柏拉圖時指出，「城邦的本質就是許多分子的集合」，倘若過分「劃一」，就是「城邦本質的消亡」。希臘人容忍並且享受分裂狀態，因為在他們看來，過大的國家不利於公民民主的實行。城邦領土的過度擴張，便意味著公民集團的擴大，意味著公民與國家間關係的疏遠以及公共生活的鬆懈甚至完全喪失，這正是希臘人反對政治統一的根本原因。

〈二〉

為什麼會有這樣截然不同的思想呢？

一個重要的原因還是地理環境不同。

與中國的總體環境相似，上古時代的黃河中下游一帶也處於相對封閉的環境當中。往北，是無法耕種的草原；往南，是難以開墾的森林；往東，是無法跨越的大海；往西，則是不利農耕的高原。只有中原，是一馬平川的黃土。在這樣封閉的環境之中，人們很容易形成世界大同、資源有限的觀念。

中國的農業文明非常早熟，人口增長得也很快，新石器時代晚期，各個文明區就已經開始對土地、水源這些資源的爭奪。

我們翻開司馬遷厚厚的《史記》，出現的第一個人物是誰呢？就是黃帝。黃帝被尊為中華「人文初祖」。中華民族的歷史，是從黃帝時期開始敘述的。

司馬遷認為，自從神農氏發明農業之後，人們才走出矇昧。不過，由於天下沒有共主，「諸侯相侵伐」、「暴虐百姓」。各個部落成天打仗，天下一片大亂，百姓生活動盪不安。

司馬遷的這個說法是有考古學依據的。考古發現，從史前的仰韶時代到邦國林立的龍山時代，戰爭連綿不絕，規模宏大。這一時期，先民墓地中無頭墓、無屍墓、身首分離墓，以及身帶刀傷、箭傷的屍體大量出現。大量的防禦性城池也是在這一時期首次出現。

這其實就是《史記》開篇所說的「諸侯相侵伐」與「暴虐百姓」。這個時候，黃帝出現了，成為自己部落的領袖。

當時有一個很強大的部落叫炎帝部落，憑仗自己武力出眾，欲征服其他部落。那些部落不服，都投靠到黃帝部落以求保護。於是黃帝整軍備戰，與炎帝大戰於阪泉之野，「三戰，然後得其志」。炎帝戰敗，俯首稱臣，遂與黃帝組成炎黃部落聯合體。

炎黃部落聯合後，實力更加強大，就開始征討其他不服者。黃帝發現南方的九黎族桀驁不馴，於是聯合炎帝，共同征服了九黎族的首領蚩尤。這場戰爭發生在涿鹿之野。相傳這場惡戰規模巨大，慘烈異常，以致「流血百里」、「血流漂杵」，最後殺得「九隅無遺」。

縱觀黃帝的一生，就是戰鬥和征服的一生。只要有不服從自己的部族，黃帝就要領兵征伐。「天下有不順者，黃帝從而征之，平者去之，披山通道，未嘗寧居」，黃帝一輩子都在領兵打仗。在兩次大勝之後，黃帝又先後征服東方的太皋，西方的少昊，北方的顓頊，樹立自己的絕對權威。「五十二戰而天下咸服」，透過武力確立了自己的最高領袖地位。「諸侯咸尊軒轅為天子，代神農氏，是為黃帝。」即使在平定天下之後，黃帝仍然保持著一位征伐者的警覺，「遷徙往來無常處，以師兵為營衛」，身邊總是帶著巨大的扈從部隊，以保衛自己的安全。

戰爭的結果是一部分部落被消滅，更多的部落選擇臣服。透過戰爭，黃帝把原來各自為政、混戰累世的眾部落變成一個以黃帝部落為首的部落聯合體。中華民族的雛形由此形成。

我們讀《史記》的《五帝本紀》，有些什麼啟發呢？

第一，黃帝是以統一華夏的豐功偉績而被載入史冊，也就是說，他是秦始皇之前統一中華的第一人。他的最大成就是實現統一。

第二，中華民族追求統一的心理，起源是非常早的。《五帝本紀》告訴我們，分裂帶來的是無窮無盡的戰爭和痛苦，只有統一能帶來和平與發展。

第三，《五帝本紀》告訴我們，中華民族的歷史，就是一部武力之下出政權的歷史。《史記》告訴我們，中國歷史上的第一件大事，就是「炎黃大戰」。中華民族的兩大始祖黃帝和炎帝，都是「職業軍人」。中國歷史上這個「第一次統一」，和中國歷史上以後的歷次統一，都是靠武力完成的。「槍桿子裡出政權」這個規律，從黃帝時期就已經確立了。

〈三〉

讀到這裡，你也許會問，你說黃帝靠武力奪取資源和領地，難道那個時代不都是如此嗎？那個時代，世界各地都存在原始部落，這些部落不都是靠戰爭慢慢聯合起來的嗎？

還真不是這樣。

與中國不同的是，希臘原始部落間雖然也經常發生衝突，卻沒有演變出中國從黃帝到堯舜禹時期「諸侯相侵伐」這般規模巨大的統一戰爭。他們之間偶爾發生戰爭，但是大部分時期是和平的。

為什麼呢？最主要的原因是地理環境不同。希臘內部多山，崎嶇的山路阻擋人們建立大一統政權的雄心。希臘海岸線漫長，面對資源貧乏的困境，希臘人首先想到的是把眼光投向大海，泛舟出海，尋找更適合居住的肥沃土地，或者興起利潤豐厚的航海貿易，而不是向山嶺那邊的另一個部落發動戰爭。

即使有戰爭，在開放的環境下，結果也遠不如東方式戰爭那樣令人絕望。

在封閉的自然地理環境下所形成的文化特點是資源有限，因此鬥爭都是內鬥。中國上古時代的生存戰爭，比之世界其他很多地方要激烈和持久，因為在封閉環境下，為了捍衛自己的基本生存資源，任何一方都沒有退路。

而在希臘，失敗的一方會逃往海外，很難形成征服與屈服的專制關係。「希臘文明在一定程度上與地理因素密切相關，海上文明的特點是它交通流動的方便性，不同政見者可以透過海上逃跑，獨裁專制者無法實現他對不同政見者的消滅。」因此，希臘文明流傳著「海上逃亡之門」說。所以，「希臘混合型的海上文明具有內陸文明難以追比的政治寬容性、契約共享性與文化流動性」。

所以希臘人的思考邏輯和中國人是不同的。中國人說「天無二日，民無二主」、「一國而兩君，一國不可理也。一家而兩父，一家不可理也」。人和人之間必須分出你大我小來，才能建立秩序。而古希臘人偏要出兩個太陽給我們看。例如斯巴達就設有並列的兩個國王，雅典的政權結構更為複雜，由九名執政官輪流執政。崇尚一元與崇尚多元，從上古時期就已經成為東西文明的本質區別之一。

〈四〉

我們知識結構中的春秋時代是生機勃勃、絢麗多彩的，春秋時代的人們思想解放，智慧勃發，創造了一個又一個大的學派。

可是，身處歷史中的人們感受與我們完全不同。翻遍春秋戰國時代留下的所有文章典籍，很難見到當時的人對那個時代的讚語。相反，觸目皆是哀嘆、抱怨和詛咒，說那是一個「昏亂」、「殺人」、「甲兵」、「盜賊」、「食稅」、「民飢」的末世。因為在分裂狀態下，連綿不停的戰爭給一般人帶來了巨大的痛苦，動盪的政治讓上層社會也沒有安全感。從西周滅亡那一天起，中國人迫切地呼喚，希望出現一個新的、更有力的權威來取代周王朝的統治，以恢復天下秩序，讓人民重新安居樂業。

因此，統一不是某一個人靈機一動的設想，它是整個民族共同意志的結果。正是在這個民族集體意志的驅動下，春秋以降，諸國之間開始了長達五百餘年不間斷的戰爭。每個國家都極力擴張自己的地盤，吞併別的國家，以實現統一天下的夢想。

即使沒有秦國，中國也不可能像歐洲那樣一直分裂下去。無論如何，統一這個大方向是不會被扭轉的，也早晚會有別的國家取代秦國的位置，完成統一的大業。當然，如果是其他國家例如楚國統一天下，中國文化的面貌與後來也許會相當不同。

第十三章

影響深遠的周秦之變

〈一〉

秦國建立了中國歷史上第一個大一統王朝——秦朝，它取代了存在時間已長達近八百年的周朝。這就是「周秦之變」。

我們一般用秦始皇統一六國，或者秦始皇建立大一統郡縣制度來講那段歷史，用「周秦之變」這個說法的不多。

那麼我為什麼要用「周秦之變」呢？因為這四個字言簡意賅：「周」是指封建分封制度，「秦」是指大一統郡縣制度，「變」是指以秦始皇統一中國為時間點，在此之前二千年的中國，和在此之後二千年的中國，存在本質性的不同。

到底發生了哪些方面的變化？要講清這一點，我們可以先分析一個故事。

伍子胥是楚國人，與孔子是同時代的人，據說比孔子大八歲。他的父親和哥哥被楚國的國君楚平王給殺掉，他為了報父親的仇，跑到楚國的敵國吳國，帶領吳國的軍隊，把楚國給滅了。還把楚平王挖出來鞭屍。《史記．伍子胥列傳》載：「乃掘楚平王墓，出其屍，鞭之三百，然後已。」這是中國歷史上有名的復仇故事。

伍子胥在中國文化裡當然是正面形象，他是中國歷史上著名的賢人。我們看先秦的史籍，例如《左傳》、《國語》、《韓非子》、《呂氏春秋》、《戰國策》等，提到伍子胥時，都肯定他的光輝事蹟，說他是「烈丈夫」。就連楚國後來的大詩人屈原也好幾次寫詩歌頌他，還表示「浮江淮以入海兮，從子胥而自適」，要投入大海，去追隨伍子胥的靈魂。

因為我們從小聽慣這個故事，所以習之不察，但是如果你細想一下，就會發現這個故事很奇怪。因為按照今天的價值標準，伍子胥分明不是什麼好人：他是楚國人，父親被楚平王殺了。那是因為「君要臣死，臣不得不死」。他不光不能反抗，還要繼續為國效忠。結果他叛國投敵，把自己的祖國給滅了。這顯然是大逆不道，這伍子胥應該是「楚奸」啊！後世岳飛的情況就很類似，岳飛和長子岳雲都被宋高宗殺死，死得很冤枉。岳飛的另外三個兒子活下來了。這三個兒子如果和伍子胥一樣，去投奔金朝，幫助金朝滅了宋朝，然後把宋高宗的墳挖了，鞭屍三百，大家會歌頌他們嗎？

那麼，為什麼伍子胥這樣一個大楚奸，在先秦會受到肯定呢？

這個故事鮮明地反映出，周秦之變之前，和周秦之變之後，中國人的生存邏輯變了，評價標準也不一樣了。

〈二〉

在周秦之變以前，中國社會秩序以血緣為最高原則：家大於國。

周代的社會是一個血緣社會，周王把自己的親人分封到各地，他的親人又在自己的小國之內，再進行層層分封。

這樣分封的結果是，周代每個人都生活在一個大家族中，效忠於自己的家族，比效忠國家重要。所以當時人的價值標準是「父高於君」，父親比國王重要。郭店楚墓竹簡上記載，「為父絕君，不為君絕父」，意思是說，為了父親，可以不管國王，但不能為了國王不管父親。

《韓非子》中有這樣一個故事。

魯人從君戰，三戰三北。仲尼問其故，對曰：「吾有老父，身死莫之養也。」仲尼以為孝，舉而上之。

大意是說魯國有一個人去打仗，每次在前線都開小差，孔子就問為什麼，那個人說，我是獨生子，我如果戰死了，我父親就沒人養了啊。孔子一聽覺得這個人道德真高尚。

這個故事當然是把儒家觀念推到極致，有點誇張，不過也確實反映了儒家思想的本質。儒家認為，血緣是至高無上的，「父為子隱，子為父隱，直在其中矣」，而且為父親報仇，是絕對正確的，別管對方是國君還是什麼，因為「父高於君」。

秦暉先生說，這些故事說明先秦社會是以家族為單位。提倡「父高於君」，正是為了阻止國家權力向家族內部延伸。所謂「忠孝不能兩全」是後世的觀念，先秦人是沒有這個矛盾的。

〈三〉

周秦之變的第一個層次，就是從小共同體變成大共同體。

什麼叫小共同體？就是老子說的「小國寡民……雞犬之聲相聞，民至老死不相往來」。《帝王世紀》說，夏商之際，天下一千八百方國，那麼按當時的總人口來看，每個方國平均人口不過一千三百人。歷史學家宋鎮豪在《夏商社會生活史》中根據夏商之際古城址考古資料，推測當時的平均人口是一千五百人。周初天下也是一千多個方國，薛湧說：「一千多個國，大體都集中於狹小的中原地區，每國的人口平均也就是幾千人[1]。」為什麼老死不相往來呢？因為各國在經濟上是自給自足的，不用往來。

「雞犬之聲相聞，民至老死不相往來」的狀態，對現今習慣了大共同體生活的我們來說，可能難以想像。其實，如果對比一下歐洲中世紀的莊園，也許就比較容易理解了。日耳曼民族消滅羅馬帝國後，各地封建主關起門來過日子，中世紀莊園都是自給自足的，所有的生活用品基本上都可以自己生產，既種地收成作物，也養牛養豬，還有人從事手工，當木匠或者鐵匠。也就是說，關上大門與世隔絕也沒有任何問題。莊園裡的農奴和農民是不能隨便離開莊園的。因此「每一個莊園就是一個社會。農民們大概一輩子都不會跑出家鄉十里地以外去；莊園是一個自給自足的地方，若沒有戰爭波及這裡，它與外界就幾乎沒有任何關係。當時英國布滿大大小小這樣的莊園[2]」。

周代社會也差不多是這樣。所以當時社會橫向的結構是不連貫的，可以互不往來，或者很少往來。

縱向呢？當時社會上當然有等級結構，最上面是周天子，然後是諸侯，然後是卿，然後是士。雖然整齊有序，但是這種結構不像後來的官僚結構那樣能「一竿子插到

1　薛湧：〈從中國文化的失敗看孔子的價值〉，《隨筆》，2008年第1期。

2　郭俊岩：〈中世紀西歐農民的日常活動與貧困化之探討〉，《台東師院學報》1988年第10期。

底」。為什麼呢？因為和中世紀歐洲一樣，「主人的主人不是我的主人，附庸的附庸也不是我的附庸」。每個人只對他的直接上級負責，不對上級的上級負責。

讀春秋戰國史料的時候，相信很多人會有一個疑問：為什麼孔子和孟子周遊列國，不停徒勞地遊說各國的君主，卻不去見最高領導者？明明他們好幾次路過周天子的領地，但就是不去朝見周天子。這是怎麼回事？

關於這個問題，有人解釋說，是因為周天子無權，諸侯有權，找他辦不成事。可是有人也有疑惑，沒權並不妨礙你去尊敬他、朝見他啊，孔子成天喊著要「尊王」，越是沒權，你越應該尊重他啊。所以明治維新的時候，有的日本學者抓住這一點，說孔子不忠於周朝。

這其實就說明了後世的人對周制的不理解。在周制中，只有諸侯才需要效忠周天子，有朝見周天子的義務。孔子和孟子勉強只能算卿大夫一級，他們只需要對諸侯一級負責，輪不到他們對周天子負責。

為了理解這一點，我們再來看一個故事。齊國有一個權臣叫崔杼，他派手下去刺殺他的國君齊莊公。如果故事發生在秦代以後，崔杼這個手下的行為肯定是大逆不道的，因為任何人都是國君的臣子，但是春秋時代的人們並不這樣想。齊莊公看到崔杼的部下，說求求你，不要殺掉我啊。崔杼的部下說，對不起，我不是你的臣子，我是崔杼的臣子，我只聽崔杼的話，「不知二命」。你要有命令，請和崔杼說，和我說不通；我只忠於崔杼，所以必須殺掉你。秦暉先生分析說，崔杼的部下在國君面前能如此長篇大論、振振有詞，說明這個道理是當時大家公認的：我們只對我們的上級負責，再上一級，我們就不用管了。

〈四〉

我相信，大家能從前面幾個故事中感覺到，周代的人們是生活在一個個小自治社會當中的，也就是小共同體當中。

在這些小共同體中，各地諸侯大夫的權力是世襲的，不是上面的天子或者國君賜予的，因此也不能被他們剝奪。統治者的經濟來源是自己領地的收入，而不是上級給的薪資。這說明什麼？說明他們有很大的自治權，他們的實力來自自己領地內民眾的效忠，而不是憑藉上級領導的賞識。他們很在乎是否獲得本地民眾的支持，制定措施要考慮民眾的感受，剝削和壓迫必須有一定限度。

因此，在這種社會結構中，自上而下的社會控制力也是很差的。上級的命令只能到達自己的下一級，而無法穿透一層層的層級結構直接到達社會最底層。與此同時，小共同體社會的訊息傳遞效率很差，周天子會了解諸侯國的一些大致情況，但很難掌握具體情況，至於諸侯國下面各個卿大夫領地的情況，他更是完全不了解。他想知道全天下一共有多少人口，直接從老百姓那裡收稅，是很難的，甚至是不可能的。換句話說，這樣的社會，汲取能力很有限。

因此，這種小共同體的結構顯然不利於國家集權，也不利於國家汲取社會資源，統一指揮來辦大事。

〈五〉

所以周制的社會結構就像是大船中一個又一個的隔水艙，雖然同處一條大船，但這些隔水艙彼此是相對獨立的。周秦之變的內容，就是國家權力打破層層限制，把小隔水艙全部打通，把一個個小共同體連接成一個大共同體。

首先，各國諸侯國不存在了，貴族階層被整體消滅，六國貴族存活下來的都被遷到首都，不再有封地。原來的封地全部變成郡縣，由皇帝派地方官管理。地方官治理的邏輯和世襲貴族是不一樣的，他們的權力和地位完全來自皇帝，所以他們唯皇帝之命是聽，不在乎被他們統治的老百姓對他們怎麼看，因為他們是「流官」，做幾年就走。皇帝的命令因此很容易直接貫徹到社會最底層，想要收多少稅，馬上就能收上來；想要調動多少人修長城，馬上就能調動起來，不必管百姓的死活。所以，秦朝和漢朝出現許多「酷吏」。

接下來，秦始皇又對民間的家族制度動手：貴族雖然沒有了，但是血緣家族仍然是有效的民間組織形式，人們如果忠於家族，就會妨礙他忠於國家。儒家認為，孝子就是忠臣，所以求忠臣於孝子之門。而法家的邏輯完全相反，韓非子認為，「君之直臣，父之暴子也」，「父之孝子，君之背臣也」。我們不要孝子，只要忠臣，因為孝子只重視他爹，不能盡忠國家。

所以秦代和漢代都鼓勵老百姓分家，甚至強迫老百姓分家。規定「不得族居」、「民有二男不分異者倍其賦」、「父子兄弟同室共息者為禁」，就是說同姓的不能住在一個地方，家裡有兩個成年男人就必須分成兩家，父子或者兄弟倆不能住在同一個房間。這樣做的目的當然就是強制解散大家庭，把一夫一婦的小家庭作為最基本的社會細胞。這樣民眾就原子化了，變成由最高統治者直接控制的「編戶齊民」。

有人會疑惑，說分家，老百姓就會老老實實分家嗎？說打散血緣紐帶，就真的能打散嗎？一個社會的傳統是很難一下子改變的，官方的命令在社會上不一定真能執行。

但是大量的學術研究成果證明，秦漢三國時代還真做到這一點，透過強有力的權力高壓實現基層社會原子化——秦簡漢簡中有很多證據。

秦暉先生主要研究二十世紀末發現的長沙走馬樓吳簡，他發現在三國時代，長沙一帶所有自然村的姓氏極度分散。分散到什麼程度呢？一個村子如果有四十戶人家，這四十家至少包含二十個姓氏。有一個姓氏在這一帶共有七十戶，結果分散在七十個村子裡，每村只有一戶。這顯然是政府強迫原來的家族分家，把他們均勻地遷徙的結果，目的是徹底打散家族紐帶。秦暉說，這是「極端的多姓雜居狀態」，「其雜居的程度已經達到顯得不自然的程度，令人懷疑是否有人為『不許族居』政策的結果[3]」。

我們知道，三國時代是世家大族與皇權分庭抗禮的時期，然而在皇權能控制的直接區域，宗族仍然被打散得如此徹底，更何況在秦朝和漢初。

這還不是一個地方的偶然現象。秦暉先生考察了上自秦漢，下到唐宋，包括湖南（長沙一帶）、湖北（江陵一帶）、四川（成都平原）、中原（洛陽一帶）、河西走廊（張掖—敦煌一線）等地的歷史資料，他發現，從內地到邊疆，黃河流域到長江流域，全都是非宗族化的鄉村，沒有任何一例聚族而居的。這說明秦制為了打散家族的控制，花了很大的力氣。有人說，不對，我們南方的很多村子只有一個姓。這個基本上都是宋代之後宗族復興的結果[4]。

所以，在周秦之變後，小共同體社會變成了大共同體社會，導致中國人的生存邏輯發生改變。秦始皇統一後，社會價值就從「父高於君」，變成「君高於父」，人們要忠於國家，而不是忠於自己的家族。民眾在日常生活中遵循心裡不能有其他，只能有君主的新準

3 秦暉：《傳統十論》，東方出版社，2014，第12頁。

4 秦暉：《傳統十論》，東方出版社，2014。

則，就是所謂的「官無私論，士無私議，民無私說，皆虛其匈以聽於上」。舉國上下，皆以君主之是非為是非，以君主的利益為利益。

所以在秦代之後，中國人開始推崇另一種價值，叫「捨小家顧大家」，叫「大義滅親」，叫「忠孝不能兩全」。不管皇帝怎麼對待自己的臣民，臣民都不能反抗——所以岳飛的兒子也就不能去投奔金國了。

這一切，包括建立一個高效嚴密的官僚體系，包括把血緣組織打散，有什麼目的呢？顯然是為了提高國家的動員能力和汲取能力。這樣，「二千萬人口的秦朝，可以調四十萬勞動力去修長城，七十萬人去修始皇陵，七十萬人去修阿房宮，五十萬人戍五嶺……這是宗法時代的周天子絕對不敢設想的[5]」。

所以，小共同體和大共同體的區別，或者說周秦之變的主要內容，就是政治組織形式改變了，國家的汲取能力大大提升了。

5　秦暉：《傳統十論》，東方出版社，2014，第149頁。

第十四章

孔子為什麼經常夢到周公

〈一〉

周秦之變的第二個變化，是人際關係和道德水準的變化。

周制是一個小共同體時代，當時的封國並不大，也就幾千人或幾萬人，裡面再分封，每個人實際生活的小社會可能就幾百人，就像今天一個大村子的規模。

這樣的社會，誠信度往往比較高。為什麼呢？用秦暉先生的話來說，從「經濟人的理性」角度來考慮，在這樣的社會裡，人與人之間都有或遠或近的親戚關係，都「知根知底」。所有人都要長期地、反覆地打交道，也就是所謂的「反覆博弈」。人們當然不會選擇一錘子買賣，而是會將「誠信」作為處世的基本原則。

這一點我很能理解，因為我小時候生活在農村。和城裡相比，那時候的農村人情味非常濃厚。一個人去另一家串門，如果遇上正吃飯，可以自然地上炕一起吃。誰家園子裡的豆角、黃瓜成熟了，也會很自然地送給旁邊結得比較晚的鄰居，大家從來不認為這需要客氣。那時我母親在山村裡做小學老師，是「吃國庫糧」的，沒有菜地，我家門口早上經常會收到一籃子新鮮蔬菜，很多時候根本不知道是誰送的。在這樣的農村社會中，一個人「人性」好壞，也就是口碑怎麼樣，決定了他的地位和前途。而且農村還有一個特點，就是誰輩分大，誰就可以坐在前面，誰就有話語權。甚至直到今天，那些外出工作的人不管在外面發了多少財，回到村子裡，還是會露出淳厚的笑臉，見了長輩仍然要畢恭畢敬。

所謂小共同體，其實就是這樣一個大村莊，民風自然很淳樸。所以儒家才得出「人之初，性本善」的結論。

而變成一個大共同體後，中國就從血緣社會變成「陌生人社會」。陌生人社會裡，人和人之間都是一次性博弈，就是「一錘子買賣」。舉個例子，開在小巷深處的小店，飯菜通常很可口，因為來吃的都是老主顧；但是火車站旁的店就差多了，因為來吃的都是過路客。因此在陌生人社會裡，人和人之間的欺詐行為越來越多，甚至親人之間也很冷漠。所以秦代建立之後，中國社會原有的脈脈溫情就逐漸消失了，變成一個越來越冷冰冰的社會。賈誼說秦人「家富子壯則出分，家貧子壯則出贅，借父耰鉏，慮有德色；母取箕帚，立而誶語」，意思是秦人分完了家，兒子到爹家借個鋤頭，當爹的都不願意；母親到兒子家拿個掃帚用，兒媳婦叉著腰就破口大罵。整個社會風氣為之一變。

〈二〉

在這裡，有必要回頭再講講儒家。

孔子是古今中外最為特殊的一個思想家。為什麼這麼說呢？

孔子沒有留下自己的著作。老子、墨子、韓非子，他們都各寫了一本書。只有孔子一個字也沒寫過。《論語》不是他寫的，是他的弟子們寫的。為什麼呢？是因為他文筆不好，怕露餡嗎？不是。因為他的主張就是全面回到過去，因此不需要創新。

西周之時，並沒有「儒家」這個詞。為什麼呢？因為儒家所主張的，其實在那個時代就是西周社會活生生的現實，是習以為常的實際生活。到了春秋戰國時期，西周的生活方式已經開始被拋棄，這時才出現儒家。儒家其實沒有「學說」，它提倡的就是全面復古，恢復西周的一切。也因此，後世歷代儒生的最高政治理想也是回到「三代」，說白了其實就是回到西周。

所以孔子說他「述而不作」。儒家已經有了系統化的經典，周代傳下來「五經」，因此不需要他勞神再去寫作。他需要做的，就是整理和傳授而已。

所以，孔子並沒有創新，他風塵僕僕到處遊說，是希望當權者能按他的意圖來「從周」；他廣收門徒，四處講學，也是為讓更多的人能傳承「周公之道」，散播更多的文化火種。所以，儒家這一學派真正的始祖並不是孔子，而是周公。孔子自己也說，周公就是他心目中神一樣的存在，他經常夢到周公[1]。所以漢代儒生堅持認為，儒門的宗主是周公，周公才是「先聖」，是開創者。孔子不過是「先師」，是傳授者[2]。這個想法孔子如果得知，肯定會舉雙手贊同。

---

1 《論語・述而》：「甚矣吾衰也！久矣吾不復夢見周公！」

2 漢代儒生並不把《論語》當成經典，只當成普通讀物。

〈三〉

孔子為什麼要回到過去呢？主要是他非常反感春秋戰國的時代變化，反感人心不古。

雖然孔子活著的時候，秦國還沒有統一天下，但是隨著各國間的戰爭日趨激烈，周秦之變的趨勢已經很明顯，中國的血緣社會正在瓦解的過程中，孔子對「巧言令色」、「人心不古」、「禮壞樂崩」、「世風日下」這些「陌生人社會」的跡象非常敏感和痛心。薛湧說：「從我們兩千多年後的人的角度看，在這方面，孔子可以說是最早看到專制將腐蝕社會基本道德規範的先知[3]。」

所以孔子不光主張文化上要回到過去，連政治結構也要全面回歸小共同體時代，要「興滅國，繼絕世，舉逸民」，恢復到周初那個一千七百多個小國並立的狀態。這就和老子的主張不謀而合了。孔子和老子都喜歡小國寡民的狀態，道理很簡單：只有幾千人口的小國，才能形成一個「熟人社會」，才能像一個大家庭，才能讓「民德歸厚」。

孔子反對社會變化的第二個原因，是反對國家組織能力和汲取能力的提升，對民眾的壓迫加重。

《禮記．檀弓》記載了一個故事——也許不是史實，但是很傳神地說明了那個時代的氣氛：

> 孔子過泰山側，有婦人哭於墓者而哀。夫子式而聽之。使子路問之，曰：「子之哭

3 薛湧：《學而時習之》，新星出版社，2007，第10頁。

也，壹似重有憂者。」而曰：「然。昔者吾舅死於虎，吾夫又死焉，今吾子又死焉。」夫子曰：「何為不去也？」曰：「無苛政。」夫子曰：「小子識之！苛政猛於虎也！」

孔子經過泰山腳下，見到一位婦人在新墳前哀哀慟哭。孔子停下車，詢問是怎麼回事。婦人說：「我是在哭三個人。我的公公、丈夫和兒子都先後被老虎吃掉了。」孔子很吃驚：「虎患如此嚴重，為什麼你們不離開這個地方呢？」婦人說：「因為這裡雖然有老虎，卻沒有嚴酷的政治剝削啊！」

孔子聽罷，發出那句著名的感嘆：嚴酷的政治比老虎還要凶猛！

這隻老虎，就是越來越集權的國家。孔子雖然未見到商鞅變法，但是他經歷了春秋戰國之際的第一次改革，也就是魯國的「初稅畝」。

周室既衰，暴君污吏慢其經界，傜役橫作，政令不信，上下相詐，公田不治。故魯宣公「初稅畝」，《春秋》譏焉。（《漢書．卷二十四．食貨志第四上》）

「初稅畝」是國家增強稅收能力的一種改革。孔子對這種社會變化的趨勢非常敏感，明確表示反對。

〈四〉

面對「集權國家」這隻新出現的老虎，法家和儒家的態度是完全相反的。儒家想倒推歷史的車輪，回到過去，消滅這隻老虎；法家卻主張前進，主張更快地推動歷史的車輪，讓這隻老虎越來越凶猛。

那麼，我們反觀歷史的發展，孔子的主張顯然是脫離現實、不可能實現的。人類社會從小共同體社會進入大共同體社會，是一個不可逆的過程。中央集權國家是人類社會發展的必然。

秦王朝統一了度量衡，為建立全國性統一市場奠定基礎；廢除封建等級制，讓社會流動性大大增強，平民從底層向上奮鬥比以前容易多了。特別是終結各國混戰，天下大部分地區歸復和平。這些都有利於大範圍內的物資和訊息交流，在全世界遙遙領先。歐洲一千多年後才結束封建制度，建立統一民族國家。而日本則直到明治維新後，才做到這幾點。

明末清初大儒王夫之因而說：「郡縣之制，垂二千年而弗能改矣，合古今上下皆安之，勢之所趨，豈非理而能然哉？」、「封建毀而選舉行……勢相激而理隨以易，意者其天乎。」郡縣制比封建制度多很多優勢，因此，它取代封建制度，可以說是一種天意。

而且，儒學主張血緣關係解決一切社會問題，這也是一個過於簡單化的方案——這在小共同體時代也許可以實現，到大共同體階段顯然就不行了。所以現在新儒學認為儒學包治百病，甚至認為「二十一世紀就是儒家的世紀」，我是不敢相信的。

但是，孔子的思想在今天也仍然有一定啟發作用。

是的，中國社會早晚要走出血緣紐帶，要走向大共同體，但是大共同體是否一定要採取秦國的方式？是否必然與小共同體不兼容？不見得。

在西方文化中，小共同體的傳統一直很深。且不說希臘城邦是自治的，羅馬帝國結構中也保留了大量自治成分，歐洲中世紀的莊園也是小共同體，有自己的法庭，能解決自己的內部問題。中世紀晚期出現的自治城市，更是現代西方民主的重要起源。

這造成西歐近代大共同體（即集權國家）和中國式中央集權的不同：歐洲集權國家是在議會、自治城市、行會等多種社會力量發育起來之後出現的，因此君主的專制權力是有限的，君主權力不僅受法律、議會的制約，也受到各社會階層、利益團體的限制。因此，雖然現在的西方國家都是大共同體，但是它們都保留了很多自治傳統。例如今天美國社會超過一半的公共事務是由民眾自我管理完成，美國人今天仍然認為，「一切政治都是地方政治」。

因此，美國史丹佛大學經濟學教授阿夫納・格雷夫（Avner Greif）在討論西方文明成功的原因時，提出了一個基本的制度因子：西方人一直沒有失去自治能力。當小共同體能夠在現代國家的結構中保存自己的自立性和創造性時，就能促進社會的繁榮和國家的興盛。如果這種小共同體過早地被國家權力整合，社會的基本動力就消解了。因為「文明的動力歸根結柢來自社會基層。當一個社會活躍著無數自治群體，每個人都參與社區事務的時候，這個社會才是健康的。當一個社會把所有權力都由高高在上的政府壟斷，這個社會注定會失去活力」。

中國的「國家鞏固發生在社會其他力量建制化地組織起來以前」，因此君權得不到有效的約束。周秦之變後，中國社會原有的那些小自治體和小共同體被消滅，完全被官僚體系取代。正如同法國歷史學家托克維爾在《舊制度與大革命》（*L'Ancien Régime et la Révolution*）中描寫法國專制王權時期一樣，「中央集權下官僚機構的行政活動取代了地方民眾的公共生活」，社會因此沙漠化。事實證明，這不利於一種文明和一個社會持續保持活力。

現今的中國當然不可能透過「反向的周秦之變」重新走回周制，走回小國寡民。但是，儒家反對權力過度擴張，強調家族自治，對我們今天思考如何治理社會還是有啟發意義的。事實上，後來的大儒顧炎武就提出以宗族力量來限制皇權，「無強宗是以無立國」，沒有強大的宗族就沒法立國。他說唐代「貴士族而厚門蔭，蓋知封建之不可復，而寓其意於士大夫，以自衛於一旦倉皇之際」，唐代的君主雖然知道不能恢復封建制度，但是還是保留了魏晉時再度發展起來的大家族制度，這樣的話，天下蒼黃之時，大家族可以用自己的力量自保。雖然他對唐史的這種解讀不見得正確，但這正是儒家精神一以貫之的表現。

第三篇

秦漢與羅馬

第十五章

成也法家敗也法家的秦朝

〈一〉

上兩章講了周秦之變，從周代的制度到秦代的制度，出現了深刻的變化。利用這一制度，秦代結束了列國紛爭，統一度量衡，破除封建壁壘。

那麼，秦代的這一制度在後世運轉得如何呢？這是我們從這一章起要講的內容。

西元前二二一年，三十九歲的嬴政端坐在高大幽深的咸陽宮前殿。他注視著竹簡上大臣們列出來的許多漢字，提起毛筆，圈定了兩個字，一個是「皇」，一個是「帝」。

從此，中國的最高統治者的稱號，就從周代的「王」，變成後來的「皇帝」。

從這兩個字，我們能感受到嬴政的非凡自信。

「皇帝」這兩個字，「皇」字取自「三皇」，是開創宇宙人類的三位神人；「帝」字取自「五帝」，是傳說中以黃帝為代表的五位半人半神的領袖。所以，「皇帝」是三皇五帝的合稱。

為什麼要叫「皇帝」呢？

嬴政自認為，他的大一統功績，是「上古以來未嘗有，五帝所不及」的。他開創的是前無古人的事業，因此「三代之事，何足法也」，歷史上的那些事，都不值得效法。他比一切古人都偉大，黃帝都沒有他偉大，「以為自古莫及己」過去的一切稱號都配不上他。所以如果還像以前仍然叫「王」，不足以「稱成功，傳後世」，不足以顯示自己的功績，不足以傳之於千秋萬代。

我們知道，周王除了稱「王」之外，還自稱「天子」，意為「上天的兒子」。但是請大家注意，秦始皇從來沒有自稱過「天子」。

這是周制和秦制的一個重大變化。

「天子」聽起來也很好聽，很偉大，但秦始皇為什麼不使用這個稱謂呢？

因為周代文化有一個重要基石，就是天命觀。周人認為，統治者的合法性來自上天的委託，你做得好，上天就眷顧你；如果你做得不好，上天就要換人了，所以天命是可以轉移的。

秦始皇不接受這個理論：他不受任何人的控制，包括天。「天子」畢竟是兒子，不是老子，天的兒子要受制於上天，並不是至高無上的。所以他不做兒子，要做就做老子。

因此，秦代留下的碑文很少提到天，也很少提到「天命」。一切都要由皇帝一人控制，只有皇帝控制人，不能有什麼來控制皇帝。

秦始皇還有一個做法和後世的其他帝王不一樣，就是他不立皇后。顯然，他認為，天下沒有任何女人能夠與自己地位平等。

所以秦始皇廢除了歷代都沿用的一個制度，叫「諡號制度」。什麼叫「諡號」呢？就是君主死後，他的大臣們聚在一起，商量好給他一個蓋棺論定的稱號，來總結他的一生。例如周平王的「平」字，晉文公的「文」字，都是諡號。後世的漢武帝、隋煬帝，「武」字和「煬」字也都是諡號。「武」就是指武功很厲害，「煬」

是指不守禮法，眾叛親離。因此諡號有好也有壞。

秦始皇把這個制度廢除了，為什麼呢？因為法家理論認為，人主獨尊，不可議論。臣子不能議論君主，部下不能議論領袖，不論好壞都不能評價，因為你沒有評價的資格。所以這種「子議父，臣議君」的制度，是大逆不道的。

那麼，沒有了諡號怎麼辦呢？怎麼區分不同的皇帝呢？難道秦朝的皇帝都叫秦皇帝？別著急，嬴政有辦法，他說：「稱始皇帝。後世以計數，二世三世至於萬世，傳之無窮。」意思是：我是第一個皇帝，所以叫「始皇帝」，接下來按數目依次類推，一世二世三世那樣傳下去，傳個一萬代，沒有問題。

從這一事實，我們也可以感受到秦始皇前無古人後無來者的那種自信，想廢除什麼就廢除什麼，想開創什麼就開創什麼。

〈二〉

秦始皇為什麼如此自信呢？當然有他的理由。

秦始皇的一生，就是從一個成功走向下一個成功。他登上皇位後，首先打倒呂不韋，接著一個又一個消滅六國。然後，在全國推行郡縣制。每一樣都成功。

秦始皇所做的一切，都是在法家理論的指導下完成的。法家理論的核心，就是一切圍繞君主利益出發，因此皇帝的權力是沒有任何制約的。

過去，周天子以及各級諸侯的權力都是受制約的：受到天命的制約，受到下一級諸侯的制約，受到權力和責任對應原則的制約。但是在皇帝制度下，貴族都被消滅了，天命被取消了，所有制約皇帝的力量都消失了，整個天下都是皇帝一個人的私產；天下所有人，從宰相到每一個普通百姓都是皇帝的奴僕。德國哲學家黑格爾說，中國的皇帝制是一種「普遍奴隸制」，「在中國，奴隸和自由民之間的差別並不大，因為在皇帝面前人人平等，就是說，大家一樣卑微」。因此，秦始皇從自己的經驗中得出一個結論：天下沒有權力辦不到的事。他想做什麼，都能做成。

在成功地統一天下之後，秦始皇又圍繞著「如何讓天下永遠掌握在自己的手裡」這個問題，動起腦筋。法家的政治理論是皇帝一定要做到大權在握，強幹弱枝，從制度上防止大臣們架空皇帝，威脅皇權，防止各地百姓造反，推翻皇帝。因此圍繞這個核心，秦始皇進行了非常周密的規劃。

首先，大秦帝國是一個單純的郡縣制國家，分全國為三十六郡，一千多個縣，皇帝可以隨時替換各地的地方官，因此地方上不可能分裂，不會出現諸侯爭霸的情況。

其次，秦始皇很注意三權分立。秦代的中央政府就是三權分立的，秦始皇設立丞相、太尉、御史大夫這三公，分別掌握行政、軍事、監察大權，讓他們相互制約，相互牽制。

地方上也是三權分立的。我們說秦代中央下面是郡，郡的長官叫郡守，主要管理郡裡的文官，此外還有兩個長官：郡尉和郡監。郡尉管郡裡的軍事，他直接聽中央的命令，不聽郡守的指揮；郡監管監察和紀檢，也是聽中央的。因此，地方上這三個職務並不相互隸屬，而是相互牽制。

所以中國的三權分立很早就出現了。有人說，三權分立是西方的產物，其實中國早就有了，而且是世界上最早出現的。不過中國的三權分立和西方的出發點不同，西方的三權分立是為了制約最高權力，而中國的三權分立，是為了保護最高權力不受挑戰。

秦代在郡之下，還設立了一層層的機構，郡下面是縣，縣下面是鄉，鄉下面是亭，亭下面是里。里是最基層的，里以下，十家為一什，五家為一伍。

這樣，秦代的政治制度是一個自上而下的垂直系統，皇帝的權力一竿子插到底，每一個老百姓都被官僚體系控制起來。全國每一個角落，都處在可控狀態。

接下來，秦始皇突然宣布，沒收民間一切兵器，什麼刀槍劍戟，都得上繳，統一運到咸陽，做什麼呢？鑄成十二個巨大的「金人」，金屬塑像。民間因此沒有了武器。

接著，秦始皇又進行一項大手筆的建設：他在全國開始修「高速公路」，當然在當時不叫「高速公路」，叫「馳道」，就是馬可以在上面疾馳的大道。當時的「高速公路」網以首都咸陽為核心，從咸陽出發，向東一直抵達河北和山東，向南一直抵達江蘇、浙江和湖南、湖北。馳道寬五十步，即今天的六十多公尺，建築品質很好，不牢固的地段甚至要用銅椿加固基礎。之所以建設這樣一個「高速公路」網，當時不是為了發展經濟，「想致富，先修路」，秦始皇那時候還沒這個概念，他修馳道主要是出於軍事目的——一旦天下哪個地方有人造反，中央派出的軍隊就可以迅速抵達。

配合「修馳道」工程，秦始皇還有一個「去險阻」工程。什麼叫「去險阻」工程？就是把原來六國修建的軍事要塞全都拆除，目的是防止各地憑著這些要塞險阻來抵抗中央。

當然，在拆險阻的同時，秦始皇又修了一個新的險阻，那就是偉大的萬里長城，他修了一道長長的圍牆，把匈奴擋在北邊。

至此，秦始皇把帝國的「硬體」設施都構建完備了。

接下來，他還要構建「軟體」。因為天下雖然統一了，但人心卻沒有一統。

為了統一天下人思想，秦始皇決定燒燬天下所有藏書。書讀多了，人的想法就複雜了，不好控制了，所以除了秦國的國史以及一些工具書之外，所有的書都必須在三十天之內燒光，三十天之後如果誰的家裡查出有書，就會被抓去判刑；敢公開談論詩書的，斬首；敢以古非今、否定今天成就的，滅族。這就是所謂的「焚書坑儒[1]」。

因此，這是中國有史以來第一場文化浩劫。周代傳下來的大部分詩書都被毀掉，只有秦朝官方保留一個小型圖書館，收藏了一些秦代的歷史書。可惜七年之後，項羽攻入咸陽，又放了一把火，秦帝國的官方圖書館化為灰燼。中華民族自上古以來累積幾千年的很多寶貴文化遺產，被永遠毀滅了。我們今天還能讀到的先秦古籍，都是倖存下來的一小部分，還有更多的部分被永遠消滅了。

做完這一切，秦始皇這才放下心來。現在，大秦帝國的硬體和軟體都更新升級了，已經固若金湯，看不到任何威脅了。他的帝國，傳之萬世，沒有任何問題。

然而秦始皇萬萬不會想到，他死後不過三年，這個帝國就滅亡。也就是說，大秦帝國從出現到滅亡，不過十五年。

這個結果秦始皇絕對想不到，更不知道為什麼。

〈三〉

秦朝滅亡的原因，和後來歷代很多王朝滅亡的原因是一樣的，就是權力系統對民眾的過

1 「焚書坑儒」實際是漢代才出現的一個固定詞組。事實上，秦始皇所坑的大部分都是術士，而且焚書和「坑儒」這兩件事並不是同一年發生的。

度榨取。

我們說過，秦國的成功，是因為能夠有效地集中人力和物力，統一天下。統一天下之後，這套汲取體系仍然在高速運轉，甚至更高速地運轉。因為秦始皇所做的那些事，修「馳道」、拆險阻、修長城、平百越、伐匈奴，每一件事都是要花錢的。

除此之外，秦始皇還有一個愛好：喜歡搞大工程，進行城市規劃建設，修宏偉的建築。他每滅一國，就要把這個國家首都的宮殿繪成草圖，在咸陽旁邊照樣複製一座。因此，他修的宮殿非常多，「關中計宮三百，關外四百餘」，一共七百多座。秦始皇修的最大的一個工程是自己的墳墓，著名的秦始皇陵，動用了七十餘萬人。

所以大秦帝國的老百姓，賦稅痛苦指數是空前的高。董仲舒說，秦代的田賦數量是以前的二十倍。

這還不是最可怕的，最可怕的是勞役，就是要為國家無償地勞動。秦朝規定，每個老百姓，每年都要拿出幾個月的時間，為國家無償勞動。而且勞動紀律極為嚴格，勞動條件極差。所以當時被押赴北邊邊疆當勞工的，死亡率達六〇％至七〇％。征伐南越的路上因為水土不服，死的人更多。當時有記載，有的人走到半路，實在是不堪虐待，乾脆就在路邊的樹上吊死了。

葛劍雄先生說，如果長期和短期服役都算的話，「秦始皇時徵發的勞力……一度高達兩千萬，即總人口的五〇％[2]」。

所以秦朝百姓造反是必然的，因為在秦朝造反的機會成本低。造反成功的機率雖然低，

2　葛劍雄主編：《中國人口史》（第一卷），復旦大學出版社，2002，第310至311頁。

但仍然比你老老實實當順民活下去的機率高。

陳勝、吳廣為什麼起義呢？因為他們算過機會成本。這兩人是河南人，要到漁陽（今北京密雲附近）去服役。路上恰遇天下大雨，而且連續下了很多天，道路不通，走不了，他們估計走到漁陽，肯定已經超過規定的期限。過了規定的期限，按照秦朝的法律規定是該殺頭的。

所以陳勝、吳廣就算了一下：「如今我們繼續按規定去服役也是死，逃走也是死，起義做一番事業也是死，同樣都是死，為什麼不做一番事業？萬一成功了還能活下來，而且還會活得很好。」確實，從當時的情況看，他們造反，失去的只是鎖鏈，得到的可能是整個世界。

在這種情況下，造反就是必然的了。

在秦末農民起義中，還有一個規律性的現象，那就是各地起義軍對官員都十分仇恨。他們最恨的不是我們想像的各地地主和富豪，而是壓榨他們的酷吏。說實在的，秦朝的忠臣，無一例外都得是酷吏。因為如果不是酷吏，就執行不了那些殘酷的法律。所以陳勝、吳廣起義後，各地百姓都紛紛響應，起來殺掉本地的官員。用武臣的話說，便是「縣殺其令丞，郡殺其守尉」，所有的地方官，一律被殺掉。因為秦朝就是透過這套官僚系統汲取民間資源的。

所以秦末農民起義有一個特點，「有叛民無叛吏」，即沒有一個官員參加造反。這形成了官與民兩個界線分明的群體，因為官員已經完全站在民眾的反方，成為民眾的仇人，即使想加入起義也沒人接受。

所以秦朝是「成也法家，敗也法家」。它的成功，是建立有效的汲取制度；它的失敗，是這套制度沒有可以約束它的力量，導致它汲取過度，超過了民眾的承受力。

第十六章

漢代對秦代的重大升級

〈一〉

上一章我們講了大秦帝國的迅速覆滅。秦國從最早建立邦國到最終統一天下，用了幾百年的時間，但是大秦帝國只存在十五年的時間。

這說明什麼呢？說明法家文化是有嚴重的問題。法家文化是一種絞肉機文化，是一台沒有安裝剎車裝置的瘋狂列車，它的終點就只能是所有人同歸於盡、墜入深淵。

我們來看看那些著名法家人物的下場，他們的結局本身就非常有諷刺意味。

透過殺妻求將，吳起把自己異化成一隻權力野獸。他精明至極，算計猛狠，成功迅速，權傾朝野，但是所謂「機關算盡太聰明，反誤了卿卿性命」。吳起在楚國變法雖然風光一時，但是支持他的楚悼王一死，吳起就被射死在楚悼王的葬禮上，對他滿懷仇恨的楚國貴族將吳起射成一個刺蝟。

從秦國變法的過程來看，商鞅也是一個手腕極其鐵硬的人，他把所有人都當成他成功路上的棋子，結果在變法成功之後，他自己成了眾矢之的。復仇者殺掉了商鞅全家，包括他的老母親。商鞅本人被秦國貴族追得走投無路，出逃到一客棧投宿，客棧主人卻說：「商鞅定有法律，誰讓沒有憑證的旅客住宿，誰就要連坐。」商鞅最後被捉住，車裂而死。

韓非子提醒秦王，不要相信任何人，任何人都是陰險、自私而貪婪的。秦王也確實貫徹了韓非子的思想，懷疑韓非子來到秦國是一個陰謀，因此把他投入監獄，後來韓非子被李斯毒死，也自然是「死得其所」。

那麼，誰從法家制度中受益呢？秦國百姓受益了嗎？並沒有。

為了統一天下，秦國百姓付出了血和汗的代價。在秦國還沒有統一天下時，秦國百姓獨自承受過度的壓榨，或被驅往戰場，或被束縛在土地上拚命勞作。在繁重的賦役壓迫下，在連坐和告奸之法的約束下，秦國百姓手足無措，「秦人不聊生，相與哭孝公」。

在秦國兼併天下的過程中，各國百姓對秦國的這套統治制度非常恐懼。《史記・秦本紀》裡有記載：「（秦昭王）四十七年，秦攻韓上黨，上黨降趙。」秦國進攻韓國的上黨，上黨守不住，不向秦國投降，反而投降了趙國。為什麼呢？韓國的使者說：「其吏民皆安為趙，不欲為秦。有城市邑十七，願再拜入之趙，財王所以賜吏民。」也就是說，百姓不願意被秦國統治，願意被趙國統治，因為趙國的統治方式不那麼虎狼。

然而，在秦國的強大武力面前，天下人逃無所逃。原來的六國，統治是比較寬鬆的，法律不那麼嚴，稅收也不那麼重，老百姓的生活自由度比較高。統一之後，稅率一下子提高好幾倍，戶籍制度也一下子變嚴，想逃避賦稅根本不可能。稍一反抗抱怨，嚴刑峻法、告奸連坐都跟著來了。因此「百姓愁苦」，生活狀態發生了巨大改變。《鹽鐵論》裡說：「秦有收帑之法，趙高以峻文決罪於內，百官以峭法斷割於外，死者相枕席，刑者相望，百姓側目重足，不寒而慄。」百姓幾乎一舉手、一投足，就會觸犯法網，只能側目重足，活得膽顫心驚。

所以秦末起義的時候，人們紛紛大喊天下「苦秦久矣！」劉邦占領秦人故地後做的第一件事，就是廢除商鞅之法。

> （劉邦）召諸縣父老豪傑曰：「父老苦秦苛法久矣，誹謗者族，偶語者棄市。吾與諸侯約，先入關者王之，吾當王關中。與父老約，法三章耳：殺人者死，傷人及盜抵罪。余悉除去秦法。」（《史記．高祖本紀》）

結果「秦人大喜……唯恐沛公不為秦王」。

所以，包括秦人在內的各國人，在秦制下吃盡苦頭。

所以看來，似乎只有秦國的王族從這個制度中受益。然而，雖然秦始皇風光一時，但是他的子孫後代沒有一個有好下場：他的長子扶蘇被矯旨自殺。秦二世即位後，在咸陽殺死公子十二人，在杜縣車裂公主十人。繼位的秦二世最後也被迫自殺。幫助他謀得皇位的李斯被處以極刑，趙高後被扶蘇之子子嬰誅殺，子嬰又被項羽誅殺。在秦朝滅亡後，秦王族子孫盡滅，就是說，秦始皇的所有子孫後代，都被殺光了。

所以學者鮑鵬山解讀商鞅的《商君書》，稱商鞅變法的結果是所有的人都輸了。為什麼呢？因為他「不在乎人民的幸福，只追求國家的強大[1]」。結果是沒有任何人從這個制度中受益。

---

1 鮑鵬山：〈《商君書》：秦王朝專制政治的黑暗心臟〉，《中國青年報》2016年12月29日第5版。

〈二〉

因此，秦始皇確立的這個大一統郡縣制度，雖然設計得很周密，但還是有很多致命的缺陷。

那麼，秦末農民大起義推翻秦朝，中國人是不是有機會重新選擇，拒絕秦制，走其他的道路呢？沒有這個可能。在傳統時代，秦始皇在中國歷史上一直是一個負面角色，一直被罵為暴君，但是他發明的皇帝制度，卻得到後世一致的堅決擁護，所謂「百代皆行秦政制，萬年咸用始皇心」。

漢代皇帝雖然無一不咒罵批評秦始皇，卻沒有一個人提出要廢除皇帝制度。因為皇帝制度帶給統治者的眼前利益太巨大了。他們只是認為這一制度有缺陷，需要重大升級。

要升級，首先要判斷是哪個部分出了問題。漢代君臣經過會診後認為，秦代失敗，主要原因有兩個。一個是汲取過度，興奮起來剎不住閘。所以要為這一絞肉機裝上暫停按鈕，為這個高速列車裝上剎車裝置。另一個原因是思想文化建設出了問題。秦朝沒有成功地建立起一個有說服力的信仰和價值系統。法家的那套東西，本身是只能做不能說的，公開依靠法家，就把自己的統治祕訣暴露給了天下。因此要在意識形態上進行偽裝。

所以漢代初年遵奉黃老之術，也就是「無為而治」。要大幅度地降低稅賦率，從收一半，到「十五賦一」，就是從五〇％降到約六％，景帝時又改成三十稅一，與民休息。同時改革法律，廢除很多殘酷的刑罰，不能動不動就把人關進監獄，砍手砍腳。這個相信大家都很熟悉了，文景時期是黃老之治的典型，皇帝居然穿草鞋上朝，後世稱之為「文景之治」。這是漢代吸取秦代教訓，做出的第一個反應。

第二個反應，是拋棄法家理論作為指導思想，「罷黜百家，獨尊儒術」，把儒家學說作為大漢帝國的門面工程，讓老百姓相信，皇帝是為他們服務的。讓儒術成為帝國所有知識分子的信仰系統，在思想上完成真正的統一。這是一個比「無為而治」影響更深遠的舉措。

〈三〉

「罷黜百家，獨尊儒術」這個事，值得我們細說。

為什麼呢？因為漢武帝這個人，看起來並不像個喜歡儒家思想的人，而更像是秦始皇再世。

漢武帝是一個性格非常強悍、非常想大有作為的皇帝。他的性格、做事的方式，都酷似秦始皇。他在統治期內，也是拚命地進行財政擴張，千方百計汲取更多的財政收入，然後「做大事」：東併朝鮮，南吞百越，西征大宛，北破匈奴，同時還興修起數十座雄偉的宮殿和自己的豪華陵墓，不斷進行聲勢浩大的巡遊。最後老百姓承擔不了這樣大的壓力，各地開始造反，西漢差一點亡在他手裡。

這樣一個人，當然不會繼續用黃老之術來作為指導思想。黃老無為，而他是「大有為」。但是也沒法繼續用法家思想，因為法家思想已經臭名昭著。

那麼怎麼辦呢？元光元年（西元前一三四年），漢武帝召集全國著名學者到長安開會，討論帝國的思想文化建設問題，到底應該把什麼確立為大漢帝國的指導思想呢？

有一個叫董仲舒的人建議說，不如「罷黜百家，獨尊儒術」。

這個建議，其實和漢武帝的性格並不那麼契合。儒家和法家不一樣。儒家並不是一個馴服的學派。它是頭上長角身上帶刺的。法家是拍馬屁的能手，「法今王」，誰在位，我就擁護誰。儒家是「法先王」，批評在位的君主。所以法家是沒骨頭的，儒家是有骨頭的。

儒家首創「民貴君輕」之論，認為「民為貴，社稷次之，君為輕」，甚至說出「君視臣如草芥，臣視君如寇仇」這樣在兩千多年後的今天聽起來仍然很大膽的話。儒家公開主張稱，如果皇帝不仁，臣子可以推翻他。

所以直到漢武帝的父親漢景帝在位的時候，還有一些儒生堅持「推翻暴君有理」的湯武革命思想。《史記》記載，有一個儒生叫轅固生，在漢景帝面前和黃老學派的黃生爭論一個問題：商湯推翻夏桀到底是什麼性質。到底是正義的革命事業，還是以下犯上的大逆不道呢？轅固生說，商湯推翻夏桀是合理的，為什麼呢？民心就是天命。夏桀胡作非為，失去了民心，就應該被得民心的人推翻，這是天經地義的。

而黃生卻說：「冠雖敝，必加於首。履雖新，必關於足。」帽子即使舊了，也要戴在頭上，鞋子不管多新，也只能穿在腳下。「桀紂雖失道，然君上也。湯武雖聖，臣下也。」臣子推翻君主，這就相當於把鞋子戴在頭上。君主不管有什麼過錯，都不能推翻。而且只有臣錯而無君錯，君主有過錯，臣子應該勸諫，你不能好好勸諫天子，反而把他殺了，你就是大逆不道，是篡弒，這沒什麼好說的。

轅固生一聽，說了這樣一句話：「高帝代秦即天子之位，非邪？」意思是按你這麼說，咱們高皇帝劉邦推翻秦朝的皇帝，是大逆不道了？

這樣一來，黃生張口結舌，不敢回答了。漢景帝是個老好人，只好出來打圓場，他說：「食肉不食馬肝，不為不知味。言學者無言湯武受命，不為愚。」吃肉不吃有毒素的馬肝，並不說明你不是美食家。學術不研究湯武受命這一段，也不說明你就不是學者。

意思就是要把這個問題束之高閣，不爭論。「是後學者莫敢明『受命』、『放殺』者」，以後這個問題就被列為學術禁區，不能再研究。

從這一段記載我們能看出，儒家那種從道不從君的勁頭，是讓統治者感覺很不舒服的。換句話說，儒家學說和大一統專制本身，存在著不可調和的矛盾[2]。

那麼，漢武帝怎麼會決定獨尊儒術呢？

因為漢武帝獨尊的儒術，和儒家的本來面貌已經不一樣了。為漢武帝所用的儒家，實際上是法家化的儒家，外表是儒家，骨子裡是法家。

這是怎麼回事呢？這是因為董仲舒對儒家思想進行一番偷天換日的根本改造，讓儒家思想變得和以前有了很大差別。

怎麼改造的呢？我們先來看一個詞，叫作「三綱五常」。我們後世一提起儒家，就經常會想起這個詞，因此很多人都認為這「三綱」是儒家提出來的。

但是事實上，這是法家的東西而不是儒家的。「三綱」，最早是法家的說法。韓非子說過：「臣事君，子事父，妻事夫，三者順則天下治，三者逆則天下亂，此天下之常道也。」大臣在君主面前，兒子在父親面前，妻子在丈夫面前，都只能馴服，不能反抗。

這顯然是和儒家思想完全相反的。儒家是強調權責對應的。所謂「君君臣臣父父子子」，是說君首先要像一個君，臣才能像一個臣；父首先要像個父，子才能像個子。所以「君使臣」和「臣侍君」都要各按「禮」而為。這種原則，多少有點契約的意味。

因此，儒家是反對法家這種單向的三綱。

那麼，為什麼後來三綱成了儒家思想的代表性詞彙呢？

主要是董仲舒的「點金成石」，把孔孟之道和韓非子的思想巧妙地嫁接在一起。

董仲舒對儒學的改造，優點是保留了儒家以天命恐嚇君主的理論，而且發展出一套裝

2　儒家所極力反對的，是法家擴大君權的做法，儒家是主張貴族政治而反對官僚政治的，強調對君權的限制。所以儒家主張行王道，也就是長者政治。反對霸道，也就是反對強者政治。（參見秦暉《重新認識儒家》）

神弄鬼的讖緯之學，就是透過種種迷信，什麼「占星」、「望氣」之類，來分析「上天」的想法，判斷上天對皇帝滿意不滿意。如果發生地震、天災，皇帝就要反省，是不是自己哪點做得不對？就得洗個澡，靜坐，反思自己。

也就是說，董仲舒要求皇帝要重視天命，透過「上天示警」讓皇帝有所約束，不要胡作非為，否則就可能亡國。這在某種程度上保存了周代文化的核心成果。

但是與此同時，董仲舒又和韓非子一樣，把皇帝推到了至高無上的絕對化地位，甚至他在有些方面說得比韓非子還要過分。

為了強化皇帝的地位，他不惜穿鑿附會，尋找神學上的根據。他說：「古之造文者，三畫而連其中，謂之王；三畫者，天、地與人也，而連其中者，通其道也。」王是三橫一豎，三橫，代表天、地、人，一豎，代表貫通。皇權是貫通天地的。他說，皇帝是整個國家的心臟，「海內之心懸於天子」，臣民與皇帝的關係，就像四肢與「心」的關係一樣：「心之所好，體必安之；君之所好，民必從之。」（《春秋繁露》）心在想什麼，四肢就要想辦法來滿足心的需求；皇帝喜歡什麼，百姓就要順他的意。

所以天下臣民必須無條件地服從皇帝：「民之從主也，如草木之應四時也。」臣民要無條件順從君主，「體不可以不順，臣不可以不忠」。（《春秋繁露》）這些話比韓非子說得還要到位，皇帝聽起來當然會感覺很舒服，因此，董仲舒明確提出了「三綱說」：君可以不君，臣不可以不臣；父可以不父，子不可以不子；皇帝夫可以不夫，婦不可以不婦。由此，權利變成了單向的、絕對的。

董仲舒還繼承了韓非子的法、術、勢思想，強調一定要大樹特樹皇帝的權威。《春秋繁露》說：「君之所以為君者，威也。……威分則失權。」董仲舒所謂的「威」即是韓非所說的「勢」，都是指帝王獨斷專行的權威。一定要強化皇帝權威，同時還要愚民。法家一直是主張愚民的。董仲舒也說，民的意思就是「瞑」，就是愚昧無知的意思，因此「可使守事從上而已」，只能老老實實地聽上級的命令。

所以，思想家梁漱溟曾經說，董仲舒的這套改革，「把生動的理性、活潑的情理僵化了，使得忠孝貞節泥於形式，浸失原意，變成統治權威的工具，那就成了毒品而害人。三綱五常所以被詛咒為吃人禮教，要即在此[3]」。

〈四〉

漢武帝獨尊儒術，一方面，讓皇權獲得仁義道德的外衣，比以前冠冕堂皇多了，對皇權進行一定程度的約束。但是另一方面，卻並不妨礙皇權的實際運作。

我們用蓋房子來打比方，如果說秦始皇是搭建起房屋的骨架，奠定專制制度的基礎，那麼漢武帝則以意識形態來建設，用儒家思想對房屋進行裝修：房子一裝修，就好看多了。

但是，這個房子的本質結構並沒有變。《漢書．元帝紀》記載，漢元帝做太子時，看到父親漢宣帝經常用嚴刑峻法，就勸父親，咱們的老祖宗不是告訴咱們要以儒治國嗎？您怎麼忘了？漢宣帝勃然變色，告訴他說：「漢家自有制度，本以霸王道雜之，奈何純任德教，用周政乎！」

意思是說，你小子懂什麼？我們漢王朝的統治祕訣就是「霸王道雜之」，表面上是孔子的王道，實際上是秦始皇的霸道。

3　梁漱溟：《梁漱溟全集》，山東人民出版社，2005，第313頁。

所以到了漢代，大一統專制制度才變得「剛柔相濟」，初步成熟。這也是漢代統治比較長久的重要原因。因此形成了中國歷史的第一階段——秦漢帝國。之後中國政治發展的主要邏輯，就是外儒內法：外表越來越儒家，本質卻越來越法家。

第十七章

秦漢與羅馬的神奇聯結

〈一〉

歷史學家通常把中國史分成幾個階段，第一個階段是秦漢帝國，所謂第一帝國。第二個階段是隋唐宋帝國，所謂第二帝國。第三個階段是元明清帝國，所謂第三帝國。

長久以來，人們熱衷於比較秦漢帝國和羅馬帝國。這是歷史學界一個比較熱門的話題，出了很多書和論文。

為什麼呢？因為這是當時世界上「唯二」的兩個大帝國，他們之間存在著一種非常奇妙的共鳴。

從空間上看，這兩大帝國分處歐亞大陸的兩端，一個在東邊，一個在西邊。從時間上看，兩大帝國的誕生大致同時，當然，我們說「誕生」，是指帝國最初源頭的誕生。秦漢帝國的誕生，是指秦國這個諸侯國的出現。羅馬帝國的誕生，是指羅馬城邦的出現。秦國是什麼時候誕生的呢？是西元前七五〇年，秦透過戰爭占據了周平王口頭封賞的土地，正式成為一個邦國。三年之後，羅馬城奠基。也就是說，這兩大帝國的出生時間只差了三年。

接下來，這兩大帝國都經歷幾百年的時間，才最終完成統一。秦國用了五百多年，從一個小小的邦國，變成吞併六國的統一大帝國，而羅馬用了七百多年的時間，從一個城邦，變成橫跨歐亞非三大洲的大帝國。

兩個帝國的壽命也差不太多。從秦始皇統一天下（前二二一年），到東漢滅亡（二二〇年），一共是四百四十一年。而從西元前二七年奧古斯都成為皇帝，羅馬由共和國轉為帝國，到西羅馬帝國滅亡的四七六年，羅馬帝國總共存在五〇三年。兩大帝國的壽命只差了幾十年。

從領土面積上看，漢朝和羅馬帝國的疆域都是五百萬平方公里左右，都是由一千五百至兩千個行政區所組成[1]。

除了這些大方向相似外，在一些細節上，兩個帝國也很相似，例如他們都非常喜愛黃金。二〇一五年，考古工作隊從海昏侯墓中出土了兩百斤（約現在五十公斤）左右的黃金，非常引人注目。和後來的朝代比，漢代黃金的使用量是非常大的，皇帝賞賜功臣，動不動就上萬斤黃金。羅馬人也酷愛黃金。據經濟學家彭信威計算，西漢與羅馬擁有的黃金總量非常接近，都是二百七十三噸左右，「幾乎完全一樣」。

這兩個帝國，當時沒有任何直接往來，卻出現這麼多相似的地方，這種同步性非常驚人。

〈二〉

任何歷史事實背後都有其原因。秦漢與羅馬的相似也不是巧合的。

這兩個帝國，都是青銅時代過渡到鐵器時代的產物。

我們以前講過，青銅時代形成的國家規模比較小，因為青銅不足以支撐大規模的生產力。

1 沃爾特・施德爾主編：《羅馬與中國》，江蘇人民出版社，2018，第10頁。

鐵器普及後，糧食產量增加，人口迅速增長，各文明中心開始直接連接，為統一大帝國創造了條件。

秦漢和羅馬這兩個帝國的前身，在青銅時代，都是處在文明邊緣區的落後小國。秦國遠在西陲，一直被文明中心區瞧不起。羅馬一開始也是偏遠地區的落後小國，當時歐洲的文明中心區是希臘一帶，與羅馬距離很遠，所以當時希臘的學者如亞里斯多德、希羅多德並不知道羅馬的存在。

新文明總是在舊文明的邊緣區成長起來的，這是人類文明發展的一個規律性現象。秦國和羅馬處在文明圈的邊緣，這樣他們一方面能夠接收到文明中心的輻射，另一方面，他們身上舊文明的包袱又比較輕，所以在鐵器時代到來時，他們就能夠最先轉型成功。秦國透過商鞅變法完成了脫胎換骨的變化，羅馬發展過程中最關鍵的一次體制變革，則是在西元前五〇九年由「王政」變成「共和」，從此迸發出巨大活力，開始漫長的擴張進程。

〈三〉

然而，歐亞大陸兩端這兩個帝國，在表面的相似下，內在的結構和性格卻完全不同。

首先我們來看第一點，皇帝制度。

秦漢和羅馬都號稱帝國。從字面上看，帝國就是由皇帝統治的國家。

因此很多讀者看到「羅馬帝國」幾個字，也許會產生這樣幾個問題：漢朝皇帝姓劉，羅馬皇帝姓什麼？中國皇帝是父傳子，羅馬皇帝是像漢朝這樣父傳子，還是商朝那樣兄傳弟，還是像後來的英國也可以傳給女兒？

秦漢帝國是皇帝用武力打下來的獵物和私產。劉邦得天下後，得意揚揚地問他父親：「某業所就，孰與仲多？」你總瞧不上我，說我不如我二哥，現在你看，我的家產和我二哥比，誰的大？

但是羅馬帝國並不是一個一家一姓的帝國。「羅馬帝國」一詞的完整名稱為「元老院與羅馬人民」。因此羅馬帝國雖然是帝國，但是歷代皇帝沒有一個唯一的姓氏，因為羅馬的皇帝不是開國太祖憑一條哨棒打出來的，而是透過選舉制度選出來。按照羅馬的律法，任何有能力的人都有可能透過選舉成為羅馬皇帝。皇權是由元老院授予某個個人而不是家族的，一旦這個人死亡，授權也自然中止。從這個角度說，羅馬皇帝之間根本就不存在繼承問題。

當然，以上我們說的是理論，在實際運作過程中，羅馬帝國越到晚期，越演變為一個專制政體，選舉大多數情況下只是個形式。羅馬皇帝大部分都是傳給老皇帝生前選定的接班人，因此，事實上也有父親直接傳給自己兒子的，但是起碼形式上還都要經過元老院授權，而且羅馬帝國父傳子（傳給親生兒子）的情況出現得很少。因此，羅馬帝國雖然存在數百年，並沒有一個固定的皇帝家族。

秦漢帝國的皇帝制度，和羅馬帝國的皇帝制度，法律基礎是完全不同的。這是兩個帝國的第一個不同。這個不同，顯然是因為羅馬帝國的文化基礎來自希臘文化。

第二，這兩個帝國政治結構不同。

秦漢帝國征服各地後，都實行郡縣制，地方上整齊劃一，中央的政令可以通達全國各地，如臂使指。

而羅馬帝國則不同。羅馬不是郡縣制，羅馬帝國的大部分地方是自治的，羅馬帝國征服各地之後，基本上因地制宜，讓各地的城市按原來的方式管理，各城市之間一般也沒有形成管轄關係。「二世紀的羅馬帝國，乃是自治城市的聯盟和凌駕於這個聯盟之上的一個近乎專制的君

2 羅斯托夫采夫：《羅馬帝國社會經濟史》（上冊），商務印書館，1985，第201頁。

主政府、二者奇妙的混合體[2]。」

我們以埃及行省為例。埃及行省雖然是羅馬帝國的一部，但是一直保持著相當的自治性。「托勒密時期的制度幾乎原封不動地保留下來」，到後來也沒有什麼變化。

所以秦漢政府是一個全能政府、大政府，政府機構自上而下對全國的管理是非常嚴格的。而羅馬帝國對各地的管理是相當鬆散的，主要關心能不能收到稅。至於各地怎麼管，中央政府並不注意。因此，羅馬帝國很長時間都是小政府，中央政府主要是一個協調機構。

這就造成了第三個區別。秦漢帝國在文化上和思想上也是高度統一的，大秦帝國焚書坑儒，以吏為師，大漢帝國則罷黜百家，獨尊儒術，總之是要定於一尊，要書同文，車同軌。

而羅馬帝國卻沒有形成統一的意識形態：帝國的東邊一直是以希臘文化和東方文化為主流，西邊才是以羅馬文化為主導；書也不同文，帝國東部即所謂的希臘化世界，通行希臘文，西部則通行拉丁文。甚至羅馬帝國都沒有一種通行於全國的完善法律，各行省甚至一些城市都擁有自己的法律。例如，羅馬曾與特爾密蘇斯城簽訂條約，保證該城的公民和他們的後代「使用他們自己的法律」。

第四，秦漢帝國都實行民族融合。當然，這並不是這兩個帝國政府有意識的做法，而是因為中國自古以來就是以文化來劃分民族的，如果某個少數民族在文化上漢化了，就逐漸成為漢族，這個和血緣沒什麼關係。所以漢族才不斷擴大，少數民族人數不斷減少。

而羅馬帝國沒有這個傳統。他們非常重視血緣上的區別。所以羅馬人總是以征服者的姿態對待行省居民，各民族之間很少混血融合。

所以，這兩個帝國的性格和結構是很不一樣的，命運也各不相同。

第十八章

為什麼羅馬帝國分裂後不再統一

〈一〉

羅馬和秦漢兩大帝國之間有很多相同之處。事實上，羅馬帝國之所以滅亡，也與大漢帝國有比較直接的關係。

在羅馬帝國和秦漢帝國之間，有一片廣闊的草原，由蒙古延伸到烏克蘭一帶，叫作歐亞大草原，它實際上把羅馬和秦漢連在了一起。這片草原上發生的大事，有的時候也會連鎖影響到歐亞兩端。

在歐亞大草原的東部，生活著強大的匈奴部族，對秦漢帝國的生存構成嚴重威脅。因此秦始皇修築長城，希望把他們攔在草原。漢高祖甚至親自率領大軍迎擊匈奴，結果在大同被困七日，差點喪命。

直到漢武帝時期，中國才有能力著手解決匈奴問題，漢武帝派衛青和霍去病多次出兵。經過持續不斷的攻擊，匈奴分裂為南北兩部分，南匈奴成為中國的附庸，而北匈奴依然桀驁不馴。於是到了東漢時期，漢朝聯合南匈奴攻打北匈奴，北匈奴受到極為巨大的重創後，往西遷徙到中亞，在中亞停留一段時間後，一部分匈奴人繼續西進，在四世紀晚期，到達黑海沿岸。

匈奴人的西進引起一連串的連鎖反應。匈奴人的作戰方法跟後來被歐洲人稱為「黃禍」的蒙古人很相似。歐洲人以前從來沒見過這樣的民族：

> 當時的羅馬歷史學家阿米阿努斯．馬爾切利努斯把他們描寫成「幾乎黏在馬上」的人，說他們「體態奇形怪狀，相貌奇醜無比，不由使人認為他們是雙足野獸……」稍經激怒，他們就奮起作戰，排成楔形隊形，發出各種狂叫聲，投入戰鬥；他們敏捷靈活，有意分散成不規則隊形，兵鋒所至，屠戮殆盡……他們沒有固定居所，沒有房屋，沒有法律，沒有穩定的生計；他們乘坐著大篷車，像難民一樣四處流浪[1]。

匈奴人的戰鬥力是如此強大，在他們的壓力下，原來生活在羅馬帝國邊境上的西哥德人被迫離開原來的生存領地，進入羅馬帝國境內。西元三七八年，西哥德人大舉入侵羅馬帝國，殺死羅馬皇帝。這就是西方歷史上所說的蠻族入侵。

西哥德人是東日耳曼人的一支，從那之後，六個部族的日耳曼人相繼進入羅馬帝國，其情形與中國的「五胡亂華」非常相似。他們的入侵導致羅馬帝國分裂。西元四七六年，西羅馬滅亡，只有東羅馬繼續存在。

因此，在某種意義上，羅馬帝國的滅亡是中國攻擊匈奴戰爭的結果。這可以認為是世界歷史的「蝴蝶效應」。

而在大致的歷史同一時段，在中國也發生了極為相似的一幕，只不過時間上比歐洲早了一百年。就在北匈奴西侵前七十年左右，西元三〇四年，南匈奴乘機南下，引起所謂的「五胡亂

1 斯塔夫里阿諾斯：《全球通史》，北京大學出版社，2005，第181頁。

華」。西元三一一年，在羅馬城第一次陷落於蠻族前一百年，當時中國西晉的首都洛陽也第一次陷於少數民族之手，中國因此分裂成兩塊。北邊一塊，被蠻族占領；南邊一塊，成為東晉和南朝。這和東西羅馬的局面是非常相似的。

也就是說，羅馬帝國和中國大致上在同時段被蠻族入侵，並導致一半疆土被占領，只有另一半殘存下來。那麼，中國和羅馬的歷史進程為什麼如此相似呢？

放眼世界歷史，這一現象不僅存在於中國和羅馬，而是屬於全世界的游牧民族入侵大浪潮。前面說過，匈奴部落遷到中亞之後，有一支部落向西進軍，導致西羅馬滅亡，但是其他大部分匈奴人還是停留在中亞。不久之後，停留在中亞的一支北匈奴，在西元四五五年左右，又往南進發，侵入印度，導致印度北部著名的笈多帝國滅亡。大約在西元四八四年，中亞又一支北匈奴侵入了波斯帝國。

也就是說，三至六世紀，歐亞大陸幾乎所有大帝國，都被以原北匈奴為核心的游牧民族入侵了。這是全球第二次游牧民族大入侵。

那麼，為什麼在這個時段，世界上幾乎所有的文明中心都受到游牧民族的入侵呢？有兩個原因。第一個原因是，到了這個時候，世界上大部分文明中心都已經存在相當長的時間，進入了停滯和腐敗期。在中國，從西漢末年開始，政治就開始腐敗，統治階級窮奢極欲，社會貧富差距拉大。到了東漢，太監外戚輪番專政，皇帝一個接一個地非正常死亡。而在羅馬帝國以及印度、波斯帝國也出現類似的情況，羅馬帝國晚期的腐敗、朝政的混亂，與中國相比，有過之而無不及。

另一個原因，是游牧民族出現第二次技術進步。

游牧民族在西元前一七〇〇至前一五〇〇年間，就在世界掀起過一次大入侵浪潮，手執青銅武器、駕著馬拉戰車的游牧民族差不多同時侵入了兩河流域，侵入了希臘和印度，也侵入了中國黃河流域。這次入侵浪潮之所以興起，是因為他們出現了第一次技術進步，也就是發明了馬拉戰車。

然而，第二次大入侵，游牧民族不再是站在戰車上，而是騎在馬背上。西元前一〇〇〇年左右，馬的主要用途是為了駕車，游牧民族還沒有學會騎馬。在那之後，游牧民族開始會騎在馬上作戰，出現了第二次技術進步，發展出騎射技術，機動性大為提高，並造就了全民皆兵，戰鬥力大大增強，因此，游牧民族才有可能建立具備國家雛形的大型部落聯盟，對歐洲大陸的眾多帝國構成威脅，並在他們衰弱的時候掀起第二次入侵大潮。

〈二〉

這次全歐亞的游牧民族入侵大潮，在歐亞大陸兩端所造成的結果很不一樣。

入侵中國北方的蠻族，也就是所謂的「五胡」，不久就先後被中國文化同化。中國歷史在經歷了一個波動期後，隋朝又出現南北方的統一，中國王朝又一次開始了漫長的自我循環，中國文化的發展並沒有受到根本的影響。

而在羅馬帝國，西羅馬一經解體，就再也沒能恢復，在西羅馬的廢墟上，出現了一個又一個蠻族國家，演變成歐洲林立的小國，導致歐洲中世紀也就是我們所說黑暗時代的到來。再後來，從黑暗中冒出曙光，誕生了歐洲新文明。因此有學者認為，若沒有當時的蠻族入侵，就沒有今天獨特的西方文化。

那麼為什麼同樣的蠻族入侵，在中國和西方的結果不同呢？為什麼中國朝代在滅亡後總能統一，而西羅馬帝國一旦滅亡，就再也不能復建呢？

一個重要原因，就是秦漢帝國制度上的特點是高度劃一，而羅馬帝國內部沒有形成如中國意義上的統一。所以羅馬帝國打散之後，就很難再統一起來。這一事實也再度證明，中國文明自古以來就存在著統一這一內在的基礎，而西方不存在這種基礎。

前面我們分析了中國文明的統一基礎，但是還有一些因素沒有講到。在這裡有必要再補充幾句。形成中國統一傳統的，還有一個重要因素，那就是語言文字。中國自古以來，在語言文字上一直是統一的，而西方不是。

人類文字發展的一個普遍規律，是從象形文字、表意文字，發展為表音文字。埃及原來的象形文字非常發達，但是到三世紀時，就開始用希臘字母拼寫自己的語言了。

但是中國文化沒有跨過很多其他文明跨過的門檻。例如其他文明早就從血緣社會進入階級社會，但是中國一直停留在血緣社會階段不往前走。其他文明早就從祖先崇拜跨入一神教崇拜，但是中國人一直停留在祖先崇拜階段。與此相類似，世界上其他文化很早就開始採用表音文字，而中國文字始終停留在早期階段，也就是表意文字。當然，我們所說的這個「跨不跨過門檻」，並不是一種價值判斷，並不是說，只有跨過這個門檻才是好的。事實上，是否跨過這個門檻，是由一系列複雜的原因造成的。

那麼表音文字有什麼特點呢？表音文字極容易學，它只由幾十個字母組成，所以更容易掌握。這也是表音文字在西方很快取代表意文字的主要原因。

但是表音文字的另一個特點是它極不穩定，總在變化中，任何一個民族都可以借用這套字母來拼寫自己的母語。所以語言很快就變得千變萬化，根本沒辦法統一。如果中國採取表音文字，那麼溫州話、廣東話和山西話將會很快演變成不同的語言，相互聽不懂也看不懂。

而表意文字的最大特點是固化，從甲骨文到楷書，很多字形基本上還是一樣的。所以中國境內雖然方言千差萬別，相互可能聽不懂，寫出的字卻能相互看得懂。

因此，像中國這樣大的領土面積，以及如此複雜的民族，本來在交通和訊息不發達的古代，技術上是很難長期保持統一的。中國能成為一個例外，文字上的統一是一個重要因素。

前面講過，地理環境是中國形成統一傳統的重要原因。關於地理原因，我們多次比較了黃河中下游和希臘，在這裡，不妨再比較一下整個中國和整個歐洲。生物學家賈德．戴蒙（Jared Diamond）說，從地理上看，中國像是一個由圍牆圍起來的四合院。而歐洲則是沒有圍牆的，海岸線曲折漫長，四面漏風。中國只有兩條大河——長江和黃河，兩河相距很近，流向相同。中國東部的兩大河沖積平原，是連在一起的，人口相對集中。歐洲大陸內部的一些高山，把歐洲分為幾個不同的地理區，導致歐洲的河流非常分散，多瑙河、萊茵河、聶伯河、頓河、易北河、羅亞爾河、窩瓦河等，流向四面八方，中間由一條條分水嶺阻隔開來，因此沿河發展起來的文明中心，也是分散在各個區域。從地理上說，歐洲就沒有內聚力。這也是羅馬帝國分裂後無法再統一的一個重要原因。

第四篇

從秦朝到清朝的歷史循環

第十九章

按下葫蘆起了瓢

〈一〉

中國歷史可以劃分為三大階段。第一階段是周秦之變之前。第二階段是從秦始皇到晚清。第三階段是從晚清近代化到現在。

為什麼要把從秦到清劃為一個歷史單元呢？因為這二千年的歷史，雖然經歷很多朝代，其實是沿著一個簡單的邏輯前進的，那就是不斷完善和修補秦始皇開創的皇帝制度，也就是大一統郡縣制度。

〈二〉

漢代對皇帝制度進行了重大升級，讓制度初步穩定。除了「罷黜百家，獨尊儒術」這個重大措施外，漢代還在很多具體問題上對秦制缺失進行修補。

我們說，秦滅亡的基本原因當然是對民眾的過度汲取。但是從技術上分析，還有一個具體的原因，那就是沒有預立太子。

秦始皇幾乎防範了威脅他統治的所有因素，可是他活著的時候沒有立太子。因為他是一個極其自信的人，對自己的健康太自信了，但他沒想到自己的死來得那麼突然。

秦始皇在最後一次外出巡視的途中突然病倒。他預感到自己這次病得不輕，有可能不行了，就連忙寫一道詔書，發給正在北方邊境的長子扶蘇，叫他馬上動身回咸陽。做什麼呢？當然是準備接班。詔書還沒送出去，秦始皇就死了。

秦始皇活著的時候，他的命令沒人敢違背，但死了可就不同了。詔書寫完是要經過太監趙高的手送出去的。但是趙高沒有馬上發。為什麼呢？因為他不想讓扶蘇當皇帝。他想讓秦始皇的小兒子胡亥繼位，胡亥能力比較差，只喜歡吃喝玩樂，好操縱，趙高可以藉機獲得大權。於是趙高經過與李斯和胡亥的密謀，竄改了秦始皇的詔書，捏造扶蘇的罪名，要他自殺。扶蘇很聽話，秦朝的政治特點就是執行命令不打折扣，所以馬上自殺了。於是胡亥當上皇帝。

扶蘇是一個比較可靠的人，如果他上台，說不定秦朝能多活幾年。可惜秦二世胡亥非常不可靠，一上台就胡作非為，不斷搗亂，加速秦朝的滅亡。

漢朝建立之後，立刻吸取這個教訓，漢朝君臣總結說：「秦以不早定扶蘇，胡亥詐立，自使滅祀。」秦朝就是因為沒有早早把扶蘇立為太子，讓胡亥有機可乘，導致滅亡。因此漢高祖二年（前二〇五年），還在戎馬倥傯中的劉邦就立劉盈為太子，堵上秦始皇留下的一個政治漏洞。

但是堵完這個漏洞還不算完全。皇帝們發現，皇帝制度漏洞太多，按下這個葫蘆，又會起另一個瓢。劉邦明智地立太子，卻留下另一個政治漏洞，那就是太后干政。

劉邦死後，年僅十七歲的劉盈即位，劉盈沒什麼經驗，主要權力在母親呂后手裡。呂后控制欲特別強，什麼事都要管，她強行把自己的外孫女許配給劉盈當皇后。劉盈不喜歡這個皇后，不和她同床，和一個宮女生了一個男孩。呂后把宮女殺了，把這個孩子抱過來，說是自己外孫女親生的，立為太子。劉盈這個皇帝做得當然很鬱悶，只做七年就死了。小太子繼位，呂后乾脆就臨朝稱制，公開掌握權力。結果過了三年，小皇帝知道自己親生母親是被呂后殺的，孩子太小不懂事，就四處嚷嚷以後要為母親報仇。「後安能殺吾母而名我！我壯，即為變！」妳居然殺我母親立我，妳看我長大後怎麼收拾妳！結果呂后一聽，把自己的親孫子也殺了，之後重用自己的娘家人，大封諸呂為王。結果後來「諸呂謀為亂」，想把劉家的天下變成呂家的天下，直到周勃等人誅滅諸呂，才穩定了劉家的統治。

所以劉邦想到立太子，卻沒有防範好自己的老婆。漢武帝接受這一教訓，立小兒子劉弗陵為太子後，就把劉弗陵的母親鈎弋夫人殺了，防止她以後專權干政。漢武帝怕大家不理解，還特別解釋一番。他說：「往古國家所以亂也，由主少母壯也。女主獨居驕蹇，淫亂自恣，莫能禁也。女不聞呂后邪？」

漢武帝立了太子，又殺了妃子，按理接下來應該政治穩定了吧？結果按下太后干政這個葫蘆，又浮起權臣這個瓢。

太子沒有母親在身邊，年紀又太小，不能主掌朝政，怎麼辦呢？漢武帝臨死前任命一批大臣為顧命大臣，為首的是霍去病的弟弟霍光。結果霍光被稱為中國歷史上第一個權臣。霍光性格很強悍，他掌權後，族滅了自己的政敵上官桀和桑弘羊，還殺掉皇族中的重要人物長公主和燕王旦。此後霍光就成了實際上的皇帝，大小事情他一個人說了算。

劉弗陵二十一歲時病死，沒有兒子。霍光決定，讓昌邑王劉賀，就是著名的海昏侯墓的主人當皇帝，但是劉賀只在位二十七天，霍光非常討厭他，說他不到一個月就犯下一千多條錯誤，平均一天犯錯四十次，因此把他給廢了，然後又立了漢宣帝。漢宣帝對霍光表面上很尊重，但是實際上非常害怕他，和他在一起的時候非常不舒服，說「若有芒刺在背」。這就是皇帝對權臣的感覺。霍光本人雖然在歷史上是得以善終，但是他死後，霍家還是倒了楣，他的兒子霍禹被腰斬，霍雲、霍山自殺，霍家一族遭到滿門抄斬，妻子、侄子等也全部被殺或者自殺。

〈三〉

因此，皇帝制度的運作，實際上從一開始就受到眾多因素的干擾。清代乾隆皇帝曾總結中國傳統政治中威脅皇權的因素：

> 所以亡國者，曰強藩，曰外患，曰權臣，曰外戚，曰女謁，曰宦寺，曰奸臣，曰佞幸。（乾隆皇帝：《御製古稀說》）

威脅皇權的，有強大的地方藩鎮，有敵國外患，有權臣，有外戚，有后妃，有太監，有奸臣，有小人。幾乎所有人都盯著皇帝的權柄，一有機會，就想取而代之。

為什麼呢？根本原因當然是當皇帝的好處太多了。當上皇帝，掌握權力，就成了人間的上帝，要什麼有什麼，尊嚴、享受、金錢、美女，都不在話下。

但是天下凡事都是有好的一面，就有壞的一面。皇帝把所有的好處壟斷在了自己一家一姓手裡，這意味著什麼？意味著天下所有人都是皇帝他們家的潛在敵人。「皇帝輪流做，明年到我家」，所有有能力的人無不對這一權力垂涎不已。就像ＢＢＣ（英國廣播公司）紀錄片《王朝》（*Dynasties*）中介紹的，居於統治地位使大猩猩首領盡享一切，但是牠誰也不能信任，其他雄猩猩都時刻準備取代牠。

所以皇帝就要以一人敵天下，以一個人對付所有政治力量。因此專制權力的性質天生必須是高壓的、排他的，要鎮壓掉一切對自己有威脅的力量。但是皇帝只有兩隻眼睛兩隻手，需要防範的因素太多了，很多情況下顧不過來，所以就處處都是漏洞，按下葫蘆起了瓢。

在傳統社會中，對皇帝構成威脅的人通常有以下幾類。

第一類是皇族。因為身上流的都是開國皇帝的血，所以皇族後代理論上都有繼承皇位的可能。這一點導致歷代王朝無休止的內鬥。父子相屠，兄弟相殘，幾乎成了每個王朝都會演出的經典戲碼。最有名的例子，有唐朝著名的玄武門之變、明朝燕王朱棣「靖難之役」，以及清代雍正和兄弟之間的殘酷鬥爭。

第二類是后妃，是皇帝的妻子和母親，這些人深得皇帝信任，危難之際，往往被委以重任，獲得大權。從呂后、武則天到慈禧，這樣的例子非常多。

第三類是外戚。外戚就是皇帝母親那邊的親戚，舅舅、姨父之類的。他們往往在皇帝年紀小的時候掌握大權。為什麼呢？因為皇帝小時候和普通小孩一樣，凡事主要是聽母親的，而母親會提拔誰呢？當然是自己娘家人。所以歷史上外戚亂政不絕。

第四類是太監。太監本來地位非常卑賤，可是他們和皇帝朝夕相處，很容易建立起深厚的感情，皇帝生活中處處離不開他們，很容易信任他們，這是歷代太監為患的主要原因。

西漢和東漢末年政治的規律是外戚干政和太監干政輪流出現。為什麼呢？皇帝小的時候容易被外戚控制，一旦長大成人，就要奪回權力，和外戚之間就要發生衝突。朝廷的官員大部分都是外戚的爪牙，皇帝要想奪回權力，只能依靠和自己朝夕相處的太監。因此形成了外戚和太監輪流亂政的局面。

有人說，我們不要唯出身論，后妃、外戚、太監掌權有什麼不好？反正總得有人管事吧？

其實這不是出身的問題，是執政能力的問題。后妃、外戚、太監的特點是因為和皇帝個人關係近而掌握權力。他們不是專業官僚，沒有受過專業訓練，缺乏專業知識，所以他們專權的時期，往往朝政比較混亂。

第五個威脅因素是權臣。后妃、太監、外戚能力通常比較差。但是權臣能力往往比較強，因為他們都是經過層層鬥爭升上來的，都非常精明強悍，如果遇到懦弱的皇帝，或者有特殊的歷史機遇，常常可以掌握實際上的最高權力，例如張居正。權臣執政，對百姓不見得是壞事，因為他能力強，措施靠譜，但是皇帝卻很害怕，因為他們經常架空皇帝，甚至奪取皇帝的天下。

第六個是朋黨。所謂朋黨，就是官員們分門別派，分成山頭，相互鬥爭。朋黨在中國歷史上由來已久，韓非子就討論過如何防止大臣結黨，但是事實上這個問題非常難以治理。作為個體，官員在皇帝面前當然不是對手。但是，一旦這些官員結成朋黨，形勢就發生了逆轉。他們協調行動，皇帝就很難控制他們了。明代就是朋黨之禍直接導致亡國，所以崇禎皇帝留給李自成的遺囑是什麼？是殺光所有文臣。

第七個威脅就是地方割據勢力。歷史上，中央和地方的關係很難處理。地方的權力太小，辦不了事；權力過大，又會坐大，不聽中央指揮。唐代為了平定安史之亂，給予各地藩鎮過大的權力，結果安史之亂平定之後，這些權力就收不回來，導致唐代的藩鎮之禍。

第八是敵國外患，就是周圍的這些國家，還有少數民族對皇權形成的威脅。北宋和南宋都是被北邊的敵國所滅。

第九個是農民起義，官逼民反，這個就更常見了。

實際上，我只是舉其大端，如果細數下去，威脅皇帝的因素還有很多。

所以朱熹說，中國政治很難搞：

> 措置天下事直是難！救得這一弊，少間就這救之之心又生那一弊。如人病寒，下熱藥，少間又變成燥熱；及至病熱，下寒藥，少間又變得寒。

翻譯過來，就是治理天下真是太難了。你把這個剛處理好，那邊又出事。例如為人看病，這個人是寒病，下熱藥，結果吃下去又變成燥熱病，你又得下寒藥，結果寒病又起來了。

所以中國從秦到清的歷史，最主要的特點就是頻繁地「改朝換代」。秦制的規律是，一個王朝建立之初，就像新手機開機，開始總會運作得比較順暢。有一段政治清明期，甚至會出現盛世。然而幾代之後，就會腐敗混亂，官逼民反，各種危機爆發，導致大一統郡縣制王朝經常出現系統當機，不得不重新啟動。在這個基礎上建立的新的王朝，再次開始「其興也勃焉，其亡也忽焉」的同樣歷程。這個遊戲我們樂此不疲地玩了兩千年，所以留下一套史書叫二十四史，留下一首〈朝代歌〉：「三皇五帝夏商周，春秋戰國亂悠悠。秦漢三國東西晉，南朝北朝是對頭，宋元明清帝王休。」

所以，從秦始皇開始，幾乎每一代皇帝都在思考同一個問題：怎麼樣才能保證皇位永遠不讓他人染指？每一位皇帝都為此夜不安枕，不停地尋找自己統治的漏洞，加以修補。中國在這兩千年間，就是透過皇帝的智力接力，對皇帝制度進行一代代的修補，從秦到清的政治發展，就是沿著這樣一個基本邏輯展開的，由此造成這一階段的很多政治循環。

第二十章

丞相名稱背後的權力演變

〈一〉

中國歷史上，「丞相」的名稱一直在變化。

秦朝和漢朝，丞相為文官之長；到了隋唐，三省長官中的尚書令地位最高，權力最大；宋代以「同中書門下平章事」為宰相；明代稱宰相為「內閣大學士」；清代時，「軍機處大臣」中的「領班大臣」是大臣中的第一把交椅。

那麼，這個官位名字為什麼要變來變去呢？僅僅是為了好聽嗎？顯然不是。這背後隱藏著中國式權力演變的一個規律，就是皇帝對權臣的防範。

權臣是威脅皇權的一個重要因素。秦朝建立丞相制度，讓丞相替皇帝處理繁重的日常政務，但是皇帝制度本質上又對任何人都不信任，皇帝總是擔心丞相奪了自己的大權。因此，中國歷史上第一個皇帝和第一個丞相之間的關係就是相互戒備的。有一次，秦始皇在山上俯見李斯的車騎隊伍滾滾而過，聲勢很大，他很不高興，隨口罵了一句。有人把這事告訴李斯，李斯馬上減少隨從。結果秦始皇又大怒，追問左右是誰透露消息給李斯。隨從們沒人敢承認，於是秦始皇將當時隨侍在左右的幾百個隨從全部處死。

這一事件清楚說明了皇帝對丞相的戒心。漢武帝時期，曾經走馬燈一樣地換了十三任丞相，其中除一人在漢武帝託孤時留任外，其他十二位丞相中被免職的有七人，有五人因犯罪自殺或被下獄治罪。被免職的七個人中也有兩個人是非正常死亡，一位是竇嬰，他被先免職後棄市，另一位是田蚡，被驚嚇至患精神分裂症而亡。這是伴君如伴虎的真實寫照。

漢武帝撤換這麼多丞相，感覺還是用著不順手，於是就開始重用近臣，來架空丞相。什麼近臣呢？尚書。在我們的歷史常識裡，所謂尚書，相當於部長，中國古代的政府分為六部，每個部的部長叫尚書。然而事實上，尚書一開始是一個很小的官職。秦代和漢代有六尚：尚冠、尚衣、尚食、尚浴、尚席與尚書，替皇帝管理帽子、衣服、飲食、洗澡、家具這些小事，其中管理書籍的叫尚書，也就是皇帝身邊的貼身小祕書，是級別很低的官員、服務員。

但是漢武帝就開始用自己的貼身小祕書來處理重大的國務，很多重要的事情都交由尚書處理，而不是交給丞相。為什麼呢？因為小祕書地位低，又隨時在身邊，很好使喚。宰相除了上朝能見到皇帝以外，平時連見一面都很難，而身邊的人長期與皇帝朝夕相處，卻逐漸建立起基本的信任感。這就相當於今天有些官員會把很多事交給司機去管，為什麼？因為司機貼身，靠得住。

這樣一來，丞相的權力就被架空了。時間一長，「尚書」就變成了一個重要的職務，到東漢光武帝劉秀的時候，尚書令名正言順地成了真正的宰相。原來的丞相這個官職還在，但沒有權力，「眾務悉歸尚書，三公但受成而已」。

到唐朝，皇帝又感覺「尚書令」的權力太大，因此，開始實行三省六部制，把宰相的權力一分為三。三省的最高長官全部被稱為宰相。所以唐代一開始的時候，宰相的名字就特別複雜，因為三省的長官名字不一樣。

尚書省的長官開始叫尚書令，後來叫尚書僕射，中書省長官叫中書令，門下省長官叫侍中，名稱不統一。後來唐太宗說，統一吧，都叫「同中書門下三品」，因為他們的官品都是三品。所以唐代前期的宰相，正式的名字叫「同中書門下三品」，很怪的名字。這個名字體現的是三省互相牽制、互相制約以削弱相權、強化君權的思路。

雖然把相權一分為三，但是三省畢竟是外朝，皇帝控制起來不方便，於是，到後來，唐代皇帝又開始重用「同中書門下平章事」這樣小一級的官員，架空原來的宰相，不久「同中書門下平章事」就獲得實權。因此，到宋朝，「同中書門下平章事」（簡稱同平章事或平章）又演變為新的宰相。

到了明代，猜忌心特別強的朱元璋連續用過幾個丞相都感覺不順手，不放心，把他們殺掉後乾脆做了一個重大政治創新，廢除丞相制。這樣，皇帝就身兼皇帝和宰相兩個職務了，每天不得不親自閱覽大量奏摺。《明太祖實錄》記載，朱元璋創造八天之內批閱內外諸司奏摺共一千六百六十件，處理國事計三千三百九十一件的輝煌紀錄，也就是說，他平均每天要批閱奏摺兩百多件，處理國事四百多件。

結果時間一久，他也受不了，實在忙不過來，就把自己信得過的幾個文官任命為「大學士」，臨時組成一個祕書班底。

我們一聽「大學士」這個詞，往往習慣性地認為是一品大員，其實不是，在整個明朝，大學士都是正五品，是小官。因為朱元璋就是怕大學士演變成宰相，所以特意規定，你就是小祕書，拚命壓低官品。

然而不管怎麼壓低，事實上後來大學士還是演變成實質的宰相，因為他畢竟實際權力大。所以明代後來沒有宰相，但是像嚴嵩、張居正那樣的大學士又變成實際上的宰相乃至權相。

清朝建立後，皇帝又感覺大學士們用著不順手，因為內閣後來又制度化，大學士們又獲得制度性的權力，不好操縱。於是雍正帝又建立了一個新的祕書班底，叫「軍機處」，用這樣一個臨時機構，來架空內閣大學士。軍機處又成為新的宰相機構，軍機大臣成為大臣群體之首。

〈二〉

所以兩千年間，皇帝與丞相之間一直在玩同一個遊戲，皇帝總喜歡用自己身邊的祕書班底來架空丞相，臨時班底時間長了就演變成正式的宰相。可是一旦演變成正式的宰相機構，皇帝又不信任了，又開始用自己的親信組成新班底取而代之，這樣不停地循環下去，樂此不疲。

這個遊戲背後反映出法家創立皇帝制度的一個基本邏輯，即制衡和防範。皇帝對任何人都持懷疑態度。在宮中，懷疑僕人和妃子們通姦，乾脆把他們都閹了，建立太監制度。在中央，懷疑宰相不聽話，用身邊的親信祕書來分他們的權。

這一事實，充分說明雖然獨尊儒術，但秦代之後中國政治制度的發展大致上是沿著法家的邏輯來進行的，皇帝們的政治老師一直是韓非子。當然，因為《韓非子》這本書名字已經臭了，所以很多皇帝是偷偷地讀。例如和王安石一起進行改革的宋神宗，早在登基之前做潁王的時候，就對《韓非子》非常感興趣：

潁王好學不倦，一日出新錄《韓非子》屬府僚讎校，永曰：「韓非險薄無足觀。」王曰：「錄此備藏書之數，非所好也。」

潁王好學，有一天拿出一本《韓非子》，讓祕書去校對錯字。祕書說，這本書陰險刻薄，不是本好書啊。潁王說，我就是收藏一本，不是喜歡它。

宋神宗雖然知道這本書名聲不好，也要偷偷鑽研，因為它很實用，是最好的帝王教科書。所以漢武帝雖然獨尊儒術，但是法家文化一天也沒有從中國政治中消失。

以上我們講的是中央。

在地方與中央的關係上，皇帝們也花了很多心思去捉摸。中國古代有兩個政治術語，一個叫「內重外輕」，一個叫「外重內輕」。當中央權力強大而地方權力比較弱的時候，叫內重外輕；在中央權力弱、地方勢力強大的時候，叫外重內輕。

決定中央和地方力量對比的一個關鍵是，中央下一級行政區的面積多大比較合適。

面積大，地方官的控制能力就大，好處是當地方上有起義及外敵入侵等突發事件時，中央可以調用大量資源來抵抗，但是壞處是中央不好控制地方，容易出現分裂，東漢和唐代就是這樣。面積太小，權力小，皇帝雖是好控制，但是地方上權力太分散，一旦有大規模的起義或者外敵入侵，地方上就無力調動進行有效的抵抗。宋朝和明朝是這樣。

所以歷史學家周振鶴先生總結說，古代政治家的理想目標是「輕重相維」，也就是在中央集權的前提下，使地方有適度的分權。但是輕重之間如何把握，這個難度是很高的，難度主要在於省一級政府大小的掌握。中央政府一方面希望省一級政府大到可以集中力量來平息各地起義，另一方面，又希望它小到沒有能力反叛中央[1]。

這就導致中國傳統時代的政府總是在二級和三級之間徘徊。

1 曹正漢：〈中國的集權與分權：「風險論」與歷史證據〉，《社會》2017年第3期。

第二十一章

在二級和三級之間徘徊的地方政府

（一）

中國秦朝和漢朝都是兩級政府，郡縣制，大致相當於今天的省縣兩級制。秦代史書上說是三十六郡，實際上是四十個左右。到了漢代，感覺四十個左右太少，每一個面積太大，不好控制，就變成一百多個郡。這樣，每個郡的力量都不會太大，不足以對中央構成威脅。

但是，當郡級政府的數量變成一百多個後，就出現一個問題：數量太多，皇帝不好記，也不好管。

所以漢武帝把全國分為十三個部，也就是十三個大區，每個大區設一個刺史，每個刺史管幾個郡。不過這個刺史不是固定的地方官，而是流動的，他們的主要任務是監察地方官，防止皇帝管不過來，地方官在下面營私舞弊。所以他們的級別不高，是十三個小官。漢武帝不想讓他們成為大區區長。為什麼呢？全國十三個大區，每一個力量太大了。

然而東漢末年，黃巾大起義，整個中國北方陷入一片大亂，每個郡都太小，無法單獨抵抗起義軍，只有聯合起來。怎麼聯合呢？就是把全國原來的十三個大區變成十三個戰區，叫「州」。十三個大區原來級別很低的刺史，變成大權獨攬的長官州牧。我們知道，秦代設立的郡縣制度，在郡一級原來就是三權分立的，軍權、財權、人事權是分開的，但是州牧是集權的，因為這樣才有利於集中地方權力鎮壓起義。這樣，中國的行政體制就由郡縣二級制演變為州郡縣三級制了。

然而，由二級變成三級，問題一下子就出來了。全國十三個州，每個州的勢力都很大，所以鎮壓完黃巾起義，這十三州本身卻成了分裂的力量。東漢在十三州的結構之下，很快演變成軍閥割據，進入三國時代，東漢滅亡。所以我們讀三國的時候，經常會聽到各個州的名字。劉備是豫州牧和荊州牧，曹操是兗州牧和冀州牧，孫堅也做過豫州牧，孫權做過荊州牧。因此，三國的軍閥大都是州的長官。

三國之後是魏晉南北朝時期，統治者為了安全，就不停地把州越劃越小，到了南北朝的晚期，達到二百多個州，唐代則進一步達到三百五十八個，全國是以三百五十八個州統轄一千五百五十一個縣。

對一個皇帝來說，一級行政區三百多個其實是太多了，連名字都記不起來。因此唐太宗只好把三百多位州刺史的名字寫在臥室屏風上，天天背誦。但是唐太宗寧可自己如此不方便，也不願意在州上面再加設一級，為什麼呢？因為他牢牢記住東漢晚期的歷史，生怕地方勢力控制不住。

結果後來的皇帝沒有唐太宗這樣的好耐性，這三百五十八個州實在是讓他們頭痛，只好重複漢代的故事，在州上面新設一個級別叫「道」，四十個道，但它們並不是固定的一級政府，作用只是分巡各州，也就是替中央監視各州。這種設置和漢代設置刺史的目的是一模一樣的。

然而後來的歷史又一次複製了東漢三國。安史之亂開始後，三百多個州導致地方力量太分散，根本沒法做有效抵抗，朝廷只好在地方上把道變成一級實際的政府，叫作「方鎮」，任命一大批集軍權、財權和人事權於一身的節度使，來抵抗安史叛軍，兩年之間，全國共設置了四十多個方鎮。然而安史之亂被平定後，方鎮就成了州之上的一級行政區，也就是「藩鎮」，又回到三級政府。結果就像唐太宗擔心的那樣，這些集軍權、財權和人事權於一身的藩鎮，最終演變成藩鎮割據的分裂局面。

這給了宋朝一個深刻的教訓，宋朝統治者讀史，認為唐代滅亡是因為給予藩鎮太大的權力，發誓絕不能讓地方官集軍權、財權和人事權於一身。於是設了一個省一級的行政區，叫「路」，但是不設集中的路級政府，而是實行多權分立，將路一級政府的財權、人權、物資權分開，設置了彼此牽制的「帥漕憲倉」，即安撫司、轉運司、提點刑獄司和提舉常平司。然而事實證明這樣也不行，四權分立，極無效率，政出多門，終日爭吵，一旦有事則相互推諉，甚至造成政府職能癱瘓。所以，終宋一代，對外禦敵的能力都很弱，「敵至一州則破一州，至一縣則破一縣」（《宋史・文天祥傳》）。這是宋代打不過遼也打不過金的一個重要原因，但是為了皇位的安全，皇帝寧可這樣，也不讓地方以集權。

到了元代，情況變了，元代認為宋代地方那樣太沒有效率，因此一開始就把全國分為十幾個省，正式建立省級政府，而且「行省平章」是集權的，大權獨攬。

為什麼元代皇帝魄力這麼大，不怕地方上尾大不掉呢？

因為元代是少數民族建立的。漢人建立的王朝，皇帝總擔心地方官員與地方社會合作，得到地方民眾的支持，運用地方資源與中央對抗。所以千方百計要把省一級政府劃小，把省級長官權力限制住[1]。

但是，元朝派到各地當省長的都是蒙古人。這些省長以異族身分來統治漢族人，朝廷不擔心他們會和漢族地方勢力結合起來，對中央構成威脅。所以元代的省很大，省長權力也大。

在這一點上清朝也是這樣。清代也是少數民族建立的，所以清代一開始就直接在全國建

1 曹正漢：〈中國的集權與分權：「風險論」與歷史證據〉，《社會》2017年第3期。

省，任命總督和巡撫，權力也很大。清代的總督基本上也都是滿人和旗人，皇帝不擔心他們和漢人團結起來對抗他。

但是夾在元和清之間的明朝就不敢這樣處理。明代是學習宋代，雖然有省一級行政區，但是不設省一級主官，只設置布政使、按察使、都指揮使，讓他們分別掌握財政權、司法權、軍權，相互牽制。結果這樣一來，又和宋代一樣，導致明代在防禦外敵，例如蒙古、女真以及鎮壓大規模農民起義時就很不得力。明代晚期不得不設立總督和巡撫，又一次在地方上集權，來對付農民起義和外敵入侵，但為時已晚，鎮壓不力，導致亡國。

不過清代的總督和巡撫制最終也導致民國時的軍閥混戰，為什麼呢？因為清代晚期，特別是太平天國起義時期，滿族統治者無法用自己的力量鎮壓起義，只能廣泛起用漢人做總督和巡撫，天下督撫中漢人占大部分，這樣一來，督撫和地方勢力就結合起來，最後形成分裂局面。

〈二〉

中國歷史上漢人建立的王朝，秦、漢、隋、唐、宋、明，都有一個特點：一開始都是二級政府，而且堅決不願設立面積較大或者權力統一的省級政府，但是後來因為省一級政府力量太小，地方動盪無法平定，只好下放權力，讓省一級行政區擴大、集權，以便有能力鎮壓起義，結果變成三級政府。然而地方每一次權力太大，總會導致分裂局面出現，新的王朝接受前代的教訓，再一次強幹弱枝[2]。因此漢人王朝的地方政府設計，就是在二級三級間不停地循環。只

2 參考周振鶴《體國經野之道——中國行政區劃沿革》（上海書店出版社，2009）及〈周振鶴談政治地理視角下的中央與地方〉（《東方早報．上海書評》，2014年2月16日）。

有少數民族建立的王朝，即元和清，不存在這種週期性循環。因為他們不擔心省級長官和地方勢力結合[3]。這是第一個規律。

第二個規律，也是這個大規律下面的第一個小規律，就是省一級政府集權和分權的循環。歷代王朝建立之初，通常會將地方官的權力一分為三或一分為四，例如秦漢郡一級的政權就是三權分立。好處是地方官相互牽制，無法對抗中央，然而壞處是地方政府力量很弱。所以東漢本來地方分權，黃巾起義爆發後，不得不讓州牧集權。結果一集權，就造成割據勢力，新王朝不得不再度分權。到了宋代，分權達到極致，四權分立，結果地方上沒能力抵抗外族入侵，到了元代，再度集權。就這樣，在分權、集權中不斷循環。

第三個規律，是朝廷總不放心地方官，喜歡派出流動的巡視組來巡視地方，然而時間長了，這些巡視員權力越來越大，就演變成固定的地方官，然後朝廷再一次不放心，再派新的中央巡視組。所以，中國歷史上地方省一級官員的名字聽起來都不像常設官員，都有個動詞，都像是在運動中，例如刺史、行省、巡撫。

漢代刺史的「刺」是什麼意思呢？就是刺探的意思，檢核問事的意思。所以這個官職本意是臨時派出，相當於中央巡視組。結果到了漢末，刺史之權漸重，終於演變為州牧。

唐朝三百多個州，管不過來，中央於是分設諸道，在道中設諸採訪使，這也是一個動態的名字，目的是分巡各州，只有監察性的作用，幫著中央看住地方官。但是後來又都變成節度使，形成藩鎮割據。

元代各行省長官叫「行中書省事」，本來是作為戰時中央代表，臨時行使中央特派之

3 曹正漢：〈中國的集權與分權：「風險論」與歷史證據〉，《社會》2017年第3期。

事，後來變成固定的地方官。

明代後來不得不設置巡撫，來統合地方力量。一開始，這個巡撫也是如同漢代的刺史和唐代諸道的採訪使一樣，是流動的，相當於巡視員，「巡撫」全稱是「巡撫ＸＸ地方都察院副都御史（或僉都御史）」，就是代皇帝巡行地方的巡視組長的意思。然而到明末，巡行漸漸變為常設，清代就直接把巡撫變成一省的主官，明代設的布政使、按察使到了清代成為巡撫的副官。

所以中國歷史行政區的演變，背後體現的是皇帝對於地方官的猜疑和不信任，秦暉先生說，這也是「儒表法裡」治理原則的表現。

〈三〉

我們看中國地圖，會發現所有的省界都是彎曲的，非常不規則。為什麼呢？因為劃分省界的一個主要原則是「山川形便」。就是把天然的大山大河作為界線，這個很好理解。因為這樣很方便，所以湖南和湖北就是以洞庭湖為界，河南與河北就是以黃河為界，山東和山西以太行山為界。

但是中國政治家劃分省與省之間的界線，還有另一條原則，叫「犬牙相入」，又叫「犬牙交錯」，像狗牙那樣參差不齊。

這是什麼意思呢？因為山川形便，對皇帝來說有不利的地方：以山川為界，經常會形成一個獨立的地理區，所謂「四塞之國」，周圍都有天險，一旦宣布獨立，憑險割據，就會變得很難控制。

所以皇帝就要打破大山大河的界線，把你的一塊地方劃給我，我的一塊地方劃給你。這樣，你要是鬧獨立，你的險要地方在我這兒，我就很方便地越過天險去打你。

例如秦始皇征服嶺南地區後，發現要控制這個地方很難，一個原因是很遠，另一個原因是，五嶺是天然的分界線，所以秦始皇就最先想出了「犬牙相入」的辦法：讓長沙郡一塊叫桂陽縣的地方越過嶺南，讓嶺南的象郡一部分越過嶺北。有了這個地理優勢，後來漢武帝才能夠很輕易地出兵平定南越國，讓嶺南地區重新統一回到漢王朝中。

這個原則在元朝應用得最廣泛。蒙古在征服南宋的過程中發現地理因素太重要了，經常一個關口拿不下來，一座山越不過去，征伐之路就要費很多勁。所以元代就廣泛運用犬牙相入的原則，讓任何一個行省都不能成為一個獨立的地理區，例如陝西行省越過秦嶺，把原來四川的一塊劃入陝西。這主要是為了解決四川的獨立問題。四川盆地北邊有秦嶺，東邊有巫山，關起門來自成一統，易守難攻，是天然的獨立區，所以中國歷史上凡是天下一亂，四川都會出現一個割據政權：兩漢之際，公孫述在四川稱帝；三國時期，蜀國雖然又弱又小，但是能與魏、吳鼎足而三；東晉十六國時期，這裡又建立了一個成漢；到了五代，又出現前蜀、後蜀兩個政權[4]。

所以元代就一定要把秦嶺以南的一大塊區域劃進陝西，這樣，從北邊出兵四川就方便了。果然，從元代之後，四川沒再出現割據政權。元代行省面積和權力都很大，但沒有出現過地方分裂。

4　周振鶴：《山川形便原則是促成地方割據的重要因素》。

第二十二章

中原與草原的循環

（一）

在中國歷史的循環中，還有一個大的規律，那就是大分裂和大統一相間。

中國歷史的一個規律是合久必分、分久必合，從春秋戰國到鴉片戰爭，中國共經歷了三次大分裂和三次大統一。

第一次是從春秋戰國的長達五百多年的漫長分裂時期，到秦朝獲得統一，出現統一大帝國的第一階段，建立了秦漢帝國。第二次是三國、兩晉、南北朝三百多年的分裂，到隋朝再次統一，出現統一大帝國的第二階段，建立了隋唐帝國。第三次是五代十國宋金遼三百多年的分裂到元統一，出現統一大帝國的第三個階段，建立了元明清帝國。

這種大分裂到大統一背後的規律是，大統一後透過兼併戰爭建立的第一個王朝都是起於靠近草原的邊緣地區，或者直接來自草原地區。第一次分裂由來自西部邊緣受草原文化影響很深的秦統一，第二次分裂由隋統一，隋是直接建立在鮮卑人的北周基礎之上的，隋的開創者是鮮卑化的漢人，因此隋的政治基因中也有濃重的草原因素。第三次分裂由元統一，元是直接來自草原的[1]。

由草原民族或者深受草原文化影響的軍事力量來完成統一，主要是因為草原民族的戰鬥力強。草原的生活方式本身在不斷地訓練一代代的騎兵，《多桑蒙古史》說蒙古人是「生而為戰士者」。幾乎所有的馬背民族都具有類似的性格，《後漢書・西羌列傳》中有描述：「以戰死為吉利，病終為不祥。耐寒苦同之禽獸，雖婦人產子，亦不避風雪。性堅剛勇猛[2]。」戰死是最光榮的死法，死在床上是一件沒面子的事。馬背上的民族如同野獸一樣能耐受飢寒，性格剛強勇猛。

農業文明則與此相反。在封閉的土地上，農民們提高自己生存機率的祕訣是謹慎、老成、「不招災惹禍」。他們習慣於重複單調的田間工作，卻缺乏應對突發事件時必需的勇敢和果斷。因此，在中國歷史循環中還有一個循環，就是草原與中原、邊緣與中央的循環，也就是游牧民族週期性入侵。

少數民族進入中原還有一個規律，那就是在地理位置上大致呈現順時針的次序。

我們前面講過，周人是起源於西北方的游牧民族，以封建制度建立了大一統的周朝。

然後，新的西北少數民族犬戎入侵，導致周人東遷，西周變成東周。接下來，游牧民族化的華夏政權，也就是來自西北的秦，統一天下。

到了秦漢晉帝國時代，對中原王朝造成威脅的，由西北變成了正北方的匈奴和

---

1 參見許平中《王朝盛衰興亡、國家分合交替之謎新解》。

2 草原的風景非常美麗，自然條件卻非常嚴酷。草原的冬天漫長而寒冷，夏天烈日炎炎。一年四季雪災和旱災交替出現，對人口的淘汰遠遠殘酷於農耕地帶。因此，在這裡活下來的人，都是大自然嚴格選檢過的，其平均體能遠非農耕區的居民可比。

突厥，為維護統治，幾代王朝都耗費巨大的精力。

晉代之後，威脅中原的力量基本上都來自東北部：建立北魏的鮮卑最初來自東北地區，鮮卑化的漢人建立了隋唐帝國，再接下來，仍然是幾個來自東北的少數民族為主角：契丹人建立遼，女真人建立金，蒙古人[3]建立元，滿族人建立清。

〈二〉

那麼，為什麼游牧民族進入中原會按照這個順時針次序呢？第一個因素，是中原統治中心的移動。

周、漢、唐三代的統治中心都是長安，所以西邊的少數民族總是被長安的繁華和富裕吸引，不斷殺到長安。

後來，因為歷代定都，關中平原地力和環境長期消耗，水土流失非常嚴重，長安的地下水經過幾百年污染，「水皆鹹鹵」，沒法吃，已經不適合基本生活需要。因此中國的統治中心漸次移到了洛陽和開封。而洛陽和開封在地理上是沒有防禦能力的，正因如此，正北的乃至東北的少數民族就被刺激起來，加入對中原財富的搶掠之中。

來自西北和正北方的匈奴人和突厥人，一般滿足於掠奪和殺戮，並不想在內地建立自己的政權。但是來自東北的少數民族就不同了，他們對內地的征服越來越深入。一開始是鮮卑族統一了北方，建立了正式的王朝北魏，不過統治的時間不長。而同樣來自東北的遼和金就進行更

3 蒙古人早期被稱為蒙兀室韋，主要的生存地域在今天的黑龍江流域和嫩江流域。

長期、更穩定的統治。接下來，元更史無前例地征服全中國，當然最成功的還是晚起的、奠定現今版圖基礎的清。因此，魏晉之後的中國歷史，一半是被「東北人」主導的。

為什麼來自東北的少數民族能成功地統治內地，而來自西北的只滿足於劫掠或者當雇傭兵呢？

因為東北和西北的地理條件不同。西北草原地帶降水稀少，只能長草，不能長莊稼。所以西北少數民族只懂得游牧一種生活方式。

今天的中國東北地區，是一個非常重要的農業區，每年生產大量的農作物。也就是說，東北的降水量，足以維持農業生產。

因此，東北的游牧民族不只會游牧，還會種地。或者用學術語言說，他們兼游牧、漁獵、農耕三種生活方式於一身。這樣的話，他們既懂得游牧民族的生活特點，也了解定居的農耕民族的生活特點。

美國政論學家歐文·拉鐵摩爾（Owen Lattimore）最早注意到這一點，他說，「我相信（在我之前）還沒有人指出過」，所謂的游牧人征服，主體並不是純粹的游牧人，而是混合文化人群[4]。人類學家湯瑪斯·巴菲爾德（Thomas J. Barfield）則直接指出，正是因此，「滿洲邊緣地帶」是中國歷史上很多王朝的搖籃。《哈佛中國史》精練地總結，正是因此，「他們能熟練地將游牧者的軍隊與漢式的行政管理結合起來[5]」。

---

4 拉鐵摩爾：《中國的亞洲內陸邊疆》，江蘇人民出版社，2005年，第347頁。至於蒙古人，雖然最初也生活在東北，但後來是直接在北方草原上崛起的，拉鐵摩爾解釋說，成吉思汗原本「不是大草原的人，而是草原邊緣的人」，不過從小「被放逐到草原上而已」。「當他返回草原邊緣時，有許多混合文化的下屬，可以引導他從事新的征服。」

5 陸威儀：《哈佛中國史——分裂的帝國：南北朝》，中信出版社，2016，第76頁。

所以在中國歷史上，來自東北的鮮卑人創建了一種二元結構，就是把游牧民族的軍事體制和漢族的農耕社會結合起來，而不是對立。歷史上，來自我的故鄉，也就是今天遼寧朝陽一帶的慕容鮮卑，曾經建立一個朝代叫前燕，這個朝代建立兩種並行的行政體系，一種專門用來管漢人，一種專門用來管鮮卑人。這樣的國家在經濟上能成功，因為有漢人負責提供糧食和賦稅，有穩定的農耕為基礎[6]，經濟上已經漢化了。這樣的國家在軍事上也能成功，因為他們軍事上不漢化，保持了馬上民族的軍事能力，能「理解游牧民族的聯盟如何構成以及他們的弱點在哪兒」。

純漢人政權建立的朝代，統治區域通常都局限在胡煥庸線以南，或者說，通常只在農耕區內，無法對草原進行有效的控制。

葛劍雄先生曾闡明過原因：

> 農業是中原王朝賴以生存的基礎，……因此中原王朝對自己疆域的要求基本上是以是否適宜農耕，是否能養活當地的居民為標準的。符合這一條件的地區可以理直氣壯地占領，而對不符合這一條件的地區，可以稱之為夷狄蠻荒之地，非華夏聲教所及，本不在九州範圍之內。如果硬要去占領，必然會被正統的政治家和學者指斥為窮兵黷武。除去儒家理論的仁義和夷夏之辨的外衣，實質問題還是對農業的依賴。
>
> 寒冷和乾旱的氣候限制了農業的發展，所以即使在北方游牧民族退卻的時候，中原王朝的正式行政區一般也不會超過這一界限[7]。

---

6 前燕奠基者慕容廆非常重視農耕，甚至向晉朝朝廷求取桑種和蠶種。

7 葛劍雄：《統一與分裂：中國歷史的啟示》，商務印書館，2013，第88頁。

但是，在二元結構下，可以同時對草原和中原進行有效控制。因此，前燕之後，同樣是鮮卑人建立的北魏，以及繼承北魏遺產的隋唐和後來同樣來自東北的遼、金、元、清，都在一定程度上成為二元或者多元結構的朝代。

〈三〉

秦文化受草原文化影響很深，隋朝的政治基因中也有深厚的草原因素。

其實不光是隋，初唐政治也受到鮮卑文化的深刻影響。統一了整個中國的隋唐，是鮮卑化的漢人政權。對此可能很多讀者有不同意見，因為在我們傳統觀念裡，隋唐應該是比較典型的漢人政權。

但是只要深入觀察一下就會發現，歷史上除了有少數民族「漢化」，也有很多漢族少數民族化的事實。

我們知道，北魏在孝文帝漢化改革後，很快就分裂成北齊和北周。北周是鮮卑族建立的，北齊是漢族人建立的。按理說，北齊是一個漢人政權，應該與北周不同。但是如果你對比一下就會發現，北齊與北周相比，鮮卑化程度有過之而無不及。因為北齊的統治者是「鮮卑化」的漢人。

「神武既累世北邊，故習其俗，遂同鮮卑。」北齊奠基人高歡是渤海籍的漢人，但是因為祖上很早以前就與鮮卑族雜居，已經完全鮮卑化了。高歡能講一口流利的鮮卑語，崇拜鮮卑文化，看不起漢人，因此朝廷上下瀰漫著「大鮮卑主義」的氣氛，「共輕中華朝士」。高歡的兒子高洋經常「散髮胡服」，甚至「數為胡服，微行市裡」。高洋的太子喜歡讀書，這讓高洋很不高興，說他太像漢人了，「每言太子得漢家性質，不似我，欲廢之」。在他的影響下，北齊朝廷中呈現嚴重的反漢化傾向。有一個叫韓鳳的大臣，也是鮮卑化的漢人，他非常仇視沒有鮮卑化的漢人，動不動就宣揚「狗漢大不可耐，唯須殺卻」，向皇帝建議殺光漢人文官：「漢兒文官……宜加誅戮。」而皇帝竟如其言，對漢人文官「並斬之殿庭」。

所以我們通常只知道北魏孝文帝的漢化改革，「斷諸北語，一從正音」，卻不知道北齊鮮卑化的漢人主導的「反漢化」運動。正是在這些鮮卑化漢人的主導下，北齊恢復了很多被北魏孝文帝禁止的鮮卑舊俗，例如「鮮卑語復盛，……謂之國語」。例如皇位繼承中的「兄終弟及」，北齊文宣帝高洋、孝昭帝高演、武成帝高湛三位就是同父同母的兄弟。

那麼，北齊為什麼如此賣力地反漢化呢？因為有孝文帝漢化改革的歷史教訓在先。鮮卑人建立的北魏一開始也是二元結構的，但是孝文帝取消了二元結構，要求三十歲以下的鮮卑人一律放棄母語，從頭學習漢語，用中原制度統一整個帝國。結果在極短時間內，北魏王朝喪失了戰鬥力，迅速滅亡。這一歷史教訓正是後來北齊和北周反漢化的根本原因。

〈四〉

隋朝的創立者楊堅也是一個鮮卑化的漢人。史載楊堅出自關中名門弘農楊氏，陳寅恪則認為楊堅家族是山東的普通百姓家族。不論如何，這個家族數代都為鮮卑人服務，和鮮卑族生活在一起，已經嚴重鮮卑化，改姓「普六茹」氏。楊堅娶鮮卑柱國獨孤信之女為妻，因此隋煬帝楊廣身上至少有一半鮮卑血統。

正是因為已經鮮卑化，所以楊堅從自己的外孫——北周的末代小皇帝周靜帝手中奪取政權時，得到大多數鮮卑貴族的明確支持。隋朝建立之後，從中央到地方，從文臣到將軍，鮮卑貴族都占據著非常重要的位置[8]。這是理解隋代歷史的一個重要背景。

8 參見邱久榮：〈鮮卑貴族在隋代統治集團中的地位〉，《中央民族學院學報》1981年第4期。

第二十三章

唐太宗是胡人還是漢人？

〈一〉

唐代開國皇帝李淵也是一個鮮卑化的漢人。

關於李氏家族的血統，學者歷來有所爭論。有人說這一家族是少數民族，冒用了漢族血統。早在唐代李世民當上皇帝的時候，就有一個和尚當面對李世民說李唐隱瞞自己的出身，亂認祖宗。唐釋彥琮在《唐護法沙門法琳別傳》中記載，法琳大師對唐太宗說：「棄北代而認隴西，陛下即其事也。」您本來是北代胡人的後裔，為什麼非要認隴西漢人為祖宗呢？宋代大理學家朱熹也很肯定地說「唐源流出於夷狄，故閨門失禮之事不以為異」（《朱子語類·歷代三》）。李唐本來出自夷狄，所以不像漢族那樣講究禮儀，隨便亂來。明代學者楊慎講得比這更徹底：「唐……乃夷狄，非中國人。」（《升庵集·李姓非一》）

不過陳寅恪先生考證認為，李唐雖然不是出自他們冒稱的隴西李氏涼武昭王一系，但應該還是漢人，「本為趙郡李氏之『破落戶』或『假冒牌』[1]」。

1 陳寅恪：《金明館叢稿二編》，生活·讀書·新知三聯書店，1980。

那麼，我們就姑且認為李氏的父系遠祖確實是漢人，但是由於李唐家庭先是跟著鮮卑人拓跋魏起家，接著又投靠鮮卑化的匈奴人宇文北國，被賜姓「大野氏」，世代與少數民族通婚，所以李唐血統中融入了大量匈奴人、鮮卑人的血液。唐高祖李淵之前的混血情況沒有詳細記載[2]，但是主流的歷史研究資料顯示，李淵的生母、皇后[3]和一個兒媳均為鮮卑人，也就是說，唐太宗李世民的祖母、生母和皇后是鮮卑人，唐高宗李治的曾祖母、祖母和生母是鮮卑人。幾代連續混血，使中國歷史上最偉大的皇帝之一的唐太宗李世民最多只有十六分之三的漢人血統。所以如果純粹按血液成分的比例來算，李唐一族也可以算成是少數民族。

不光皇帝如此，唐代很多著名的文臣武將都是鮮卑人。例如現在被我們貼在門上當「門神」的人物尉遲敬德，還有宇文士及、長孫無忌、元稹等二十二位宰相，還有劉禹錫等詩人，都是出自鮮卑族[4]。

〈二〉

只有了解鮮卑傳統，我們才能理解隋唐兩朝的許多政治和社會現象。

例如唐高宗娶唐太宗的「才人」武則天，相當於兒子娶「母親」，這對漢人來說是完全不可接受的，但對胡血甚濃的李唐家族來說，這正是遵從

2 馮承鈞《唐代華化番胡考》：「唐高祖李淵，其來歷頗為不明。《唐書·宗室世系表》列舉李氏祖先人名，余以為多出臆造。淵祖李虎，兄名起豆，弟名乞豆，乞豆之母，乃名達磨。達磨者即梵文Dharma之對譯，華言法也。起豆、乞豆，與印度似無關係，然與鮮卑人，必有淵源。此可疑者一也。」

3 馮承鈞：「淵后竇氏，實生世民。竇后，竇毅之女，竇威之同族，原姓紇豆陵之鮮卑也。」也有人認為竇毅是匈奴之後。

4 呂一飛：《北朝鮮卑文化之歷史作用》，黃山書社，1992。

「父死，妻其後母」的鮮卑風俗。就如朱熹所說「閨門失禮之事不可以為異」，即對唐代人來說，在家裡沒什麼禮儀是正常的。

李唐皇室中，兒子稱父親叫「哥」，父親對兒子也自稱「哥哥」。例如《舊唐書．王據傳》：「玄宗泣曰：『四哥仁孝，同氣唯有太平。』」這裡的四哥，指的是唐玄宗的父親唐睿宗。《淳化閣帖》收有唐太宗寫給他的兒子李治的信，在信裡，唐太宗自稱「哥哥敕」。李唐皇族為什麼會有此家法呢？方壯猷、胡雙寶、趙文工等學者認為，這個「哥」字源自鮮卑語的「阿干」一詞，鮮卑人以此稱尊長。

唐三彩多是胡人模樣，唐朝人「以胖為美」，喜歡體態肥胖的壯實女人，這都是鮮卑人的標準，而不是「纖纖弱質」的漢人標準。

為什麼中國歷史上只有唐代出現女皇呢？這也是鮮卑傳統的浮現。

草原民族沒有漢族男尊女卑的傳統，特別是鮮卑族「貴母賤父」、「其俗從婦人計」，婦女在家庭中占有非常重要的地位，擁有極大的發言權，性格也比較強悍。隋文帝的皇后獨孤氏就是一個典型代表。隋文帝是一個被公認性格強悍的君主，但也是一個著名的怕老婆的男人，每天在後宮活得膽顫心驚，不敢沾別的女人。有一次他偶然臨幸了一個宮女，結果獨孤皇后馬上把這個宮女殺了。隋文帝不敢向獨孤皇后發脾氣，感覺非常鬱悶，一生氣離家出走，一個人策馬出宮，跑到二十多里深的山谷。大臣們勸他回宮，他嘆息道：「我貴為天子，竟然不得自由！」每次隋文帝上朝，獨孤氏都同輦而去，到殿門方止；待隋文帝退朝，又前往相接，一同返宮。鑑於她和隋文帝有著不相上下的政治影響力，宮中把她和隋文帝並稱為「二聖」。讀者可能通常會以為「二聖」是武則天與唐高宗的合稱，殊不知是獨孤皇后起的頭。

我們再往前追溯，《魏書．皇后列傳》記載：「（靈太后）臨朝聽政，猶稱殿下，下令行事。後改令稱詔，群臣上書曰陛下，自稱曰朕。」開始大家稱靈太后叫「殿下」，後來稱「陛下」，靈太后下達的命令叫「詔書」，自稱為「朕」。漢族王朝中雖然也有不少后妃主持朝政，卻沒有一位后妃公開稱朕、稱詔、稱陛下，這是從北魏靈太后開始的。

因此，武則天不過是繼承了靈太后和獨孤皇后的傳統，並且發揚光大，成為中國歷史上唯一的女皇。

〈三〉

少數民族對中原地區的週期性征服，對中國歷史發展有非常重要的影響，這種重要性不僅表現在中國歷史上幾次大分裂後的大統一都是由游牧民族或游牧民族化的漢人政權完成的，而且這幾次統一都帶來重大的制度創新。

第一次是起源於北方、靠近草原的周人建立了大一統的周朝，周人建立系統化的封建制度，開創天命觀，奠定中國文化的基本性格。

第二次是在中國歷史陷入漫長的春秋戰國分裂後，吸收草原文明特質的秦人又一次完成統一。秦人建立大一統的郡縣制度，或者說皇帝制度，決定此後二千年的政治遊戲規則。

第三次是在魏晉南北朝幾百年的漫長分裂後，鮮卑化的漢人政權建立了大一統的隋唐，並且繼承鮮卑人的二元結構，在唐前期建立了第一個大一統、包含二元結構的帝國。

唐初的二元性主要表現在「府兵制」上。府兵制起源於鮮卑的部落兵制。府兵制下，鮮卑人當兵，全家可免除賦役。而漢人負責耕種，繳納賦稅來供養府兵。府兵制帶有部落兵制的色彩，軍人地位高，有特權，有榮譽感，晉升快，所以軍隊的戰鬥力很強。依靠府兵制，唐代建立了「天可汗」體制，即唐朝皇帝成為中原和草原的共主，這在中國以前的歷史上是沒有過的。然而後來唐代放棄府兵制，開始募兵，當兵只為吃糧，軍人地位日益下降，「役使如奴隸，長安人羞之」，當兵如同當奴僕，大家認為當兵是抬不起頭的事，結果軍隊喪失了榮譽感，戰鬥力迅速下降。唐帝國只好開始使用安史集團那樣的少數民族雇傭兵，結果導致安史之亂和藩鎮割據。

除了開創二元結構外，唐代在中國歷史上另一個引人注目的制度是「均田制」，由國家均分土地，在中國歷史上諸多大統一王朝中獨樹一幟。這其實也是鮮卑人的制度，是北魏首創，隋唐繼承。北魏為什麼實行均田制呢？因為這是草原傳統。草原民族的習慣是牧場公有。唐長孺和王仲犖在探討北魏實施均田制的社會經濟背景時，把拓跋鮮卑游牧時代的經濟制度、牧地所有權觀念，看作北魏均田制得以實施的基礎。

我們以前讀史，可能常注意到少數民族的漢化。其實，中原文化和制度受草原傳統影響的一面，也是值得注意和研究的。

歷史學家閻步克先生多次強調北朝對中國歷史的影響，提出著名的「北朝歷史出口說」。「北朝異族政權的特殊政治結構，進而又為帝國體制的復興提供了更大動力」，草原民族成為華夏傳統復興的主要承擔者，「北朝軍功貴族與異族皇權的結合，使北朝成為帝國復興的歷史出口，進而帶動一系列的制度演化」。陳寅恪先生說：「取塞外野蠻精悍之血，注入中原文化頹廢之軀，舊染既除，新機重啟，擴大恢張，遂能別創空前之世局。」

學者羅新認為，內亞史[5]自成一個歷史系統，它並非必須依附於中國史才能成立，但

5 「內亞」一詞起初主要是流行於西方世界，即英語的Inner Asia，後來才逐漸成為一個在國際上頻繁使用的專用詞，指以蒙古高原為中心的亞洲腹地。

是，內亞史又一直與中國史發生或淺或深的接觸。因此中國史與內亞史的重疊交叉是貫穿全部中國歷史的。中國歷史中的所有時期都有內亞因素的參與，只是存在著強弱輕重的差別而已。幾千年來，邊疆民族如同注入湖泊中的活水一樣，不斷透過入侵給中原王朝輸入活力。這是觀察和思考中國歷史時不可忘記的背景。

第五篇

秦以後王朝的週期性滅亡

第二十四章

關於「封建」與「郡縣」的兩千年爭論

〈一〉

中國歷史上，一直存在一個激烈的爭論，就是到底是先秦的「封建」制度好，還是秦始皇之後的郡縣制度好。

這個爭論在中國歷史上是很有名的，爭論了差不多兩千年。西晉著名學者陸機是支持封建制的，他認為三代時期的封建制好。好在哪兒呢？在封建制時代，「民有定主，諸侯各務其治」，民眾各自有穩定的統治者，這些諸侯對民眾不會像地方官那樣殘暴，因為這是他們的世襲領地，他們要追求長遠利益。「為上無苟且之心，群下知膠固之義。」在上者沒有苟且之心，百姓也很團結。

而相比之下，郡縣制下的長官，眼睛只盯著上面，他們的利益只在於升遷，反正我三五年就走人，因此很急於做出成績，很容易做出暴虐百姓的事。用陸機的話來說就是「五等之君，為己思治；郡縣之長，為利圖物」。五等之君就是諸侯，他們的治理是為了自己。而地方官則是為了皇上，很容易貪污腐敗，「百度自悖」。而且，在封建制下，如果一兩個小國出現問題，也不會蔓延到全天下，即使出現內亂，受害的只是局部。而大一統的郡縣制時代，一處有亂，則天下大亂，無處能免。

這是一派。

當然還有另一派，贊同郡縣制。例如柳宗元曾經寫過一篇著名的文章，叫《封建論》。他的看法和陸機截然相反。他認為，大一統專制的郡縣制度下，可以更公平地選拔人才，因為人才是流動的、競爭的。有能力的人容易脫穎而出，被任命為官員。而封建制下，諸侯都是世襲的，不管你有沒有能力，你都是統治者。柳宗元的話是「使賢者居上，不肖者居下，而後可以理安」。只有讓有能力的人當官，沒能力的人被管理，這個社會才能平安。

另一點，柳宗元認為即使從防止叛亂的角度來考慮，郡縣制也要比封建制好。秦、漢、唐三代，「有叛民無叛吏」、「有叛國無叛郡」、「有叛將無叛州」，就是說，官員都是向著皇帝的，即使天下大亂，官員基本上也不會叛變。而在封建制時代，周代晚期，各地諸侯都不聽天子的，天子對此什麼辦法都沒有。

那麼，這兩種制度到底各有什麼長處和短處呢？

〈二〉

我們來比較一下秦之前王朝的壽命和秦以後王朝的壽命。

從秦始皇建立皇帝制度後，中國歷史上，每個王朝建立之初，都夢想著自己一家一姓能永遠統治下去，所以秦始皇規定自己以下的皇帝依次稱二世、三世……夢想能傳至萬世而無窮。到了最後一個王朝，統治者更是動不動就稱，「我大清億萬年無疆之運」，如果非要給我們愛新覺羅家的統治加一個期限的話，我希望是一億年。

為了達到這個目標，歷代皇帝都努力不懈。前幾章講過，皇帝們如何從制度上防範威脅皇權的因素，讓天下永遠在自己一家人手裡。

然而，很不幸的是，在秦制下沒有一個王朝能達到這個目標。秦朝統一之前，中國王朝壽命都不短。夏、商各五百年左右，周朝約八百年。

然而，秦代之後，王朝的壽命明顯變短。從秦到清，中國歷代統一王朝的壽命都遠低於三代。我們來數一下，秦朝的壽命是十五年，西漢是二百一十五年，新莽也就是王莽建立的新朝十四年，東漢一百九十五年，曹操建立的曹魏是五十三年，西晉是五十二年，十六國（從西晉滅亡算到北魏統一北方）一百二十二年，北朝包括北魏、東魏、西魏、北齊和北周五朝加起來一百四十二年，南朝東晉一百零三年，宋、齊、梁、陳加起來一百六十九年，隋三十七年，唐二百八十九年，五代的五個朝代加起來五十三年，北宋一百六十七年，南宋一百五十二年，元九十七年，明二百七十六年，清二百六十七年。如果我們按傳統算法，南北朝時期以東晉和南朝為正統，五代時以北方王朝為正統，則中國歷史上改朝換代二十三次，從秦到清二千一百三十二年，每個王朝平均存在九十二年。

因此，明末清初大儒王夫之認為，「郡縣之制」實際上是不利於皇帝的。「秦、漢以降，祚不永於商、周；……郡縣者，非天子之利也，國祚所以不長也。」（《讀通鑑論．卷一》）秦漢以後，王朝的壽命遠不如商周。看來郡縣制這個事，其實是不利於最高統治者的，導致他們享國時間大大縮短。

〈三〉

中國會頻繁地改朝換代，一個重要因素是頻繁的農民起義。自秦始皇以來，每隔百十年，華夏大地上就會有一次大的農民起義來「沉重打擊地主階級的統治，部分地調整生產關係，迫使後繼王朝調整統治政策，推動歷史前進」。那些大規模的農民起義我們耳熟能詳：陳勝吳廣、紅巾黃巾、黃巢赤眉、瓦崗寨梁山泊、李自成洪秀全……除去這些大型起義之外，地區性、局部性的起義更是遍布中國歷史的每一頁。據學者們統計，僅清代，清初以後兩百多年間，《清實錄》記載的農民起義在三百次以上，平均每年多於一次。

中國歷史還有一個規律，就是建立在大規模農民起義基礎上的王朝一般都十分長壽。我們前面提到，秦、隋和元都在漫長的分裂後完成統一。但秦朝只存在十五年。而接下來建立在秦末農民大起義基礎上的西漢王朝卻活了二百多年。隋三十七年而亡，而接下來建立在隋末農民大起義基礎上的唐朝也是二百多年。元只存在不到百年，而分別建立在元末和明末農民大起義基礎上的明朝和清朝，存續時間都超過二百年。

這是為什麼呢？因為在秦、隋、元前面，沒有一個農民大起義來徹底打碎舊的社會結構。而接下來的長壽王朝，都是在農民大起義的基礎上建立的，這些農民起義把原來的社會破壞得很徹底。這就是所謂「大亂達到大治」[1]。

而全國性的大型農民起義也是郡縣制下的獨有現象。封建制下從來沒有發生過全國規模的農民起義。夏商周三代，只有一個小規模的「國人暴動」，而且暴動的目的不是推翻周朝，實

1 參見許平中《王朝盛衰興亡、國家分合交替之謎新解》。

際上是統治階級的「內部矛盾」。夏商周三朝的政權變化，包括西周變為東周，都與農民起義無關。而大一統郡縣制建立不過十五年，中國歷史上第一場大的農民起義，以陳勝、吳廣為代表的秦末農民大起義就轟轟烈烈地發動起來了。

〈四〉

在古代，中國學者熱衷對比封建制和郡縣制。近代以來，西方學者則喜歡探討中國的大一統與歐洲式的分裂各有什麼優缺點。

在啟蒙時代之後，歐洲學者對此有兩種截然不同的看法。隨著環球航道的開通，一些傳教士來到中國，在這裡的所聞所見帶給他們很大震撼。當時歐洲四分五裂，戰爭連綿，中國卻是個統一的大帝國，幾千年來一直延續著一種文明。在傳教士看來，中國有賢明的君主、良好的法律、健全的行政機構，比歐洲強太多了。傳教士在寄往歐洲的信中，對中國大加讚賞，還把中國的「四書五經」翻譯帶回歐洲。因此，歐洲文化界的許多著名學者都對中國文化大感興趣，在歐洲掀起「中國熱」。

當然，還有一類學者認為歐洲模式更好，他們認為，中國大一統有利於穩定，但是容易造成文明的「僵化」。而歐洲的動盪紛爭，有利於保持文明的活力。因此，這些學者對中國有一種聽起來讓人很不舒服的評價。法國大思想家孟德斯鳩說：「中國是一個專制的國家，專制的原則是恐怖，專制的目的是平靜。」英國歷史學家麥考萊（Macaulay）將中國文明比擬為《格列佛遊記》（*Gulliver's Travels*）裡的「斯特魯布魯格人」，也就是一種奇特的長生不老之人。他們雖然垂垂老矣，但是永遠無法死去，深陷在痛苦中不得解脫。麥考萊在論文中說：「為了避免中國的命運，歐洲付出一千年野蠻生活的代價。」這個代價在他們看來是值得的。毫無疑問，這些說法都帶有明顯的「西方中心論」的色彩。

〈五〉

其實，我們提到的這兩個爭論，封建制好還是郡縣制好，中國式的大一統好還是歐洲式的分裂好，本質上是一樣的。因為歐洲分裂時代，也就是封建制時代。從羅馬帝國滅亡後，歐洲就是貴族分封、小國林立，和中國周代一樣。因此，這兩個爭論實際是一個爭論，那就是封建制和大一統郡縣制各有什麼優劣。

我們在前面對比了中國歷史內部的周制和秦制下王朝的壽命。接下來我們不妨放眼世界史，對比一下大一統郡縣時代的中國與中世紀的歐洲、以及明治維新前的日本。我們會看到，中國歷史上很多現象是其他國家沒有或者罕見的。

第一，世界史上極少出現中國這樣頻繁的「改朝換代」。如果我們只讀中國史，也許會以為改朝換代是人類歷史發展之常態和必然。但是你看一下世界史，就會發現並非如此。日本是萬世一系，從上古神話時代到現在，日本的天皇始終是一個家族。西羅馬（共和加帝國）立國近千年，拜占庭帝國享國近千年。英國自一〇二八年威廉一世諾曼征服後至今，國王都是威廉一世的後人。只不過英國的王位繼承不是中國式嚴格的父死子繼，而是摻雜了父女關係，兄弟關係，外孫、外孫女關係，以及堂兄弟關係。從寬鬆的意義上說，英國王位也可以說是千年一系了。

有人說，不對，你不懂英國史，英國歷史上一千多年一共經歷了九個王朝呢，也是頻繁改朝換代。其實歐洲史上的這些王朝和中國王朝的意義完全不同。英國的王朝基本上都是由於上一個王朝的末代國王絕嗣，由親戚入繼大統，才導致改朝換代。例如征服者威廉登基後開創諾曼王朝，王位先後傳給他的兩個兒子威廉二世和亨利一世。三王之後，「絕嗣斷統」，斷絕了男性繼承人。於是亨利一世的外孫繼位，稱亨利二世，開創金雀花王朝。之所以叫這個名字，是因為他本是法國的安茹伯爵，紋章以金雀花為圖案。

金雀花王朝傳了八代，最後一位國王理查二世被他的堂弟亨利四世發動宮廷政變奪取王位。新上台的亨利四世是蘭開斯特公爵之子，新王朝因此而得名「蘭開斯特王朝」。歐洲其他國家的王朝更替，也都屬此種情況。但這種王朝更替，只相當於中國一個大王朝內部的紛爭，而不是中國式的改朝換代。

中國式的農民起義，也是世界歷史上獨一無二的現象。略略翻一翻世界史，人們就會驚奇地發現，「農民起義是歷史前進的動力」這一規律似乎只在中國有效。西方的農民起義為數甚少。西歐從八世紀起，史書上才出現農民起義的記載，從那時起到十六世紀的八百年間，幾十個國家裡數得出來的農民起義總共不過七八次。西方沒有一個王朝是被農民起義推翻的。西羅馬（共和加帝國）一共存在了近千年，內部矛盾也曾十分尖銳，但沒有發生一次導致改朝換代的全民族革命。

而且更為關鍵的是，中西農民起義的性質完全不同。中國的農民起義使命是改朝換代，規模巨大。而西方農民起義則更像是一種社會運動，破壞性遠較中國為小。西元一〇二四年的法國布列塔尼起義，以恢復古老的村社制度為目標。西元九九七年，諾曼第農民舉行過一次大起義。一位編年史學家記載說，這次起義的原因是農民要「按自己的法規來使用森林附屬地和水源」。

中國歷史的一個獨特現象，叫「皇帝夢」。在中國，成為皇帝沒有門檻，誰都可以做，因此有一句話叫「皇帝輪流做，明年到我家」。在中國歷史上，乞丐、流民、士兵、權臣、異族，在皇位面前人人平等，都有機會成為「太祖高皇帝」。因此陳勝說出那句著名的豪言壯語：「王侯將相寧有種乎？」然而在歐洲，王侯將相確實是有「種」的，要做國王有一個基本條件，就是必須是貴族出身。因此歐洲的幾十頂王冠，一直是在天潢貴冑間傳來傳去。在歐洲歷史上，從來沒有出現過中國這樣一個平民振臂一呼、揭竿而起，就「殺到東京奪了鳥位」的情況。

日本也是這樣。王學泰先生在一篇文章中說：「一位同事曾向日本學者請教，日本人有沒有想當天皇的？日本朋友很驚訝，說那怎麼可能呢？天皇是神啊。」言下之意普通人怎麼能當天皇呢？日本歷史基本和歐洲一樣，也是封建制，貴族一直是貴族，武士一直是武士，老百姓一直是老百姓。印度更是這樣，印度實行種姓制度，各種姓之間不能通婚，低種姓的人做國王是不可想像的。所以，動不動就來場農民起義建立新王朝這個事，全世界只有中國有。

第二十五章

中國歷史上人口的大起大落

〈一〉

前面我們講過中國歷史的獨特現象：頻繁的改朝換代，頻繁的治亂循環，頻繁的農民起義。

如果政治動盪只局限於政治家之間的爭鬥和殘殺，其實無論多亂也沒什麼了不起。但問題是，中國歷史上的頻繁動盪還導致另一個引人注目的情況，那就是人口數量的大起大落。

中國歷史上，和平時期的人口密度一直是比較稠密的。因為中國中原王朝均建立在穩定的農耕生活方式之上，加之祖先崇拜和多子多福觀念，中國歷史上人口密度大部分時間是高於西歐的。

然而中國史書上記載的人口數字又經常減少，而且是非常劇烈地減少。如果只讀「二十四史」，讀那些人口數字的變化，你肯定會被嚇得睡不著覺。

《漢書》說，「漢極盛矣，口五千九百五十九萬四千九百七十八」。有整有零，非常精確。也就是說，漢代的人口高峰是近六千萬人。

然而到了三國時期，人口變成多少呢？唐代杜佑寫《通典》的時候，綜合《三國志》裴松之的註釋，以及晉代《帝王世紀》的數字，也得出一個非常精確的人口數字：「七百六十七萬二千八百八十一。」只有人口極盛時的八分之一。從字面上來理解，八分之七的人口消失了。

隋朝的人口高峰，正史記載是四千六百多萬，經過威武雄壯的「隋唐演義」，正史記載，唐代建立時人口有一千萬左右，只剩下隋代的五分之一。

到了開元盛世，唐代人口達到最高峰，正史數字是四千八百四十四萬，然而安史之亂一來，人口又劇減七○%，降為一千六百九十二萬。

可見，人口動不動就被消滅百分之七八十，甚至接近九○%。這實在太嚇人了。

當然，我們要看到，正史記載的數字，往往是官方掌握的戶籍資料反映出的數字，並不完全準確。第一，這些數字大部分呈現的是中原漢族地區的人口變化，而忽略了邊疆少數民族地區的人口情況。第二，動亂時期，很多流亡人口往往沒有記錄在官方戶籍之中。

所以近年以來，學術界對正史數字進行很多修正，其中公認學術水準很高的是葛劍雄先生主編的六卷本《中國人口史》。這部人口史的統計分析全面而深入。例如講到三國時期人口，葛劍雄先生論證說，這一階段的戶口漏計和隱匿相當普遍：世家豪族蔭附了很多戶口，同時屯田生產者不列入郡縣編戶，再加上沒有統計的少數民族人口，東漢三國間的人口谷底應該是二千三百萬左右，而不是七百六十七萬。

不過，即使按修正後的人口數字，其變化幅度仍然是很驚人的。東漢從人口高峰六千萬，降到二千三百萬，也已經減少六○%。

我們在這一章，不妨就參照這部多卷本的《中國人口史》，梳理一下中國歷史上人口變化的脈絡。

秦始皇統一全國的時候，中國人口接近四千萬，秦漢之際，降為一千五百萬至一千八百萬，損失率為一半多。

西漢末的西元二年，中國人口達到六千萬，成為人口史的高峰之一。然而王莽之亂和東漢初的戰爭讓人口又降到三千多萬。東漢晚期（永壽三年，一五七年），再一次突破六千萬。三國時期，人口損失達到六〇%，至二千三百萬。

魏晉南北朝，人口多次出現起落，北方地區在十六國期間，人口最低點只有五百多萬[1]，只及原來的四分之一，損失了四分之三。

隋大業五年（六〇九年），人口恢復到六千萬。隋唐易代戰爭讓人口再次損失超過一半，唐初中國人口只有二千五百萬。

唐代在安史之亂前的西元七五五年，人口增長到八千萬左右，達到新高峰。安史之亂使全國的戶口數從八百九十一萬戶銳減到大曆中期（七七〇年左右）的一百三十萬戶。人口損失當然沒有這麼誇張，但是幅度也非常巨大。

南宋和金的經濟恢復使十三世紀初全國人口（也就是宋、金、西夏、大理等）加在一起超過一．四億，成為中國人口史上第三個高峰。但是宋元易代，使得北方人口損失高達八〇%，只有一千萬[2]。西元一二九〇年，全國人口降為七千五百萬[3]。

明初人口不到六千萬，十七世紀突破兩億。明清易代損失四〇%，清初時為一．二億，康熙時恢復至二億，乾隆時三億，道光三十年（一八五〇年）時創造四．三億的新高峰，之後經歷太平天國後又損失一億。

---

1 葛劍雄主編：《中國人口史》（第一卷），復旦大學出版社，2002，第473頁。

2 葛劍雄主編的《中國人口史》認為金亡時人口下降了87%，見第三卷，第383頁。

3 葛劍雄主編：《中國人口史》（第三卷），復旦大學出版社，2002，第621頁。

讀這些數字，你不難明白為什麼中國會有所謂「離亂人不如太平犬」的說法，明白戰亂給人們帶來的痛苦，以及中國人為什麼盼望和平統一。

確實，中國歷史上戰亂之中的悲慘場景，實在是太觸目驚心了。目睹三國動亂浩劫的仲長統說：「以及今日，名都空而不居，百里絕而無民者，不可勝數。」那些著名的大城市都成了空城沒人居住，走上一百里地不見人煙的情況，在各地非常普遍。袁譚為青州刺史時，「邑有萬戶者，著籍不盈數百」，很多縣人口只剩原來的百分之幾。曹丕稱帝時，「人眾之損，萬有一存」，一萬個人只活下來一個。這當然是誇張的說法，但曹操的名句「白骨露於野，千里無雞鳴」卻並非誇張，而是寫實。

在中國歷史上，最慘的一個省是四川省。南宋時期，四川經濟非常繁榮，戶數為二百五十九萬戶。宋元之際的戰爭中，「蜀人受禍慘甚，死傷殆盡，千百不存一二」，元朝建立後的至元二十七年（一二九〇年），四川戶數不過九萬餘戶。這還不是最慘的，其後更有名的是明清易代時的「張獻忠屠蜀」。「張獻忠屠蜀」只是一個代表性的說法，事實上導致當時四川人口大量損失的，除了張獻忠的軍隊外，還有其他軍隊以及饑荒、瘟疫、虎災等多重因素。實際人口損失情況，《中國人口史》認為是從崇禎三年（一六三〇年）的七百三十五萬，降到清初的五十萬，也就是說，超過九〇%的人都死亡了[4]。當然，人口損失不可能是均勻的，所以部分地區的人已經基本死絕了。

南明兵部尚書李乾德在答孫可望信中說，他所見的四川，已經不是人間景象，而似乎是在陰間：自從進入四川，只見遍地是荊棘塞道，萬里人煙斷絕。荒野之中，只有野獸成群，不見

4 葛劍雄主編：《中國人口史》（第四卷），復旦大學出版社，2002，第446頁。

人類蹤跡。偶爾見到一兩個倖存下來的人類，又都是五官殘缺，割耳截鼻，缺手斷腳之人，看上去像妖魔鬼怪，讓人感覺不是行走在人間。康熙六年（一六六七年），朝廷委派的四川巡撫張德地抵達四川之後向皇帝彙報說，對四川很多地區來說，他只是個空頭巡撫，因為事實上已經沒人需要他來管理：「四川有土無民。」

〈二〉

那麼，封建制下人口變化情況如何呢？

雖然三代時期人口數據很少，但大多數人口史學家都推測，三代時期，也就是夏商周時期，包括充滿戰亂的春秋戰國，也沒有這樣劇烈的大起大落現象。從西周、春秋到戰國，人口變化的趨勢是持續增長的。

如果說中國三代的人口資料不詳細，不足以說明問題，那麼我們來看看歐洲。歐洲封建制下小國林立，相互之間的戰爭打了一千多年，人口有沒有這樣的大起大落呢？

也沒有。

我們來看英國經濟學家安格斯．麥迪森（Angus Maddison）的一部很有名的作品《世界經濟千年史》（*The World Economy: A Millennial Perspective*）。這本書（北京大學出版社二〇〇三年版）第二十頁中，有一份兩千年間西歐人口變化的統計數字。

西元元年，西歐人口二千四百七十萬。二〇〇年，二千七百六十萬。四〇〇年，二千二百九十萬。六〇〇年，一千八百六十萬。八〇〇年，二千零四十萬。一〇〇〇年，二千五百四十一萬。一二〇〇年，四千零八十八萬。一三〇〇年，五千八百三十五萬。一四〇〇年，四千一百五十萬。一五〇〇年，五千七百二十六萬。一六〇〇年，七千三百七十七萬。一七〇〇年，八千一百四十六萬。一八二〇年，一億三千二百八十八萬。一九九八年，三億八千八百三十九萬。

我們把這個數字做成圖表如下。

麥迪森在分析西歐的人口變化時認為，造成人口損失的因素是災荒和傳染病，他並沒有提到戰爭。從這張圖表上可以看出，西歐人口下降出現在兩個時段：第一次是二〇〇年至六〇〇年，第二次是一三〇〇年至一四〇〇年。為什麼出現在這兩個時段呢？第一個時段的人口下降是羅馬帝國的衰敗導致的，第二個時段則是黑死病導致的，此後人口變化又開始呈現為上行曲線。

薛湧說：

> 歐洲西元二〇〇年前的人口發展，是羅馬帝國前兩百年最繁榮時期的寫照。自此之後，人口不斷下降，反映著羅馬帝國的衰落。這種下降趨勢，一直持續到西元六〇〇年，其間並沒有因為日耳曼人的入侵和西羅馬的滅亡而出現大的波動，說明「野蠻人」的入侵並沒有加

歐洲人口變化圖（西元元年～1700年）

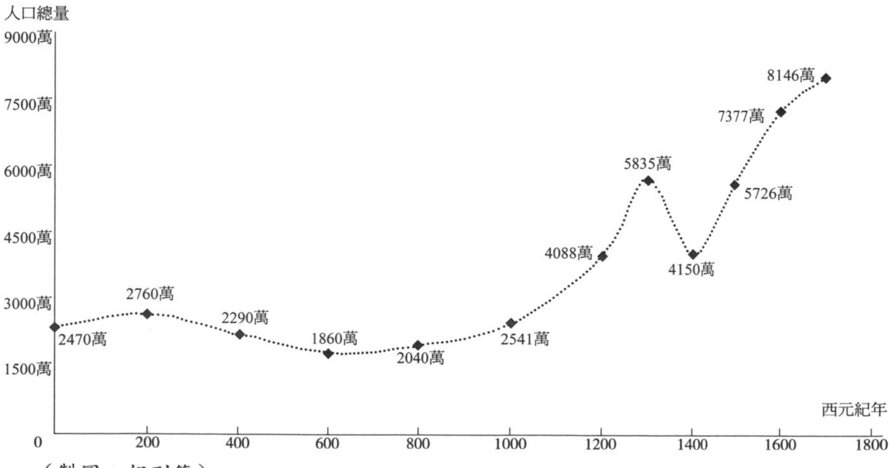

（製圖：胡列箭）

速人口的衰減。從西元六〇〇年開始，人口呈加速度的反彈，到一〇〇〇年時幾乎接近了羅馬帝國鼎盛期，一二〇〇年則遠遠超出羅馬帝國的鼎盛期。到一三〇〇年，西歐人口竟比羅馬帝國的高峰時期人口還要高出一倍多。一四〇〇年人口的下降，則呈現了十四世紀中期黑死病所造成的禍害。這時正好也進入了文藝復興時代[5]。

也就是說，歐洲歷史上的兩次大的人口下降，主要都不是因為戰亂。

我們把這個數字和中國人口數字進行對比，可以得到下面這張圖。

雖然麥迪森認為，這二千年中，歐洲人口變化的步伐很不均勻，然而如果和中國一比，西歐人口的變化曲線就顯得過於平滑了。

秦暉先生總結說：

中國人口繁榮時期增長比歐洲快，而崩潰時

中西人口發展對比圖[6]

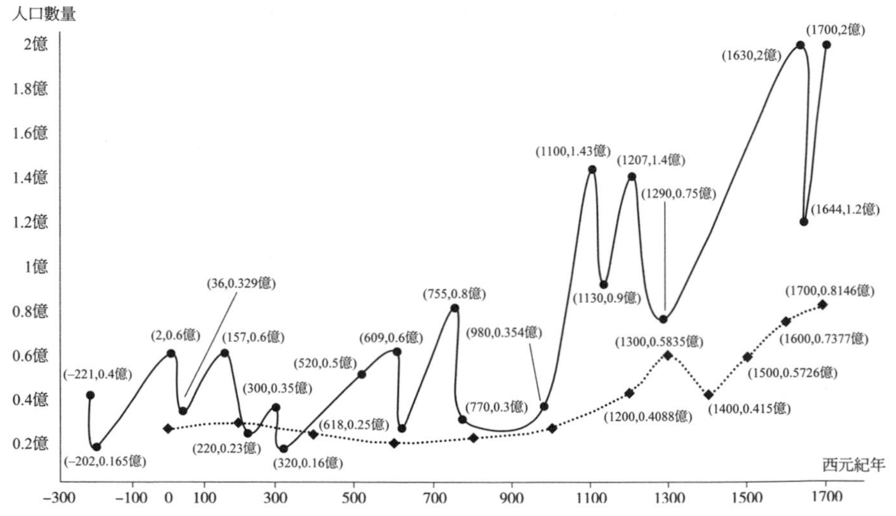

註：圓點實線為中國人口數字，菱形點虛線為西歐人口數字。製圖：胡列箭

期的劇減更是駭人聽聞。相比西方人口下降三分之一的災難程度，中國不僅災難頻率更高，每次災難的程度，如果我們相信史書的說法，也要高出一倍以上。……所有這幾次「封建」歐洲史上的大難，都與「改朝換代」無關。

西方的人口下降主要表現為瘟疫，次數比中國少，下降的幅度也沒有中國大。[7]

歐洲中世紀的歷史，充滿了戰爭和動盪，給民眾帶來沉重的負擔和不斷的痛苦。高層政治也一樣充滿陰謀、血腥和野蠻。那麼，為什麼歐洲歷史上的人口損失不如中國劇烈呢？因為在封建制下，天下並非一統，戰爭通常局限於局部，不會造成全面的破壞。

郡縣制下，在承平時代，對政治秩序和社會秩序的保障顯然要比封建制下好得多，這是郡縣制的優勢。因此，中國的人口密度通常大於歐洲，人口曲線也通常位於歐洲人口曲線的上方。但是一旦政治秩序崩潰，帶來的破壞是全面而劇烈的。

5 薛湧：〈「黑暗時代」不黑暗：中世紀的再發現〉，《書城》，2011年第9期。

6 中國部分數字如下：前221年，4000萬，前202年，1650萬（《中國人口史》第一卷，第312頁）。2年，6000萬，36年（建武十二年），3290萬（《中國人口史》第一卷，411頁）。157年，6000萬。220年，2300萬。300年，3500萬（《中國人口史》第一卷，458頁）。320年，1600萬（北方十六國期間，最低點人口只有500多萬，《中國人口史》第一卷，第473頁。東晉初時人口1000萬，《中國人口史》第一卷，464頁）。520年，5000萬（《中國人口史》第一卷，475頁）。609年（隋大業五年），6000萬。618年，2500萬。755年，8000萬（《中國人口史》第二卷，182頁）。770年（大曆中期），3000萬。980年，3540萬（《中國人口史》第三卷，621頁）。1100年，1.43億（《中國人口史》第三卷，621頁）。1130年，9000萬（《中國人口史》第三卷，621頁）。1207年，1.4億（《中國人口史》第三卷，621頁）。1290年，7500萬（《中國人口史》第三卷，621頁）。1630年，2億。1644年，1.2億。1700年，2億。

7 秦暉：〈為什麼人們厭惡帝制〉，《南方週末》。

正如中國宋代學者羅泌比較郡縣制與分封制時說的：「建封之時，一人縱以失德於上，而萬國之中，各有政化，聞者得以興起。郡縣之世，一人失德，則波頹瓦解，而四海共罹其禍。」封建制下，一個國家的統治者失德，只能影響天下的一小部分。郡縣制下，最高統治者一個人的錯誤，需要全體臣民共同承擔，因為你想躲都沒地方躲。

第二十六章

為什麼秦之後不停地治亂循環

〈一〉

為什麼秦以後會出現頻繁的王朝興廢，人們有很多解釋。

中國傳統史書的解釋將此歸因於人類的意志力，或者說皇帝的素質問題。說歷代開國皇帝都是艱苦奮鬥出來的強人、雄主，很厲害，所以制定出很好的制度，解決了很多問題。然而後來的皇帝都生於深宮之中，長於婦人之手，越來越軟弱，越來越昏聵，終於亡國。這就是所謂的「黃炎培定律」：

> 所謂「其興也勃焉，其亡也忽焉」，一人，一家，一團體，一地方，乃至一國，不少單位都沒有能跳出這週期律的支配力，大凡初時聚精會神，沒有一事不用心，沒有一人不賣力，也許那時艱難困苦，只有從萬死中覓取一生。既而環境漸漸好轉了，精神也就漸漸放下了。有的因為歷時長久，自然地惰性發作，由少數演為多數，到

1 賈思楠：《1915～1976——毛澤東人際交往實錄》，江蘇文藝出版社，1989，第73～74頁。

風氣養成，雖有大力，無法扭轉，並且無法補救[1]。

但是這解釋不了為什麼世界上有些國家沒有中國這種規律性現象。傳統時代，各國統治者大都是長成於深宮之中、婦人之手，但為什麼大部分國家沒有如此頻繁地改朝換代呢？

第二種解釋是氣候原因。說中國歷代王朝衰亡，往往是因為遇到了像「小冰河期」之類的氣候災變。有的時候，中原赤地千里，或者洪水遍地，民眾沒有飯吃，只好起來造反。另一些時候，草原雪災嚴重，牲畜大量死亡，游牧民族策馬南下，搶得順手，就推翻了中原王朝。

但是這個解釋實際上也是講不通的。秦暉先生說，氣候變化應該是全球性的，然而西方歷史上的盛衰與中國傳統時代的治亂，卻明顯並不同步。中國兩漢之際大亂時，西方卻正值繁榮的「羅馬和平」。西方於六七世紀之交發生第一次鼠疫大災難時，中國正值「貞觀之治」。全球性的小冰河期怎麼解釋這些相反的事實？中國歷史上一兩百年就有一次大亂，難道唯獨中國歷史上每隔一兩百年就出現一次小冰河期嗎？

所以這種氣候變化，與中國歷史上的戰亂偶爾會有一兩次吻合，但是放寬在歷史整體背景下觀察，是不成規律的。

第三種解釋則是週期性的「土地兼併」惹的禍。

據說每個王朝建立之初，因為農民戰爭消滅了大量地主，所以土地平均分配了，農民生活好過了點。但是每到王朝中晚期，因為貧富分化，又會出現嚴重的土地兼併，大部分土地都被少數地主占去，所以貧民「無立錐之地」，只能替地主做佃戶。而周扒皮、黃世仁、劉文彩這類惡霸地主，又把農民壓迫得走投無路，農民們只好走上反抗的道路。等到農民戰爭結束後，土地又一次相對平均，這就形成了中國歷史上的治亂週期循環。

但是近些年歷史研究已經梳理出大量新數據，比較充分地證明，傳統時代的中國和同時代其他國家相比，並不存在嚴重的土地分配不均問題。秦暉先生一直專注於農民學研究，他對關中地區累積的大量地冊進行分析之後，發現「關中無地主」。也就是說，自從隋唐以後，關中幾乎就成了一個自耕農的世界，土地極為分散，地主非常少，大部分土地掌握在自耕農手中，不論是王朝初期，還是王朝晚期，基本上都是這樣。

秦暉先生總結說，其實過去的中國，自耕農一直占很大的比重，而且歷史上中國土地分配相對世界上其他國家來說，其實一直是比較公平的。大部分國家比古代中國土地更集中[2]。

這一觀點在近年來基本上已經成為學術界的共識。例如代表官方研究的中國社科院近代史研究所集體研究的一個大計畫，多卷本的《中國近代通史》，對清代就是持這樣的看法。這套書中講到，在整個清代存在「土地兼併」與「土地分散」兩個同時發生的過程，一方面當然有人因為致富多買土地，由農民提升為地主。但同時，富人也不斷分家，由大地主變成小地主再到自耕農，也就是所謂的「富不過三代」。所以清代初期、中期和晚期，土地集中的程度是差不多的，「地主階級手中的土地越來越多」的趨勢並不存在。

此外，我們不看土地集中現象，僅看農民起義現象本身，就會發現「地主和失地農民的矛盾」導致農民起義的邏輯其實也不能成立。例如明代晚期，北方基本上是以

2 「總體來講，在中國傳統農村中，自耕農所占的比重要比以往所講的要大得多，將傳統農村理解為佃農的農村恐怕是很成問題的……在橫向比較中，傳統中國鄉村地權分配的不均度小於世界上絕大多數傳統與現代國家。」（秦暉：〈關於傳統租佃若干問題的商榷〉，《中國農村觀察》2007年第3期。）

自耕農為主，南方則是佃戶居多，南方的大地主基本上把土地租給佃戶去種。那麼按理在明末，應該是南方階級矛盾更激烈，農民起義更多，然而事實是明末的農民起義基本集中在北方，南方極少。

因此我們從歷史記載中，也找不到佃戶以起義的方式反抗地主的證據，隨處可見的倒是農民起義反抗政府的資料。中國歷史上描寫農民起義最著名的文學作品是《水滸傳》，然而這本書裡沒有反映任何地主和佃戶的矛盾，相反，用秦暉先生的話來說，《水滸傳》講的就是一幫莊主（也就是地主）帶領莊客（也就是佃戶）來造官家（也就是政府）的反的故事。《水滸傳》中大地主柴進的第一個大舉動，是劫取「官家」的生辰綱（成批運送的生日禮物）。而生辰綱這個東西，代表的是國家對民眾的橫徵暴斂，而不是地主對佃戶的壓迫。

〈二〉

所以，中國歷史上絕大部分農民起義，反映出的是農民與政府的矛盾，而不是農民與地主的矛盾。歷代農民起義，都是農民起來造官僚體系的反，造國家機器的反，而不是造地主階級的反。《中國近代通史》也認為，真正導致清朝衰亡的，不是所謂的土地兼併，「真正侵蝕王朝肌體、造成王朝衰敗的，其實正是凌駕於社會之上、充當社會調節力量的中央朝廷和地方各級官府」。

所以中國史書中並沒有「主逼佃反」這個詞，而只有「官逼民反」。陳勝、吳廣為什麼起義呢？是反抗秦代政府強迫他們服勞役，而不是反抗地主欺負他們。李自成時代的口號是「迎闖王，不納糧」，這個不納糧的「糧」，並不是給地主交租，而是指交給政府的稅賦，即所謂「皇糧國稅」。如果說中國起義的農民都是佃農，是為了反對地主，那就應該提「免租」，不應該提出「免糧」這種口號，然而事實上，在大規模「農民戰爭」

中，從來沒有人提出過「免租」，提出的都是「抗役、抗糧、抗稅」的訴求，所抗的對象，都指向官府[3]。

還有一個證據，歷代農民軍有目的地屠殺的對象，或者說發洩仇恨的對象，都是代表政府力量的官員和貴族，而不是普通地主。

陳勝初起兵之時，「諸郡縣苦秦吏暴，爭殺其長吏，將以應勝」。各地民眾都痛恨秦朝政府官吏的殘暴，爭著殺掉地方官來迎接起義軍。

東晉孫恩起兵，「所至醢諸縣令以食其妻子，不肯食者輒肢解之」。所至之處，把各縣縣令剁成肉醬，讓縣令的老婆孩子們吃，不肯吃則將其「肢解」。這是什麼樣的仇和怨？

隋末農民起義軍是「得隋官及士族子弟，皆殺之」。

唐末黃巢陷京師，「尤憎官吏，得者皆殺之」。

南宋鐘相、楊么農民起義軍也是「焚官府、城市、寺觀、神廟及豪右之家，殺官吏、儒生、僧道、巫醫、卜祝及有仇隙之人」。

北宋方臘起義，「凡得官吏，必斷臠支體，探其肺腸，或熬以膏油，叢鏑亂射，備盡楚毒，以償怨心」，目的就是發洩仇恨。

而明末張獻忠、李自成起義，每破一城池，也是必先斬皇室宗親及地方官吏。明末起義軍的一大特點是在誅戮明皇室成員時表現出的堅決、徹底，只要是朱元璋的子孫後代，不論是主動投降還是被動俘獲，不論是立地不跪還是苦苦求生，不論是拒不交代藏寶地點，還是痛痛快快地獻出所有財富，結果都是一樣，一律誅滅。史書中涉及王府在兵鋒下的遭遇，「盡」、

3 秦暉：《追懷高王凌兄及論租佃制》。

「皆」、「合族」這樣的詞頻繁出現。張獻忠攻占常德，「榮王宗室殆盡」；攻克重慶，蜀王朱常浩及其家人「盡殺之」；據有成都，蜀王朱至澍「合宗被害」……史家總結道：「凡王府宗支，不分順逆，不分軍民，是朱姓者盡皆誅殺。」

最有代表性的是河南福王的下場。崇禎十四年（一六四一年）正月，李自成攻克洛陽，抓獲福王朱常洵。這個一百五十多公斤的大胖子，以親王之尊跪趴在李自成面前，汗流浹背，乞求免死。李自成不為所動，當眾斥責福王：「汝為親王，富甲天下。當如此饑荒，不肯發分毫帑藏賑濟百姓，汝奴才也！」命左右把他拉下去，先痛打四十大板，血肉橫飛之後，再一刀梟首，將頭顱示眾。至於那一百五十多公斤的軀體，李自成也充分利用，「福王常洵遇害。自成兵汋王血，雜鹿醢嘗之，名『福祿酒』」，剔去毛髮，拔掉指甲，又殺掉幾隻鹿，放在一起燉了幾大鍋，擺酒開宴，名叫「福祿酒會」。

閱讀這些資料，我們感受到的，都是農民階級對當時政權濃烈的仇與恨，因為官員和皇族都代表國家機器。

第二十七章

沉重的「輕徭薄賦」

〈一〉

秦始皇建立大一統郡縣制度之後，這個制度反覆出現一個巨大的缺陷，就是汲取能力過度發達，很快就會超過社會的承受能力。

在秦代之後，幾乎中國每一王朝都宣稱要輕徭薄賦，減輕民眾負擔。但是事實上，幾乎每個王朝的晚期，官員的橫徵暴斂都會導致農民揭竿而起。

這是為什麼呢？

講這個問題，我們首先要弄清楚一個區別，就是「法定賦稅」和「真實賦稅」。名義上，大部分王朝的賦稅都是很低的。例如漢初制定的稅率，是三十稅一，非常低，在全世界都是最低水準。但是漢代人寫的《鹽鐵論》卻記載，名義上對自耕農雖號稱三十稅一，但實際是按畝定額徵收，加上「口賦更徭之役」，已是「率一人之作，中分其功」，實際的稅率高達五〇%。

明朝也是這樣，朱元璋也是中國歷史上最強調輕徭薄賦、減輕農民負擔的皇帝，他規定的稅率也是三十稅一。但是實際上，明朝中晚期實際稅收是名義稅收的十幾倍，沉重的賦稅導致大量的農民破產。

為什麼歷代法定稅率和實際稅率會出現如此大的差距呢？當然是

因為政府的收入不夠花，只能變著花樣加稅。

政府的收入為什麼不夠花呢？

〈二〉

第一個原因，是財政供養人員太多。

中國歷史上有一個鮮明的規律，那就是每一個王朝建立之初，官吏數量比較精簡。但是隨著時間的推移，無不成倍增長。

例如唐代，初唐時釐定的京官定員只有六百四十人。到了玄宗開元末期，京官人數達到二千六百二十人，外官人數則達到一萬六千一百八十五人。

宋朝草創之初，內外官員不過才五千人；到景德年間（一〇〇四年至一〇〇七年），已達一萬多人；而皇祐年間（一〇四九年至一〇五三年），更增加到二萬多人。南宋只有半壁江山，但是慶元年間（一一九五年至一二〇〇年）內外官員竟達四萬餘人。

明代也是這樣。世宗嘉靖年間（一五二二年至一五六六年），劉體健上疏指出，明初洪武四年（一三七一年），天下文職官吏數目不過「五千四百八十員」，武職官數在國初也不過為二萬八千員。「自憲宗五年，武職已逾八萬，全文武官數蓋十餘萬。至武宗正德年間，文官二萬四千六百八十三員，武官十萬。」

這是指官員。傳統社會，官吏是分途的。也就是說，我們剛才說的數字都是「領導」，還不包括「科員」。至於科員也就是「吏員」數量，更是驚人，傳統時代，吏員經常處於嚴重超編狀態。吳思根據《虞諧志》計算，明代晚期，常熟縣的吏員超編二三十倍，一個縣吏員合計為五千九百人。清代也是這樣，例如清代河南山東總督衙門「經制書吏，上下兩班，每班十名，共二十名。今現在辦事書吏頭班二班俱有百餘名，是較經制十倍有餘」，超編十倍。吳思在《潛規則：中國歷史中的真實遊戲》一書當中提到，學者、循吏劉衡在清朝道光年間任巴縣知縣，他說巴縣吃衙役飯的約七千人，而巴縣的額定衙役只有七十人，也就是說，實際人數竟然是規定編制的一百倍。

〈三〉

官僚系統為什麼會不斷擴張？

第一個原因，官僚系統的不斷擴張，是皇權專制制度不斷強化的結果。官僚系統是君主專制的工具，官權是皇權的延伸。傳統王朝承平日久，通常會出現經濟恢復發展、人口不斷增加、社會生活日趨複雜的局面。皇帝應對複雜化社會的方式，從來不會是鼓勵民間組織的自我管理，他們唯一的手段是「管」，「人人而疑之，事事而制之」。透過增加機構、增加人員，來把國家和社會的方方面面管起來，以防社會動盪。「科條文簿日多一日，而又設之監司，設之督撫。」規章制度越來越多，文件越來越厚，機構越來越多。「一個制度出了毛病，再定一個制度來防制它，於是有些卻變成了病上加病。制度愈繁密，人才愈束縛[1]。」

因此，社會的發育注定官僚系統也不斷延伸膨脹。官權是皇權的代表，皇帝裁撤官吏數量，就意味著要簡政放權，放鬆對社會的控制，這是皇帝所不願意看到的。皇帝為了自己能更

1 錢穆：《中國歷代政治得失》，九州出版社，2013，第96頁。

有力地控制社會，不得不依賴官僚集團，因此也就沒法從根本上過度觸動他們的利益。

第二個原因是，官僚體系的存在雖然是為皇權服務的，但是一旦出現，它本身就成為一個獨立的利益集團，具有自我保護、自我繁殖的特點。官僚機構總是傾向於盡一切可能實現權力尋租（運用自己的權力或影響力為他人獲取不正當利益），傾向於機構不斷擴張，表現在官員數量上只能增不能減，既得利益只能增加不能減少，這些特點導致的結果是行政效率不斷降低。

例如宋代「景祐三年正月，詔御史中丞杜衍沙汰三司吏。吏疑衍建言。己亥，三司吏五百餘人詣宰相第喧譁，又詣衍第詬詈，亂投瓦礫」。也就是說，當時皇帝命御史中丞杜衍負責裁減三司吏員，這些吏員懷疑這事是杜衍向皇帝建議的，十分憤怒，五百多個吏員集體跑到宰相府去鬧事，然後又跑到杜衍家門口破口大罵，亂扔瓦塊石頭，進行抗議。這一事件發生後，朝廷雖「捕後行三人，杖脊配沙門島」，但「沙汰」之舉也被迫「因罷」。再例如清代戊戌變法期間，光緒皇帝大規模減撤冗員，成為保守派官員強烈反擊的起點，不用幾日，變法即遭失敗。

〈四〉

財政供養人數的擴張本身其實並不太可怕，真正可怕的是隨著人數的擴張，背後是腐敗的加劇。如此多的人拚命擠進官僚系統，並不是為賺那份死薪水，而是為了能獲得撈油水的機會。

傳統時代的社會運轉機制是「權力決定一切」。傳統社會生產生活的各方面，都是在權力的直接支配下進行的。在傳統社會，有權力，就有一切；沒有權力，就失去一切。

然而與此同時，中國式權力又基本上不受約束。中國古代傳統社會歷來講究人治，因此權力運用表現出極大的任意性。各地官員則是各地的「土皇帝」，在自己的地盤上一手遮天，說一不二，獨斷專行。雖然中國歷代王朝為了約束權力也進行一些制度設計，但是因為相信「人性本善」，相信教化的作用，相信「有治人無治法」，所以實際上這些制度發揮的作用很小。用孟德斯鳩的話說就是：「專制政體的原則是不斷在腐化，因為這個原則性質上就是腐化的東西。」

因此，每個王朝的中晚期，腐敗無不迅速發展，甚至達到無孔不入的地步。由腐敗造成的民眾負擔加重，往往是官員俸祿的數倍、數十倍。而這種腐敗通常得不到有效治理，因為在腐敗導致王朝滅亡前，官僚集團是受益者，受損的只是老百姓而非政府。瞿同祖精闢地指出：「地方官員與紳商之間、群眾與官吏及其從屬人員之間、人民與在地紳商之間，都有著一種隱含的衝突關係。所有這些集團，都在現行體制下獲得了最大的回報，唯一例外的是普通百姓。因此，儘管會有緊張（衝突），他們卻沒有興趣去改變現狀。」

腐敗使得稅收大量流失，發展到極端，到了王朝晚期，有可能稅收最終到達中央的只有二十分之一，其他九五％都流失在稅收過程當中，也就是說被各級官吏貪污掉了[2]。

2　清代號稱輕徭薄賦，而且清代康熙時還進行攤丁入畝改革，就是把全國稅收總額固定化了，不管老百姓人口增長多少，富到什麼程度，我皇帝就只收這麼多錢，一文錢都不多收。聽起來很不錯，自我約束意識很強。但清代仍然「往往正供有限，而繳用多過廿倍」，稅收多於國家規定二十倍。

〈五〉

官員人數增多、腐敗蔓延，只是導致財政負擔加重的一個原因，傳統社會還有其他既得利益群體，例如皇族，也給民眾造成了沉重的負擔。

大明弘治五年（一四九二年）年底，山西巡撫楊澄籌向皇帝彙報了一個消息：居住在山西的慶成王朱鐘鎰又一次刷新生育紀錄，截至這一年的八月，他已生育子女共九十四人。

朱鐘鎰「生育冠軍」的稱號不久之後就被他的一位後代，也就是另一位慶成王所奪取。這位慶成王光兒子就多達一百餘人，以致出現這樣的尷尬場面：每次節慶家庭聚餐，同胞兄弟們見面，都要先由人介紹一番，否則彼此都不認識。這就是史書上所謂的「每會，紫玉盈坐，至不能相識」。到了正德初年，慶成王府終於弄不清自己家的人口數了。正德三年（一五〇八年）二月，慶成王焦慮地向皇帝上奏：「本府宗支數多，各將軍所生子女或冒報歲數，無憑查考，乞令各將軍府查報。」就是說，如果皇帝不命令各將軍府自己清查人口上報彙總，他已經弄不清他這個大家庭有多少人了。

慶成王一府的人口增長，僅僅是明代皇族人口爆炸的一個縮影。

朱元璋建國之初，分封皇族於各地，不過四十九人。一百八十多年後，嘉靖三十二年（一五五三年），增至一萬九千六百一十一人，增長四百倍。而萬曆三十二年（一六〇四年）又增至八萬多人[3]。這僅僅是玉牒上列名的高級皇族數目，不包括數量更多的底層皇族。據安介生等人口史專家推算，到明朝末年，朱元璋的子孫已經繁衍到近一百萬人之多。明代皇族人口增

3　陳梧桐：《洪武皇帝大傳》，河南人民出版社，1993。

長率是全國平均人口增長率的十倍。

為什麼皇族人口增長如此之快呢？這是制度決定的。朱元璋為了讓他的子孫後代們充分享受幸福，特別規定皇族不能從事任何職業。每一個皇族後代都由國家來養。由於不能從事任何社會職業，皇族們增加收入只有一個管道，那就是多生孩子，每多生一個孩子，國家就按等級多發放一份俸祿。所謂「宗室年生十歲即受封支祿。如生一鎮國將軍，即得祿千石；生十將軍，即得祿萬石矣。……利祿之厚如此，於是莫不廣收妾媵，以圖則百斯男」。俸祿如此豐厚，刺激著各地皇族拚命娶妾，拚命生孩子。

皇族們的俸祿都來自百姓的稅收。從明代中期開始，各省的長官發現，他們全省的財政收入，已經不夠供養居住在本省的皇族。例如山西省全省地方財政收入為一百五十二萬石，而山西王爺們每年消耗的俸祿是三百一十二萬石。河南年財政收入為八十四萬石，而需要供應給王爺的是一百九十二萬石。「借令全輸，已不足供祿米之半。」因此，這些皇族的存在，對百姓來說是不折不扣的災難。

我們上一章說到的河南福王的下場為什麼那麼慘呢？因為他帶給民眾的負擔太重了。福王朱常洵大婚時，萬曆皇帝一下子拋出三十萬兩的巨款；朱常洵「就藩」時，萬曆皇帝一下子賜了上等良田四萬頃。有了這樣巨大的財富，朱常洵還不滿足。他在洛陽與民爭利，「河南官校藐法，橫行於洛中」，「駕帖捕民，格殺莊佃，所在騷然」。這種憑藉皇族的特權禍亂地方的情況，幾乎在每一個王府都有發生，因此起義軍對皇族才如此痛恨。

除了以上這幾個原因，導致民眾負擔急劇上升的通常還有一個原因，那就是皇帝的「多欲好動」。秦皇漢武都是最好的例子。秦皇的事蹟我們說過了，我們再來看看漢武。

〈六〉

對漢武帝的評價，一般都少不了「雄才大略」這四個字，他的一生是在一個又一個大事中度過的，「征匈奴」、「征南越」、「征西南」、「開漕渠」……真可謂彪炳史冊，光耀千秋。

不過，「功業」與「代價」總是緊密相連的。漢武帝固然偉大，但是問題也不小。如果仔細分析，這些大事，有些是有必要做的，例如「征匈奴」、「開漕渠」，有的是沒有必要做的，例如「征南越」、「征西南」，因為這些地區對帝國的安全並沒有構成威脅。

有些必要的事，也做得有問題。漢武帝先後開鑿大量河渠，這些河渠有的發揮了作用，也有很多是計畫不周，盲目興工，最後廢棄了。例如他鑿渠通褒水和斜水，可惜「渠成而水多湍石，不能供漕運之用」。

漢武帝於在位五十三年間，共發動戰爭達二十六次之多。其中很多次戰爭毫不慎重，沒有必要。例如武帝後期在北方的軍事行動，經常在敵情不明、準備不足的情況下，盲目勞師遠征，深入絕域，帶有某種賭博色彩。所以晚期戰爭，錢基本上都是白花了。因此歷史學家呂思勉評價說：「……原也是做得的事。然而應當花一個錢的事，他做起來總得花到十個八個；而且絕不考察事情的先後緩急，按照財政情形次第舉辦。無論什麼事情，總是想著就辦，到錢不夠了，卻再想法子，所以弄得左支右絀。」

此外，漢武帝有很多和秦始皇一樣的愛好，例如「營宮室」：他先後在長安大興土木，建未央宮、甘泉宮、建章宮、蜚廉桂觀、益延壽觀、通天莖台等。大都極為豪華，極盡奢靡。「於是作建章宮，度為千門萬戶。前殿度高未央，其東則鳳闕，高二十餘丈。其西則唐中，數十里虎圈，其北治大，漸台高二十餘丈，名曰泰液池，中有蓬萊、方丈、瀛洲、壺梁、像海中神山龜魚之屬，其南有玉堂、壁門、大鳥之屬。乃立神明台、井幹樓，度五十餘丈，輦道相屬焉。」他也喜歡「求神仙」和「巡幸天下」，而且出手比秦始皇更豪爽。元封元年（西元前一一〇年）第一次出巡，封泰山，所過賞賜，就用去帛百餘萬匹，錢以「巨萬」（萬萬）計。此外他還「篤信幽冥，有神必祭，大禮盛典，幾無虛歲」。

縱觀漢武一朝，花起錢來真是隨心所欲，非常瀟灑。這自然就大大加重了民眾的負擔。

綜上所述，雖然很多王朝開國都宣稱輕徭薄賦，但是不久都會變成沉重盤剝。

第二十八章

法定稅率與實際稅率

〈一〉

上一章我們講的，是歷代王朝為什麼要收那麼多稅。

那麼，這些稅是怎麼收上去的呢？國家規定的法定稅率那麼低，這些超過法定稅率的部分，都是什麼內容呢？

第一部分是隱性加稅，最典型的是明代。明代的稅率看起來雖低，卻從宋代的「貨幣化稅收」恢復成「實物徵收制」，農民要給國家交糧食，而且最要命的是要求百姓自己把糧食送到官倉去。這樣一來，實際稅率就多很多倍，因為運費很高。正統四年（一四三九年），于謙曾經上奏，說山西每年運往大同、宣府、偏頭關三邊的稅糧，道途之費「率六七石而致一石」。交一石糧食，運費要花六七石，相當於稅率一下子翻了六七倍。

最誇張的還是明代的白糧。明初定都南京，京官所吃的稻米由附近江南五府（蘇州、松江、常州、嘉興、湖州）農民交納。這五府離南京很近，問題還不大。但傳統時代的政策改革有一個規律，是「只改其不便君者，不改不便民者」，改革只改不利於統治者的，不改不利於百姓的。明成祖把首都從南京遷到北京後，仍然由江南五府負擔京官稻米。這五府的民眾要千里迢迢自己把糧食運到北京，運費就遠遠超過糧食本身。李俊麗研究明代北方賦役情況的結論是：「明朝初年朱元璋制定的輕徭薄賦政策並沒有被其後代君主堅持下去，到明太宗朱棣時期，各種賦役負擔逐漸增加。……北方地區交納的稅糧不但數額大，運輸費用也高，最低為所運糧食的二分之一，最高能達到六七倍[1]。」

第二部分是交稅過程中的索賄受賄。

明代運費還不是農民最主要的負擔，更可怕的是官吏剋扣，因為是實物稅，農民在把糧食交到官府的時候，官府的工作人員往往千方百計挑剔，說糧食質量不達標，太濕了，或者品質不好，要農民回家換新的來。上千里的路途，不可能重新換，怎麼辦？賄賂他，因為他實際上就靠這個生活。所謂「廠基之典賃，蘆葦之搜求，人工之費用，旗甲之盤剝，門吏皂快之需索，諸弊難以屢數」，裡面的門道太多了，各種剋扣，往往致使納糧者十戶而九都要「破家蕩產，鬻妻賣子」。連明代皇帝都對此種情況心知肚明，在聖旨中說過：「公家所用十不二三，民間費耗常十數倍，加以郡邑官鮮得人，吏肆為奸，徵收不時，科斂無度，假公營私，弊不勝紀。」意思是說各地官員素質不高，吏員更都是壞蛋，拚命多收稅，結果收上來的到國家這裡不過二〇％至三〇％，而百姓的負擔卻比國家規定的多了十幾倍。名義上三十稅一，實際上卻超過五〇％。

這種腐敗還是比較低層次的腐敗，更高層次的腐敗是修改稅基。官員和吏員們利用訊息不對等的優勢，幫助官員家族和地方大戶透過「洗抹塗改或者故意毀滅」的方式，修改稅收底冊，把豪強仕紳負擔的部分分攤給平民百姓[2]。更為普遍的操作方式是由於明

1 李俊麗：《明代前期北方地區流民成因研究》，碩士學位論文，東北師範大學，2006。

2 郭艷茹：〈交易費用、權力控制與明代管制型制度體系的演變〉，《南開經濟研究》2008年第2期。

代官員有免稅免役權，就是說官員的家庭不用交稅，也不必服勞役，所以大量百姓就投靠到官員之家，把土地投獻給官員，以求少繳交賦稅，這樣，又有很多負擔就轉移到剩下的百姓身上。

官府增加民眾負擔的第三個辦法是透過「附加稅」，稅外收稅。

古代中國和全世界其他國家比，有一個很鮮明的特點，那就是政府直接向每一位農民收稅。而其他國家在前現代化時代絕大部分實行的是「包稅制」和「納貢制」。「包稅人」和「頭人」管理一個地區，國家並不管實際如何徵稅。中國卻是透過國家機器直接到每家每戶收稅。

這看起來比較「現代」。但問題是，在傳統時代，技術上無法建立起現代稅收體系，稅收管理極為粗放，縣令收多少稅是有非常大的彈性。由於傳統中央政府在制定稅收政策時，通常只顧保中央的收入，不顧地方利益，分給地方政府的比例太低，因此地方政府通常會以地方辦公經費的名義額外徵收各種附加費。對這種情況，中央政府也只能默許。但問題是，多收多少，國家並沒有固定的標準。黃仁宇說，傳統中國的一大弊病是「不能在數目字上管理」，徵收多少，實際上是地方官的「良心帳」。

既然如此，地方官員自然就「不講良心」，盡可能多收。本來應該在正稅之外多收一〇%就能滿足辦公需要，但最後可能變成二〇%至一〇〇%，甚至更多。多的部分除落入自己的荷包外，再層層上供上級，叫作「陋規」。因此才有「三年清知府，十萬雪花銀」的說法。

〈二〉

當然，我們以上說的都是常態下的辦法。在非常態下，傳統官僚體系還有很多新花樣。

我們前面講了，漢武帝大筆花錢，府庫為之一空。於是漢武帝決定向民間收刮財富。最肥的是誰？當然是商人。

武帝初年，隨著經濟發展，一大批大工商業主崛起，家業萬貫，實力相當雄厚。漢武帝對這些巨商非常反感，認為他們雖然如此有錢，卻對國家沒什麼用，因為他們「不佐國家之急，黎民重困」，指責他們不幫助國家的急難，導致黎民百姓陷於重困之中。

那麼，怎麼挖到他們的錢呢？

漢武帝的第一步是「賣爵」。掛起一批誘人的誘餌，把他們的錢釣出來。「詔令民得買爵及贖禁錮，免減罪。」

買爵位有什麼好處呢？打仗不會徵調你去當兵，也不再徵用你當勞力，免除終身的徭役。買了武功爵的人，還可以當官，可以免罪。

此項政策一出，商人們紛紛踴躍出資，國家獲得巨額的財富。

然而漢武帝花起錢來如同漏斗一樣，這筆錢不久時間就花光了，怎麼辦？

漢武帝還有第二步，「加稅」。釣不出錢來，就直接加稅。漢代對商人本來徵收一．二七％的商稅。漢武帝發布一道「算緡」令，要求商人主動向政府呈報財產，老實交代家裡有多少房子、多少馬匹、多少錢財，稅率由一．二七％提升為六％，提升四倍多。

六％的稅率，今天看起來並不能算高。而且官府的規定是你主動申報，並不主動上門來查。聽起來很寬鬆，漢武帝很仁慈啊。

所以「富豪皆爭匿財」，人性古今皆同，幾乎所有商人都心存僥倖，多多少少有所瞞報，也就是說，普遍違法。但要命的是漢武帝留了一手，等商人都申報後，又下發一個「告緡」令，這個厲害了：誰隱瞞不報，或呈報不實，其他人可以向官府告發，告發以後，官府就查抄沒收他的全部財產，分給告發者一半。這叫作「告緡」。

這一下，幾乎所有商人都掉進陷阱，而且掉得還沒法抱怨：誰叫你不老實，想占國家的便宜？這下有報應了吧？

為了將「告緡令」落實，漢武帝任用了一批殘酷無情的酷吏，去各地審理告緡專案。一時間人們為了發財紛紛告發，「告緡」成為窮人的生財之道，國家和底層百姓都發了財。

這還沒有完。等大量普通百姓透過「告緡」發財之後，漢武帝又搞了一個擴大版，下令無論城鄉一概實行「告緡」，普通百姓也列入範圍。「其初亦只為商賈居貨設，後告緡遍天下，則不商賈而有積蓄者，皆被告也。」一開始「告緡」針對的是商人階層，接著全國所有人都被納入其中。

窮人透過告人得來的不義之財，轉眼也因為被別人告而被剝奪。「告緡遍天下，中家以上大抵皆遇告。」「中家」就是中等富裕的人家，在當時的財產是十萬錢左右，也就是說，家裡的財富達十萬錢的都被告。天下所有中產階級以上的人都破產。

這套組合拳打得如此漂亮，全天下人毫無招架之力。國家得到多少錢呢？《漢書．食貨志》說，朝廷「得民財物以億計，奴婢以千萬數；田：大縣數百頃，小縣百餘頃；宅亦如之」。單「告緡」一項，朝廷得民財數以億計，老百姓因為交不起錢被沒入官府為奴婢的以千萬數，武帝時期的全國總人口大約為四千萬，因告緡成為奴婢的居然達到一千萬。其他沒收入官的土地、住宅更是不可勝數。國家財政得到極大改善，「縣官有鹽鐵緡錢之故，用益饒矣」。地方財政也有錢了。

不過這並不是最後一步。最後一步是什麼呢？更絕了。

我們講過，漢武帝「創造常規外收入」的第一步是賣爵，百姓買了爵，可以不用服徭役，不用去沙場征戰。

不過這樣一實行，國家雖然有了收入，但是可以徵調的民眾減少了。「法既益嚴，吏多廢免。兵革數動，民多買復及五大夫、千夫，徵發之士益鮮。」因為國家不停打仗，老百姓拚了家底買爵位，替國家當兵服役的人不夠了。

這對漢武帝來說不成問題。把天下人的錢挖得差不多了，漢武帝又開始「政策調整」，進行爵位貶值，要求「於是除千夫、五大夫為吏，不欲者出馬」。原來說的話不算數，爵位低的，仍然要服勞役。百姓在買爵位上已經花很多錢，但是並沒有帶來想像中的「免役」，而是跟往常一樣，依然服徭役，「故吏皆適令伐棘上林，作昆明池」，去為他修上林苑和昆明池。

因為這樣一次一次地收刮財富，到武帝末年，小農普遍破產，流民劇增。幾十年征戰，五十歲以下、十六歲以上的壯丁幾乎都被徵調當兵，青壯年婦女也要戍守邊疆。史書說，漢武帝的統治導致「戶口減半」，也就是國家掌握的戶口比以前少了一半。而今天學者的研究成果證明，漢武帝時期，人口減少了一千五百萬。

漢武帝攻打匈奴、安定邊疆，這當然是有大功於後世的。然而，一個人做事的時候，必須對成本與收穫有一個基本評估，對國家和社會的承受力有一個基本評估。不能一代人非要完成幾代人的事。或者說，一頓非要吃下十頓飯的量。這是一個簡單的道理。

〈三〉

因此漢武帝晚年，中國歷史上出現了第一次巨大的流民潮，「元封四年，關東流民二百萬口，無名數者四十萬」。此後，流民大潮在漢代歷史上就經常出現，而且動輒上百萬。

流民潮的出現，是民眾不堪重負的明顯特徵。過去歷史學對流民的解釋通常是由於人多地少，地主兼併了他們的土地，農民失去土地，只好流亡。但是今天的歷史研究已經清楚地證明，導致農民流亡的原因是政府的稅費太重，農民無法承擔，只好有地不種、棄地而逃。

如果說農民流亡是因為人多地少和地主的兼併，那麼土地資源應該是越來越缺乏，土地價格在王朝晚期應該越來越貴。但事實上，很多王朝晚期，土地價格是越來越便宜。「村野愚懦之民以有田為禍」，很多農民是把土地當成一個負擔。「至欲以地白付人而莫可推」，想把地白送人都沒人要。「地之價賤者畝不過一兩錢，其無價送人而不受者大半。」資料顯示，明朝確實有很多大貴族大量兼併農民土地，但是如果深入研究，就會發現，這「並不是土地兼併造成了逃民，即農民不是因為田土被官豪勢要之家侵占而逃，而是民先逃，而後土地被侵占[3]」。

農民不斷逃亡，就造成一個惡性循環：逃亡農民的負擔會加到沒逃亡的農民身上，農民負擔越來越重，最後不得已，全都逃亡。這就形成了巨大的流民潮。

天啟七年（一六二七年），官員吳應箕在一封信裡談到他途經河南真陽的見聞：「今天走了四十里路，這四十里，都是廢耕之田，一望皆黃茅白草，兩邊的村莊都成了廢墟。我問

3　李俊麗：《明代前期北方地區流民成因研究》，碩士學位論文，東北師範大學，2006。

當地人，為什麼不耕種。幾個人同聲說：『差役太重，承受不了，只好逃亡去了。人走了，地自然就沒人種了。』當地人說，一家逃走了，他家的差稅就被歸到他本家或者親戚名下，久之，本家或者親戚也沒辦法，也逃了。剩的人越少，每家承擔的差稅越重，一來二去，全村都逃光了，就造成現在的情況。」

自此之後，每到王朝負擔加重之時，流民就大量出現，並最終導致大規模農民起義的發生。事實上在漢武帝活著的時候，天下已經四處起義，「天下騷動」，漸有「亡秦之跡」。天下大亂，起義遍及關東地區，大者數千人，小者數百人，起義烈火幾乎葬送大漢王朝。最終，漢武帝在危急關頭不得不頒輪台詔，向全國民眾承認錯誤，進行徹底的政策大調整，這才在滅亡的邊緣把大漢王朝又拉了回來。

第二十九章

歐洲沒有「官逼民反」

〈一〉

以上花了很多篇幅，講在郡縣制度下，農民負擔怎麼變得越來越重，以致無法承受，只好官逼民反，導致大規模的社會動盪和人口損失。

那麼，封建制度下又是什麼樣的情況呢？

封建制度下，農民和農奴當然也受到比較沉重的剝削。貴族作威作福，農民受苦受罪。但是與郡縣制不同的是，封建制度下農民的負擔是比較恆定的，不會一天比一天加碼，最後導致社會解體。

例如在三代時期，按照傳統的說法，井田制下基本就是九稅一。當然，這只是一個大略的說法，關於周代封建制度下農民具體的負擔，沒有太多文字資料留下來。不過我們還有一個其他管道來了解封建制度下農民的負擔，那就是歐洲中世紀的情況。

一提起歐洲中世紀，很多人認為同時期的中國肯定比歐洲強。為什麼呢？一是我們腦中有一個觀念，就是歐洲中世紀是一個黑暗的世紀。另外一個原因是，中國從秦代以後，在土地上耕作的就一直是農民，而在歐洲中世紀的莊園中，很多都是農奴。從字面上來看，「農民」的地位當然應該比「農奴」高，因為農民是自由人，而農奴是奴隸，他是領主的財產，不能逃離莊園。

然而事實上，西方農奴的生活水準並不見得比中國的農民低，因為西方農奴制度下農奴受契約保護，負擔要遠比中國的農民穩定。

中國的封建社會是建立在「血緣」和「周禮」的基礎上，而西方的封建社會是建立在契約關係上的。這種契約關係是從上到下的。國王與貴族之間有契約，而貴族與農奴之間也有契約，規定相互之間的權利和義務[1]。

為了維護這種契約關係，中世紀很多莊園都有自己的習慣法，叫「莊園慣例」（custom of the Manor），這種「莊園慣例」並不是像我們想像的那樣，是一種大而化之的原則性的東西，而是非常清楚、精確的，每家每戶有什麼權利、什麼義務，哪塊地一年繳交多少東西，都一清二楚。經過幾百年的沿襲，莊園主和農奴對這些慣例都瞭如指掌。

而且莊園裡還有一個普遍存在的機構，叫莊園法庭。即使是在農奴制最殘酷的時代裡，一個領主如果不經過莊園法庭，也不能直接對某一個農奴治罪。這個法庭雖然通常是由領主或者領主的管家主持，但是受理莊園裡的所有糾紛，農奴也可以起訴領主。例如一二七二年，英格蘭斯塔夫德郡的一個莊園，莊園法庭的全體人員要求領主應召前來，答覆他的一個農奴對他的指控，領主卻缺席，因此法庭宣布扣押領主的財物以示懲罰。

控辯雙方可以在法庭上自由辯論，所依據的是延續幾百年的習慣法，而不是領主的個人意志。一二九四年的一個莊園法庭上，農奴們指控說，他們的領主用犁耕壞了一塊公用道路，以致車輛不能像以前那樣正常通行。法庭發布命令，要求領主必須將道路修復完好。一

1　雍正江說：「就像封君封臣之間的采邑關係一樣，領主和農民之間的關係是采邑式關係的縮小版，他們之間是透過習慣性的誓言所規定的權利和義務的關係。」

五一七年，貝塔夫德郡的阿斯特威克莊園通過一項法令：「由佃農們規定，領主不應在屬於公地的牧場上放牧他的牲畜[2]。」

因此，如果領主不講理，想增加農奴的負擔，讓他多繳交點東西或者多幹活，農奴可以跟自己的領主錙銖必較，並在法庭上據理力爭。如果領主隨便剝奪他的土地，或者侵犯農奴的權利，他可以到莊園法庭起訴，一般情況下會獲勝。

因此中世紀英國許多莊園的地租長期穩定，「一個佃戶的地租往往長達二百年或二百五十年保持不變[3]」。

封建制度下，莊園裡的農奴只面對莊園主，無須面對官府的壓榨，這意味著農奴的負擔固定化，和中國封建制度下井田制時代的九稅一類似。因此，封建制度下一般不會出現越到晚期農民負擔越重的情況。

〈二〉

第二個區別是郡縣制下的農民缺乏社會保障，而封建制度下的勞動者有更好的社會保障。

我們知道，現代國家通常分為兩種，一種是福利國家，大政府，例如北歐諸國，稅收很重，但是福利很好[4]。另一種是「自由放任」國家，像美國

---

2 「By-Laws of Gleaning and the Problems of Harvest」, The Economic History Review. London: New Series, Vol. 14, No.2 (1961). 轉引自張新軍：〈抗爭語境下的中世紀英格蘭莊園法庭〉，《寧夏師範學院學報》2006年第4期。

3 雍正江：《15～17世紀英國農民福利保障模式轉型研究——以土地和勞動關係演變為視角》，碩士學位論文，南京大學，2014。

4 歷史上有些國家公共服務職能發展得比較早，如羅馬時代國家要負責提供給公民「麵包與馬戲」，雅典城邦有類似於現代的養老金、最低生活保障制度等。

這樣的，小政府，稅不算高，但是福利也不好。換句話說，現代國家權力和責任通常是對應的。國家多收稅，就要多為老百姓做事。

郡縣制度下的中國是第三種類型的國家。一方面是大政府，權力大，對民間社會控制能力很強，特別是稅收很嚴厲，秦漢實行什伍之制，隋唐「大索貌閱」，明代「大軍點戶」，都是為了能更方便收稅，「任是深山更深處，也應無計避徵徭」。

另一方面卻是小政府，政府收完稅，並不負擔老百姓的基本福利。用明末清初學者黃宗羲的話來說，這種制度就是「利不欲其遺於下，福必欲其斂於上」，任何好處也不想給下層的人剩下，所有的利益都要集中在上層。所以中國古代歷史上幾乎沒有真正的社會保障，只能多生孩子，「養兒防老」。

這是因為確立了中國政治基本邏輯的法家是堅決反對福利國家的。法家仇視貧民，韓非子說過：「貧窮者，非侈則墮也。」窮人為什麼窮呢？因為他們不好好工作，不是懶漢就是游手好閒，所以絕不能救濟他們，越救濟他們越懶。

韓非子說，即使有能力救濟災民，也不能救，寧可把物資扔了，也不能給飢民用。

> 秦大饑，應侯請曰：「五苑之草著，蔬菜、橡果、棗栗，足以活民，請發之。」昭襄王曰：「吾秦法，使民有功而受賞，有罪而受誅。今發五苑之蔬草者，使民有功與無功俱賞也。夫使民有功與無功俱賞者，此亂之道也。夫發五苑而亂，不如棄棗蔬而治。」一曰：「令發五苑之蓏、蔬、棗、栗，足以活民，是用民有功與無功爭取也。夫生而亂，不如死而治，大夫其釋之。」

秦國出現重大饑荒，應侯對昭襄王說：「咱們五苑之中，有大量的蔬菜、橡果、棗和栗子，平時沒人吃，現在把它們發給貧民吃吧。」秦昭襄王雄才大略地說：「你這個人目光短淺，我們秦國的制度，是有功才賞，有罪就罰。如今老百姓沒有功勞，你就賞給他們吃的，這樣國家就亂了。因此，寧可讓這些棗子和蔬菜爛掉，也不能給窮人吃，這樣秦國才能大治。與其讓百姓活著使國家混亂，不如讓他們餓死，國家有序運行。」在張貼於秦國各地的商鞅律法中，引人注目的有如以下這條：「事末利及怠而貧者，舉以為收孥。」意思就是說，因不努力耕種土地而破產的農民，要被罰作奴隸。

因此，從秦代開始，中國歷代政府在社會福利方面致力很少，即使後來，因為表面上獨尊儒術，有所規劃，也往往有名無實。

葛劍雄先生說：

> 太倉是王朝用於糧食儲備的，……但統一王朝往往儲備過多的糧食和物資，或者置地方的災害於不顧，不願動用朝廷的儲備，……(「太倉陳陳相因」，然而)就在積聚大量增加的這七十年間，百姓平時的貧苦生活和遭受天災後流離失所的記載在史書上不難見到。
>
> 隋末天災戰禍頻繁，無數百姓衣食無著，嗷嗷待哺，但統治者卻不願意動用儲備。直到隋亡，在洛陽的含嘉倉中還有大量的屯積。
>
> 由於地方官的合法權力相當有限……一些突發性的事件經過層層報告，然後得到層層下達的命令，往往已經失去實際意義。自然災害的賑濟常常要等到災情已經非常嚴重或者災害發生後很久才能進行，因而即使採取措施也已失去了最有利的時機。在二十四史的傳記中，不止一次可以發現對清官循吏這樣

的歌頌：在災害發生時不等朝廷或上司的批准就下令開倉救濟災民，而勸阻他的僚屬大多會提醒他這樣做可能帶來的嚴重後果。這就證明，在絕大多數情況下，絕大多數官員是不會這樣做的。所以這些鳳毛麟角才會得到史官的重視而被記錄下來。從史料記載看，越是靠近首都，越是經濟文化發達地區，往往自然災害越多，而邊遠地區卻很少有災害的記錄。這顯然並不符合客觀規律，只能證明邊遠地區不大可能獲得及時的救濟，因而災情報告不是沒有留下記載，就是被層層的官僚機構耽擱了；或者是因為人口稀少、交通不便，根本就沒有上報[5]。

明代正是這樣，表面上雖有倉政，但無實際。各處倉廩「朽壞傾圮，殆不可支，且諸廒空虛，絕無粒米，一值歲欠，餓殍盈涂」。倉庫都已經年久失修，關鍵是裡面根本沒有存糧。明代官府的賑濟往往不及時，官府即使偶有開恩賑濟，「往往又弊端百出。用人不當，官員腐敗，在賑濟過程中上下其手，從中漁利，從而使災民不得實惠。並且明代官府的賑濟往往不及時，這也減少了賑災的有效性。這種災荒體制幾乎絲毫不能減輕人民的飢餓狀況[6]」。

事實上，絕大多數情況下，大災之時，歷代政府不但沒有救助措施，而且還要繼續催收賦稅。王廷相在《答獻忠論救荒事宜書》中說：「夫荒歉之時，百姓乏食，自活不暇矣，而官司不省事此，遇災不行申達，既災之後，猶照舊貫追徵稅糧，是已病羸之人，而服勞苦，安得不斃？故流殍載途，閭井蕭然，禍民深矣。」饑荒的時候，

5 葛劍雄：《統一與分裂——中國歷史的啟示》，商務印書館，2013，第174～175頁。

6 李俊麗：《明代前期北方地區流民成因研究》，碩士學位論文，東北師範大學，2006。

百姓吃不飽，但是官府不管這一點，照舊追徵稅糧，從而使本來就已經貧困到極點的民眾雪上加霜。

所以一遇到災荒，中國農民的境遇往往非常悲慘，人吃人是幾乎每個朝代都會出現的固定情節。

萬曆四十四年（一六一六年），山東諸城縣舉人陳其猷進京會試，途經災荒地區，依據親身見聞，上書給皇帝：「我從正月離家北上，出了縣境才二十里，就見到道邊有人在割人肉剝人皮，如同殺豬殺狗一樣，根本不避人，路人見了也不為怪。這令我毛骨悚然。又往前行走了半日，見一位老嫗在路邊放著一個死去的孩子，一邊割了煮一邊哭。我問她：『你既然要吃他，又何必哭？』老嫗說：『這是我的孩子啊，我要不吃，也是給別人吃了。所以我不如自己吃掉。』我因此數日吃不下飯。」

過度汲取和沒有福利保障，是中國社會循環性崩潰的主要原因。往往只有到快餓死的時候，平民們才開始起義：「民有不甘心食石以死者，始相聚為盜……間有獲者，亦恬不知畏，且曰：死於飢與死於盜，等耳！與其坐而飢死，何如為盜而死，猶得為飽死鬼也。」那些不甘心活活餓死的老百姓，聚起來當強盜造反。你要是把他們抓住，他們還毫不愧疚，並大大咧咧地說，餓死和造反而死一樣都是死，那還不如造反，死前還能吃幾頓飽飯！

〈三〉

歐洲中世紀的社會矛盾，通常不會發展到這樣極端的情況。面對天災人禍，農奴是享有一定保障的。

首先，中世紀農奴的基本權利是受到保護的。例如領主不能隨便拿走他的土地，雖然從產權上講，這些土地是屬於領主的。即使在中世紀農奴制最殘酷的十三世紀，領主也要保障農奴的基本假期，「享受許多宗教假日和收穫節日」。領主還要負責在耕地時，為農奴提供牲畜和車輛，平時領主要負責維修莊園的各種設施。

在傳統中國社會，農民家裡的主要勞動力死了，妻兒老小只能投親靠友或流離失所。而在莊園當中，一個農奴家裡的主要勞動力死亡，莊園主要負責養活他的家人，這是當時社會的慣例。「中世紀英國莊園的許多慣例展現了對貧困農民的救濟和保護。」農奴的孩子如果父母雙亡，成了孤兒，莊園主就要成為他的監護人[7]。

這就保證了他們不會因為破產而失去土地，全家流離失所，成為中國古代社會那樣常見的流民。

其次，歐洲和中國周代一樣，在層層分封關係中，下一層向上一層效忠，上一層則有義務向下一層提供免遭人身和財產侵害的保障。

在天災人禍降臨時，莊園主要負責救濟農奴。給農奴發糧食，讓他們度過災荒生存下去，這樣做顯然是符合領主本身利益的，因為他要靠勞動者的勞動生活。

除此之外，莊園生活還有其他溫情的成分。農奴們世世代代生活在一起，因此相互之間自然會形成一種親情和互助。「他們之間可以互相借貸，幫助彼此之間解決許多困難，在這相互支援的過程中，同樣地會產生正義的情操和社會成員之間的相互感情。這種感情很快地就會被轉化為對社會本身的依戀。例如，遇上殘疾或是疾病時，鄰居會來援助[8]。」

其實商周封建制度也正是這樣，在小共同體內，有災難的人們可以相互救助。

---

7 「根據慣例，對於父母雙亡的孩子，如果沒有任何親屬向法庭申領孤兒的監護權，莊園領主就必須從孩子的利益出發，承擔起監護責任。」

8 雍正江：《15～17世紀英國農民福利保障模式轉型研究——以土地和勞動關係演變為視角》，碩士學位論文，南京大學，2014。

《孟子．滕文公上》中說：「死徙無出鄉，鄉由同井，出入相友，守望相助，疾病相扶持，則百姓親睦。」

和中國周代不一樣的是，歐洲除了莊園之外還有教堂，這是一個天然的慈善機構。一遇災難，每一個教堂都負責照顧本教區老弱病殘，成了救濟所和寄宿所。「教會慈善活動是中世紀西方公益活動的典型形式[9]。」

因此歐洲在中世紀，雖然偶爾也會發生大規模的災荒，但不會出現大規模的流民。因為莊園和教堂會把大部分災民固定在本地，不會成為全國的破壞性力量[10]。

〈四〉

歐洲歷史上沒有大規模起義的另一個原因是，農奴和莊園主之間如果發生衝突，會有一定申訴或者妥協的空間。

農奴和莊園主發生衝突，可以向更上層的領主或者國王請願。歐洲國王們的王權是脆弱的，國王也需要依靠普通百姓的力量來與貴族博弈。當內部矛盾發展到一定階段時，不同利益集團會坐到一張談判桌上來協調各方的關係。

但是，秦以後的中國社會高度一元化，並具有高度的剛性。農民沒有類似的訴求管道，他們是被取消了嘴巴並且被分割成一盤散沙的「沉默的大多數」，在忍無可忍之時，他們才會自發選擇聚眾示威甚至小規模暴亂等手段來進行抗爭。然而不

9 同上。

10 因此，封建制下的人身依附是一個矛盾，一方面，農奴是不自由的，中國周代宗族制下的個體也是不自由的。另一方面，他們也是受保護的。農民們若想得到保護，就必須接受束縛，而若要擺脫束縛，便不能接受任何外在的保護。馬克思因此曾認為，中世紀的農奴比現代無產階級更有「保障」。

幸的是，他們的抗爭幾乎從來沒有成功過。這種自發組織起來的行為，觸了歷朝統治者的大忌，帝王們對這類行為從來都是嚴懲，絕不手軟。因此百姓面對官府，永遠是一種恐懼、躲避和馴服的表情，只有永遠不斷退卻、無限度忍讓這一種選擇。一方過於蠻橫，缺乏約束；一方過於懦弱，缺乏自我保護能力。在這樣一個沒有自我糾錯能力的社會裡，當官進民退到逼近生存這一底線時，便只剩下造反這一種可能。

〈五〉

因為中國歷史上這種頻繁的王朝滅亡和民生災難，中國知識分子在秦朝之後就開始頻繁地稱頌「三代之治」。

什麼叫三代之治呢？就是夏商周三代的王道政治。

朱熹說：「堯、舜、三代自堯、舜、三代，漢祖唐宗自漢祖唐宗，終不能合而為一也。」也就是說，周秦之變以前和周秦之變之後，是完全不同的歷史階段，不能捏合在一起。三代之治「天下為公」，而郡縣制時代的政治都是由私心和私欲支配的政治：「千五百年之間，正坐如此，所以只是架漏牽補，過了時日，其間雖或不無小康，而堯舜、三王、周公、孔子所傳之道，未嘗一日得行於天地之間也。」即使漢高祖、唐太宗也不過是私心，出於人欲，與三代聖王不可同日而語。

王陽明說：「三代以下之治，後世不可法也，削之可也。唯三代之治可行。」完全否定周秦之變後的政治文明。

黃宗羲說：「三代以上有法，三代以下無法。」三代之法，是為天下人，天下為公。而三代之後的法律，都是為了保護君主的私產。所以秦始皇以後的皇帝都「以為天下利害之權益出於我，我以天下之利盡歸於己，以天下之害盡歸於人」。即好處都歸我，壞處都給人。

薛福成說：「唐虞以前，皆民主也。……迨秦始皇以力征經營而得天下，由是君權益重。秦漢以後，則全乎為君主矣。」三代時期，什麼事都是百姓做主，後來則全是皇帝做主。

晚清政治家譚嗣同說：「二千年來之政，秦政也，皆大盜也。」秦代之後的皇帝其實都是大盜，孔孟之道在中國早已被毀滅，秦後「二千年由三代之文化降而今日之土番野蠻者」。中國本來是一個很文明的國家，但是經歷歷代皇帝的殘害，甚至到晚清退化到野蠻的土人階段。

就連認為從封建變為郡縣是歷史發展之必然的王船山，也一再嘆息三代之後，「伯統裂，天下潰，三代之道法墜地而不復修」。秦統一天下之後，歷代皇帝「貪天位、戕人倫」，以致「盜賊、夷狄交相蹂躪中國，不知其所終」，即農民起義和異族交替造成社會動盪，而且這種歷史規律還沒有終結的辦法。因此，他對秦朝充滿仇恨，認為這是禽獸之治。「暴秦岐人紀以同於禽獸之自王，可勝誅哉[11]！」

對三代之治的推崇，代表了知識分子心目中對秦政的反感。在很多人看來，三代之時，人才活得像個人，秦政以後，社會就完全變質了。

11 王船山惋惜地說，孔子在定哀之際，也許是有機會大有為，可以使三代而四的。那樣一來，則「封建之宇宙可維，百王之常道不遠，聖人之道未窮」。可惜孔子沒能做到。

〈六〉

當然，以上看法無疑過於「儒學原教旨主義」，有誇張偏激之處。其實以平和的心態看，相比封建制度，大一統郡縣制也有其優勢，在很多方面也取得了封建制所不能取得的巨大成就。

首先，雖然大一統王朝不斷滅亡，但是在王朝存續期間，還是給地域廣袤的中國帶來了較長的和平時期。歐洲歷史上的動盪和衝突，雖然和中國比起來烈度和影響面積通常要小，但是持續而連綿。而中國在大一統王朝的控制下，可以出現數十年甚至一百多年的長時期和平。秦漢帝國滅亡後，雖然也經常經歷分裂時期，但是在大一統郡縣制度下，總能成功地再度完成統一。葛劍雄先生統計說，在中國歷史上，大約一半的時間是統一的。而西歐在羅馬帝國滅亡後，就沒能再統一（能夠勉強算為統一的時間，至今也不超過一〇％）。

中國的地理特點和文化心態，決定了在分裂狀態下，群雄通常爭戰不休，「神仙打架，百姓遭殃」，結果是人口銳減，經濟崩潰。在中國人的歷史經驗中，只有建立起穩定的大一統政權，才能享有長期和平，這就是所謂的「亂世人不如太平犬」。秦朝建立後，大臣頌揚秦始皇「以諸侯為郡縣，人人自安樂，無戰爭之患」，認為他的主要成就就是結束持續幾百年的戰爭。明代開國皇帝朱元璋也批評不願意為他出山服務的讀書人夏伯啟說，是他這樣統一天下的皇帝把夏伯啟從戰亂中拯救出來，過上了安定的生活，「爾所以不憂凌暴，家財不患人將，所以有所怙恃者，君也」，也就是說，你們所以能安然生活，所以不怕別人凌暴，家財不怕人搶，靠的是君主。

其次，在長期的和平中，中國人創造出眾多物質和精神文化成就。統一帶來度量衡標準的一致、邊界的廢除、便利的交通，這些都有利於廣大領土內部的物質財富流動和精神文化交流。郡縣制也實現了同時期世界上其他國家沒有的大規模的身分平等。從秦代開始，除了皇帝之外，其他所有人實際上都屬於一個共同的階層，這就是黑格爾所說的「普遍奴隸制」。為了維繫大一統的結構，中國又發明出獨特的「科舉制」，這一制度直接啟發了後來西方的文官選拔制度。和印度的種姓制度、歐洲的貴族制度、日本的武士制度比起來，中國社會出現了空前的流動性。

因此，在所謂的歐洲中世紀的黑暗時期，中國歷史發展卻進入高峰期。在長期的和平下，一個王朝的經濟通常會穩定發展，因此出現很多盛世，例如唐代的貞觀之治、開元盛世和清代的康乾盛世。在長時期的和平與巨大的規模基礎上，中華文明擁有多方面的成就。雖然哲學上已經喪失春秋戰國時代的原創力，但是在文學藝術上，卻創造出燦爛的文化成就，例如唐詩宋詞；在具體的實用技術上，經過漫長的累積，也出現了諸多突破，例如四大發明。

很多時候，文化與規模是有直接關係的。雖然朝鮮、越南和日本學習中國長達千年，並且亦步亦趨到自認「小中華」的程度，但是無論是學術還是文學、繪畫、書法，它們所取得的成就還是遠不及中國，這個我們稍一翻閱資料就一目了然。規模的優勢當然更體現在超級工程上。只有在「集中力量辦大事」的郡縣體制下，中國才有可能出現萬里長城和大運河這樣的大型工程成就。如果你參觀過韓國王宮、越南王宮，你會發現，它們無論是氣度、規模還是精美程度，都完全不可與中國的故宮同日而語。

第六篇

歐洲與中國的交錯

第三十章

中國歷史循環中的突破

〈一〉

在第四篇中，我們花了好幾章的篇幅，講述從秦到清二千多年的循環。當然，分析這種循環，並不等於說我認為中國這二千年的歷史就是「停滯」的。

事實上，在漫長的歷史循環中，其實也有變化、突破和進步。因此，僅僅講述循環，不講變化，也不足以全面地了解歷史。從這一章起，將花兩章的篇幅，來講一下郡縣制時代的內在變化。

我們說，秦始皇建立大一統郡縣制度，終結了貴族政治，對社會進行強有力的控制。在秦代和漢代前期，皇權透過官僚系統如臂使指地直達社會基層。

但是皇權的控制力不久就遇到地方豪強大族的重大挑戰。

前面我們說過，秦漢兩代初期打散了大家族，民眾被原子化，政府汲取能力大幅提升。這是周秦之變的最大成果之一。

然而，到漢帝國中晚期，一個重大的制度漏洞導致地方勢力死灰復燃，一部分民眾從政府的控制下逃離，被豪強大族控制。這樣，中央的力量大為削弱，最終導致三國分立。整個社會也進入「士族時代」，也就是「半貴族社會」。

這個漏洞是什麼呢？就是官吏選拔機制。

我們知道，中國古代長期使用科舉制來選拔官員。但是科舉制直到隋代才發明，從漢到隋，中國主要用什麼辦法來選拔人才呢？用漢代發明的「薦舉制」，即地方官推薦地方上的人才給朝廷。推薦人才的標準是德行，重視道德品格，所以「薦舉制」又叫「舉孝廉」，薦舉孝順和廉潔的人。所以後來的科舉層級中有「舉人」的稱謂，就是從這來的。

這個制度看起來很好，提倡以德治國，規定德行是唯一標準，打破門第限制，表面上看起來很開放，很公正。

然而，歷史證明了凡是這類只有粗糙標準的選拔，都注定會出現嚴重的問題。因為沒有可量化的標準，「薦舉」很快就被隨意操縱，演變成巨大的腐敗漏洞。

在漢代也是這樣。「德行」這個標準彈性極大，官員們在「察舉」人才時，肯定要舉薦自己熟悉的人，只選拔自己小圈子裡的人，甚至是互相舉薦親人。這樣一來，官位實際上就被社會上層的家庭壟斷，形成一種變相的世襲。到魏晉南北朝，乾脆形成「上品無寒門，下品無世族」的士族門閥制度，與秦之前的世卿世祿有異曲同工之處。

與此同時，從漢代起，官員還有免稅免役的特權。為了表示對官員的優待，官員的家庭可以不交稅，他的家庭成員甚至他的僕役們也不用去服勞役。

這又造成一個什麼結果呢？很多人會主動把自己的土地「投獻」給官員們，主動跑到官員家裡成為「徒附」，因為交給他們的地租要少於交給官府的賦稅勞役負擔。打個比方，如果你的土地歸官府管，你可能要上繳你勞動所得的一半。但是當你是投奔官員家族，你也許只要繳交四分之一就行了。

這兩個因素一結合，世家大族就形成了[1]。

各大家族世代為官，幾百年興旺不衰，來投奔的人不斷增多。因此，到東漢晚期，大族的田莊遍布各地，裡面都是來逃避朝廷賦役負擔的人，「奴婢千群，徒附萬計」。為了抵抗政府來追查逃亡人口，這些大田莊往往還擁有自己的武裝[2]，東漢墓葬普遍出土的陶製莊宅模型，許多都有碉樓、高牆等防衛設施，「警設守備」，成為地方武裝集團。東漢末年，有的豪族武裝甚至「阻兵守界」，拒絕郡級機關委派的地方官員入境。

這個非常厲害。這樣一來，老百姓就從中央政府的控制下，慢慢變成在地方大戶的控制之下，中央政府就收不到稅，中央權力自然大為衰弱。

所以到漢代晚期，天下土地和人口分別被政府和世家大族控制。在政府控制的土地上，仍然編戶齊民，東漢三國的資料顯示，政府控制下的村子姓氏仍然分散，政府可以收稅，但是更多的人口已經不歸政府控制，而歸地方豪強控制，在這樣的地方，政府是收不到稅的。

當中央不能控制地方的時候，國家自然分裂，於是進入三國時代，接下來又是兩晉南北朝漫長的分裂時期。根據王育民的判斷，三國時期，政府直接控制的編戶齊民人口有七百六十七萬，而地方豪強勢族控制的人口多達一千五百三十四萬，就是說，豪強控制的人口比國家控制的多了一倍[3]。

「沒有強大的中央集權力量，地主經濟就很容易退化到莊園制經濟。」魏晉南

1 秦漢之初全力打散大家族制，而漢代獨尊儒術之後，儒家「父子無異財」的觀念導致上層社會大家族又開始出現。比如東漢桓帝年間，姜肱幾兄弟「友愛天至，常共卧起。及各娶妻，兄弟相戀，不能別寢，以系嗣當立，乃遞往就室」。窮人為了避免戰禍和謀生，也往往憑宗族血緣關係集體投靠豪強大族。

2 東漢建立者光武帝本人就是一個土豪，他曾經「藏亡匿死，吏不敢到門」。

北朝時期，戰爭連綿，動亂不斷，皇帝如同走馬燈一樣換來換去。與皇權的不穩定形成鮮明對照的，則是世家大族的穩定性。許多世家大族勢力急劇膨脹，甚至發展到「百室合戶、千丁共籍」的類似領主狀態。許多士族富厚過於王侯，東晉士族莊園遍布江左，他們「勢利傾於邦君，儲積富乎公室……僮僕成軍，閉門為市」。勢力大得如同小國君主，財力強過朝廷，僕人可以組成軍隊，關上寨門就成了集市。

那個時代官位雖然不是明確的世襲，卻是在上流社會轉來轉去，財富也穩定地集中於一些大家族，與秦以前的貴族時代有很多相似之處，因此，我把從東漢晚期一直到宋代以前的社會，叫「半貴族社會」。

〈二〉

中央和地方的爭奪，造成社會持續動盪，人口大量流失，但是凡事都有兩面，這種地方勢力不斷上升，也導致皇權受到有力制衡。魏晉時期，世家大族對皇權形成強大的牽制，天子只能和士族分享權力。例如司馬睿建立東晉，主要依賴北方大族琅琊王氏家族的支持。因此司馬睿舉行登基大典之際，突然從御座上走下來，拉著王導的手，非要他一同坐在龍椅上，共同接受群臣的朝賀，因此出現「王馬共天下」的諺語。

因此，皇帝與上層菁英共治天下的觀念從魏晉開始樹立起來，到了唐代，大一統郡縣制度經過長達八百餘年的發展，經歷重重挫折，吸收魏晉世族與皇帝共治的政治傳統，終

3 王育民：《中國人口史》，江蘇人民出版社，1995，第130頁。葛劍雄先生認為這個數字對蔭庇人口的估計太多。但是葛劍雄在《中國人口史》中說，因為資料缺乏，他也無法估算這個人數。

於迎來一個良性的制度成就：封駁制度。

所謂「封駁制度」，就是皇帝的指示，要經過政府部門「給事中」的審查，給事中認為沒問題，才能下達。如果給事中認為皇帝的想法不合理，則可不簽字。《新唐書．百官志》說：「詔敕不便者，塗竄而奏還，謂之『涂歸』。」皇帝的聖旨有問題，給事中乾脆直接在上面修改，退給皇帝，讓皇帝重新考慮。這是一個很大的歷史進步。我們知道，在以前，皇帝的旨意，無論臣子們是否理解都得執行。但是唐朝就不一樣了，皇帝的想法要經過大臣們的審查，這樣，皇帝犯錯的機率就大大降低。

這是對「秦制」的重大修正，完全突破法家的政治原則。我們知道，法家在君臣關係上唯一的原則是「君為臣綱」，認為「君主必須超乎一切批評之上」。《管子》說：「君臣共道則亂，專授則失。」

然而，封駁制度的理論卻是「君臣共治」，每個人都會犯錯誤，只有集思廣益，政策才能合理，因此，大臣不能事事順從皇帝，必要時一定要敢於提出反對意見。唐太宗鼓勵大臣們反對自己。他說，「人之意見，每或不同」，大家可以保持自己的不同看法，「勿上下雷同也」，不用非得想法一致。因此他要求官員們一定要恪盡職守，在有關國家的大政方針上，一定要幫皇帝好好把關，皇帝的話如有不妥之處，必須要駁回。

這一制度在唐代得到認真的貫徹。貞觀三年（六二九年），唐太宗擴軍，因為兵源不足，打算降低入伍年齡，徵調年滿十八歲者為軍。當時魏徵出任給事中，堅決反對。唐太宗龍顏大怒，下旨要強行下發，結果「徵又不從，不肯署敕」。最終唐太宗認輸，認為魏徵說得有理，取消了這個命令。

唐中宗時，「安樂公主志欲皇后臨朝稱制，而求立為皇太女」，在朝廷上下不可一世，盧粲堅持兩次封駁制書，直至獲准。

唐代政治文明的另一個進步是完備諫官制度。諫官雖然古已有之，但是唐以前不僅諫官廢置不定，而且編制也不固定。唐代諫官制度完整，諫官數量眾多[4]。「左散騎常侍二人，正三品下。給事中四人，正五品上，諫議大夫四人，正五品上，左補闕二人，從七品上。左拾遺二人從八品上。」

唐代統治者主動培育諍諫精神。唐太宗說：「人言作天子則得自尊崇，無所畏懼。朕則以為正合自守謙恭，常懷畏懼。」有人說有了權力就要任性一點、瀟灑一點，為所欲為。我卻認為最好經常懷有敬畏之心，才能當好皇帝。有一次，唐太宗弄到一隻很漂亮的小獵鷹，正拿在手上把玩，魏徵來了，要和皇帝商量事情。唐太宗怕魏徵批評他不務正業，趕緊把這個小獵鷹揣在懷裡。魏徵一看，唐太宗衣服底下怎麼鼓鼓的，肯定有問題，於是就故意說話說得久一點，想看看到底怎麼回事。結果等魏徵終於說完，走了，唐太宗把衣服解開一看，小獵鷹已經在懷裡悶死。

因此，唐代諫官權力極大，而且言無禁忌，甚至可以在奏摺中公然談論皇帝的性生活。例如朱敬就在奏摺中直接批評武后納太多的「內寵」，說您有這方面的欲望，大家都能理解，找一兩個「男寵」，也不是不可以，但是問題是現在納得太多了，缺乏之節制啊。「嗜欲之情，愚智皆同，賢者能節之不使過度，則前聖格言也。」

有學者以兩部《唐書》為根據，算出唐代諫官進諫成功率為六八%。而且「唐代雖然拒諫時有發生，但是因進諫而身亡的事件極為罕見[5]」。

唐代封駁制度和進諫制度，在防止權力過於集中和皇帝錯誤決策方面發揮很大的制約作用，這是貞觀之治出現的重要原因。唐代寬鬆的政治環境，也是唐代文學藝術

---

4 《「唐代江南社會」國際學術研討會暨中國唐史學會第十一屆年會第二次會議論文集》，江蘇人民出版社，2015，第419頁。

5 《「唐代江南社會」國際學術研討會暨中國唐史學會第十一屆年會第二次會議論文集》，江蘇人民出版社，2015，第422頁。

繁榮的重要原因。我們知道，唐代著名大詩人白居易寫了很多譏諷皇帝的詩，例如著名的《長恨歌》，就是諷刺唐玄宗的。這要是在別的朝代，很容易被抓起來，結果唐憲宗讀後，感覺寫得太好了，太有才了，「見而悅之，召入翰林學士」。不但不追究他諷刺自己祖先的罪過，還讓他進宮當官。

〈三〉

唐代前期雖然建立了封駁制度，完備了進諫制度，但是有一個問題仍然沒有徹底解決，那就是人才選拔機制。

本來隋代已經為解決這個問題建立制度。隋煬帝楊廣是一個非常聰明的人，從王莽開始一直到隋文帝，歷代皇帝都致力於壓制地方勢力，重振中央集權，為了把人口和資源從世家大族手中搶回來，採取了從王莽的「限田令」，到光武帝的「檢核墾田」，再到北魏的「均田制」，最後到隋文帝的「大索貌閱」，都無法從根本上解決問題。一直到隋煬帝才想明白，世家大族的出現，主要是因為人才選拔機制的漏洞。只有打破用人的框架，大家族的根基才會動搖。

因此楊廣創立著名的「科舉制」，以打破士族對官位的壟斷。科舉制的最大特點是標準統一、可量化，把以往混亂無序的選官手段變成理性化的制度。這一制度成功地打破門第、地域、年齡界限，具有相當大的開放性和一定的競爭性，不能不說是一個非常「現代」、非常「理性」的產物，展現中國傳統社會難得的科學精神。作為社會政治領域的一項重大發明，和世人皆知的「中國古代四大發明」相比，它毫不遜色。

這一制度讓底層的人才能脫穎而出，士族失去了對官位的壟斷權，推開門閥世族勢力消失的大門。但是任何一個制度的成長都需要時間和環境，科舉制並不是一下子就發揮扭轉乾坤的作用。隋代很快滅亡，這一制度基本沒發揮作用，整個隋代「秀異之貢，不過十數」，一共才錄取十來個人。就是到了唐代，科舉在選拔官員的過程中，仍然只發揮輔助性的作用。

唐代二百八十九年間，進士及第者平均每年只有二十二名，九〇%的官員還是因為門第和軍功等入仕。因此，雖然唐初皇帝曾經大力打擊門閥勢力，但是中唐之後，門閥復盛，滎陽鄭氏自中唐開始，連續出現十多位宰相和重臣，遂有「鄭半朝」之稱；清河崔氏中唐後也陸續有八人為宰相；山東五姓世代通婚，不與外族為婚；高門士族甚至瞧不起皇室，不願與皇帝聯姻；唐文宗時，宰相鄭覃寧願將孫女嫁給士族出身的九品小官崔皋，也不肯與皇太子聯姻。唐文宗尷尬地說：「民間修婚姻，不計官品而上閥閱。我家二百年天子顧不及崔、盧耶[6]？」我們李家當了二百年皇帝，仍然比不上世家高門啊。

因此，科舉在某種程度上只是政治的裝飾物，並沒能從根本上解決世族政治的種種弊端。唐代實際上仍然是一個基本上由世族控制的社會，例如在中央，皇族內鬥重重，在中央與地方的關係上出現的問題更為嚴重，出現漫長的藩鎮割據。事實上，大唐雖然號稱二百八十九年，但是統一的時間不過一百三十七年，藩鎮割據卻長達一百五十二年。接下來的五代十國這另一個分裂時期，其實也是藩鎮割據的延續。

中國古代社會的徹底改變，是從宋代開始的。宋代為了解決武將當權問題，才開始真正大規模地推行科舉，把科舉當成最主要的選官手段，科舉錄取人數大大增長。唐代進士平均每年錄取不過二十多人，宋代則增加十倍，平均每年二百多人。太宗在位二十一年，由科舉為官者

6　魏風華：《唐代士族政治》。

近萬人。仁宗在位四十年，僅進士出身的官員就有四千五百一十七人。唐代最有名的二十三位宰相，基本都出身士族。而北宋的七十一名宰相中，除趙普等四人為開國功臣任宰相外，只有三人不是透過科舉而任宰相，其他六十四名均為進士或制科出身。

這一局面導致中國社會的運轉規則發生巨變。日本歷史學者內藤湖南因此提出著名的「唐宋變革論」：宋以前的中國，是「貴族—半貴族」社會，宋以後的中國變成了平民社會。

錢穆先生說：「論中國古今社會之變，最要在宋代。宋以前，大體可稱為古代中國，宋以後，乃為後代中國。秦前，乃封建貴族社會。東漢以下，士族門第興起。魏晉南北朝定於隋唐，皆屬門第社會，可稱為是古代變相的貴族社會。宋以下，始是純粹的平民社會。……故就宋代而言之，政治經濟、社會人生，較之前代莫不有變。」

科舉制的普及讓君主專制制度大大完善，君權的穩定性大幅提高，秦始皇開創的中央集權制，由此才達到真正的完善階段。

第三十一章

中國文明的頂峰和衰落

（一）

中國歷史到了宋代，因為科舉制的普及，由半貴族社會變成了平民社會。這一演變，令皇權終於擺脫了地方世家大族勢力的威脅，真正做到獨尊。

在宋代以前，高門大戶往往能延續幾百年，其勢能嚴重影響皇權的運行。宋代卻實現了「富不過三代」，因為科舉制導致社會流動性劇增，「朝為田舍郎，暮登天子堂」。由底層爬上去容易，而從頂層掉落到底層則更容易，因為權力及身而止，再加上中國的諸子均分制，富家大族的延續因此變得極為困難，「貧富無定勢」、「富兒更替做」。因此「朝廷無世臣」、「無百年之家」。世家大族的命運終結了，地方上不再有可與政府相抗衡的龐大家族。

因此，君主獨裁統治正式開始。不再有貴族和皇帝相抗衡，趙匡胤才有可能隨心所欲地對傳統政治制度進行大幅度修改，杯酒釋兵權，讓中國由尚武變成崇文，此外，還運用「分權」和「制衡」之術，把宰相大權分割成了幾塊，將地方權力一分為四，相互制衡。由此皇帝獨攬軍、政、財一切大權，君權達到空前穩定。

應該說，君權的穩定，不只是皇帝一個人的願望，也是秦制下大部分社會成員的願望。因為從唐代藩鎮割據到五代十國，政權的不穩定造成的混亂，給社會各階層都帶來巨大的痛苦。趙匡胤的集權進行得非常順利，一定程度上是因為全社會對五代紛亂政治的痛苦反思。北宋因此取得了中唐之後難得的政治穩定，一百六十多年中不但不再有貴族與之相抗衡，也不再有權臣、外戚、宦官的威脅。

更為重要的是，科舉制徹底解決地方分裂勢力的問題。科舉制普及之後，流官才徹底「流」了起來，不再像以前那樣受世家大族的掣肘，文官主持下的州縣，也不會像以前武將控制的地方那樣演變成威脅中央的力量。從宋代之後，中央與地方的關係中，中央徹底占上風，宋、元、明、清四朝從未出現地方挑戰中央成功的事例。

〈二〉

但是宋代的集權與後世不同的一點，也是宋代政治最引人注目的一點，是在君權強化的同時，文臣對君權的制衡也達到前所未有的高峰。

歷史學家姚大力先生認為，唐宋兩朝皇帝制度中，存在著「專制君權持續強化」和「限制君權的制衡程序同樣在增強」兩種趨勢，彼此構成一種「張力」，保證了宋代政治文明向前發展。

宋代政治繼承了唐代「封駁制度」和「諫官制度」的成就，同時，科舉取士的普及，讓儒家「從道不從君」的傳統得到復興，士大夫「以天下為己任」的意識非常強烈。他們宣稱，「（君）雖得以令臣，而不可違於理而妄作；臣雖所以共君，而不可貳於道而曲從」。皇帝雖然可以命令大臣，但是不能違背道理；大臣雖然要為皇帝服務，但是不能盲目屈從。

與此同時，宋代統治者也更加充分地認識到對最高權力進行約束的重要性。據說趙匡胤曾立下誓碑，「不殺士大夫及上書言事者」，在石碑上留下遺囑，告訴後代皇帝不得殺掉提供意見給皇帝的人，以「養成臣下剛勁之氣」。不管此事是真是假，有宋一代，確實基本沒有殺戮過士大夫。「與士大夫共天下」成為北宋君臣間一條不成文的約定。文官犯了再大的錯，受到的懲罰也不過是貶官而已。宋高宗時，監察御史方庭實居然敢這樣對皇帝宣傳「民主理念」：「天下者，中國之天下，祖宗之天下，群臣、萬姓、三軍之天下，非陛下之天下。」皇帝也沒能拿他怎麼樣。

宋真宗有一次派人拿著親筆詔書來見宰相李沆，詔書的內容是封他寵幸的劉氏為貴妃。李沆認為這個命令不合理，什麼話也沒說，當著太監的面，把皇帝的詔書放到蠟燭上一把火燒掉了，然後對太監說，你就跟皇上說，我不同意。（《宋史．李沆傳》）皇帝也只能無可奈何。

宋代還形成朝省集議制度，就是集體決策，遇到重大問題，要文武百官一起開會，大家商量解決，皇帝不可一言堂。有的時候，如果這項政策會影響到普通老百姓，影響到某個行業，還會邀請老百姓參加，就像今天的政策聽證會。例如宋太宗的時候，要起草關於茶葉經營的法律，就專門請來幾十名經營茶葉的商人，讓大家充分發表意見，「將立茶法，召茶商數十人，俾各條利害」（《宋史．陳恕傳》）。北宋熙寧年間，在改革財政稅收制度之前，朝廷專門請市井商人，甚至殺豬的、賣肉的，都到朝堂上參與討論，「其議財，則市井屠販之人皆召而登政事堂」（《續資治通鑑長編》卷二二五，熙寧四年七月丁酉）。這在其他朝代，是絕對無法想像的。

宋代政治當然也存在著傳統政治的大量弊端，例如重文輕武、防民過甚，導致國防實力下降；例如地方分權過甚，官員數量過多，造成「三冗」；再例如我們後文將要講到的王安石變法中的一些內容。但是，總體來說，宋代仍然可以說是中國政治文明發展的最高峰。宋代享有空前絕後的出版自由和新聞自由，出現了許多民間的小報，稱作「新聞」。小報有自己的專業「爆料人」、「記者」：「近年有所謂小報者……訪聞有一使臣及合門院子，專以探報此等事為生……以先得者為功……人情喜新而好奇，皆以小報為先，而以朝報為常，真偽亦不復辨也。」這種小報非常注重時效性，由於消息新奇快捷，發行面廣，勢頭甚至壓倒政府發行的朝報，因而利潤頗豐，成為中國最早的新聞產業。

另外，宋人還享有廣泛的結社自由，只要不拿武器，政府保證人民的結社集會自由，從不加以干涉。宋代演戲，經常諷刺朝政。宋高宗時，著名的奸臣秦檜走後門，讓自己的兒子成狀元，結果不久，就有人把這件事編成一齣戲，公開演出，秦檜也無可奈何，沒法處罰。北宋著名昏君宋徽宗看戲的時候，演員在台上公開批評他的政策不好，「只是百姓一般受無量苦！」讓老百姓受很多苦。宋徽宗聽了，「為惻然長思，弗以為罪」，也不敢怪罪這名演員。

推動文明發展的因素是複雜的。中國二千年不停的循環，實際上反映出兩方面力量的較量，君權與臣權，中央與地方。這種較量曾經達到一種難得的平衡，導致即使在基於君主利益而設計的大一統郡縣制度的框架內，君權也曾經得到過比較有效的約束，大一統郡縣體制在遭遇危機後終獲平衡，因此得到比較輝煌的政治文明和文化成就。

在比較高的政治文明基礎上，宋代也有輝煌的物質文明。很多人認為，中華文明的頂點在宋朝。陳寅恪說：「華夏民族之文化，歷數千年之演進，造極於趙宋之世。」中華文明經過幾千年的曲折發展，在宋朝達到文化的高峰。

日本學者宮崎市定把宋代比作歐洲的文藝復興：「中國宋代實現了社會經濟的躍進、都市的發達、知識的普及，與歐洲文藝復興比較，應該理解為並行和等值的發展，因而宋代是十足的『東方的文藝復興時代』。」法國漢學家謝和耐則說：「（在宋代）一個新世界誕生了，其基本特點已是近代中國的特點。」

〈二〉

我們頭腦中通常有一個錯誤印象，那就是歷史總是進步的，後面的總比前面的要強。但事實上並非如此，我們比較一下宋朝和明朝就知道了。

宋朝和明朝這兩個朝代相隔只有八十九年。朱元璋建立明朝的時候，打的是「日月重開大宋天」的旗號，宣傳他要恢復宋代的開明統治。然而事後我們看到，明朝和宋朝相比，在很多方面都出現劇烈的倒退。

我們首先來看財政。

一提到宋朝，我們就想到「弱宋」，感覺這是一個很衰弱的朝代，總是挨打。但是如果從經濟角度看的話，宋代其實很強。宋朝第三個皇帝宋真宗的時代，國家財政收入接近一萬六千萬貫，這個數字是唐代最高額的三倍。明朝在財政收入最高的時候，也不過是宋朝這個數字的一九%。

更具說服力的是財政收入的構成，也就是說，錢是從哪兒來的。中國歷史上，農業稅一直是國家收入的主體，國家稅收都是從農民手裡收上來的。但是到宋朝，財政收入主要靠工商稅收，占財政收入的七〇%，農業稅只占三〇%。在中國歷史上，像宋朝這樣的情況絕無僅有。這說明，宋朝巨大的財政收入不是靠加重對農民剝削，而是由於國民經濟飛速發展，工商業極度繁榮。到明朝時，農業稅又一次占了大宗，占總收入的八一%，工商雜稅只占總收入的一二%。從這個數字我們能看出，和宋代相比，明朝商品經濟是何等落後。

因此，宋代達到中國歷史上商品經濟的最高峰，社會流動性和平等化的最高峰[1]。學者夏振坤說，宋代中國的城市化水準高達二二%，這是領先全世界的水準。但是到了明代和清代，城市化水準一下子降到七%左右[2]。而根據學者張傑提供的研究數字，明清的城市化水準只有四%[3]。

〈四〉

在「現代」的經濟和社會結構基礎上，宋代的人權發展水準也很高。

宋代在中國古代史上第一次取消了奴隸制。

在宋代之前，中國歷史上一直存在著使用奴隸或者稱奴婢的現象。大戶人家大量使喚奴婢，而且奴婢的社會地位十分悲慘，可以隨便買賣，和牲畜的地位差不多。

到了宋代，雖然也使用「奴婢」這個詞，但是這個詞的意思已經和以前朝代完全不同：在宋代，「奴婢」也是平民，是被人雇傭的，類似於今天我們所說的「家庭幫傭」。他們不是雇主的私產，而是自由民，就是為你工作賺工資而已。

宋朝對販賣人口的懲處也是極為嚴厲的。拐賣人口者，會被處以絞刑。比現

1 參見吳鈎《宋代中國已邁入了近代的門檻》，《南方週末》。

2 夏振坤：《發展的多維視角：反思與前瞻》，華中科技大學出版社，2014，第205頁。

3 張傑：〈「鄭和謎題」：國家的貿易激勵、選擇權與制度衝突〉，《社會科學戰線》2008年第2期。

今把人拐進違法工作場所受到的處罰要重得多，現在我們頂多判幾年徒刑。而且和現在懲處拐賣婦女兒童的法律不同的是，宋代規定，不光拐賣者要處重刑，買方也要從重懲處，買家的罪責僅比人販子減一等[4]。

然而你要是讀《金瓶梅》等明代文學作品，可以發現，到了明代社會，奴隸現象再度盛行，而且非常普遍。主人可以像處理自己的財產一樣，把奴婢隨意送人。在家裡，對待這些奴婢的態度也是想打就打、想罵就罵，虐待奴婢這種情況在明代非常普遍。

最能代表明代人道主義水準倒退的是殉葬制的恢復。這本是先秦時代的野蠻習俗，隨著文明的發展，春秋之後，殉葬的現象就越來越少，到了漢朝之後，就完全沒有了。

然而明代卻恢復了這件事。明太祖朱元璋在臨終之前，發布最後一道命令，命令他的妃子們為他殉葬。他的四十位妃子都不得不上吊自殺，跟朱元璋埋在一起。這道命令，復活了在中國已經消失一千多年的殉葬制，到明代中期才廢除。

〈五〉

為什麼由宋到明會出現如此劇烈的倒退呢？主要是元代承上啟下的結果。

宋代基本消滅了奴隸制，但是按蒙古軍制，戰爭俘掠的人口可以作為軍人的私有財產，所以大量的平民在元代戰爭中被擄為奴隸。元代奴婢數量極大，至少上百萬戶。

宋代均田制被廢除，土地可以自由買賣，佃戶可以自由更換地主，任意徙居。這在以前的

4　參見吳鈎〈宋朝政府如何對付「販賣兒童」〉，《各界》2017年第5期。

中國社會是少有的現象。所以宋代城市才如此繁榮，貿易才如此發達。

而明代卻把老百姓強制分成為不同戶籍。把全國人口分為農民、軍人、工匠三大類，在三大類中再分若干小類，例如工匠之中，還分為廚子、裁縫師、船伕等。如果你是軍人，那麼你的子子孫孫世世都是軍人，除非做官做到兵部尚書一職，否則不許脫離軍籍。同理，如果你爸爸是裁縫師，那麼你和你的後代永遠都得以裁縫為生，不管你是不是有手指或者其他部位的殘疾。

這也是繼承自元代。蒙古軍隊屠城時，只有匠人不殺，因為有用。隨著軍事征服不斷擴大，為了便於管理，蒙古人就把他們分門別類。建立元朝之後，也就繼續這個習慣，把被征服的民族按照職業劃成不同的類別，這實際上是把所有百姓變成官府的奴隸。明朝就繼承了這種制度。

唐宋時期，臣權對君權形成有效束縛。而到了元代，君臣關係卻出現重大倒退。

元朝建立之前，蒙古社會基本上還處於馬克思主義史學所說的「奴隸制時代」。草原貴族，無論地位多高，功勞多大，在黃金家族面前，地位都是奴隸而已。成吉思汗把手下功績最著的幾名戰將稱為「四駿」和「四狗」。所以如清代滿族大臣對皇帝自稱奴才一樣，元代大臣們在皇帝面前公然自稱奴婢。

在君臣地位如此懸殊的情況下，元王朝對以前中原王朝已經發展出來的那些制衡君權的有效制度自然不可能加以採用，元代沒有恢復具有封駁權的門下省，不設諫官，重要政策多用蒙古文直接發出，不必經由中書省。皇帝是主子，大臣是奴才，什麼都由主子說了算，奴才沒有插嘴的份。因此元代成為一個皇權單方面膨脹的朝代。

這一趨勢被明代繼承下來，並且青出於藍而勝於藍。朱元璋在元代君權獨大的基礎上進一步直接廢掉宰相和相權，僅保留由大學士組成的御用祕書班底，這與元朝「家臣治國」的習俗出自一體。明代皇帝多恣意妄為，非常任性，處處流露著「我家天下任我為之」的蠻橫心理，這與元朝「家產制國家」的皇權觀念一脈相承。

唐宋兩朝對大臣基本不用污辱性刑罰，宋代更是「待士大夫有禮莫如本朝」。而元朝皇帝有一個習慣，用鞭子打大臣。這種制度到了明代，被發揚光大成著名的「廷杖」。明代皇帝一不高興，就把大臣按到地上，脫下褲子，打一頓板子，大臣們在皇帝面前毫無尊嚴。

歷史學家唐德剛說：「吾人如大膽地說一句，北宋的朝政，是近古中國政治現代化的起步，亦不為過。可惜的是，傳統中國這種有高度現代化和民主意味的開明文官制，在宋亡之後，就再次復古回潮了。」王夫之則說：「漢、唐之亡，皆自亡也。宋亡，則舉黃帝、堯、舜以來道法相傳之天下而亡之也。」

〈六〉

在繼承明代遺產之後，清朝統治者對朱元璋的政治制度讚賞不已。順治帝說：「朕以為歷代賢君莫如洪武。何也？數君德政有善者，有未善者，至洪武所定條例、章程，規畫周詳。朕所以謂歷代之君不及洪武也。」今天的旅遊景點明孝陵有一個著名的石碑，是康熙手書「治隆唐宋」四個大字，意思是誇明太祖治國好過唐宋。

正因為此，清朝基本上把明代的政治制度原封不動地繼承下來，並透過設軍機處等小調整，使這個制度更加完備。從這個角度說，朱元璋不只開創近三百年的大明基業，連大清王朝也可以算是他政治思維的產物。

清代對朱元璋制度的發展，主要表現在文字獄上。乾隆皇帝透過修《四庫全書》，展開「消滅記憶」運動。史載乾隆銷毀的書籍「將近三千餘種，六七萬卷以上，種數幾與四庫現收書相埒」。吳晗也說過：「清人纂修《四庫全書》而古書亡矣！」文字獄最酷烈的乾隆朝，文人學士再也不敢吟風詠月，甚至不敢再寫日記。皇權由此伸入臣民的大腦深處，造成「萬馬齊喑究可哀」的局面。

因此，回顧中國歷史，從漢到宋，中國政治文明雖然發展極為曲折，但大致上出現一個上升的曲線，並且在宋代達到頂峰。然而從元到清，中國政治文明嚴重退化，社會也出現全面的衰落。而正是大致在中國的元代，西方開始發力超越中國。

第三十二章

沒有中世紀，就沒有新歐洲

〈一〉

人們普遍認為，歐洲的中世紀是一個「黑暗時代」。提到中世紀，我們首先聯想到的往往是被燒死在火刑柱上的哲學家布魯諾（Giordano Bruno），荒唐的贖罪券，罪惡的「初夜權」，還有導致一個城市三分之一人口死亡的可怕黑死病。

所以，被蠻族入侵後，歐洲就如同那個吃了毒蘋果的公主一樣進入漫長的沉睡期，直到十五世紀才再度甦醒。

然而，近幾十年來，學者們在大量的資料和扎實的研究基礎上，發現所謂的中世紀「黑暗時代」並沒有那麼「黑暗」，或者說，這是一個黑暗與光明並存的時期。而且這個「黑暗時代」恰恰是今日西方制度的形成期。換句話說，要是沒有經歷中世紀，就沒有今天獨特的西方文化。

〈二〉

歷史並不是沿著「進步」這一條單一的直線前進的：西羅馬帝國的滅亡帶來無數的混亂、死亡和毀滅，出現巨大的倒退，城市被付之一炬，歐洲淪為農村。中世紀早期的歐洲，確實在各方面都落後於同一時期的阿拉伯帝國和中國隋唐王朝。

關於中世紀的各種說法，有一些需要澄清。例如「初夜權」早已經被學者證明並非是一種真正實行過的制度，而只是一種「鄉野傳聞」或者說對中世紀的污名化說法。現代法國史學家阿蘭・布萊（Alain Boureau）認為，歐洲的初夜權是種鄉野傳奇而非實質的法律或習俗，他的證據是，到現在為止學者們並沒有發現任何一例真的實施初夜權的檔案資料。我們都知道，中世紀的社會是在羅馬教會的嚴格精神統治下的，女性的童貞非常重要，一夫一妻制之嚴格，國王都不能隨意離婚再娶，領主們怎麼可能制定初夜權法規來觸怒教會呢[1]？

也有一些中世紀的黑暗制度是確實存在的，並且可能比一般讀者所了解的還要黑暗，例如宗教裁判所和火刑。天主教組織結構本身帶有專制傾向。「如果有人稍越雷池一步，挑戰教皇，便被教會視為背離上帝，大逆不道，重者甚至要處以極刑[2]。」德國的宗教法庭燒死十萬名女巫，法國和蘇格蘭也差不多處決一萬多名。至於處死異端就更為普遍。僅在西班牙，宗教裁判所就判處三十八萬異端分子，其中被火刑處死的就多達十萬人。

中世紀歐洲人的生活和中國等文明比起來，在很多方面也是粗鄙落後的。中世紀的歐洲《禮儀書》（*The Book of Courtesy*）規定：「痰不要吐到桌子上，也不要飛過桌子。」我們再來看一段《不倫瑞克的宮廷規矩》：「每一個人，無論是誰，白天黑夜、

1 參見王順君〈歐洲貴族真的擁有過「初夜權」嗎？〉，發表於微信公眾平台「搜歷史」。

2 王曉德：〈天主教倫理與拉丁美洲不發達的文化根源——兼與新教倫理對美國發展作用的比較〉，《拉丁美洲研究》2006年第4期。

餐前、餐後或就餐期間，都不能在走廊裡、居室內、樓梯上或者螺旋形的石階上隨便解手或亂丟污穢之物。」原來，西歐宮廷的金色大廳裡，大理石地面上，一不小心，你有可能會看到一堆大便。

因此在中世紀，中國在很多方面遙遙領先西方，這些方面大多已經廣為人知，在此就不做贅述了。

但是人們很少注意到的是，所謂「禍兮福之所倚」，即使是在這種混亂和毀滅中，也孕育著新的生機。

在第二次全球性的蠻族大入侵中，中國、印度、波斯也同樣遭到蠻族的蹂躪，但是原有的文明並沒有被毀滅，特別是中國文明表現出強大的同化能力和自我修復能力，迅速地消化蠻族入侵造成的文化不適。「因此，一個生活在西元前一世紀漢代的中國人，若在西元八世紀初復活過來，他一定會感到非常舒適、自在。他將發覺當時的唐朝與過去的漢朝大同小異，兩朝民族相同、語言相同、儒家學說相同、祖先崇拜相同以及帝國行政管理相同等等[3]。」

只有一個帝國徹底地滅亡了，文化遭遇徹底的毀滅，那就是西羅馬帝國。羅馬帝國的體制不如中國堅固，所以滅亡後再也沒能恢復，「如果西元前一世紀的羅馬人於一〇〇〇年、一五〇〇年或一八〇〇年在歐洲復活，他將會為居住在這一古老帝國許多地區的諸日耳曼民族及其嶄新奇特的生活方式，而大吃一驚。他將會發現有幾種新的日耳曼語和羅曼語取代拉丁語，上裝和褲子代替了古羅馬人的寬外袍，新興的基督教接替古羅馬諸神崇拜……這無疑說明，只有西方的古典文明被永久湮沒，被一種嶄新的東西代替。歐亞大陸其他地區的文明，……卻倖存

3 斯塔夫里阿諾斯：《全球通史》，北京大學出版社，2005，第188頁。

下來（如中國北方和印度北方）。唯獨在西方，古典文明消散殆盡，無法復原[4]」。

馬上的蠻族不識文字，基督教被作為唯一的精神支柱，古希臘和古羅馬的典籍被棄如敝屣，除了在一些教堂和修道院內被當作古董收藏起來束之高閣外，其他的幾乎毀滅殆盡。幸虧阿拉伯人保存並翻譯這些文化典籍，才讓它們有機會在文藝復興時代被歐洲人「重新發現」。

然而，正如同大規模的殘酷轟炸，一方面摧毀整個古老城市，另一方面卻為重新建設更為現代化的城市掃清障礙一樣，正是因為蠻族入侵的毀滅性，才讓西方能毫無束縛地發展起來一種全新的文明。

那麼，這個過程是怎麼發生的呢？

〈三〉

首先，中世紀出現羅馬帝國時期不可能出現的技術進步。

羅馬帝國實行奴隸制，奴隸制是不利於技術進步的，因為奴隸數量巨大，價格低廉。奴隸主不必費心去研究技術，節省勞力。「只要有大量的奴隸勞動力可獲取，它也使主人喪失促進技術革新的動機。因而，在韋斯巴薌統治時期，當在今羅馬聖皮特羅廣場豎立一座方尖碑時，雖然當時有位發明者提出了一項可以大大方便豎碑的技術措施，但皇帝為了不讓奴隸們有空閒，寧願讓他們繼續從事體力勞動[5]。」奴隸們是沒有自主性的勞動者，更沒

4　同上。

5　斯塔夫里阿諾斯：《全球通史》，北京大學出版社，2005，第135頁。

有可能去進行什麼發明。

羅馬帝國滅亡後，奴隸制也隨之瓦解，不再有大量的外來勞動力湧入西歐。相對中國，當時歐洲的人口是很少的。這就促使人們開始思考怎麼節省勞力。

在羅馬，奴隸主高高在上，不跟奴隸共同工作，也不關心奴隸在工作中遇到的具體問題。這情形就像中國的士大夫不會關心農民是怎麼種地的一樣。

而中世紀的莊園是自給自足的，歐洲陷入封建割據，各地自我封閉，不再有商品流通，莊園主需要什麼東西，從外面買不到，只能取自自己的莊園。因此，莊園主要親自調度生產，親自決定種什麼、不種什麼，連查理大帝都得操心自己莊園的物產。他在八〇〇年左右頒布的敕令中，詳細地規定莊園要生產什麼東西：「其中必須包括以下項目：飼料草、柴火、火把、木板與其他木材；蔬菜、穀物、稗子；羊毛、亞麻、苧麻；樹生水果、大小乾果……蕪菁，魚池；皮革、毛皮、獸角；蜂蜜與蜂蠟；豬油、牛羊脂油、胰皂；莓果酒、熟酒、蜜酒、醋、啤酒、新舊葡萄酒、新穀陳穀；母雞與雞蛋；鵝……每個莊園之中……應當盡量多建造牛廄、豬圈、羊圈、山羊圈，不得缺少……[6]」

因為要親自調度生產，莊園主與農奴保持充分的接觸，非常清楚農業生產中會遇到哪些實際困難。同時因為自給自足，每個莊園裡擁有木匠、鐵匠等各種工匠[7]，這樣也有利於生產工具的改進。農奴也不同於奴隸，糧食收成多了，他們的生活水準也可以水漲船高，因此，農奴也有熱情改進技術，提高產量。以上各種因

6 轉引自應志豪：《從衰落走向復興——8～14世紀西歐商業發展研究》，碩士學位論文，華中師範大學，2004。

7 查理大帝還要求他的莊園中要有「鐵匠、金匠、銀匠、鞋匠、旋工、木匠、刀劍匠、漁夫、造胰工人，能造啤酒、蘋果酒、果酒以及其他飲料，能烤麵包與點心的工人……」。

素的匯合，就促進技術的進步。

那麼中世紀西歐有什麼樣的技術成果呢？

首先是重犁的使用。羅馬時代，歐洲用的是輕犁，就是一根木柱，底下裝個犁刀，結構簡單，只能在地上劃出一道淺溝，所以又稱「淺犁」。為了提高生產率，中世紀的莊園主們和農奴們進行「技術會商」，漸漸地改良出來一種重犁。什麼叫「重犁」呢？就是更重、更大也更鋒利的犁刀，這種重犁能夠有效地深耕，把土壤翻起攪碎，能把雜草叢生、難以耕作的低窪荒地開墾成良田，擴大耕種面積。

重犁需要更大的牽引力，牛的力量就顯得不夠了。到十世紀時，歐洲莊園發明一種挽具，套在馬的肩部，讓馬也能輕鬆愉快地拉犁，結果生產效率大增。十六世紀一個法國作家曾經計算過，一匹馬一天的工作量是牛的三至四倍。正是因為馬大量地被用於耕地，十三、十四世紀後，歐洲原來的荒地大量被開墾，糧食產量迅速提高。

此外，歐洲人還發明和改進很多利用水力和風力的工具，例如水車和風車[8]，其中有些技術，例如水車，在羅馬時代就已經有了，但是直到中世紀才大規模地應用。

林恩·懷特（Lynn White）在《中世紀的技術與社會變遷》（*Medieval Technology and Social Change*）一書中說，中世紀最輝煌的成就，不是什麼哥特式教堂，也不是什麼經院哲學，而是畜力、水力、風力取代了人力，使歐洲生產效率大為提升。

這些技術革命帶來什麼結果呢？「十二世紀，法國只有約二分之一、德國只有三分之一、英格蘭只有五分之一的土地被耕種，其餘的都是森林、沼澤地和荒地。……到一三

---

8 風車的出現需要扇葉具有更好的力學結構，因此，風車的發明獲益於帆的技術進步。634～644年左右，波斯人發明立軸式風車，隨後傳入歐洲，又發展出水平軸的樣式。

〇〇年時，法國的耕地面積比今天還要大[9]。」

結果是推動經濟的迅速發展和人口的增加。以英國為例，一〇八六至一三〇〇年，英國GDP提升十倍以上，人口從大約一百一十萬人增加到三百三十萬人[10]。也就是說，財富增長是人口增長的三倍，在人口迅速增長的同時，還出現了迅速致富。

我們在前面講過，西方農奴和農民的負擔是非常穩定的。「一個佃戶的地租往往長達二百年或二百五十年保持不變。」農奴們每年收穫的糧食大大增長，但是繳交的租稅卻保持不變，「佃戶每交給領主一個便士，就往自己口袋裡放進六個便士」。這就意味著農奴變得越來越富有，經濟地位大為增長，從農奴成長為農民[11]。

更為主要的是，經濟的發展為商業復興和文藝復興奠定了基礎。羅馬教廷的專制、野蠻和黑暗不亞於其他專制政權，而這種黑暗正是建立在人們的貧窮基礎之上的。直到經濟發展之後，人們才有力量開始從愚昧中走出來。「十一世紀後，隨著經濟的復甦與發展、城市的興起與生活水準的提升，人們逐漸改變以往對現實生活的悲觀絕望態度，開始追求世俗人生的樂趣。而這些傾向是與天主教的主張相違背的。在十四世紀城市經濟繁榮的義大利，最先出現了對天主教文化的反抗……於是他們借助復興古代希臘、羅馬文化的形式來表達自己的文化主張[12]。」這就是著名的文藝復興。

---

9 斯塔夫里阿諾斯：《全球通史》，北京大學出版社，2005，第280頁。

10 謝豐齋：〈中西方的經濟差距何時拉開？〉，《史學理論研究》2012年第4期。

11 同樣，中國周代鐵器普及導致生產力增長，但是井田制稅率還是不變。因此，農民在種公地之餘，有時間大量開墾荒地，獲得大量私田，收入大幅增長。正是這種情況導致後來魯國的初稅畝改革。

12 弗里德里希·希爾：《歐洲思想史》，廣西師範大學出版社，2007。

傳統的觀點是，中國一直遙遙領先於西方，一直到工業革命結束，也就是十九世紀初，西方才超越了中國。

〈四〉

然而事實真的如此嗎？

清華大學李稻葵等人透過對中國古代經濟長時間的研究[13]發現，一三〇〇年，歐洲部分地區已經領先於中國。

他們認為，在北宋時期，中國人的生活水準處於頂峰，確實領先於歐洲，然而中國農業幾千年大致保持同一水準，沒有出現過質變，發展曲線是比較平直的。而西方從中世紀晚期開始，經濟曲線迅速提升，到一三〇〇年，也就是元朝建立之後不久，中國人的生活水準就已經落後於義大利地區。到一四〇〇年，也就是明代建立不久，又被英國超越。到一七五〇年，也就是中國「康乾盛世」的頂峰，中國從整體上已經遠遠落後於西歐了[14]。

當然，在十四世紀，中國人和西方人生活水準的差距還不算太大，歐洲人生活條件雖然優於中國人，但他們的食物中肉食比重並不算高，一大塊麵包加一碗濃湯，就能讓辛苦一天的歐洲農夫心滿意足。

但是隨著經濟的質變，歐洲人與中國人生活水準的差距已經越來越大。十六世紀時，英國一個農民家庭每年生產的糧食是五〇〇七公斤，而中國明代農業最發達的地

13 進行這項研究的是清華大學的李稻葵、北京大學的管漢暉和牛津大學史蒂芬·布勞德伯利（Stephen Broadberry）等人組成的團隊。

14 1750年即清乾隆15年。雖然中國部分地區，比如江南地區和歐洲最富裕地區的生活水準相距還不太遠，但整體上落後了。

區江南，一戶農民也不過生產二一七三公斤。也就是說，中國最富有地區戶均糧食產量不到英國的一半。

十四世紀和十五世紀，也就是大約中國的明朝時期，英國普通農民主食中小麥比例增加，逐漸取代大麥和燕麥；農民已經可以定期地喝到啤酒，酒的消費開始成為農民飲食的一部分，許多村莊出現了永久性的啤酒館。肉食也逐漸增多，這帶動了鄉村屠戶的生意發展[15]。

我在《飢餓的盛世》一書中引用過十八世紀工業革命前期，英國漢普郡農場的一個普通雇工一日三餐的食譜：

早餐是牛奶、麵包和前一天剩下的鹹豬肉；午飯是麵包、乳酪、少量的啤酒、醃豬肉、馬鈴薯、白菜或蘿蔔。晚飯是麵包和乳酪。通常在星期天，人們才吃到鮮豬肉[16]。

這是工業革命早期的情況，到工業革命完成之後，英國農民的生活水準又進一步提升。中等農戶的消費清單上每天還要加上二．三加侖脫脂牛奶，一磅乳酪，十．五品脫淡啤酒。在經濟條件較好的約曼，還會多出奶油和糖各半磅，還有一英兩茶。

15 侯建新：〈工業革命前英國農民的生活與消費水平〉，《世界歷史》2001年第1期。

16 同上。

而在同時期的中國，普通農民是「瓜菜半年糧」，平時只能粗食淡飯，勉強維持溫飽，青黃不接的時候還要挖一些野菜才能度日。

〈五〉

歐洲歷史上的黑暗、愚昧和殘酷，觸目皆是。羅馬帝國的昏君荒淫暴虐的花樣並不比商紂王、隋煬帝少；羅馬教廷的酷刑也同樣令人毛骨悚然；英國歷史上同樣不乏血腥變態的國王；社會生活方面，歐洲也長期髒亂差。

但是從中世紀晚期開始，歐洲不論是物質文明還是政治文明都出現迅速發展，發展的結果不是量變而是質變。而從十三世紀起，中國的政治文明卻基本是反向發展，因此，雙方差距越來越大。

乾隆晚年，英國派出馬戛爾尼使團到達中國。來到中國前，歐洲人認為中國是一個富庶而強大的國家，如同馬可波羅說的那樣，黃金遍地，人人綾羅綢緞。然而到了中國之後，他們卻驚訝地發現，中國的大部分百姓都遠比歐洲人窮困。

英國使臣們在後來寫的回憶錄中說，朝廷雇用許多老百姓來到船上，為英國人端茶倒水，掃地做飯。英國人注意到這些人「都如此消瘦」。「在普通中國人中間，人們很難找到類似英國公民的啤酒大肚或英國農夫喜氣洋洋的臉。」這些一般中國人「每次接到我們的殘羹剩飯，都要千恩萬謝。對我們用過的茶葉，他們總是貪婪地爭搶，然後煮水泡著喝」。「不管是在舟山還是在溯白河而上去京城的三天裡，沒有看到任何人民豐衣足食、農村富饒繁榮的證明……不管是房屋還是河道，都不能跟雷德里夫和瓦平（英國泰晤士河邊的兩個城鎮）相提並論。事實上，觸目所及無非是貧困落後的景象。」、「生活在水上的悲慘的中國人一向處於半飢半飽的狀態，樂於以任何食物為食，即使是腐爛了的也不放過[17]。」

英國人之所以對中國人的生活水準感到如此震驚，主要是因為那時中英兩國人均GDP已經有了巨大差距。李稻葵等人的研究認為，北宋時期的中國要比英國富裕得多，但在那之後，英國人均GDP開始不斷增長，而中國人均GDP卻不升反降，特別是清代因為人口迅速增長，人均GDP更以每年負〇·三四%的速度衰退，到一八四〇年左右，中國的人均GDP只是英國水準的一五·〇四%[18]。劉逖也認為中國近代晚期人均GDP是反向發展的，一六〇〇年，中國人均GDP大約為白銀四·五兩，到一八四〇年下降到約三·四兩[19]。

17 約翰·巴羅：《我看乾隆盛世》，北京圖書館出版社，2007。馬戛爾尼使團到達天津口岸後，當地官員送來給使團的船隻大量的補給，其中有活牛、活豬、活雞、活鴨，在運送過程中，經過碰撞，有些豬和雞死掉了。過了幾天，食物變質，他們就扔到海裡去了。這個時候他們發現了一個意想不到的情景：英國人的船隻附近，很多天津人跑來看熱鬧，這些中國人一看洋人的船上扔下了死豬、死雞，好幾十人不顧生死游到船邊來爭搶。英國人立刻明白了，中國人的生活水準很低，連這些已經變質的死豬死雞都要搶，可見他們是生活在飢餓當中。

18 脫胎於英國劍橋大學與美國哈佛大學的「加州學派」，以提出道光年間中國GDP占世界的32%而引人注目，這一學派的代表性人物麥迪森認為，宋代中國的人均GDP是450美元，當時是領先世界的，從元到清又提高到600美元。然而16世紀中葉，義大利人均GDP已經達到1600美元。現在包括中國學界在內，學者們一般都認為麥迪森在資料運用和統計技術上存在很大問題，對宋以後中國的人均GDP數字估計得太高。

19 劉逖：〈1600～1840年中國與世界GDP的核算與對比〉，《經濟研究》2009年第10期。

中英人均GDP對比圖

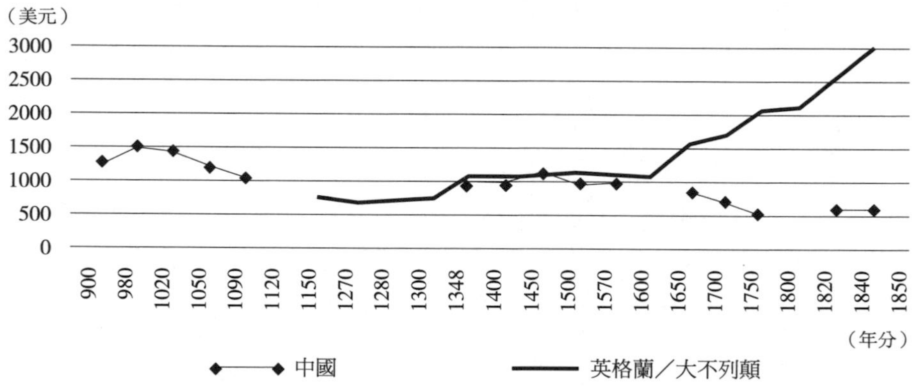

註：此圖來源是李稻葵、金星曄、管漢暉《中國歷史GDP核算及國際比較：文獻綜述》一文，製圖為胡列箭。為了對比方便，我去掉別的數字，只保留中英對照。他們以一九九〇年美元購買力平均價格為基準進行換算，得到可以用於國際比較的GDP數據[20]。雖然縱軸上的具體數字可能有問題，但是這張圖所反映的歷史趨勢還是大致正確的。

20 參見Broadberry和Guan Li發表在2018年12月*The Journal of Economic History*的文章。

第三十三章

自治城市：誕生資本主義的容器

（一）

經濟的發展不光改善了歐洲人的生活水準，更重要的是促進了商業的發展。

羅馬帝國擁有大量的城市，有四通八達的道路，有許多可以航行的河流，地中海成為羅馬的內湖，因此地中海周圍的貿易非常繁榮。

然而「蠻族入侵」破壞了全國性的市場，連接全國的道路被林立的小邦阻斷，莊園一個個建起，城市成為廢墟，商業完全凋零。法國中世紀史專家喬治·杜比（George Duby）說：「在九〇〇年時，城鎮幾乎完全從歐洲大陸上消失，而商業活動事實上等於零。」各地封建主不得不完全依靠自給自足的莊園經濟。

直到中世紀晚期，隨著經濟的發展，糧食出現大量剩餘，人們開始追求更高層次的消費。「貿易再次開始，貨幣流通加快，城鎮又一次形成[1]。」商業再次復興，國王們從商業發展中看到了好處，因為可以從商人身上收到大量的稅收。各國紛紛制定鼓勵商業的

1 卡洛·M·奇波拉：《歐洲經濟史》（第一卷），商務印書館，1988年，第160頁。

政策，商業在歐洲各地蓬勃發展起來。

「儘管從事商業的人只占總人口的一小部分，但中世紀晚期商業的巨大發展，對整個社會產生了重要的影響[2]。」

最顯著的影響是商業城市的又一次大規模出現。

如果從人口和規模來看，中世紀再度出現的歐洲城市都不大，有二萬人口的城市就算很大了。不但無法跟中國比，也無法和同時期的印度和中東的城市相比。

但是歐洲城市有著世界上其他地方城市沒有的特點，那就是「自治」。

城裡的商人腰纏萬貫，莊園裡的貴族們卻缺錢，特別是沒有現金。因為莊園經濟是自給自足的，基本不用貨幣，大部分莊園裡的農民一年到頭一個硬幣都不用花就能正常生活。甚至很多人從出生到死亡，根本就沒見過錢長什麼樣。貴族需要大量的錢買武器和奢侈品，然而手中沒有現金。

當然，貴族有特權而商人沒有。貴族的特權對商人形成種種難以忍受的限制和約束。「每個封建主，上自公爵和伯爵，下至子爵和小城主，包括國王本人也不例外，對經過領地的一切商人小販，課以重稅[3]。」各地還流行著一些蠻不講理的「習慣法」，例如「觸地法」，凡是裝在車上的貨物和其他物品，一旦落到地上，則歸當地領主所有。如果貨車傾倒，則全車貨物都要歸領主所有[4]。

有錢卻討厭束縛的城市商人，和有特權卻缺錢的地方貴族，如同螺絲和螺母，一拍即合，當時的歐洲，出現一個世界歷史上其他地方很少見的現象，那就是城市

---

2 斯塔夫里阿諾斯：《全球通史》，北京大學出版社，2005，第281～282頁。

3 高德步：《世界經濟史》，中國人民大學出版社，2001，第140頁。

4 參考應志豪：《從衰落走向復興：8～14世紀歐洲商業發展研究》，碩士學位論文，華中師範大學，2004。

居民們聯合起來，付給貴族一筆錢，像購買貨物一樣，從貴族手中買到城市若干年的「自治權」。

亨德里克．威廉．房龍（Hendrik Willem Van Loon）用通俗易懂的方式介紹這一過程：一位公爵大人因為欠義大利銀行家的巨額高利貸，百般無奈，不得不向城裡人要求一筆貸款。商人們商議後答覆說「同意」，說他們樂意幫助公爵擺脫困境。「但作為三百四十五金鎊的交換，他是否能給他們一個書面許諾（另一份特許證），許諾他們，市鎮居民，可以建立一個他們自己的、由城市裡所有商人和自由公民選舉出來的議會，前述的議會將不受來自城堡一方干涉地管理市政事務。大人怒不可遏。但是他需要這筆錢，只得同意並簽署了特許證……市鎮居民們還得到了一份新的，允許他們建造一所『市政廳』及一座堅固的、可以存放所有特許狀、防備火災和偷盜的塔樓，其實那意思是防備將來大人和他的武裝隨從使用武力[5]。」

雙方簽訂特權證書後，密封於保險箱裡，把保險箱保存在市政廳的塔樓中。在歐洲少數沒有被毀壞的市政廳裡，我們仍然可以看到這些文件。這樣，城市的主人就由公爵變成了市鎮議會。

市鎮議會的出現，是借鑑於古羅馬的智慧。自治城市最早出現在十一世紀的義大利。古代羅馬文化雖然被中世紀的宗教文化淹沒，但是在義大利並沒有被徹底遺忘。十二世紀的奧托這樣描繪義大利北部倫巴底地區的城市：

> 在管理城市和維護他們的共和國的過程中，他們效仿了古羅馬人的智慧。他們熱愛自

5 房龍：《人類的故事》，吉林出版集團，2014，第130頁。

> 由，因此，為避免濫用權力，他們是由執政官而非指揮官的意志統治的。他們中有三個等級：騎士、小貴族和平民百姓。
>
> 為了抑制傲慢，執政官不是從某一個而是從上述三個等級中挑選出來。為了防止他們覬覦權力，他們每年被輪換一次[6]。

一一三八年佛羅倫斯首次選舉執政官，就模仿古羅馬的方式。中國人相信天無二日，而古羅馬卻同時選出兩名執政官，任期只有一年，防止專權。佛羅倫斯也是這樣，在四個城區各選一人，選出四名執政官，任期一年。和羅馬時期相類，自治城市最高權力屬於市民大會，如果對政府非常不滿，佛羅倫斯人可以舉行公民大會來改換政府。但是，由於人口眾多，不可能頻繁地舉行市民大會，只能由市民們選出議員，組成城市議會。威尼斯的議會有三百人，選舉產生一個由十二人組成的內閣，來管理城市[7]。

義大利各地自治城市興起後，自然而然地學習佛羅倫斯和威尼斯的治理模式。隨著時間的推移，歐洲自治城市越來越多。從十二世紀起，義大利、法蘭西、荷蘭、德意志陸陸續續出現了各種各樣的共和國、半獨立國家、執政官制城市、自由市鎮[8]。這些城市的共同特點是由城市議會來管理城市。在議會的決議下，城市可以自己立法、組織軍隊、發行貨幣、決定如何收稅。

6 轉引自劉耀春：〈義大利城市政治體制與權力空間的演變（1000～1600）〉，《中國社會科學》2013年第5期。

7 楊師群：〈明清城鎮不存在資本主義萌芽——與西歐中世紀城市的比較研究〉，《浙江社會科學》2005年第1期。

8 同上。

〈二〉

「自治」是解開資本主義之謎的鑰匙。

有一些歷史學家認為，中國在晚明和清代已經產生「資本主義萌芽」，江南城鎮中出現很多「資本主義性質」的手工業工場，如果中國正常的歷史進程不被西方列強打斷的話，中國也許會順利地走上資本主義道路，繼續領先世界。

比較有代表性的是歷史學家呂振羽的說法：明清之際，中國都市資產階級經濟已經有很好的成長，可惜這寶貴的蓓蕾還沒長成，就「遭受外來的強力襲擊——鴉片戰爭，把它絞殺於母胎之內」。

當然，也有很多人認為，資本主義是一種非常複雜的社會現象，不僅僅在於手工業工場數量的多少，更關鍵的是與之配套的政治、社會和文化。

經濟學家約瑟夫・熊彼特（Joseph Schumpeter）說，資本主義「意味著一種價值體系，對生活的一種態度，一種文明」。黃仁宇說，「資本主義在歷史上展開時，表現為一種組織和一種運動」、「資本主義帶著整體性」。楊師群說：「所謂資本主義萌芽是一個包括系統的政治、經濟、文化等各方面基因細胞的有機結合體。」王家範概括得更為簡明扼要：「資本主義是一個整體性的歷史運動，而不是個別經濟現象。」

而在這個體系和運動中，「自治城市」是非常重要的一環，自治城市是培養資本主義萌芽的重要器皿。

自治城市的第一個核心特點是「自由」，它的所有居民都是自由人。

歐洲大多數城市的習慣法是，「如果一個農奴逃到城市，在那裡住了一年零一天而未被捕捉到，他便成為自由人。正如當時的俗話所說的那樣，城市的空氣能使人自由」。

英王亨利二世給予林肯城的特許狀中是這樣寫的：「任何人在林肯城的居留期達到一年零一日，而且已經照章納稅，……我將准許他與過去那樣，繼續以市民身分居住在林肯城中[9]。」

封建主的領地和莊園裡，有著各種各樣的規矩和束縛，但城市裡完全沒有。市民擁有一切自由權利，可以自由地選擇與誰結婚，可以自由地搬遷住址，可以自由地支配他的一切財產[10]。

自治城市的第二個核心特點是平等。

這些城市中，不管是市長、法官、貴族、教士或作坊主、商人，還是受雇傭的幫工、學徒，儘管貧富不同，但本質上都是公民，在法律身分上都是平等的，沒有任何人享有多於別人的特權[11]。「所有市鎮公民都享有平等的權利。這是一個能繁殖的胚芽……市民中沒有一個人被允許有特殊權利。市民、工匠或商人均享有人身自由[12]。」

市民法律地位平等，這是資本主義萌芽的核心條件。資本主義本質上是反特權、反等級制的，因為經濟如水，只有去除種種堤壩和障礙，在平等和自由的條件下，經濟要素才能流動起來。

9 郭守田：《世界通史資料選輯．中古部分》，商務印書館，1981年，第134頁。此處進行了白話翻譯。

10 布瓦松納：《中世紀歐洲生活與勞動》，商務印書館，1985，第202～203頁。

11 楊師群：〈明清城鎮不存在資本主義萌芽——與西歐中世紀城市的比較研究〉，《浙江社會科學》2005年第1期。

12 布瓦松納：《中世紀歐洲生活與勞動》，商務印書館，1985，第201頁。

〈三〉

經濟繁榮的城市有大量的工作職位，極具吸引力。所以大量的農奴和農民來到城裡，大量自治城市如雨後春筍一樣在西歐沿海地帶生長起來。

當然，並不是所有的封建主都願意把城市的自由賣給城裡人。因此，除了花錢贖買之外，城市獲得自治的另一種方式就是「武裝鬥爭」，透過戰爭打敗封建主，獲得自由。

到後來，這些自治城市還能夠聯合起來，挑戰國王們的政治權威：「當霍亨斯陶芬王朝的皇帝企圖強迫義大利北部的米蘭、布雷西亞、帕爾馬、維羅納等富庶城市納稅，並接受帝國管轄時，這些城市便組成倫巴第聯盟；聯盟在教皇的支持下，成功地進行了反對皇帝的戰爭。同樣，一三五〇年，不來梅、呂貝克、斯德丁、但澤等波羅的海沿岸的九十個城市組成漢薩同盟，反對海盜，迫使外國承認它們的商業特權，實際上壟斷了北歐的貿易[13]。」教皇也數次與這些自由城市發生衝突，也曾將一些城市「開除教籍」，但始終無法改變這些城市的獨立之風。

中世紀晚期，歐洲大陸的城市商人們憑藉手中的巨額資金獲得越來越大的社會影響力和權力，他們漸漸成為倫敦的市長、德意志共和國自由市的參議員、荷蘭的州長。商人們得意揚揚地借錢給那些窮困潦倒的國王和貴族，讓後者不得不在他們面前卑躬屈膝。商人的財富和他的政治權力是同步增長的。這是西方資本主義發展的一個重要基礎。

那麼，為什麼在歐洲能出現自治城市，而在其他地區，例如商業同樣廣泛存在的中國、印度和阿拉伯地區不行呢？

---

13 斯塔夫里阿諾斯：《全球通史》，北京大學出版社，2005，第282頁。

第三十四章

古代中國對商人的防範

〈一〉

上一章我們提出了一個問題，除了歐洲，世界上很多其他地方商業也很繁榮，但是為什麼只有在歐洲才能出現自治城市呢？

首先，歐洲畢竟存在過漫長的希臘—羅馬文明，它的歷史基因雖然一度潛伏，但是仍然對中世紀晚期的歷史產生重要的影響。

其次，中世紀歐洲一直沒有建立起大一統的郡縣制度，以及龐大的官僚體系，因此，各地實際上只能選擇自治，只不過農村是封建主自治，而城市選擇了另一種自治方式。城市裡的事太紛紜複雜，封建主也不知道怎麼管，樂得拿錢了事。

最後，歐洲在歷史上不存在對商人制度性的刻意打壓，而在世界上其他地方卻並非如此。「城市權力的發展給歐洲商人帶來了地位和權力，這在歐亞大陸上是獨一無二的。在歐洲之外商人根本沒有機會上升到權威的地位。例如，在中國，政府的職位由學者占據；在日本，武士享有權力；在馬來亞地區和印度的拉吉普特邦，地方貴族管理政府，卻沒有任何一個地方是由商人占據要津[1]。」

古代中國對商人的歧視非常直接而徹底，這決定了中國商品經濟的發展路徑不可能與西方同步。

〈二〉

亞當·史密斯（Adam Smith）在《國富論》中說，人類有追求自利和喜好交易的天賦，這會導致市場分工的自發演進和市場秩序自身的不斷擴展。但是這一理論在中國不盡適用。在古代中國，「政治地位高於一切，政治權力高於一切，政治力量可以向一切社會生活領域擴張」。確實，如果說西方資本主義社會是金錢萬能，那麼中國傳統社會則是權力萬能。

因為權力的獨占性，所以歷代君主都對商人階層抱有戒備和歧視心理。戰國時期，中國的統治者們就十分敏銳地認識到，經濟力量會威脅政權的穩定。

管仲說：「萬乘之國有萬金之賈，千乘之國有千金之賈，然者何也？國多失利。……夫民富則不可以祿使也，貧則不可以罰威也。法令之不行，萬民之不治，貧富之不齊也。」一個萬乘之國如果出現擁有萬金的大商賈，一個千乘之國如果出現擁有千金的大商賈，這說明什麼呢？這說明國家的財富流失到個人手裡了。這是很可怕的，因為有些人變得太富有，國君就沒辦法用利祿驅使他。有些人又太窮了，光腳的不怕穿鞋的，刑罰也威懾不住他。這樣就會導致天下混亂。

因此，管仲提出著名的「利出一孔」理論，即天下所有的好處，天底下所有的利益，都要從由權力這個「孔」出來，由君主來賜予。他說：「利出於一孔者，其國無敵。……故予之在君，奪之在君，貧之在君，富之在君。」經濟權力由國家統一掌握，這樣的國家才強大無敵；國君用政策來決定百姓的貧富和生死，百姓就擁戴國君如日月，親近國君如父母了。

1 斯塔夫里阿諾斯：《全球通史》，北京大學出版社，2005，第282頁。

在其他很多古文明當中，商業都是推動社會發展的重要動力。西元前三千年，中東的亞述人就開始簽訂商業合約，那個時候甚至出現這樣的合夥協議書：十四個人集資二十六塊黃金成立一個基金，交由一名叫阿穆爾伊斯塔的商人管理，這個商人也拿出四塊黃金加入。基金時效四年，收益的三分之一歸這名商人。

而羅馬人發明了法人制度，創造公司的雛形。「在羅馬法中，人是指能夠擁有財產權，能夠起訴和被起訴的任何個體。」、「用法律保護個人權利，明確所有權歸屬，這些正是自由交易和市場形成的前提。也許正基於此，很多學者才把發明公司的榮耀歸於羅馬人。」、「羅馬的公司由合夥人共同出資，選舉管理人經營業務[2]。」

古希臘政治家梭倫（Solon）改革貫穿著一個基本精神，就是「重商」。梭倫採取一系列保護工商業的措施，他頒布法令：來雅典定居的外邦手工匠人可以獲得公民權，他還特別鼓勵手工業品的出口。這些經濟改革措施有力地促進雅典經濟特別是出口的迅速發展。

而大致與梭倫改革同時代的中國法家變法，幾乎無一例外地「抑商」。商鞅制定了一系列歧視性規定，貶低商人的社會地位。他宣布「廢逆旅」，即廢除旅館，使外出經商的人沒有住處。他用重稅限制農民棄農經商，指出「重關市之賦，則農惡商，商有疑惰之心」，加重關市稅收，那麼農民就會討厭經商，商人也會有退縮之心。

因此中國多數朝代都對商人階層設置了歧視性規定。例如西漢「令賈人不得衣絲乘車」，不能穿絲綢，到哪兒都得步行。晉代為了侮辱商人，讓他們「一足著白履，一足著黑履」，一腳白鞋，一腳黑鞋，這樣奇怪的穿著，就是讓你看起來和正常人不一樣。前秦皇帝苻堅規定

2 《公司的力量》節目組：《公司的力量》，山西教育出版社，2011，第10頁。

「工商皂隸不得服金銀、錦繡，犯者棄市」。規定商人不能穿金戴銀，穿綢裹緞，否則殺頭。唐代規定，商人及其子弟不能參加科舉。朱元璋則規定，在穿衣方面，商人低人一等。農民可以穿綢、紗、絹、布四種衣料，而商人卻只能穿絹、布兩種料子的衣服。商人即使富可敵國，也沒權利穿綢子。

〈三〉

記得中學時讀世界歷史，課本上有一段是講西方資本主義是怎麼發展起來的，說因為歐洲的國王們很窮，打仗辦事得向商人們借錢，錢借多了還不起，結果國王們就被新興的資產階級控制，不得不制定有利於資本主義發展的政策。讀了這些之後我大惑不解：君主怎麼會被商人控制？抄了商人的家，商人的一切不就都是君主的了嗎？西方的君主怎麼那樣笨？

其實我的想法是典型的中國人思維方式。雖然私有制在中國起源很早，然而中國社會並沒有真正確立起「私有財產神聖不可侵犯」的概念，「溥天之下，莫非王土，率土之濱，莫非王臣。」天下的一切，都是皇帝的。因此在中國古代王朝，產權比較模糊，有的朝代允許土地自由買賣，但是有的朝代規定土地必須由國家來分配，例如北魏和隋唐的均田制。這兩種制度可以無縫切換，說明一切都在權力的任意控制下。

所以，傳統中國不可能產生完善的產權保護制度。中國古代皇權不尊重私人產權，表現在很多方面。

第一，傳統時代的皇帝，喜歡以「遷徙富豪」的方式來控制地方勢力。我們讀史書，經常會看到「徙天下豪富實京師」這樣的話。確實，秦漢以來，皇帝經常透過把富豪遷到首都的方式，把地方上的強大家族連根拔起：「從秦以來，經常不斷地徙天下豪富於京師……這些豪富都是大的土地占有者，把他們遷離家鄉，定居京師，他們只能攜帶走自己所有的動產，而不能搬移土地。結果，他們所擁有的大量土地，便被政府沒收[3]。」例如「始皇二十六年，徙天下豪富於咸陽十二萬戶」（《史記·秦始皇本紀》）。漢武帝「徙郡國豪傑及訾三百萬以上於茂陵」（《漢書·武帝紀》）。明太祖建國不久，即下令遷江南民十四萬戶到鳳陽（朱元璋一度打算以鳳陽為首都）。一三九一年，遷天下富戶五千三百戶到南京。一三九七年，又強迫各地富戶一萬四千三百餘戶遷到南京[4]。

富人被遷徙到首都，意味著一大家人不得不放棄原來的生活方式，放棄大量的土地，更別提漫長的遷徙路上老弱人口的生病死亡。這些舉動用現在的眼光看，無疑是嚴重侵犯民眾權利的行為，但是歷代傳統史家習以為常，均認為是雄才大略的舉動，以為這樣才能長治久安。

第二，傳統時代皇室和政府的採購中，經常透過強買強賣的方式來占商人的便宜。白居易的〈賣炭翁〉描述的就是唐代官府「和買」的過程，一千多斤炭，半匹紅綃一丈綾就換走了：「一車炭，千餘斤，宮使驅將惜不得。半匹紅綃一丈綾，系向牛頭充炭直。」明代衙門「和買」時，也仍然如此，只給一半的價格：「價但半給。如扇子值二錢者只給一錢，他物類是，鋪戶甚苦之。」商人雖然抱怨，但是毫無辦法。這些現象，幾乎歷代都有，人們同樣習以為常：人家提著腦袋打下了江山，還不讓人家占點便宜麼？

第三，一遇財政困難，國家可以公開掠奪商人財產。例如《舊唐書·盧杞傳》記載：

> 河南、河北連兵不息，……乃……謀行括率，以為泉貨所聚，在於富商，錢出萬

---

3 傅築夫：《中國經濟史論叢》，生活·讀書·新知三聯書店，1980，第108頁。

4 蔡美彪等：《中國通史》（第八冊），人民出版社，1977，第14頁。

貫者，留萬貫為業，有餘，官藉以給軍，冀得五百萬貫。上許之，約以罷兵後以公錢還……長安尉薛萃荷校乘車，搜人財貨，意其不實，即行搒捶，人不勝冤痛，或有自縊而死者，京師囂然如被賊盜。

因為戰爭頻繁，財政緊張，所以有人請皇帝下令，天下富商，每個人最多只能留一萬貫，多出來的，都要「借」給軍隊。皇帝同意之後，軍隊就開始公開搜捕商人，如果不交錢，就酷刑折磨，有人因此上吊自殺，整個京城如同被暴亂的軍隊搶劫過一樣。

在傳統時代，遇到財政困難，政府強迫富商捐款甚至扣發百官薪資是經常上演的情節。例如晚清鎮壓太平天國的軍費，相當一部分就是這樣得來的。

除此之外，更別提國家政策朝三暮四，政策環境和法律環境極不穩定。所以在傳統時代，財富不能帶給一個人安全，因為它隨時可以被權力剝奪。權力可以讓一個人一夜暴富，也可以讓他一夜赤貧。漢文帝病了，長了個瘡，怎麼也治不好，鄧通就為漢文帝吸膿。漢文帝很感動，特許他可以冶銅鑄錢，鄧通遂一躍而富甲天下；過幾年，漢文帝死了，漢景帝上台，很厭惡這個靠拍馬屁上來的人，於是鄧通就「家財盡被沒收，寄食人家，窮困而死」。朱元璋時代一個有名的傳說是，江南首富沈萬三為了討好朱元璋，出巨資助建南京城牆的三分之一，孰料朱元璋見沈萬三如此富有，深恐其「富可敵國」，欲殺之，經馬皇后勸諫，才找了個藉口將其流放雲南。沈萬三客死雲南，財產都被朱元璋收歸國有。這個傳說雖然被歷史學家證明為杜撰，卻十分傳神地表現出朱元璋時代富人財富朝不保夕的情形。

這就造成一個中國特有的現象，在古代中國，如果想經商致富，就必須與權力結合起來，尋找權力的保護。「三代以下，未有不仕而能富者。」秦始皇開創新制度之後，中國人還沒有不依靠政治權力而能巨富的。

所以從春秋至清代，「大商人毫無例外都是與政治有密切聯繫的尋租成功者」。「子貢……范蠡、段干木、白圭諸人，類皆賴政府上之地位，而干商販之新事業[5]。」子貢、范蠡、段干木、白圭這樣著名的商人之所以成功，其實主要是因為他們有政治權力。《漢書・貨殖傳》載：

（西漢）成都羅裒貲至千餘萬，……裒舉其半賂遺曲陽、定陵侯，依其權力，賒貸郡國，人莫敢負。擅鹽井之利，其年所得自倍，遂殖其貨。

羅裒大手筆行賄權貴，借他們的威勢來經商，所以才能巨富。

王毓銓研究明代私營工商業的發展發現，明代那些能賺大錢的大商人「不是一般的大商人，因為他們的商業活動不同於一般的商業經營。他們所憑藉的主要不是資本而是封建特權和職權，他們所進行的完全不是公平交易而是用強豪奪，他們所獲得的基本上不是商業利潤而是豪奪的財富。只有他們，如皇親壽寧侯張鶴齡，才能『橫行江河，張打黃旗，勢如翼虎』。只有他們，如勛臣翊國公郭勛，才能『水陸舟車皆懸翊國公金字牌，騷擾關津，侵漁民利』[6]」。清代也是這樣。《紅樓夢》中的薛蟠是清代「皇商」的典型代表，清代鹽商無一不依靠政府給予的專賣權才能發財致富。

今天中國流行一句話，「經商要學胡雪巖」。高陽的小說《胡雪巖》也成為熱門的暢銷書，多次再版，銷售不衰。

5　錢穆：《國史大綱》（上冊），商務印書館，1994，第90頁。

6　王毓銓：《王毓銓史論集》（上），中華書局，2005，第609頁。

那麼，胡雪巖是怎麼成功的呢？一句話：官商勾結。在官場上找到夠硬的靠山，因此被稱為「紅頂商人」。

胡雪巖本來是錢莊的一個小夥計，為人精明能幹，很有心計。他看到困境中的王有齡是支官場上的潛力股，因此投資於他，為此甚至不惜丟掉自己的飯碗，由此二人結成生死之交。王有齡後來官場發跡，胡雪巖利用王有齡的關係，開設錢莊，賺得第一桶金。

後來，胡雪巖又看準時機，以精心的算計和巧妙的手段，靠上左宗棠，進行大量的權錢交易，借官場勢力，成為天下首富。然而「紅頂商人」畢竟只是權力和市場交媾的私生子。他的「成」因為攀附權力，「敗」也因為攀附權力，最終成為左宗棠和李鴻章權力角逐的犧牲品。胡雪巖破產之後下場是很慘的，連基本生活都不能保障，在絕望中痛苦地死去。

〈四〉

中國商人的地位在人類歷史上是比較特殊的，很少有國家如同中國這樣，用「士農工商」的排位，將商人列為社會等級的最低一等，並且在生活享受標準、子孫讀書就業等方面進行公開性的歧視。即使同樣處於東亞漢字文化圈的日本，因為沒有形成大一統的政治結構，商人地位也與中國不同。

美國歷史學家埃德溫・賴肖爾（Edwin Reischauer）說因為中國經濟規模的巨大，本來能自然地產生規模巨大的民營企業，但是由於政府的刻意打壓，導致這樣的企業無法出現：「從財源上看，中國本來有希望出現新的事業，但是力量強大的中央集權政府課稅過重，吞噬民營事業以為國家壟斷的例子在歷史上屢見不鮮。這樣一來，個人和集團的自發熱情完全被政府熄滅，阻止和妨礙了建立高效率的強大企業[7]。」

日本的諸侯也不是不想把商人階層完全控制在自己的權力之下，任由自己操縱，只是因為封建體制下集權不夠，統治者無力控制商人，甚至經常被商人控制。所以和歐洲一樣，日本也出現了「大阪商人一怒，天下諸侯驚懼」這種在中國完全無法想像的情景。因此，在諸侯割據的時代，因為政治權力的鬆散，日本傳統商品經濟程度反而很高，商人更有安全感，更願意擴大投資，更容易影響諸侯的政治決策。這是明治維新時期日本經濟出現順利轉型的一個歷史基礎，也是日本企業家精神的一個生長基礎。「把日本的商人，特別是富裕農民與中國比較時，他們比由政府徵收企業和課以重稅的中國商人、農民具有更大的安定感，其結果培植了日本商人和富裕農民今天所謂的企業精神。他們肯於為產業和商業進行長期投資，反之中國商人和農民則醉心於透過高利貸和單純的商業交易，取得短期的利潤，同時大多把剩餘利潤用來購買土地，認為這才是唯一安全的長期投資方法[8]。」

這一點和歐洲很像，政府權力的渙散是歐洲商業精神生長的前提條件之一。賴肖爾說，歐洲缺乏強大的中央集權，因此也培養出高度的企業精神，讓人們敢於進行長期投資。所以他說，「歐洲和日本一樣，是從多樣性的封建體制和充分發展的社會結構的母胎中誕生的」，「在促進日本迅速近代化的諸因素中，有許多因素恐怕也是歐洲近代化的重要因素[9]」。

7 賴肖爾：《近代日本新觀》，生活．讀書．新知三聯書店，1992，第41頁。

8 同上。

9 同上書，第43頁。

第三十五章

中國歷史上的官營傳統

〈一〉

在中國歷史上，阻礙民營經濟發展的，除了文化上的賤商因素外，還有官營工商業的傳統。

早在周代，中國就實行「工商食官」（《國語．晉語四》）制度。什麼意思呢？就是手工業和商業要由國家來經營。當時的政府建立了大量手工業作坊，並設「工官」管理。工匠的吃住由政府提供，所謂「官廩之」。要按政府的要求生產各種東西，「物勒工名，以考其誠，工有不當，必行其罪，以究其情」（《禮記．月令》）。製造出來的東西上要刻上工匠的名字，如果品質有問題，就要治罪（後世明代的城磚，上面也刻著工匠的名字，目的與此相同）。至於商人，「府藏皆有賈人，以知物價」。官府有專門的官商負責採買等事。

當然，關於周代的這些制度描述過於規整細緻，顯然是經過後世的加工，不見得完全可信。但是至少從春秋戰國開始，政治家們就不斷論述透過國家壟斷經濟控制民眾的意義。管仲除了「利出一孔」理論外，還提出「官山海」的想法，即由國家來壟斷和經營自然資源（「山海之利」）開發的理論。他開創了鹽鐵專營制度，目的一是「塞民之羨，隘其利途」，即透過壟斷堵塞民眾致富之途，以控制國民經濟。因此他規定，所有食鹽都必須由政府統一收購，統一運輸，統一定價銷售，即「官收、官運、官銷」。據說齊國因此是富強，稱霸諸侯。

漢代初期，一度奉行黃老無為之治，放鬆對民營經濟的管制。結果經過文景之治的休養生息，經濟迅速恢復，全國形成關中、巴蜀兩大商業城市群，成長出一些全國性的商業大都會，著名的是「五都」，即洛陽、邯鄲、臨淄、宛、成都。一大批大工商業主崛起，或經商，或開礦，家業萬貫，實力相當雄厚。司馬遷《史記．平準書》中說：「富商大賈或蹛財役貧，轉轂百數，廢居居邑，冶鑄煮鹽，財或累萬金。」就是說，富商大賈有的大量役使貧民，前呼後擁，車乘百餘輛，囤積居奇；有的冶鑄煮鹽，家財累積到萬金。這一時期，冶金業、製鹽業和鑄幣業都相當發達，工匠們用高爐煉鐵的方法已經非常普遍。西漢時期，中國「在生產技術的造詣上，在鋼的產量和品質上，比之十八世紀英國工業革命時鋼鐵工業所達到的水準，並無遜色，但是中國卻早了兩千年……[1]」。這一時期市場經濟秩序的自發生成和擴展，似乎預示著市場規律會不斷衝破各地和各種各樣的「布羅代爾鐘罩」（the Braudel Bell Jar），從而導致中國的經濟增長、科技進步和社會繁榮[2]。

然而民營經濟的迅速成長，卻令政府非常緊張。《鹽鐵論》中這樣描述民間工商業的發展對政權的威脅：

> 今夫越之具區，楚之雲夢，宋之鉅野，齊之孟諸，有國之富而霸王之資也。

---

1 傅築夫：《中國經濟史論叢》，生活．讀書．新知三聯書店出版社，1980，第198頁。

2 參考韋森〈法治缺位與市場自發擴展：皇權專制體制下中國市場經濟兩千多年中的週期性興衰〉，《2007年全國法經濟學論壇文集》，2007。

人君統而守之則強，不禁則亡。齊以其腸胃予人，家強而不制，枝大而折幹，以專巨海之富而擅魚鹽之利也。勢足以使眾，恩定以恤下，是以齊國倍而外附。權移於臣，政墜於家，公室卑而田宗強。今山川海澤之原，非獨雲夢、孟諸也。鼓金煮鹽，其勢必深居幽谷，而人民所罕至。奸猾交通山海之際，恐生大奸。

春秋戰國時期，之所以會出現王權削弱、公卿大夫力量增強的局面，是因為公卿大夫掌握了「山澤之利」，開礦煮鹽使他們有了強大的經濟實力，最終獨霸一方，架空王權。如果聽任民營經濟發展，大商人的勢力足以糾集大量民眾，就會挑戰官府權威。特別是開採礦藏的地點，往往都是高山大谷之中，在這些政府監控不到的地方，如果聚集數萬人，將嚴重威脅政權穩定。因此他們建議中央直接掌握社會的經濟命脈，以防不測事件發生。

所以漢武帝為了更全面控制社會，再一次實行大規模「鐵鹽官營」政策，將原由豪富占有的礦山和產鹽灘灶收歸國家，由官府直接發展鹽業和鐵器的產供銷[3]。當然，官營的另一個目的是獲得更多的財政收入，所以壟斷性的官營企業在漢代大量出現。

也因此，官營企業的弊端在漢代就已經顯露無遺。

我們先來看鐵器。據當時的歷史資料，鐵器官營在漢代非常普遍。這一方面對私營冶煉業造成毀滅性打擊，打斷了冶鐵業的良好發展勢頭，另一方面也給民眾生產帶來極大不便。主要呈現在以下幾個方面。

第一，產品設計不合理。「縣官鼓鑄鐵器，大抵多為大器，務應員程，不給民用。」公

3　根據出土的漢代封泥中記載的鹽官、鐵官情況，西漢時期的鹽鐵官營政策覆蓋了全國各地。

共選擇學派認為，官僚主義的解決辦法必然使社會資源的使用效率降低。因為如果官營工商業的利益不能直接進官員的口袋，他們就沒有足夠的動力優化產品。事實也正是這樣，漢代的官營生產，為了自己方便而不是百姓方便，不考慮百姓各地需要的多樣化，產品統一規格，全國各地用一個模子生產，「多為大器」，又大又笨重。

第二，官府生產的東西品質差。因為工人，也就是「卒徒」，缺乏責任心，為了節省時間，常常不按規範操作，只顧趕時間湊數量，所產「多苦惡」，品質嚴重下降，「民用鈍弊，割草不痛，是以農夫作劇，得獲者少，百姓苦之矣」。割草都割不動，嚴重影響生產效率。

第三，官營的商店，好壞不能挑選，拿給你什麼就是什麼。更可氣的是有時候走半天山路進城，還經常碰上「店休了」，或者雖然營業，但銷售人員開小差，常常找不到人，「善惡無所擇。吏數不在，器難得」。

第四，因為官產鐵器品質差，價格高，老百姓只好退化到用木頭農具耕地，用手去除草，「貧民或木耕手耨」。然而一旦官鐵滯銷，政府就強賣強買，強迫攤派，《漢書·食貨志》記載：「郡國多不便縣官作鹽鐵器，苦惡，賈貴，或強令民買之。」這帶給百姓沉重負擔。

除了工業官營，漢代商業也有一部分是官營的。這就是漢武帝時的「均輸平準制度」。漢武帝在長安設了一所「國立貿易局」，網羅天下貨物，「賤則買，貴則賣」，叫作「平準」。大體而言，就是憑藉強大的國家資本，介入商品的流通買賣，既要打擊富商囤積居奇，以穩定物價，「萬物不得騰躍」，又要賺取差價發大財。

政策一出，官員權貴紛紛自告奮勇來為國家服務，為朝廷斂財。他們跑到街上，「坐市列肆，販物求利」，「因乘富貴之資力，以與民爭利於下」，不惜自降身分來當商人，憑藉自己的地位和財力，與民爭利。結果「豪吏富商積貨儲物以待其急，輕賈奸吏收賤以取貴，未見準之平也」，物價越來越高。本想縮小兩極分化，但結果反而是權力與經濟相結合，官吏利用手中權力經商致富，促使社會分化更加嚴重：「公卿積億萬，大夫積千金，士積百金」，「今欲損有餘，補不足，富者愈富，貧者愈貧矣[4]」。再好的初衷，如果沒有合理的制度設計，最終得益的總是官僚權貴，受損的總是老百姓。

〈二〉

至於鹽業官營，也存在很多弊端，最主要的是生產、銷售成本都迅速上升，鹽價迅速上漲，老百姓吃不起鹽，「土梗淡食」，只好退而求其次吃那些有點鹹味的土和草梗，或者乾脆不放鹽。

關於漢代鹽業經營的弊端，留下的具體記載不多，最透徹的討論發生在唐代。唐穆宗長慶元年（八二一年），韓愈與戶部侍郎張平叔爭論食鹽到底是由民間自由銷售好，還是由官營好。韓愈說，首先，民間自由銷售好處很多，不論多麼窮鄉僻壤，只要有需求，商販就可以送鹽上門。而官營服務不可能這麼到位，偏遠山村沒法買到鹽。「鄉村遠處，或三家五家，山谷居住，不可令人吏將鹽家至戶到。」

而且最為關鍵的是，官府的吏役是「公家人」，是國家工作人員，是「幹部」，即使他們「送鹽下鄉」，去「送溫暖」，結果也勢必給百姓增加負擔。為什麼呢？因為吏役「到村之後，必索百姓供應，所利至少，為弊則多」。到了鄉里，一定要鄉幹部招待，大吃大喝，

4 馮渝傑：〈公私產權制視野下的西漢鹽鐵專賣之爭〉，《中國社會經濟史研究》2017年第1期。

臨走還要拿上各種土特產。這些費用，鄉幹部最後還是要攤派到百姓頭上。

其次，商人經營方式靈活，農民隨便拿什麼都能換到鹽。韓愈解釋說：「所在百姓，貧多富少，多用雜物及米穀博易。鹽商利歸於己，無物不取，或從賒貸升斗，約以時熟填還。用此取濟，兩得利便。今令州縣人吏坐鋪自糶，利不關己，罪則加身不得見錢及頭段物，恐失官利，必不敢糶。」

因為民間商品經濟不發達，百姓手中現錢很少，所以習慣用農產品換鹽。商人什麼東西都要，雜物及米穀等都能換鹽，還可以賒銷，百姓非常方便。而官府賣鹽，經辦的吏役就沒有這樣體貼民情，他們「利不關己，罪則加身」，只收現錢，百姓不敢賒銷。這樣，很多百姓就不吃鹽了。

最後，凡事一經官府介入，就肯定要設定目標，建立考核，在極端情況下，官員為了完成任務，只能強迫百姓購買。「若據口給鹽，依時徵價，辦與不辦，並須納錢。」不管你買不買鹽，都得按人口交錢。不上交的話，就動用政府強力抓人，「官吏畏罪，必用威刑……百姓轉致流散」。百姓無錢還債，只有逃亡一條路[5]。

從漢代到唐代的史料證明，官營工商業壟斷相對於民營自然經濟在很多方面是倒退的。傅築夫說，正因如此，鹽鐵官營阻斷了中國民營工商業健康發展之路：「（國家）經營的目的並不是要發展這些工業，而是藉以剝削消費者，以增加財政收入，同時達到重本抑末（即工商）的目的。這樣一來，最有大量發展可能的工業部門被政府壟斷，則一般商品經濟自然就難以發展了。」

5　參見汪聖鐸《重讀韓愈的〈論變鹽法事宜狀〉》。

事實也正是如此，漢武帝的鹽鐵官營等政策，嚴重打擊了「文景之治」培育出來的繁榮的民間工商業，不過政府確實因此獲得大量的財政收入。因此，漢武帝的做法對後世中國社會歷史發揮了示範作用，以後歷朝此類政策一再重複實施。「從而對中國社會內部市場經濟的自發擴展和經濟增長的斯密動力（the Smithian Dynamics）機制的形成，創生並沿存下來一種非常有效的束縛和制約機制[6]。」

〈三〉

漢代以後，各個朝代通常都很重視官營經濟，官營工商業在很多朝代都保持著龐大的規模。在北朝，專門從事手工業生產的工匠被編為伎作戶。在東晉和南朝也有大量官營手工業作坊和工場。北宋設有很多專門的政府部門，例如少府監、將作監、軍器監等來管理官營手工業。其中軍器監分東西作坊，下屬五十一作，擁有工匠七千九百多人。少府監分文思院、綾錦院、染院、裁造院、文繡院等五個部門，其中僅文思院就領有四十二作，工匠之多，可以想見[7]。

當然，宋代仍然是整個中國商品經濟最為發達的一個朝代，在官營企業保持巨大規模的同時，民營經濟也非常活躍，創造出大量的財富。宋太宗時，一年的商稅總額達四百萬貫，此後一直保持在一千萬貫上下，商稅成為國家財政收入的一項重要來源。

---

6 韋森：〈法治缺位與市場自發擴展：皇權專制政制下中國市場經濟兩千多年中的週期性興衰〉，《2007年全國經濟學論壇論文集》，2007。

7 王海明：〈試論中國古代工商業及其經濟權力官有制〉，《華僑大學學報（哲學社會科學版）》2016年第3期。

雖然民營經濟為國家財政做出如此巨大的貢獻，但是很多政治家仍然對民營經濟的發展持負面的看法。例如王安石就這樣批評民營經濟的發展：「阡陌閭巷之賤人，皆能私取予之勢，擅萬物之利，以與人主爭。黔首而放其無窮之欲。」那些出身貧賤的商人都能操縱市場，獲得壟斷利潤，讓無數百姓來為他們服務，從而滿足自己的無窮欲望，過著窮奢極欲的生活，甚至比皇帝還要排場，真是是可忍，孰不可忍！更主要的是，財富大量掌握在民間，而政府卻沒有錢花，這更讓手握權力的官員們心理不平衡。

因此到了王安石變法時期，王安石自然又一次瞄上了民間財富，打著「抑兼併」、促進社會公平正義的旗號，向民間的「大農」、「富工」與「豪賈」等大的土地經營者和工商戶開刀，以增加國家的財政收入，解決朝廷的財政困難。

他設置專門機構「市易務」，建立官營商業，希望由國家壟斷巨額商業利潤。然而「市易法」和王安石的其他新法一樣，在執行中很快變形走樣。主持市易務的官員呂嘉問一心追求政績，盡量創收，商人只要出入城門，一二頂頭巾、十數把木梳、五七尺衣布，無不須先交稅金。官營商業動用一切手段打擊敢於和市易務爭搶買賣的市井商人，小則鞭笞，大則收監。

市易務雖然剝奪大商人的壟斷權利，卻建立起官府的壟斷經營，在朝廷資本的支撐下，很快演變為最大的壟斷商，壟斷一切市場，以至連水果芝麻梳樸之類的小商品也不放過，「挾官府而為兼併之事也」。

這些嚴重損害了中小商人的利益。市易務獲得巨額利潤，但汴梁市場日益蕭條，商戶零落，過往商旅都不敢進入都城，「竟由都城外過河」，遠遠地繞行而去。

這些情景在漢代已經發生過，在宋代又一次完整重複。

王安石青苗法的本質也是由國家壟斷貸款市場，打擊民間的高利貸。初衷雖好，但是由官僚體系憑權力推行，結果自然是官員強行攤派貸款。富戶不願借貸，當地官府便結罪申報，加害於人；貧窮百姓還不了貸款只好賣田賣地，以致民不聊生。

王安石變法確實有一定的成績，然而這些成績只局限於「富國」，而不是「利民」。政府透過青苗法「歲收息三百萬貫」；市易息錢並市利錢「總收百三十三萬二千緡有奇」，據說透過變法獲得的財富「可以支二十年之用」。但核諸史實，這種累千巨萬的財富大部分是來自對民間財富的剝奪，民眾利益受到很大損害。

因此我們就能理解，為什麼會有傳統史家說「北宋亡於王安石變法」。王安石之後的北宋當政者，分為支持變法的新黨和反對變法的舊黨，兩種勢力陷入長期而激烈的黨爭。著名的「奸相」蔡京，是繼承王安石衣鉢的著名新黨人物。他最初是王安石變法的得力助手，當政以後也效法王安石，繼續透過搜刮民間財富的方式支撐朝廷財政運轉，為此改鹽法和茶法，鑄當十大錢。為了滿足皇帝的欲望，他又設應奉局和造作局，大興「花石綱」之役。這些措施毫無疑問加速了北宋的滅亡[8]。

---

8 無論如何，宋代還是中國商品經濟最為自由的時代，王安石的改革雖然本質上是為了增加財政收入，但畢竟進行了認真的頂層設計。到了明代，中國社會治理出現重大倒退，皇帝們不願意動腦筋設計王安石這樣複雜的制度。他們的方法更為簡單，就是只開辦官營工業，但是不付工資。實際做法是透過戶籍制度，專門設立匠籍，工匠這個職業代代世襲，每年都要無償地為官營工業服役，一分工資不出。明初全國名列匠籍的工匠近30萬，無償地為國家工作。明初匠戶分為坐匠和輪班匠兩種。坐匠每年要為官府免費服役120天，並須連家帶小遷至工場所在地。輪班匠則每三年服役90天，「從服役時間看，只有住坐匠的四分之一，但他們須奔波往返，荒廢時日，對自營事業衝擊極大。他們完全是無償勞動，往來須自籌旅費，在服役期間也不給報酬，要自帶薪糧。往往兩年的自營，只是彌補當班年的虧空。實際上，它比住坐制度，擾民害民更甚，而工匠的失班、逃亡，也更為劇烈」（許滌新、吳承明主編：《中國資本主義的萌芽》，人民出版社，1985，第119頁）。這種情況到明代中期才結束。

因此，韋森總結說，自西漢以來，中國經濟一直沿著一個封閉的圈子遵循：新王朝建立，減輕稅賦，放鬆管制，商品經濟獲得一定恢復和發展，出現繁榮。到了這個階段，朝廷就害怕了，往往就要強制推行官營工商業制度，以「重本抑末」，導致工商業發展受到打擊，工商業的發展因此受到制約，財政也陷入困難，只好加重對農民的聚斂，於是農民起義，推翻王朝，從頭再來……

第三十六章

中國古代城市與歐洲自治城市

（一）

亞里斯多德在《政治學》一書中描述了古希臘的「理想城市」。他說，城市內部設計最重要的是健康和衛生。事實上，古希臘城市中也確實出現人類歷史上最早的體育場和療養設施。在古希臘繁盛時期，著名建築師希波達莫斯（Hippodamus of Miletus）的設計思想強調與自然協調，城市的邊界以山或者海為界，城牆的形狀是不規則的，目的是人與自然環境間的關係不受破壞[1]。

而中國城市的建設原則是「整齊」。《周禮．考工記》這樣描述理想的都城制度：「匠人營國，方九里，旁三門。國中九經九緯，經涂九軌，左祖右社，面朝後市，市朝一夫[2]。」特點是方方正正，棋盤式布局，凸顯政治需要，「非令壯麗，無以重威」。高大的城樓和宮室，是為凸顯政治上

1 黎麗：《中西方城市規劃理論中人本主義思潮的演進及比較研究》，碩士學位論文，重慶大學，2013。

2 周代城市要求按照嚴格的等級制：天子王城方九里，諸侯的國都方七里，侯伯的城方五里，子男的城方三里；王城城牆高七丈，諸侯的五丈，大夫的三丈。

的威嚴和壓制。

同樣，到了中世紀晚期，西方城市精神與中國古代城市的建設原則仍然有著極大反差。西方中世紀的自治城市基本都是經濟原因自發形成的，是「無規劃城市」，中國古代的所有城市卻都是政治性的，是「規劃城市」，作為首都、省級、縣級行政機構所在地而出現。在唐朝，中央政府明令「諸非州縣之所，不得置市」，在州縣政府所在地之外，不許出現自由集市，因此也不會產生經濟性城鎮。而西方中世紀的城牆大都是市民自己集資建造的，中國城牆則是國家以徵調勞役的方式建造的。和上古時一樣，中世紀歐洲城市多呈不規則的形狀，而中國城市布局一直都是正南正北，四四方方，處處體現規矩意識。

西方中世紀的自治城市精神是「自由」，而中國古代城市精神是「控制」。宋代以前，中國城市長期實行「里坊制」，目的是對城市居民進行嚴格的束縛，便於管理。因此，如果穿越回大唐長安，你會驚訝地發現，號稱「開放」的唐朝，城市生活居然是高度封閉的。

長安城內分成一百多個里坊，每個一里以上見方的街區都用高大的夯土坊牆圍起來，如同一個小城，只在四方開四個門，居民想要上街，必須經由四門。長安城內絕大多數地方不許開設商店。整個巨大的城市之內只有兩個市場。炒個菜炒到一半，發現沒鹽了，你沒有選擇，只能到東西兩市去買。假如你住在長安城內偏南的豐安坊，那麼距離最近的是西市，你需要走上整整六里地，來回就是十二里，才能買到一包鹽。而且出門前你還得注意一下時間，因為兩市不是全天營業，而是每天中午十二點到太陽落山前七刻才營業。所以〈賣炭翁〉中才說：「牛困人飢日已高，市南門外泥中歇。」為什麼太陽已經很高，還在市場外面待著不進市場呢？因為還沒到中午，沒有開門。

為了便於控制，唐代還實行夜禁，也就是宵禁制度。每天黃昏，街鼓響起，每個里坊的四門都要關起，禁止人們出入，「六街鼓絕行人歇，九衢茫茫空有月」。長安各條大街上人聲絕跡，直到第二天黎明，坊門才可打開。夜禁期間，城中禁軍整夜在城內巡邏，捉拿違反夜禁的人。要是天已經晚了，你外出辦事還沒趕回家，怎麼辦呢？只能隨便找個犄角旮旯蹲一宿。如《太平廣記》中有一段描寫，「（張無是）因行街中，夜鼓絕門閉，遂趨橋下而蜷」，只能跑到橋下面蜷縮著忍了一夜。

夜禁制度在中國源遠流長，《周禮》中即已有記載。《周禮．秋官司寇》列「司寤氏」一職，「掌夜時，以星分夜，以詔夜士夜禁，御晨行者，禁宵行者，夜遊者」，專門負責夜禁事宜。

由此可見，從上古到中古，中國社會的方方面面一直是由國家嚴格控制的，即使是最開明的唐代也是如此。直到宋代，才出現大規模「破牆開店」的情況，導致城市商業功能發展。但是之後的朝代也常會出現整治「開牆打洞」等情況，里坊制實際上到清末才算徹底廢除。

因此，中國的城市的意義與西方完全不同。馬克斯．韋伯（Max Weber）指出：「在統一的共同體意義上，西方世界之外不存在城市。在歐洲中世紀，城市的明顯特徵是具有自己的法律、法庭和自治的行政。在受法律的支配並且參與選擇行政官員的意義上，個人是公民。在政治共同體的意義上，西方之外沒有城市。」

〈二〉

實際上，中國傳統政治的原則從來都不是放任，而是控制。這一點在朱元璋設計的明代制度當中表現得最為明顯。為了大明王朝的永遠穩定，朱元璋採取了一系列讓社會固化的措施。

大明王朝實行嚴格的職業世襲制，在把人口分門別類後，朱元璋又建立了中國古代史上同時也是世界古代史上最嚴厲周密的戶口制度。全國山陬海隅，每村每鄉，每個人的個人訊息，都被國家機器清楚掌握。在大明王朝，每個人一生下來，就會被政府登記在戶口本上，每十年進行一次戶口訊息更新。長成之後，子承父業，一輩子不許隨便遷移，不許隨便改變職業。「如今士農工商都要各守本業，醫生和算卦的只能在本鄉活動，不得遠遊。」如果你因為天災人禍在出生地生活不下去，逃往他鄉了，那麼「地方有關部門必然窮究你逃到何處，行文到那裡，令當地官府捉拿你回原籍，依大明律問你的罪，命令你依然老老實實在原地居住，從事原來的職業」。

剛剛登上皇位不久，朱元璋就從全國各地調集專家學者到南京，在他的親自指導下開始為天下每一階層的人制定生活準則。當時制定了諸如《大明集禮》、《洪武禮制》、《禮儀定式》、《大明禮制》等一系列規章制度，這些制度主要包括以下這些內容。

一是規定全國百姓如何穿衣。朱元璋對上自天子、親王、文武百官，下至老百姓的衣服樣式，都做了明確而嚴格的規定。這些規定從樣式、顏色、花紋、料子，到衣袖的長度、開衩的高度，幾乎無所不包。

除皇族外，官員百姓的衣服上不能繡飛魚、大鵬、獅子等圖案，不許使用黑、紫、綠、柳黃、薑黃、明黃等色。

洪武三年（一三七〇年），他規定老百姓不許戴「四帶巾」，要用「四方平定巾」。到了洪武十四年（一三八一年）又規定，農民只能穿綢、紗、絹、布四種衣料。而商賈則只能穿絹、布兩種料子的衣服。農民家裡有一人做生意的，則全家不許穿綢穿紗。洪武二十二年（一三八九年）還規定農民可以戴斗笠、蒲笠出入市井，不務農的人則絕對不可。洪武二十五年（一三九二年），因民間有人違禁，做靴子時繡了花紋，皇帝專門下令，嚴禁普通老百姓穿靴子。唯北地苦寒，許用牛皮直縫靴。

二是規定全國各級別人士的居住面積。皇帝規定，公侯級別的人，可以住七間、九架的房子。一品、二品，可以五間、九架。司長級，可以五間、七架。六品至九品，可以三間、七架。

洪武二十六年（一三九三年）規定，老百姓的房子，不過三間、五架，不許用斗栱，不許飾彩色。三是又對其他一些生活細節做了規定。例如洪武二十六年規定，公侯級，一品、二品級的官員，喝酒時可以用金子做的酒壺。三品至五品，只能用銀子做的酒壺。沒有級別的普通百姓，只能用錫酒壺。其中最有意思的規定，是對婦女們髮型的嚴格要求。洪武五年（一三七二年），皇帝下令，民間沒出嫁的姑娘，「作三小髻，金釵」，而丫鬟們「高頂髻，絹布狹領長襖，長裙」，小丫鬟「雙髻，長袖短衣，長裙」。

今天的讀者看到朱元璋以皇帝之尊，卻像一個嚴厲而認真的中學校長，花這麼多心思管理百姓穿衣戴帽，也許會感到可笑和不解。然而在朱元璋看來，這卻是無比嚴肅的事。他認為這絕不是為了一己的興趣，而是關乎帝國興亡的重大問題。

褲管做得小一點，皮靴上綉上花樣，初看起來，不過是個人喜愛的問題，但仔細一想卻不然。因為透過衣服、皮靴等日常生活細節，也可以看到「順民」與「亂民」兩種思想傾向的激烈鬥爭。所以，朱元璋把讓人們明白自己的身分當成關係國家存亡的大事來抓，他認為，只有禮儀明確了，上下之分才定，這樣天下才能安定。

〈三〉

中國傳統社會，一方面民營經濟受到官營經濟的擠壓，另一方面，民營經濟內部也存在著等級制度。

如前所述，歐洲自由城市內，所有人的地位都是平等的。工人和店主之間也沒有尊卑之分。「在工人即所謂幫工與行東之間，除了由於在財產或地位方面小小的並且常常是暫時的不平等所造成的差別以外，再無其他的差別，兩者都受過相同的職業訓練。工人在與他的行東的女兒結婚的那一天，以及在他聚集了自行開業所必需的小量資本之後，他就可以成為行東。幫工可以自由地從事工作；他僅僅受一個具有一定期限的契約約束[3]。」

而中國城鎮民營工商行業，師傅與學徒、主人與雇工之間的關係等級森嚴。明清時代法律規定，「雇工人」不是「凡人」，也就是說，他們在法律上不是自由人，他與雇主是「主僕名分」。雇主可以任意處罰雇工，雇工必須遵守雇主的家法，即使受虐待也沒有告發的權利。《大明律》規定，雇主毆打雇工，只要不出現骨折以上的重傷就不追究：「若家長及家長之期親若外祖父母毆雇工人，非折傷勿論。」而雇工如果罵一句雇主，都要判刑：「若雇工人罵家長者，杖八十，徒二年[4]。」

西方中世紀城市中的學徒，也有一定的人身自由的法律地位。十三世紀的《巴黎羊毛織工行會章程》規定：「對於學徒他（匠師）應該供應適當膳食，像對上等人的兒子一樣，並應給予衣履。倘使他不遵照辦理，學徒可以另找匠師[5]。」

在傳統中國，學徒除了學習技藝外，更要為師傅做一些家務，動不動就受打罵，等同於一個僕人。俗語說「徒弟徒弟，三年奴隸」。還出現了「學三年，幫一年」的規矩，其實這就是變相延長學徒期限。吃飯的時候要為師傅師母盛飯，要等

---

3 布瓦松納：《中世紀歐洲生活與勞動》，商務印書館，1985，第216頁。

4 楊師群：〈明清城鎮不存在資本主義萌芽——與西歐中世紀城市的比較研究〉，《浙江社會科學》2005年第1期。

5 郭守田：《世界通史資料選輯 · 中古部分》，商務印書館，1981，第136頁。

到師傅師母吃完的時候才能吃。

因此，中國古代城市中的工商業與歐洲自治城市的工商業代表著兩種完全不同的制度結構。雖然明朝晚期因為政治腐敗、朝綱廢弛，國家不自覺地放鬆了對市場經濟自發成長的約束，導致明晚期經濟急劇繁榮，江南一些城鎮中還出現了較大規模的手工工場，但是手工工場與資本主義並非同義詞。中國過於強大的中央集權制度、對產權保護的不力、過高的交易成本（如賦稅太高，官僚體系透過腐敗汲取過甚等）、法治的不完善，都是資本主義的嚴重障礙。僅有「雇傭勞動」、「私營手工作坊」，並不足以稱之為資本主義萌芽，事實上這些早在中國漢代就已經出現了。

李伯重說，中國不存在所謂的「資本主義」萌芽，之所以出現這一說法，是一些中國學者基於「別人有，我們也有」的「爭氣」心態，所引起對西方的比附[6]。

6　李伯重：〈「資本主義萌芽情結」〉，《讀書》1996年第8期。

第三十七章

統一國家和全球化的開始

〈一〉

前幾章我們分析了為什麼在西方，商業發展能導致自治城市的出現，而中國卻不可能。

自治城市的出現非常重要，它產生了兩方面的重要影響。

首先，它助推了中央集權民族國家的出現。

在羅馬帝國滅亡後，歐洲的歷史發展開始重複中國的歷程，只不過時間比中國晚了一千多年：中國在西元前一千多年就建立起完備的封建制度，而歐洲直到西元後幾百年才建立起來。歐洲的封建制度和中國周代一樣，實行層層分封，大領主把自己的土地分封給小領主，小領主再將封地分封給更小的領主，最後分封到騎士。封臣在自己的領地內擁有完整的權力，領主干涉不了。歐洲國王和貴族之間的關係，並不是如周代那樣建立在血緣關係基礎之上，除非國王本身擁有非常強大的武力，否則基本拿貴族們沒辦法。例如十二世紀的法國，國王的權力僅限於「法蘭西島」的一小塊地方，自己的封臣們，安茹伯爵和諾曼第公爵（也就是英王）、布列塔尼亞公爵、勃艮第公爵根本沒拿國王當回事[1]。這些情景，跟中國春秋戰國時代「八佾舞於庭」、「三家分晉」之類的僭越亂象相同，國王們也只能徒喚奈何。

因此在中世紀，民眾只知有領主，不知有國家，沒有對國家產生歸屬感，沒有所謂的「民族情感」之類的特殊情感[2]。傳統國家政治中心的行政控制能力有限，只有邊陲而無邊界。這些也與中國春秋時代類似。

中國在西元前二二一年就由秦始皇完成中央集權，實現了大一統國家。而歐洲是直到中世紀晚期才開始建設中央集權的統一民族國家。

中世紀晚期，隨著經濟的發展，自治城市的出現，國王們發現他們有辦法來加強自己的權力了，那就是向財力雄厚的自治城市中的商人借錢買武器，打服手底下這些貴族。

然而歐洲的商人見到國王，可不是叩頭如搗蒜，雙手奉上金錢，他們是要談條件的。國王借錢也和普通人一樣，需要擔保和抵押。其中王冠是最為理想的抵押品，因為體積小、價值高。「一三四一年，英王愛德華三世及其妻子許多王冠中的五個，在布魯日、安特衛普、特里爾和科隆之間流傳。一四一八年，飾有珠寶的四個大花飾被從法國國王的王冠上拆卸下來，抵押給巴黎和義大利的一群金融家，以換取七萬三千李特爾的貸款。」不但王冠會被抵押出去，甚至國王本人或他的大臣也會被作為抵押貸款的人質。如果你不還錢，那麼就要被軟禁起來。「一二九四年，巴伐利亞的三位維特爾斯巴赫公爵因為欠債而被扣押在雷根斯堡。在尼德蘭戰爭期間，英王愛德華三世不得不多次把他主要的高級教師和權貴抵押出

---

1 同時，和中國先秦時封建關係比較整飭不同，中世紀歐洲的封建關係有點亂。比如亨利二世既是英格蘭國王（1154～1189年在位），也是法國的諾曼第公爵（1150年起）、安茹伯爵（1151年起）和阿基坦公爵（1152年起）。哈布斯堡家族巔峰時期則領有德意志、義大利、尼德蘭（荷蘭）的封地。很多土地，今天歸這個領主，明天歸那個，國家的所謂疆界也是經常在變動中。德意志民族在中世紀乾脆就長期不統一。因此，中世紀的國家和今天所說的國家不同，是一個組織鬆散、定義模糊且不穩定的實體。

2 岳蓉：〈「英國民族國家的形成」研究述評〉，《史學月刊》2002年第8期。

去，一三四〇至一三四一年，德比伯爵和北安普敦伯爵作為愛德華債務人的人質，在馬林和盧萬被扣押了幾個月[3]。」

國王們肯如此卑躬屈膝，是因為能從中得到巨大好處。能借到錢就意味著能打勝仗。隨著戰爭的勝利，他們獲得越來越大的權力，最終變成中央集權的國家元首。例如在西班牙的統一過程中，自治城市對國王的資助就很重要。「西班牙君主曾與城市結盟，聯合對付桀驁不馴的大貴族[4]。」、「歐洲君主新權力的獲得，極大程度上取決於同新興的商人階層的非正式聯盟[5]。」

除了借錢，自治城市還在其他很多方面提供國王有力的支持。在莊園裡只有農奴和工匠，而自治城市裡卻有各種各樣的人才：「自治市的自由民向君主提供財政援助和管理才幹，成為國王的內侍、監工、帳目保管人和皇家造幣廠經理等[6]。」

自治城市願意資助國王，是因為貴族是國王和商人共同的敵人。有支持自然有回報，國王對商人的回報是廢除各種苛捐雜稅，「廢除了五花八門的地方自治政權，這些地方自治政權各有其自己的關稅、法律、度量衡和貨幣[7]」。

因此，統一民族國家出現後，除了君主之外，商人階層是最大的受益者。

民族國家內部市場統一，重重貿易障礙被破除，為經濟進一步迅速發展

---

3 梁發芾：〈徵稅的中國皇帝與借債的歐洲國王〉，《新快報》2011年8月15日。

4 張衛良：〈試論15～16世紀西班牙君主專制制度的特點〉，《杭州師範學院學報》1993年第5期。

5 斯塔夫里阿諾斯：《全球通史》，北京大學出版社，2005，第283頁。

6 同上。

7 同上。

掃清障礙。因此，由分散的封建制度轉變為民族國家，是歐洲崛起過程中的重要一步。

同時，也正是在轉變為統一民族國家之後，歐洲國家才能集全國之力，做一些以前無法想像的大事。例如資助海外冒險事業，支持海外擴張。西班牙在完成統一之後第二年就資助哥倫布出海，這並不是時間上的巧合：「這些強大而新興的政治實體，在調動從事海外冒險事業所必需的人力物力資源方面是必不可少的。早期探險者雖然絕大多數是義大利航海冒險家，但他們的資助者都是新興的民族君主國，而不是他們的家鄉、微不足道的城邦，這一點絕非偶然。西班牙和葡萄牙朝廷給哥倫布和達·伽馬以大力支持，英國和法國朝廷也緊隨其後熱情地支持卡伯特、韋拉扎諾及其他許多航海冒險家[8]。」

因此，鐵器的普及導致了經濟發展，促進了中國大一統集權國家的出現。同理，中世紀技術革命產生的經濟發展，促成了歐洲各國集權的民族國家出現。

但是，和秦國以郡縣制統一、結束封建制這單一的方式不同，歐洲在建構民族國家的過程中，進行了多種嘗試，探索了多種道路，出現了西班牙式的極端專制、法國式的集權專制、英國式的君主立憲和荷蘭式的鬆散聯邦四種方式，這四種方式經過長期競爭，最終英國式的國家體制獲得壓倒式優勢，並決定了今天世界的面貌。

這是經濟發展和自治城市的第一個影響。

8 斯塔夫里阿諾斯：《全球通史》，北京大學出版社，2005，第284頁。

〈二〉

自治城市的另一個影響是觸發了人類歷史上一個偉大的發明：有限責任公司。

我們剛剛講過，民族國家出現後，對海外冒險事業進行了更有力的資助。在西班牙剛剛完成統一之後的第二年，也就是一四九二年，航海家哥倫布在向各國君主兜售他的全球探險計畫無果後，來到西班牙。西班牙女王獨具慧眼，慷慨解囊，結果第二年，也即一四九三年，哥倫布遠航發現新大陸，宣布了全球化的開始，也開啟西班牙成為海上強國的序幕。這一系列時間上的緊密相連，並非偶然。

全球化對後來歷史的重大影響我們在這裡不必詳述。在當時，發現新大陸的第一個影響是宣告陸地帝國時代的終結和海上帝國時代的到來。在此之前，世界歷史上出現的帝國無一例外都是陸上帝國，例如羅馬帝國、波斯帝國、亞歷山大帝國、阿拉伯帝國、蒙古帝國。而在此之後出現的帝國都是海上帝國，第一個海上帝國是西班牙帝國。

不過，雖然西班牙是海上帝國，但是它的征服方式和以前的陸上帝國是完全相同的。西班牙人建立起一支支軍隊，舉著十字架，拿著槍炮，來新大陸尋找傳說中的遍地黃金。

女王一次偶然的資助給西班牙帶來了滾滾錢財。不過，這些財富都是透過暴力得來的。西班牙人一開始是直接搶掠印第安人的金銀，然後是透過開採金銀礦或建立種植園，強迫當地人和奴隸勞動。印第安人和奴隸在繁重的勞動壓力下大批死亡。戰爭的屠殺、殘酷的剝削，加上天花、痲疹這些歐洲常見的傳染病，使印第安人成千上萬地死亡，美洲大陸的原住民印第安人曾經急劇減少九〇%。

不管怎麼樣，「甘蔗生產與黑奴貿易、貴金屬掠奪一起成為十六世紀中西班牙的巨大財富[9]」。特別是隨著眾多銀礦的發現，滾滾白銀流入西班牙。一五八〇年，西班牙帝國吞併葡萄牙，葡萄牙的東方帝國、非洲殖民地和巴西也同屬西班牙所有，西班牙由此成為世界上第一個日不落帝國。事實上，「日不落帝國」這個詞源於西班牙國王卡洛斯一世一句得意揚揚的話：「在我的領土上，太陽永不落下。」

〈三〉

西班牙帝國的成功引發了歐洲各國的眼紅，不過歐洲其他國家無法建立起西班牙那樣強大的暴力征服力量。

在當時的歐洲各國中，西班牙的政體是最專制的。西班牙位於歐洲大陸和非洲的路口，歷來外敵入侵頻繁，特別是阿拉伯人入侵，也經歷了八個世紀對阿拉伯人的「再征服」，形成對軍事強權的崇尚。因此，西班牙的統一民族國家也是極端專制型的（當然我們說極端是指歐洲內部的對比，而不是說和亞洲或美洲的一些政體對比）。雖然在統一過程中得到自治城市的大力幫助，但西班牙統一之後不久，就蠻不講理地取消境內眾多城市的自治權，並鎮壓十一個自治城市的聯合起義，在各地建立起牢固的專制統治[10]。這種局面是其他歐洲國家都沒有出現過的。自治城市希望透過統一王權來抵抗貴族，從而獲得國內統一市場的夢想也破滅了。

「西班牙的君主專制同歐洲的一般君主專制只有純粹表面上的相似。其實它應該列入

9 M·博德：《資本主義史》，東方出版社，1986。

10 張衛良：〈試論15～16世紀西班牙君主專制制度的特點〉，《杭州師範學院學報》，1993年第5期。

亞洲的政體[11]。」整個國家都崇拜地位和權威，一切是權力和暴力說了算，所有的社會活動都是為了集中力量辦大事。當時歐洲其他國家很難建立起與西班牙相競爭的海上暴力力量。

這些其他國家只好另闢蹊徑。西班牙在統一後摧毀了自己境內的自治城市，而荷蘭和英國卻把自治城市從陸上擴展到海上，建立了兩個移動的自治城邦——荷蘭東印度公司和英國東印度公司，希望用商業的力量而不是軍事的力量來征服世界其他地區。

這兩個著名公司的出現，改變了世界的面貌。後來的世界歷史，很大程度上就由這兩個公司主宰。

11 馬克思、恩格斯：《馬克思恩格斯全集》（第10卷），人民出版社，1995，第462頁。

第三十八章

「公司式殖民」的出現

〈一〉

荷蘭東印度公司和英國東印度公司的出現，影響了世界歷史的走向。

新航路開闢後，西班牙海上貿易獲得的巨額利潤讓各國商人眼紅。一五九九年九月，八十名倫敦商人聚集在英國市政廳，希望女王伊麗莎白一世授予他們東方貿易的特許權。第二年，也就是一六〇〇年，「倫敦商人在東印度貿易的公司」，也就是後來著名的英國東印度公司（EIC）成立了。英國商人集資三萬英鎊，出海遠航。

三年後，在海峽對岸，荷蘭人又成立了一個東印度公司（VOC），也想在海上貿易中分一杯羹，直接和英國人競爭。

西班牙的征服依靠的是軍事力量，而荷蘭和英國則依靠的是政治智慧：當時，荷蘭和英國在歐洲自治城市中都是最發達的地區，因此，這兩個東印度公司的建立及組織結構，都從自治城市身上學習到很多東西。

第一，自治城市需要向貴族購買某一固定地域的自治權，而兩個東印度公司也向議會或者國王購買某一領域的自由經營權。荷蘭國家議會授權荷蘭東印度公司在東起好望角，西至南美洲南端麥哲倫海峽擁有貿易壟斷權。而英國東印度公司則是一開始就向國王購買了東印度二十一年的貿易壟斷權，之後又不斷付錢續約，其簽約付款的方式與自治城市完全一樣。

自治城市可以自己立法，可以組織軍隊，可以發行貨幣，可以決定如何收稅。而兩個東印度公司同樣如此，它們都從國王和議會那裡獲得特許，有權組建軍隊、占有土地、鑄造貨幣、擁有法庭，因此這兩個東印度公司也就成了兩個移動的海上城邦：它可以發動戰爭、簽訂協議，甚至建立自己獨有的法律及徵稅體系。

更為相似的是，兩個公司都由眾多「自由人」組成，並選舉自己的「議會」和「政府」。

一六〇二年，荷蘭東印度公司成立之初，面臨著籌集資金和分散風險兩大問題。因為當時組建一支船隊到東印度群島需要巨額的金錢，不僅航程需要一年多的時間，還會遭遇風暴、海盜等重重風險。

以前這類遠航通常都是國王和貴族主導，只由少數人出資，與平民無關。英國的國土和國力都是荷蘭的幾倍，所以英國大商人一下子集資三萬英鎊。荷蘭沒有強有力的國王和巨富商人，於是荷蘭人腦筋急轉彎，想到一個創新的制度，向荷蘭的所有市民公開發行股票，不論你是船伕還是小販，只要你有一點錢，都可以成為荷蘭東印度公司的股東，分享它的收益。

這個制度創新非常有吸引力。第一，股東的責任是有限的，風險很小。這些投資者僅僅以自己的投資為限承擔責任，也就是說，不管這個公司最後賠了多少，你投進十荷蘭盾，那麼最後你最多損失十荷蘭盾，不會有債主無休無止來找你。這就大大降低了投資者的不安感。

第二，股東實行無記名制，所有權與管理權分離，股東只管投資，公司的決策權和經營權交給董事會，怎麼經營是專業經理人的事。正如同在自治城市，市民只需負責投票，管理城市是專業人士的事。

第三，正如自治城市市民可以自由進入，也可以自由離開一樣，人們可以隨時自願成為股份公司的股東，也可以隨時自由離開。因為荷蘭人配合股份公司，又進行一個制度創新。一六〇九年，世界歷史上第一個股票交易所誕生在阿姆斯特丹。只要願意，東印度公司的股東們可以隨時透過股票交易所，將自己手中的股票變成現金。

就這樣，世界上第一個有限責任公司誕生了。事實證明，這個創意是非常有生命力的。荷蘭東印度公司的股票一出現，就受到熱烈追捧。無數商人、水手、技工，甚至女僕，都跑來買股份，其中阿姆斯特丹的居民認購了其中的五七％，認購者多達一千一百四十三人，東印度公司首期就募集到六百五十萬荷蘭盾，遠遠超過其他由國王和貴族出資的遠洋公司[1]。

在一切準備妥當之後，荷蘭東印度公司的船隊出航了。當時最強大的海上帝國西班牙，用鄙夷的態度看著這個似乎不自量力的挑戰者。但是，在荷蘭東印度公司成立後的短短五年時間裡，它每年都向海外派出五十支商船隊，這個數量超過當時西班牙、葡萄牙船隊數量的總和，讓西班牙人目瞪口呆[2]。

憑藉股份公司的優勢，荷蘭東印度公司迅速崛起。到了一六六九年時，荷蘭東印度公司已經擁有超過一百五十艘武裝商船、四十艘戰艦、五萬名員工與一萬名士兵，他們如同一個國家一樣，在海上攻城略地，先後戰勝西班牙人、葡萄牙人與英國人，從他們手裡奪得馬來群島、孟加拉國、馬六甲、泰國，在中國廣東、印度馬拉巴海岸和科羅曼德海岸、日本設立商行。懸掛著荷蘭三色旗的一萬多艘商船游弋在世界的五大洋之上[3]。一六六九年的荷蘭東印度公司已經成為世

1 《公司的力量》節目組：《公司的力量》，山西教育出版社，2011，第37頁。

2 中央電視台《大國崛起》節目組：《大國崛起：荷蘭》，中國民主法制出版社，2006，第116頁。

3 王憲磊：《全球經濟共同性問題的性質和原因》（第5卷），社會科學文獻出版社，2012，第10頁。

界上最富有的私人公司，股息高達四〇%。擁有一萬五千個分支機構，貿易額占到全世界總貿易額的一半[4]。一個僅有一百五十萬人口的荷蘭，成為整個世界的經濟中心和最富庶的地區，它將自己的勢力幾乎延伸到了地球的每一個角落，被馬克思稱為當時的「海上第一強國」。

〈二〉

股份有限公司的出現，聽起來很簡單，事實上很不簡單。它的背後，反映出契約精神和法治精神。幾千人幾萬人敢於把自己的錢投入一個與自己完全沒有私人關係的組織，並且信任這個組織，相信董事會會盡心盡力地運用好這些錢，並且賺錢後會公平地分給自己，這並不是哪個國家都能做到的。

為什麼這個發明會發生在小小的荷蘭，而不是有著悠久經商傳統的阿拉伯？不是有著眾多商幫的中國？也不是當時最強大的海上帝國西班牙？

因為荷蘭和這些國家不同，荷蘭是當時歐洲自治城市最發達的國家。一想到荷蘭，我們往往會想到「低地」。是的，八百年以前，這裡還到處是濕地和湖泊，不適合人類居住。不過，位於海邊的荷蘭地理條件特別有利於航海，大部分荷蘭人選擇從事海上貿易，大量的自治城市在荷蘭建立起來。歐洲大多數城市的慣例是農奴在城市住上一年零一天就可以成為市民，而在荷蘭的城市，農奴只要住上四十天就可以成為市民。這樣一來，荷蘭比別的地方更有吸引力，成為人口的彙集地。到十五世紀末，將近一半的荷蘭人生活在自治城市中，這裡成為歐洲城市

4　苗延波：《公司的歷程》，知識產權出版社，2012，第86頁。

化最高的地區之一。

在城市管理上，荷蘭人已經習慣於把自己的權利委託給一小群人來集中管理。市民們對議會進行「全權委任」，選擇充分信任他們，把徵稅、城市建設等關乎每個人生活的事情，都委託給議會去處理。

與此類似，他們把自己的錢也委託給一小群人來集中管理。只不過市鎮選出的是市議會，而公司選出的是董事會。中世紀市鎮議會的成員數目都是十二的倍數或分數。同樣，早期公司董事會成員的常見數目也是如此。這不是一個巧合，它衍生自查理曼大帝和其繼承者的十二人貴族法庭[5]。

〈三〉

而接下來崛起的大英帝國更讓西班牙人吃驚。

英國崛起的邏輯與荷蘭一樣，都是依靠公司的力量。與荷蘭東印度公司比起來，英國東印度公司的經營更為成功。

我們講過，英國東印度公司的成立比荷蘭的還要早。一開始，英國東印度公司的資金是眾商人每人直接出資，荷蘭東印度公司發明了股份有限制度後，英國人馬上就學會了。英國東印度公司憑藉這一利器，很快就建立起來十六個月船期的固定模式，貿易規模迅速擴大。

與荷蘭東印度公司一樣，英國東印度公司也是一個移動的海上城邦：它們的「公民」是每

5　仲繼銀：〈董事會治理的思想和歷史淵源〉，《中國新時代》，2014年第7期。

一個購買股票的本國公民，它們的統治區域就是被賦予特許經營權的地區，它們獲准與其他國家訂立正式條約，並對該地實行殖民與統治。

因此，與我們很多人的理解不同，並不是英國政府，而是東印度公司實際占領了印度。孟買、加爾各答和馬德拉斯三地總督一開始都是東印度公司任命的，是東印度公司的職務，而不是英政府任命的。

十八世紀中英貿易的主導力量不是英國政府，而是東印度公司。東印度公司不僅壟斷了英國與中國的貿易，還在一七九二年促成英國對中國的首次官方訪問：馬戛爾尼使團一行的全部費用八萬英鎊都由東印度公司承擔。

英國對美洲的殖民，也大多是透過公司，例如維吉尼亞公司。一六〇六年，在東印度公司成立六年後，維吉尼亞公司成立，這一公司的任務是沿著美洲海岸組建種植園和定居點。殖民地的所有權和利潤歸公司的股東，僅需向國王上繳一定的收益[6]。

因此，西班牙的海外開拓基本是以皇權和國家利益為驅動力的，英國則是以商業利潤為動力驅動的。從時序上看，西班牙人的行動是軍事征服在先，隨後的經濟利益只是戰利品；而英國則是商業活動在先，軍事力量是為經濟利益服務的[7]。「東印度公司的成立，從政府的角度看，這就像是政府把自己的海外擴張計劃承包了出去，減少營運成本不說，更轉嫁了風險。」政府把壟斷權交給東印度公司，公司則承擔風險並將部分利益上繳政府，以換取許可延長。

這一模式在殖民上非常成功。事實上是東印度公司而非英帝國軍隊向英國政府奉獻

---

6 畢竟悅：〈維吉尼亞公司與美國精神的塑造〉。http://www.sohu.com/a/270681838__100191010

7 《英國東印度公司的來龍去脈》。

出一個龐大的印度殖民帝國。大英帝國擊敗荷蘭、法國，最終成為南亞諸多國家的宗主國，這是東印度公司董事們苦心經營的結果，而不是大英帝國內閣運籌帷幄的戰績[8]。

公司在商業上也極為成功。從一六五七年起，英國東印度公司股民每年所獲紅利可達二〇%左右，最高可達五〇%以上，以至於公司股票價格一漲再漲，當時市場上每一百英鎊的股票售價在一六六九年為一百三十英鎊，一六七七年上升為二百四十五英鎊，一六八三年再升至三百六十英鎊[9]。

那麼，為什麼英國東印度公司要比荷蘭東印度公司更成功呢？因為其背後依託的英國更強大。

荷蘭競爭不過英國，首先因為它小。到一七〇〇年，荷蘭的人口僅是英國的三分之一，領土面積只有英國的六分之一。

另一個更重要的原因是，荷蘭沒有建立起有效的中央集權。

荷蘭的成功，在於它專注於商業。荷蘭的失敗，也在於它過度專注於商業，而對政治結構的探索不夠深入。在歷史上，荷蘭人並不在乎政權的歸屬，並不太關心誰統治他們，只在乎這些統治者能否保障他們自由發展經濟。因此荷蘭這片土地輪轉過很多統治者，先後受到哈布斯堡王朝、神聖羅馬帝國和西班牙的統治，荷蘭人都安之若素。一直到西班牙國王菲利普二世借戰爭對荷蘭橫徵暴斂時，各自為政的荷蘭各省才為保護自己的錢袋子團結起來，發起獨立戰爭。

一五七九年，來自荷蘭北方的七個省組成軍事同盟共同抗敵。然而戰爭勝利後，這

---

8 諶煥義：〈論東印度公司與近代早期的英國社會〉，《廣西師範大學學報（哲學社會科學版）》，1997年第3期。

9 同上。

七個省的人發現他們無法決定由誰來領導這個新成立的國家。荷蘭人不願意費心費力管理國家，他們只想專心做生意，因此，他們希望找到一個強有力的保護者，最終將自己的國家託付給了英國女王伊麗莎白一世。不過不久之後，精明的荷蘭商人們很快發現，英國女王收取的保護費實際上比西班牙國王還要高。他們只好結束與英女王的協議，無奈地自己領導自己。

一五八一年，七個省聯合起來，宣布成立荷蘭聯省共和國。這是一個在人類歷史上前所未有的國家：由中產階級建立並統治的共和國。它的結構非常鬆散，各省之間絕對獨立，他們只能在稅收上取得一致決定，在其他方面，如果他們意見不一致，就不能做出任何決定。共和國還有一件事很特殊：沒有常備軍。因為雇用外國軍隊作戰，比徵調商人們作戰還要廉價和方便得多[10]。

這樣的國家雖然足夠自治，但是缺乏一個強有力的中央集權，缺乏統一的力量，無法更有效地保護自己的海外利益。

相比之下，英國就更為成功。英國擁有一個統一的中央政府和一個統一的議會，透過這個議會，國家能夠獲得有效的稅收，從而保持國家強大的武力，因此，對東印度公司的支持更為有力。事實上，東印度公司對印度的征服，背後靠的是英國中央政府的強有力推動。當然，英國成功的另一方面原因是它又不像西班牙那樣專制，沒有抑制而是充分發揮了公司的活力。

---

10 中央電視台《大國崛起》節目組：《大國崛起：荷蘭》，中國民主法制出版社，2006，第114頁。

第三十九章

為什麼工業革命發生在英國

〈一〉

歷史課本告訴我們，工業革命是從紡織業開始的，具體地說，是從英國工人發明了珍妮紡織機開始的。

但是歷史課本並沒有講清楚這一重大歷史事件的背景。其實在工業革命之前，英國的棉紡業是很落後的。當時，英國的紡織品在世界上一點名氣也沒有。當時全世界的「名牌」，是中國的絲綢和印度的棉布。中國和印度在技術上和工藝上遠比英國領先[1]。

那麼，工業革命為什麼沒有發生在中國和印度，而是發生在英國呢？

一個原因是英國人口稀少，人力成本高，而中國和印度人口密度大，人工非常便宜。

我們講過，歐洲人的生活水準在中世紀晚期就高於中國，而且差距越來越大，指標之一是歐洲工人的工資遠高於中國。經濟學家馬德斌說，在工業

1 馬德斌：〈為什麼工業革命發生在18世紀的英國〉，《文匯報》2012年5月28日。

革命之前，倫敦或阿姆斯特丹的工人工資是同時期中國大城市的三倍左右。印度的情況也差不多，一六八〇年英國工人的工資是印度工人的四倍。

這種工資上的差別，就造成生產方式的差別。荷蘭學者范・贊登（Van Zanden）和中國學者李伯重的比較研究中都提到，為什麼過去中國拉船用的是縴夫，而荷蘭用的是馬呢？因為荷蘭人力太貴，用不起，而中國人的工資非常便宜。

工資高，資本家就有充足的動力去改進技術、節省人力，而中國和印度卻沒有這樣的動力，或者說，動力不是那麼足。馬德斌說，一個典型的例子是活字印刷。中國的活字印刷術從宋代出現時起，基本上沒有得到過廣泛應用，仍然沿用雕版印刷。而歐洲人一旦有了活字印刷技術（有學者說是從中國傳過去的，也有研究認為是歐洲人自主發明），卻立刻投入了廣泛應用。為什麼會出現這樣的差別呢？因為中國的人工成本太低了，印刷廠雇人去雕整塊的木板，花不了多少錢。而在歐洲，這個成本就很高了。所以，歐洲的資本就要與技術結合起來，想辦法取代人力成本[2]。

〈二〉

荷蘭工資和英國一樣高，那麼為什麼工業革命沒有發生在荷蘭，而是發生在英國呢？因為機器是用鋼鐵製造的，所以工業革命需要兩個條件，一個是人力成本比較高，另一個是有著豐富煤炭資源，能夠支持鐵礦冶煉業。

2 馬德斌：〈為什麼工業革命發生在18世紀的英國〉，《文匯報》2012年5月28日。

英國北部恰好符合這兩個條件，工資高，煤資源又非常豐富。《全球通史》裡說：「英國享有的另一重要有利條件是，……它很早就開始用煤做燃料，利用煤末冶煉鐵。到一七八九年法國革命時，英國每年大約生產一千萬噸煤，而法國僅生產七十萬噸煤。」

荷蘭雖然一度領先世界，但是無奈在自然資源上有先天不足問題。「荷蘭在十七世紀時享有其黃金時代，但是，它缺乏機器生產所必需的原料、勞動力資源和水力[3]。」

〈三〉

除了工資水準和豐富的煤資源外，英國還擁有巨額的資本。

對殖民地的掠奪，一開始導致西班牙的迅速富有。一五〇二至一六六〇年，西班牙從美洲得到一萬八千六百噸註冊白銀和二百噸註冊黃金。到十六世紀末，世界金銀總產量中有八三％被西班牙占有。

然而，和後來的英國不同，西班牙極端專制式民族國家的崛起是短命的，它的暴富只是曇花一現，之後便持續衰落下去。

因為白銀的流入並沒有幫助西班牙的製造業發展起來，而只是助長了西班牙人的炫耀性消費，那些在東印度發財的人回到西班牙以後，在塞維利亞購買官職、土地和豪華的住宅，把其他的錢都花在奢侈品上面。國王和貴族們從此沉溺在奢侈和腐化中不能自拔。這一過程與歷史上的傳統帝國毫無區別。

3　斯塔夫里阿諾斯：《全球通史》，北京大學出版社，2005。

西班牙人不投資製造業的原因倒並不是西班牙人天性懶惰，而主要是西班牙本土落後的封建統治和沉重的稅收。我們說過，西班牙是歐洲最專制的國家，各地關卡林立，反覆徵收商品過境稅。各地勢力強大的王公貴族不願意看到工商業主的崛起威脅他們的特權地位，因此便把數以萬計從事工商業的外國人從自己的領地上趕走。所以西班牙的製造業一直沒有發展起來，經濟結構非常落後。在英國、荷蘭大力發展毛紡織業和五金業時，西班牙卻大力出口羊毛、礦石等原材料，進口五金和紡織品，推動他國的工業化[4]。因此，西班牙帝國極盛一時而後便一蹶不振。到了十七世紀，西班牙就陸續被英國等國家擊敗，從強盛的頂峰上跌落下來，成為西歐最貧窮的國家。

而英國從殖民地獲得的巨額財富，卻源源不斷地投入工業。因為英國與西班牙政治體制不同，工業的產權可以得到很好的保護。

英國也是在中世紀晚期，漸漸形成統一的民族國家。英國雖然不是很大，但仍然分成了英格蘭、蘇格蘭、威爾斯、北愛爾蘭等制度、法律不同的地區。在英國的統一集權過程中，過去分散的舊國家機構改革後組成樞密院，產生了一個集權的中央政府機構。從一五四三年開始，在威爾斯實行英國的一切法律制度，一六〇三年蘇格蘭國王詹姆士六世被英格蘭議會迎立為英王，英格蘭和蘇格蘭初步統一。克倫威爾時期，又結束了愛爾蘭地區的封建割據[5]。地方關卡被取消，商業活動可以更好地進行。統一之後，英國國力增強，對外戰爭獲得更有力的支持。

但是新型政權也有一個強烈的副作用，那就是國王權力比以前加大，經常橫徵暴

---

4 尹保雲：《現代化通病——二十多個國家和地區的經驗與教訓》，天津人民出版社，1999，第128頁。

5 石慶波：《英國民族國家的形成》。

斂，用於個人享受。因此國家管理上經常亂作一團。

公司的成功，讓英國人受到啟發：在國家管理上，為什麼不能將所有權與經營權分離呢？

一六八八年，英國人透過「光榮革命」趕走了詹姆士二世，邀請荷蘭王子威廉三世（詹姆士二世的女婿）入主英國。作為讓威廉三世繼承王位的條件，英國議會要求其簽署《權利法案》（*Bill of Rights*），保證國王不會侵犯公民權利，王室不會廢除議會通過的法律，公民有權擁有槍支武器，公民有言論自由的權利等，這些法律構成現代英國民主制度的框架。

作為外來者的威廉三世在英國全無統治基礎，只能充分尊重英國國民的意願。因此，立憲君主制度正式在英國誕生。透過光榮革命，「英格蘭人成功地馴服了龐然大物型的現代國家，他們沒有摧毀利維坦的巨大能量，相反是使它響應他們的意願，服從他們的法律[6]」。

自一七一四年起，入主英國的漢諾威王朝國王逐漸把幾乎所有的職權託付給內閣，「王權」的內涵不再是國王本人的權力，而逐漸演變為現代意義的「行政權」。內閣成員作為國王的大臣，表面上要聽命於國王，但實際上卻恰恰相反[7]。大英帝國成了一個公司，議會就是董事會，首相就是公司的總經理。國王有這個公司的所有權，但是並不擁有經營權。國王並不干涉公司的日常事務，內閣大臣如同專業經理人，在經營這個國家。

所有權和經營權捆綁在一起，不利於最優秀的人進入管理層。而兩權分離，就意味著

6　許秋楓：〈近代前期英國崛起的歷史邏輯〉，《中國社會科學》2013年第9期。

7　同上。

帝國作為一個獨立生命可以延續下去，它可以從最優秀的團隊手中發揚光大[8]。這就實現了一次國家管理制度的質變。

世界歷史上以前的帝國，經常陷入內部紛爭和腐敗之中。例如蒙古帝國的歷史伴隨著不停的皇位之爭，不停地動盪。因此，它們的事業往往不能持久。最短的亞歷山大帝國不過持續了幾十年，大元帝國滿打滿算也就存在了九十多年，西班牙帝國的興盛期也不過一百多年。極盛過後，就是崩潰和衰敗。

在漫長的中世紀和近代初期，英國國勢一直起起落落，有時短暫興起，卻也經常淪為一個二流國家。一六四〇年威尼斯大使稱，「在世界各國的眼中，英國只不過是一個毫不起眼的民族，因而無足輕重[9]」。

但是創造出公司式的帝國模式後，英國政治獲得了空前穩定，不再有內部紛亂，從此持續發展，先是打敗西班牙無敵艦隊，後又成功挑戰荷蘭的世界海上霸主的地位，最終成為新的世界霸主，並且到今天仍然保持著良好的治理成績。

特別是因為私有產權得到有力的保護，英國的商人們更願意投資工業。別的不論，在一七五〇至一八〇〇年間，東印度公司單從印度就掠奪了價值一億至一．五億英鎊的金幣。和西班牙人不同，英國人把海外的利潤主要投入國內的製造業中。海外來的金錢大大促進了英國對工業尤其是蒸汽機和紡織技術方面的投資。這是工業革命的經濟基礎。公司發展壯大之後，才是工業革命的到來，公司模式的殖民給了工業革命必要的資本前提。工業史學家克寧漢（H.Cunyhame）說：「如果瓦特早生五十年，他和他的發明一定都同時死

---

8 《公司的力量》節目組：《公司的力量》，山西教育出版社，2011。

9 許秋楓：〈近代前期英國崛起的歷史邏輯〉，《中國社會科學》2013年第9期。

了。自有世界以來，可能沒有一個投資的收穫超過像掠奪印度一樣的利潤。」

經濟學家道格拉斯・諾斯（Douglass North）在《西方世界的興起》（*The Rise of The Western World*）中指出：「所有權結構在荷蘭和英國的發展，刺激了持續的經濟增長，包括鼓勵創新和其他各種有利因素。因此說，工業革命不是現代經濟增長的原因，而是提高私人收益率的結果，從而導致人們致力於發展新技術，並將其應用於生產過程。」

所以工業革命不是一個簡單的煤的問題，更與政治體制有關。長期以來，中國史學界對英國崛起的解釋都是因為工業革命。似乎是發明蒸汽機這一偶然事件才導致大英帝國的出現。這顯然是一個錯覺[10]。

〈四〉

因此，英國是一個「軟硬適度」的，既有中央集權又有強有力制衡的統一民族國家。

那麼，為什麼立憲君主制的政治變革發生在英國，而不是別的國家，例如西班牙和法國呢？

西班牙等國有強大的軍事傳統，而英國歷史上很長時期沒有常備軍。

眾所周知，英國是一個孤懸海外的島國，海洋形成了天然的防禦，這導致它歷史上的戰亂要遠遠少於歐洲大陸諸國。既然很少有外敵入侵的壓力，英國人認為他們沒有必要花巨資養活一支龐大的常備軍。中世紀以來，英國只是在戰爭時期才召集貴族領地的義勇隊，建立臨時

10 計秋楓：〈近代前期英國崛起的歷史邏輯〉，《中國社會科學》2013年第9期。

的軍事武裝。戰爭結束後，軍隊隨之解散。直到一六四五年，英國國會通過《新模範軍法案》，英國才出現第一支常備軍。

諾斯總結說：「讓我們考察一下代議制議會在英國興旺而在法國和西班牙衰落和消失的原因。英格蘭在地理位置上是一個島嶼，從而把英國與它的競爭對手隔離開來。外國的入侵不像在歐洲大陸那樣構成嚴重的威脅，因此，中央政府提供的保護對英國人不如對法國人重要[11]。」

我們知道，越是外敵環伺、戰爭頻繁的國家，越需要一個強大的中央集權，需要一個強有力的王權。國民甘願把自己的部分自由權讓渡給國王，以換取生存。西班牙就是這樣。

而英國這方面的需求不強烈。英國的王權相對於西班牙和法國等國，是非常軟弱的。在中國，「君」與「臣」一個是天一個是地，而英語裡的「king」，除了「國王」之意，還表示「大的」、「主要的」。事實上，英國的貴族一直認為國王是自己團隊中的一員，是「貴族中的第一人」。國王本身不過是最大的貴族而已。英國貴族基於習慣法，對國王有強大的約束力，在議會上擁有很大的發言權。

此外，英國歷史上一直有著強烈的自治傳統。即使在歐洲，英國也算是一個異類。一七二九年，造訪英格蘭的孟德斯鳩說，英格蘭與歐洲其他地方相異之處在於英格蘭是一國「自由的人民」，「英格蘭的法律和習慣格外有利於個人的自由」。恩格斯則稱英國為「地球上最自由的，即不自由最少的國家」。而「有教養的英國人，就具有在某種程度上說來是天生的獨立自主的權利」。

---

11 轉引自宋丙濤：《英國崛起之謎：財政制度變遷與現代經濟發展》，社會科學文獻出版社，2015，第234頁。

一一六六年，亨利二世頒布《克拉靈頓詔令》，確立陪審團制度，規定大部分地方案件由當地人自己處理。有的時候，陪審團基於良心和情感，給出的審判結果甚至違反國王的法律。但是因為陪審團在審判前對上帝宣過誓，陪審團的意志被認為就是上帝的意志，審判結果仍然會得到認可[12]。

這一制度對英國社會和英國人的思想影響是非常深遠的。「每一個陪審團都是一個小國會」，這一制度逐漸培養出英國人的權利意識，對英國普通民眾發揮了非常好的社會參與培訓作用。

美國經濟學家曼瑟爾・奧爾森（Mancur Olson）曾說：「充滿活力的市場經濟絕對不是什麼空穴來風。它需要一系列當今絕大多數國家都不具備的制度安排。」現代資本主義是一系列偶然彙集在一起的結果：一個軟弱的君主政權和強大的議會，一部根深柢固的習慣法以及常備軍制度的長期缺乏，還有自治傳統，這些都恰好彙集在英國，構成英國崛起的獨特背景[13]。

12 郭光東：《陪審團的歷史與價值》，博士學位論文，華東政法學院，2004。

13 宋丙濤：《英國崛起之謎：財政制度變遷與現代經濟發展》，社會科學文獻出版社，2015，第243頁。

第七篇

兩個世界的撞擊

第四十章

飢餓的盛世

（一）

大英帝國的崛起，注定了它要與東半球的另一個巨大帝國迎面相撞，那就是大清帝國。

在大英帝國進行轟轟烈烈的工業革命之時，大清帝國正處於乾隆時代，那是中國歷史上最大的一個盛世——康乾盛世的頂峰。

今日學術界一提起對明清兩代GDP的研究，經常會響起一片質疑甚至嘲笑聲，特別是麥迪森所謂一八二〇年也就是道光年間中國GDP占世界三二．九%的說法[1]，普遍被認為過於誇張。但是乾隆時期，中國的經濟總量在當時世界居於第一位，是沒有疑問的。當時中國在世界製造業中的市場占有率，是英國的八倍，是俄羅斯帝國的六倍，日本的九倍，比剛剛建

1 麥迪森在《世界經濟千年史》一書中有如下描述：「19世紀前，中國比歐洲或者亞洲任何一個國家都要強大……14世紀以後，雖然歐洲的人均收入慢慢超過中國，但中國的人口增長更快。1820年時，中國的GDP比西歐和它們附屬國的總和還要高出將近30%。」根據該書圖表，1820年清朝GDP占全世界的32.9%，即便是進入20世紀初，該比重也在11%左右。

國的美國更不知要多多少倍[2]。雖然大清王朝不重視對外貿易，但僅憑其龐大的經濟總量，它仍然是世界貿易的重要力量。

歷史學家戴逸先生說：「傳統觀點認為漢、唐是真正的盛世，無論國力還是文化等諸多方面都達到極盛，而清朝已經開始衰落，不如漢唐。我則以為，康雍乾盛世是中國歷史上發展程度最高、最興旺繁榮的盛世。」從物質財富角度看，這確實是不易之論。

就在這一盛世之中，一七九三年，英國國王派出一支龐大的使臣隊伍，前往中國。

〈二〉

那麼，英國人為什麼在一七九三年決定派使節團訪問中國呢？

一七三三年，也就是乾隆即位前三年，英國人發明了飛梭，揭開工業革命的序幕。工業革命使英國像吹氣球一樣迅速強大起來，英國人需要全世界的商品，更需要把自己製造出來的大量產品賣到世界上去。一六九八至一七七五年，英國的進口商品和出口商品都增長到五〇〇%至六〇〇%之間。因為國民的普遍富裕，英國人從來沒有像現在這樣需要大量的中國茶葉。而英國人也從來沒有像現在這樣急於把自己生產的紡織品、鋼鐵產品及其他工業製成品賣到中國。

可是，他們的商品在世界其他國家和地區都廣受歡迎，就是打不開中國的大門。

當時中國實行一口通商，只在廣州一地進行外貿。廣州海關嚴重腐敗，每條船需要交上大

2 郭成康等：《康乾盛世歷史報告》，中國言實出版社，2002。

量陋規才能進港。更為關鍵的是中國還不允許自由貿易，外商必須經過一個中國官方指定的機構，叫「十三行」，進行貿易。外國商人到達中國後，所有的貨物都只能賣給十三行，不管他們給的價格比別人低多少。採購所有東西，都必須經過他們，不管他們如何提高價格，降低品質。

英國人認為，中國的貿易體制有問題，導致他們與中國的貿易出現巨額的逆差。此時的英國已經成為海上霸主，早已稱雄歐洲，海外殖民地遍及全球。他們稱自己為「世上最強大的國家」。雖然一個是小小三島，另一個是當時世界上面積最大的國家；一個人口不到一千萬，另一個人口近三億。但國勢蒸蒸日上的英國人卻認為，他們有自信來與東方巨人握握手了。所以他們希望透過談判，打開中國的大門。

一七九三年，東方世界和西方世界透過這件事迎頭相撞。學歷史的時候，課本都是以一八四〇年為中國近代史的起點。我則認為起點應該是這次英國使臣訪華。法國學者阿朗．佩雷菲特（Alain Peyrefitte）把這個事件形容為「兩個世界的撞擊」，確實，此事如同火星撞地球，讓中國歷史從此捲入全球化進程。

〈三〉

在來到中國之前，英國人對中國充滿了美好的想像，認為中國是一個強盛大國。然而到了中國之後，正如我們在「沒有中世紀，就沒有新歐洲」一章中講過，他們的第一個印象是，中國大部分的普通人都生活在窮困之中。

據《十八世紀的中國與世界．農民卷》的研究，十八世紀，普通英國農戶一年的收入是一百三十七英鎊，除去各種花費，每年能有十一英鎊的剩餘。換成中國的白銀，大約四十兩。而同時期一個中等中國農戶，一年全部收入不過三十二兩，而全年支出平均為三十五兩，也就是說，辛苦一年，還要負債三兩才能過活，根本沒有生產剩餘。所以一旦遇到饑荒，普通人家會立刻破產，賣兒賣女十分普遍。

那麼，為什麼盛世中國是貧困的呢？

本來，乾隆朝全國糧食產量比前代大幅增加。這一方面得益於紅薯、玉米帶來的「十八世紀的食物革命」，另一方面是因為乾隆皇帝提供了長期的政治穩定，因此據吳賓和黨曉虹的《論中國古代糧食安全問題及其影響因素》一文，中國歷代口糧總量發展呈總的上升趨勢。其中秦漢為四百一十七・六億斤，隋唐代為六百二十六・四億斤，宋遼金元代為八百三十五・二億斤，明代為一三九二億斤。而到清乾隆晚期，一躍而達二〇八八億斤。

然而，乾隆朝的又一個紀錄是人口爆炸性增長。在清代以前，中國人口多數時間在數千萬左右，只有少數幾個歷史時段突破過一億。然而在乾隆六十年的統治生涯中，中國的人口增長非常迅速，乾隆晚年，中國人口接近三億，增長率是一〇八％，比世界水準高出百分之六十五。

因此乾隆盛世也是一個貧困的盛世。乾隆年間的糧食總產量雖然創了歷史最高，但人均占有量卻低於歷史平均。同樣據《論中國古代糧食安全問題及其影響因素》一文，歷代糧食人均占有量，秦漢為九百八十五・七五斤，隋唐為九百八十八・七斤，宋遼金元為一千四百五十七・八七斤，明代為一千一百九十二・九四斤，而乾隆年間，僅為七百八十斤，處於秦始皇以來歷代最低水準。

據說文景之治時，老百姓也都過得十分富裕，家家戶戶都騎馬，而且全騎雄馬，誰要是騎雌馬或者小馬都會遭到眾人嘲笑，而乾隆盛世中卻絕沒有類似的記載。洪亮吉說，乾隆晚年和嘉慶年間，農民「終歲勤動，畢生皇皇，而自好者居然有溝壑之憂」，也就是說，雖然一輩子勤勤懇懇，努力奮鬥，但是也攢不下錢，遇到一點點天災，就有餓死之憂。

乾隆盛世的貧困還不僅僅表現在經濟上，更表現在政治上。

到了中國之後，英國人發現，大清王朝雖然不那麼富裕，但是如此龐大的一個帝國，在政治統治上確實是井井有條。「自進入中國境內以來，在這樣大的地面上，一切事物這樣整齊劃一，這在全世界是無與倫比的[3]。」

整個中華帝國的整齊劃一令英國人驚嘆不已：「這樣多的人口，這樣廣袤的地面上，遵守著一個統一的政治制度和法律，有共同的語言文字和生活方式，俯首帖耳於君主一人的絕對統治之下[4]。」這與英國完全不同。

英國人認為，中國社會治安的良好和政治效率之高勝於歐洲。「皇權的鐵掌威懾著一切不守秩序、破壞法紀的行為，全體使節團成員感到絕對的保障。」權力的威嚴使北京城內秩序井然。「北京人口雖然這樣多，但秩序良好，犯法的事很少[5]。」

中國官府的行政組織能力非常高。英國人到中國來，帶給乾隆好多禮物，打包後一共是六百多個包裹，形狀大小不一，從船上卸下來後又多次轉駁才送到承德，英國人認為肯定有一些東西會損壞。但是在中國官府強有力的組織協調之下，這些東西迅速地從船上搬運下來，運到承德，組裝完畢，沒有一件破損，英國人說這種政治效率是全世界第一的。「的確，這兒一切似乎只要朝廷一聲令下就都能辦成，最費力的事也能隨時得到執行[6]。」

---

3 斯當東：《英使謁見乾隆紀實》，上海書店出版社，2005，第276頁。

4 同上。

5 同上。

6 約翰．巴羅：《我看乾隆盛世》，北京圖書館出版社，2007。

但是這種政治效率達成的方式是英國人想像不到的。

英國人長途航行的目的地是天津，但是因為他們不熟悉中國的航路，誤打誤撞跑到浙江的定海。到定海之後，他們需要當地官員找兩個領航員，沿著海路領他們到天津。定海總兵當時滿口答應，發下命令去找領航員。但是定海總兵尋找領航員的方式跟英國人的想像是不一樣的。按英國人的邏輯，中國官員應該高價懸賞。但是總兵並不這樣辦，總兵派出他手底下的士兵到街上挨家挨戶搜查，讓英國人在大堂上坐著等，一會兒工夫，士兵就帶來好幾十個老百姓，黑壓壓地跪在地上，說他們都航過海。然後總兵一一詢問誰到過天津，最後找出兩個人去領航，但是一文錢報酬也不給，因為這是國家的任務。這兩人說我們已經十多年不航海了，現在正在經營買賣，如果我們去領航，買賣沒人照看，家人沒法養活。總兵說你們如果不去，唯一的結果就是挨板子。最後這兩個人只能跟著走了。

中國人司空見慣的一幕卻讓英國人不寒而慄，這在歐洲是無法想像的。當時英國政治的信條已經是「人的尊嚴不可侵犯，尊重和保護它是國家的義務」。而清王朝的信條則與此相反，「國家的需要壓倒一切」。英國人說：「總兵的專斷反映了該朝廷的法制或給予百姓的保護都不怎麼美妙。迫使一個誠實而勤勞的公民、事業有成的商人拋家離子，從事於己有害無益的勞役，是不公正和暴虐的行為。除非是在一個專制的，其子民不知有法而只知有暴君的國度，這是不能容忍的。」

英國人認為，歐洲和中國的政治文明有巨大落差。當時英國外交官馬戛爾尼認為「中國政治制度上沒有代議性質的機構來幫助、限制或監督皇權」，「在中國的政治、倫理和歷史的文獻中找不到任何自由色彩的理論，他們認為這種理論最後一定導致犯上作亂」。

當時的歐洲，正流行著一股中國熱。像今天的西化大潮一樣，當時的許多學者號召歐洲向中國取經。法國啟蒙思想家伏爾泰在他家的小禮堂中，畢恭畢敬地供奉上孔子的畫像，他稱中國是「舉世最優美、最古老、最廣大、人口最多和治理最好的國家」。德國數學家萊布尼茨被稱為「狂熱的中國崇拜者」，他認為中國擁有「人類最高度的文化和最發達的技術文明」。

今天的中國積極向西方學習，與世界接軌。那時歐洲學者們卻說，要向中國學習，要與中國接軌。伏爾泰說：「在道德上，歐洲人應當成為中國人的徒弟。」

這種對遙遠文明的「狂熱」，其實是人類文明史上常見的現象，所謂「外國的月亮比本國的圓」。正如同近代以來一些中國人的「崇洋」一樣，其本質都是「借他人杯酒澆本國的塊壘」，目的是以他處之長攻本地之短。這種「中國熱」在歐洲興起，其實是啟蒙運動中的歐洲知識分子借助中國文化中的世俗精神，來批判中世紀歐洲的神權迷信。這裡面有對中國文明的獨特解讀，也摻雜著一些「美麗的誤會」。

然而，英國人對中國的造訪，迅速打破傳教士們在歐洲建造起來的中國神話。

使團到達天津後，全體成員乘坐中國官方的平底船，沿著運河前往北京。很多中國人在岸邊看熱鬧，看金髮碧眼的「夷人」。一夥看熱鬧的人壓翻了河中的一艘小船，許多人掉進河中。巴羅說：「雖然這一帶有不少船隻在行駛，卻沒有一艘船前去救援在河裡掙扎的人。……勸說我們船上的人開過去援救也得不到響應。不錯，我們當時船速是一小時七英里，這居然就成了他們不肯停船的理由。我確信這些不幸的傢伙中有幾個一定是喪命了。」英國人說，在世界其他國家他們不會看到這種現象，只有中國人之間這樣冷漠。

所以乾隆時代到中國的這些英國人，對中國的國民性格印象非常深。英國人注意到，在沒有官員的場合，中國人的表情也十分正常。只不過一旦有官員出現，中國人的神情立刻變了：「中國普通老百姓外表非常拘謹，這是他們長期處在鐵的政權統治之下自然產生出來的。在他們私下生活中，他們也是非常活潑愉快的，但一見了官，就馬上變成了另一個人。」

這些英國人回國後寫文章分析說，這種國民性格，是中國統治者精心塑造的結果。因為他們在世界上其他地方也接觸過華人，看起來都很正常。在菲律賓群島、巴達維亞、檳榔嶼，「和其他我們東印度公司屬地」，中國移民的「誠實跟他們的溫順和勤奮一樣出色。……在那些地方，他們的發明創造和聰敏似乎也跟學習模仿的精確一樣出色」。然而，生活在自己國家的中國人，卻遠沒有海外中國人那樣活潑自然，也缺乏創造力。他們比世界上其他國家的人更膽小，同時也更冷漠、麻木和殘酷。

英國人在世界上第一次詳細描述了中國人的國民性格及其起因。巴羅說：「這些事例再清楚不過地昭示了中國人自誇的道德品格中的巨大缺陷。不過就像我先前說過的，其錯當在於政治制度，而不在於民族的天性或者氣質。」

巴羅說：「就現政權而言，有充足的證據表明，其高壓手段完全馴服了這個民族，並按自己的模式塑造了這個民族的性格。他們的道德觀念和行為完全由朝廷的意識形態左右，幾乎完全處在朝廷的控制之下。」

英國使團第一次向全世界撩開這個神祕國度的面紗，導致西方人對中國的認識發生了根本性的轉折：中國從天上掉到地下，從文明變成野蠻，從光明變為陰暗。歐洲人發現，「中國人不是無神論者，而是更為原始的多神論者；政治之爭證明中國不是開明的君主專制，而是依靠棍棒進行恐怖統治的東方專制主義暴政的典型；

經濟之爭最後證明中國不是富裕，而是貧困[7]」。

〈五〉

在英國使團到達中國之前，歐洲人從來沒有想像過武力進攻中國的可能性。然而，馬戛爾尼一回國，以武力教訓中國的聲音就開始在歐洲響起。而且這種聲音還披上了文明的偽裝。馬戛爾尼宣稱：「如果中國現政府由一個會保證其居民財產安全的政府所取代，那麼亞洲農民和工匠的技術與進取心以及亞洲商人的商業敏感就會激勵起來。從隨之而來的財富增長中，歐洲貿易將會獲益，世界將會在互惠的商業中聯合起來。」

這就為後來的鴉片戰爭進行了思想鋪墊。

7　周寧：《異想天開——西洋鏡裡看中國》，南京大學出版社，2007，第224頁。

第四十一章

乾隆皇帝與鴉片戰爭

〈一〉

歷史課本給我們的印象是，清代中前期的皇帝，從順治到康雍乾，個個雄才大略。到了清代晚期，道光、咸豐到光緒，一個個懦弱無能，中國才落後挨打。

然而事實上，如果仔細閱讀史料，你很容易發現，鴉片戰爭的爆發，與乾隆皇帝有著直接和間接的多重關係。

說起來中國真是多災多難。在地理大發現之前，中國對外部世界一直挺感興趣的。漢武帝多次派人外出探險，差點到了歐洲。隋煬帝也多次「召募行人，分使絕域」，遣使遠至波斯等地。唐代各色人種的商人聚集長安，一直是大唐開放氣派的一個指標性證明。兩宋海外貿易更為繁榮，南宋外貿收入在國家財政中占相當重要的分量。大元王朝的開放則導致了《馬可波羅遊記》的誕生。

地理大發現之後，西方人來到久已神往的東方海面。全球化過程從此開始，任何國家閉關自守，已經不可能。而恰恰從此時開始，中國開始轉向閉關鎖國。在農民出身的明太祖朱元璋看來，海外貿易除了進口些用不著的奢侈品，以及帶來危險的海外勢力外，不能給國家帶來任何好處。所以他下詔厲行海禁，「片板不許下海」。雖然明朝中晚期部分開放海禁，但仍然禁令重重。嘉靖年間，明世宗規定：不許製造雙桅以上大船，並將一切違禁大船，盡數毀之。這一禁令影響持續了三百餘年，直到一八二〇年，中國駛往東南亞的海船仍限制在兩桅。

〈二〉

英國使臣訪華，實際上提供乾隆一個很好的機會來認識西方，促進中國加入世界海洋貿易的競爭中。英國使團的使命是與中國建立有史以來第一個正式的外交關係。英國人希望在中國設立大使館，與中國互派大使，希望與中國簽訂一個外交條約，建立穩定的外交關係。

當然，英國最迫切的目標是促使中國政府改革外貿體制，取消十三行，多開放幾個口岸，允許自由貿易，公開關稅稅率，以減輕中國官員對外商的剝削和刁難。

英國人還有一個「非分之請」。當時澳門已經被葡萄牙實際統治多年，因此希望中國皇帝也「送給」英國一個「小島」，「以堆放貨物」。

為了達到這個目的，英國人帶給乾隆很多禮物。當然，這些禮物主要不是奢侈品，而是能表現英國的軍事實力、科技實力的工業製成品。英國人帶來當時世界上最先進的武器，帶來大英艦隊的全套模型。除此之外，還帶來很多「高科技產品」，例如一架天體運行儀，就是一個太陽系的模型，中間是一個太陽，有齒輪驅動，上足發條之後幾大行星圍繞太陽運轉。他們還帶來一個天文望遠鏡，歐洲人那時候就用這種望遠鏡發現星雲的存在，知道人類生活在銀河系當中。他們帶給乾隆一個大的地球儀，上面標註英國在各地的殖民地，向乾隆展示日不落帝國的威勢。他們甚至還帶來一個熱氣球和一個熱氣球駕駛員，乾隆皇帝要是願意的話，可以坐上熱氣球升上天空，成為東半球第一個飛上天空的人。

英國人完全相信，這些全人類文明的最新成果一定讓中國皇帝大開眼界，對歐洲人刮目相看。因為他們透過貿易深知，中國的工業還停留在中世紀時代，與英國的差距實在是不可以道里計。

可是這些訊息乾隆都沒有接收到，為什麼呢？因為這中間有一個禮儀之爭。英國使臣來到中國之後，清朝官員要求他們學習三跪九叩，凡是外國使臣前來進貢，必須如此行禮。但是英國使臣拒不同意，他們認為大英帝國與大清帝國是平等的，雙方因此發生激烈的衝突。

經過很多輪的談判，最後英國使臣勉強答應，到乾隆生日那一天他們混在各國使臣當中，一起跪地，只不過英國人是單膝下跪。別人磕頭的時候他們也隨眾俯首，遠遠看起來就像行了三跪九叩禮一樣。乾隆心裡因此非常不高興，所以後來乾隆觀看英國使臣帶來的禮物的時候，沒有叫這些英國使臣為他做講解，因為知道他們不會向自己下跪。

乾隆自己一個人悶頭在那兒看，看了半天什麼也沒看明白。他看到太陽系模型，認為是一架西洋大鐘錶，因為有齒輪轉動，他給它取了一個名叫「天文地理大錶」，認為跟清宮以前買到的鐘錶沒什麼本質區別。看到天文望遠鏡，他說這是一個千里鏡，因為宮中早就有望遠鏡，當然是打獵用的。英國人為望遠鏡寫了一個詳細的英文說明書，註明「這是我國科學家牛頓所發明，應用了什麼原理」等，乾隆也完全看不懂。地球儀上用英文標註的英國殖民地，乾隆也沒有注意到。所以英國人竭盡全力向乾隆展示西方世界的發展水準，乾隆卻完全沒有接收到這方面的訊息。因此乾隆對英國使臣提出的兩國平等往來、互設大使館以及改革中國外貿體制等要求，一律否決，全部駁回。他回覆英國人說，你們的要求不符合中國慣例，天朝制度，盡善盡美，無一字需要改動，你們貿然提出這些請求，顯然是不懂事的蠻夷之國的荒唐舉動。

乾隆不知道，他錯過了世界留給中國的最後一個機會。十七世紀後半期，葡萄牙和西班牙的海上霸權已經衰落，後起的荷蘭也進入衰落的過程中。英國向東亞的大規模擴張則是十八世紀中期以後的事情。從十七世紀後半期到十八世紀前半期，是東南亞海上力量的空白期，或者說是上天留給中國的最後幾十年時間。如果乾隆能透過馬戛爾尼訪華敏銳地感覺到迫在眉睫的威脅，並抓住這最後的時機積極經略海上，並非沒有可能獲得最新西方軍事及科技成果，努力追趕上世界水準[1]。

可惜，這僅僅是一個假設。大清王朝的文化性格決定了這種可能性極為微小。

從中國回來後，馬戛爾尼預言，一旦中國這艘巨艦受到攻擊，「它將永遠不能修復」。亞洲及世界各地的貿易將受到「擾亂……各國的冒險家都將來到中國」，企圖利用中國人的衰敗來建立自己的威望。而「在他們之間將展開無情的鬥爭」。在這種對抗中，富的更富，窮的更窮。「英國靠著它的創業精神已成為世界上航海、貿易和政治的第一強國；從這樣的急劇變革中，它將獲得最大的利益，並將加強它的霸權地位。」

這是驚人的準確的預言。

〈三〉

雖然在經濟方面沒有收穫，但是英國人在軍事方面收穫巨大。

對這次英國人的來訪，乾隆皇帝不但在接待工作上做足精心準備，而且還在武力炫耀方面

1　史宏志：《16世紀至19世紀鴉片戰爭前的中國海外貿易政策述評》。

連篇累牘地做了多次指示。皇帝通告各地軍方，凡英國人經過之處，都要全副武裝，列隊迎接，向英國人展示天朝強大的武力，讓他們開開眼，對天朝的強大有所敬畏。

然而不展示還好，一展示，英國人馬上發現中國軍事上的落後。對於中國的武備，英國人極為輕蔑：「他們的大砲為數很少，僅有的幾門炮都破舊不堪。我都懷疑這些炮是向葡萄牙人借來的，因為那些火繩槍便是。」這種軍事展示在英國人眼裡成了一個笑話。回到英國後，馬戛爾尼的話迅速傳遍了世界：

中華帝國只是一艘破敗不堪的舊船，只是幸運地有了幾位謹慎的船長才使它在近一百五十年間沒有沉沒。它那巨大的軀殼使周圍的鄰國見了害怕。假如來了個無能之輩掌舵，那船上的紀律與安全就都完了。船將不會立刻沉沒。它將像一個殘骸那樣到處漂流，然後在海岸上撞得粉碎。

除了對中國軍隊的整體評估外，他們還對中國的實際防務進行考查。馬戛爾尼初步探明了從寧波到天津大沽口、以及從大沽口到通州的航道，對北京、通州、定海等中國城市的防衛設施進行了細緻觀察，為西方人後來入侵北京提供大量的軍事資料。

為什麼在後來的鴉片戰爭中，英軍選擇定海為第一座攻打的中國城市呢？就是因為英國使臣詳細測繪了定海城的防衛布局。

鴉片戰爭的鴉片因素，在乾隆時期也已經出現。如前所述，因為英國商品在中國打不開銷路，在中英貿易中，英國人只能用白銀換取中國的茶葉。中國對白銀的驚人胃口導致美洲很多銀礦面臨枯竭。英國人心急如焚，英國東印度公司的高級職員華生上校（Colonel Watson）正式提出在印度大規模種植鴉片，然後賣給中國人的計畫。一七七三年，也就是乾隆三十八年，這項計畫得到批准並開始實施。當然，乾隆對此一無所知。

一開始，英國人並不準備大規模實施這一罪惡的計畫，還是希望透過談判的方式打開中國國門。直到馬戛爾尼出使失敗後，英國人才開始大規模將鴉片輸入中國。據統計，一七七五至一七九七年，中國平均每年進口鴉片一千八百一十四箱。而一七九八至一七九九年，平均每年增至四千一百一十三箱，到一八〇〇年，則達到四千五百七十箱。

正是在乾隆年間興起的鴉片走私，讓中國貿易從以前的順差一下子變成了逆差，白銀大量外流，幾十年後財政瀕臨破產，導致道光皇帝不得不禁菸。

〈四〉

在英國發動鴉片戰爭的過程中，有一個人發揮決定性的作用。他的名字叫喬治・托馬斯・斯當東（George Thomas Staunton），時人稱為「小斯當東」。

一八四〇年四月七日，英國下議院進行了一場激烈的辯論，辯論題目是「要不要向中國派遣遠征軍」。在漫長的辯論過程中，一位叫小斯當東的議員的發言引起了大家的特別重視。在他發言的時候，全場鴉雀無聲，人們聽得異常認真。小斯當東以果斷的口吻說，以他對中國統治者性格的了解，他認為戰爭不可避免：「我很了解這民族的性格，很了解對這民族進行專制統治的階級性格，我肯定，如果我們想獲得某種結果，談判的同時還要使用武力炫耀。」

小斯當東的發言對議員們的決定影響是至關重要的。發言結束後，下議院裡響起久久不絕於耳的掌聲。在後來進行的投票中，主戰派二百七十一票，反戰派二百六十二票，九票之差。也就是說，如果再多五張反對票，鴉片戰爭就不會在那時爆發。

為什麼小斯當東的話如此有說服力呢？因為他是當時英國最著名的中國專家，而且他十三歲就到過中國，還曾經與乾隆皇帝「親切交談」。

原來，小斯當東正是當年馬戛爾尼使團副使斯當東的兒子。馬戛爾尼訪華時，十三歲的他被作為「見習侍童」帶到中國。在駛往中國的漫漫旅途中，小斯當東學會了簡單的中文。因此在覲見的時候，他有機會直接和乾隆用中文聊天，乾隆一高興，還賞了他一個荷包。

回到英國後，小斯當東繼續刻苦學習中文，成為知名的漢學家，以及下議院議員。

這樣一個人當然在中英關係中最有發言權。他告訴英國人，對中國必須採取強硬手段，想透過和平手段讓中國人尊敬英國是不可能的。這是他在與乾隆打交道的過程中學到的。

〈五〉

英國人在一七九三年透過和平談判沒有得到的東西，四十多年後透過戰爭一件不少地得到了。《南京條約》的五點核心內容，與馬戛爾尼乞求乾隆皇帝的內容幾乎完全一致。

一七九三年馬戛爾尼提出多口通商，增加舟山、寧波、天津等處；一八四二年的《南京條約》規定，開放上海、寧波、福州、廈門、廣州等處為通商口岸。

馬戛爾尼要求，如同給葡萄牙澳門一樣，也給英國一個小島，以堆放貨物。《南京條約》中割讓了香港島給英國。

馬戛爾尼要求結束十三行壟斷，自由貿易，公開固定的關稅稅率，這些在《南京條約》中都得到落實。

因此，鴉片戰爭與乾隆皇帝有著直接的關係。這也是我把馬戛爾尼事件當成中國近代史起點的原因。

馬克思用這樣的語言概括鴉片戰爭：「一個人口幾乎占人類三分之一的大帝國，不顧時勢，安於現狀，人為地隔絕於世並因此竭力以天朝盡善盡美的幻想自欺。這樣一個帝國注定最後要在一場殊死的決鬥中被打垮：在這場決鬥中，陳腐世界的代表是激於道義，而最現代的社會的代表卻是為了獲得賤買貴賣的特權——這真是任何詩人想也不敢想的一種奇異的對聯式悲歌[2]。」

2 馬克思、恩格斯：《馬克思恩格斯選集》（第1卷），人民出版社，1995，第716頁。

第四十二章

從財政角度看鴉片戰爭的失敗

〈一〉

關於鴉片戰爭，很多人有各種誤解。

最常見的誤解是，清軍在戰爭中是用大刀長矛和英國人作戰的。很多電影，例如《火燒圓明園》之類，通常都會表現清軍騎著戰馬，揮舞著長矛，在英軍的步槍射擊下一片片倒地的場景。

但是事實並非如此。中英雙方雖然在武器裝備上有差距，但是差距並沒有我們想像的那樣大。歷史學者茅海建的《天朝的崩潰》用大量資料雄辯地說明了這一點。英軍處於火器時代，而清軍也大量使用火器，而且還是西洋火器。例如清軍用的鳥槍，是根據葡萄牙火繩槍仿製的。清軍使用的火炮，同樣屬於西方加農炮系列。雖然中國人對英軍最強烈的印象是「船堅」，甚至排在「炮利」前頭，但是那時雙方的軍艦其實都是木頭製的帆船，靠風作動力。火輪船雖然已經發明，但是用於軍艦的技術還不成熟，因此在鴉片戰爭中基本沒有應用。

因此，中英雙方武器的差距關鍵在於品質。也就是說，雖然大致屬於同一類型，但是清軍的品質太差。「清軍使用的火器，主要是仿造明代的老式的『洋槍洋炮』。與英軍相比，整整落後了兩百餘年。」

事實上，清軍早在與明軍作戰時，就從明軍手中繳獲了大量西式武器。後來又大量地進行仿製，因此「清軍使用的鳥槍，原型可追溯至一五四八年（明嘉靖二十七年）的葡萄牙火繩槍」。但是清代並沒有對武器進行持續研發和改進，一把鳥槍通常用個幾十年甚至上百年。茅海建說他見到的資料中，竟有使用一百六十六年尚未更換的鳥槍。

大砲也是這樣，清軍使用的火炮，雖然是仿照西方十七至十八世紀初的加農炮系列，但也都是已經用了上百年，有的甚至是明朝的東西。換句話說，從明代末期到清代末期的兩百多年間，中國軍事工業沒有任何進步，甚至還有退步。例如明末清初，中國就引進「開花砲彈」（一種爆破彈）的技術，非常有威力。然而到了清代，中國人忘記自己曾經掌握這門技術，在鴉片戰爭中看到英國使用這種砲彈很厲害，才在戰爭之後費了很大力氣進行「二次引進」。但是到了十九世紀七〇年代，左宗棠征西的時候，在陝西發現明朝末年的「開花砲彈」，才恍然大悟，原來此「利器之入中國三百餘年矣」。

但是歐洲軍事技術從明末到清末一直在持續進步。因此，到了清末，中國的武器與西洋武器的品質出現巨大差距。與英軍的步槍相比，清軍的鳥槍射速慢、射程近，在威力上，一支英式步槍，可以抵上四至十支中國鳥槍。

中英雙方的大砲雖然原理相同，但是工業革命讓英國的冶煉技術大大提升，英國的大砲鐵質好，炮筒裡面用車床進行加工，非常光滑。而中國大砲鐵質很差，很容易炸裂，而且鑄件毛糙，炮筒裡面是不光滑的，所以砲彈射出來後，彈道紊亂，精度很差。所以我們看整個戰爭中，清朝軍隊沒能擊沉一艘英軍的軍艦[1]。

---

1 茅海建：《天朝的崩潰——鴉片戰爭再研究》，生活·讀書·新知三聯書店，2005。

中國和英國軍船的差別，也實際表現在英國軍艦用的木料更結實、設計更合理、安裝的大砲更多上，所以作戰效率比中國強很多。

中國和英國的武器在明末大致處於同一水準，到清末卻有了這麼大的差距。這很直觀地呈現出中世紀以後，歐洲歷史是加速度發展，而中國在很多方面是停滯甚至倒退的。

〈二〉

關於鴉片戰爭的另一個誤解，是鴉片戰爭中國只輸在軍事上。

其實，中國是整體性全方位的失敗，絕不止於軍事。

第一次鴉片戰爭花了多少錢呢？道光皇帝曾經下過一個上諭，說不完全統計的結果是花了二千萬兩白銀。而據鴉片戰爭研究的權威茅海建根據第一手資料進行的統計，這次戰爭，中國最終是花了三千萬兩[2]。

那麼，英國人花了多少錢呢？茅海建在《英國議會文件》中看到英國政府對下院質詢時開出的一份對華戰爭支出帳單，四百二十一萬鎊，最終換算一下，相當於中國銀兩一千二百六十三萬兩[3]。也就是說，只相當於中國的四〇%。

這場仗是在中國打的，英國人是萬里遠征，理應中國有地利，為什麼結

2 茅海建：〈鴉片戰爭清朝軍費考〉，《近代史研究》1996年第6期。道光23年（1843年）4月，道光皇帝的上諭中引用曾任職戶部也就是財政部的中國官員陳慶鏞的一份奏摺，說「此次各海疆動撥銀兩報部者，已不下二千萬兩，尚有陸續補報等項」。也就是說，根據官方尚未統計完的結果，第一次鴉片戰爭，花了清王朝至少2000萬兩白銀。

3 事後根據《南京條約》，清朝賠償英國的戰爭軍費為1200萬銀圓，相當於852萬兩白銀。

果卻是中國軍費比英國多那麼多呢？

這一是因為清代後勤體制落後，二是因為官員從中大量貪污，三是清朝財政體制、會計體制乃至稅收體制有很多弊端[4]。

各地的清軍平時裝備很差，根本不能打仗。出征的時候，很多東西都要重新製造。而且出征前，還要發放大量的行裝費和路費。加在一起，和新建立一支軍隊所花的錢差不多了。

貪污數量也很巨大。例如處在浙江前線的軍官們琢磨著發財手段，虛構了一支九千人的「南勇」，以這個為名義，騙國家十萬兩軍費。總兵鄭國鴻之子鄭鼎臣虛構一支兩萬人的水軍隊伍，套取國家兵餉三四十萬兩。這類事件在鴉片戰爭中層出不窮，留下很多資料。各級官員貪污總數最高可達上千萬兩。也就是說，有三分之一的軍費，是直接被貪污掉了。

〈三〉

很多人指責中國統治者在第一次鴉片戰爭中抵抗意志不堅決。

說實在的，英國人並沒有占領中國多少領土，也沒打到中國首都，為什麼不打下去呢？繼續打啊，打到國家被占領一半，來個持久戰，不行嗎？英國畢竟是小國，我們是大國，可以消耗它啊。

還真不行。

論消耗的話，我們消耗不過英國。事實上，戰爭剛開打，中國就沒錢了。

4　茅海建：《天朝的崩潰——鴉片戰爭再研究》，生活·讀書·新知三聯書店，2005。

我們來看看鴉片戰爭的軍費在中國和英國兩國的財政中的占比。

清王朝每年的財政收入，大約在四千萬兩白銀。實際在一八四〇年，中國的財政收入是三千九百零四萬兩。鴉片戰爭的軍費占中國全年財政收入的七〇%以上。

而英國那一年的財政收入是一萬五千五百四十萬兩。也就是說，英國的財政收入是中國的整整四倍！對英國來說，這場戰爭，只花掉它全年收入的八%。

這樣的戰爭，中國能打勝嗎？再打下去，中國顯然要破產，而英國毫無壓力。

一個國家的財政能力最能代表它的國力。任何一項國家能力，包括軍事力量，都離不開財力的支撐。「財政能力真正表現一個國家能在多大範圍內動員其經濟資源。」因此財政收入比ＧＤＰ總量更能代表一個國家的實力。

中國是大國，英國是小國。當時中國的人口是四·一億。而英國是一千五百萬。也就是說，中國的人口數是英國的二十七倍左右。然而英國的財政收入是中國的四倍，也就意味著，英國的人均財政收入是中國的一百零九倍！

那麼，為什麼中英兩國財政能力差距如此之大呢？

一方面是中英兩國國民收入不同，我們講過，早在工業革命前，英國人均收入就要比中國人富裕很多。

另一方面，也是更主要的一方面，是稅收體制背後的政治體制不同。

表面上看，英國的政治體制不利於稅收。因為我們都知道英國人的「無代表不納稅」的理念。著名的光榮革命最主要的內容就是限制國王的權力，不經議會同意，國王不能收稅。

而中國皇帝富有四海，皇權沒有任何限制，中國還有一支人數巨大的官僚團隊，主要任務就是收稅。因此皇帝要收多少稅，似乎是一句話的事。

這樣說起來，中國的收稅能力應該比英國強很多。

然而事實恰恰相反。正是因為光榮革命，英國的稅收能力大大增強。而中國皇帝的稅收能力其實一直很差。

這是為什麼呢？

道理很簡單。光榮革命強調了納稅人的合法財產權，或者說，強調了對產權的保護。國王不能再任意損害納稅人利益，更不能把收到的稅款用於驕奢淫逸胡吃海喝，如同秦皇漢武那樣宮殿一蓋就是幾十上百座。光榮革命的主要成果之一，就是納稅體系不再歸國王管，而是歸議會管，每一筆錢怎麼收怎麼用，都要公開辯論，非常透明。

這樣一來，精明的英國人就相信他的錢不會被中飽私囊，也不會被浪費，而是最終會花在自己身上，用來給公民提供「公共產品」。

事實證明英國納稅人的判斷是正確的。雖然國力不斷增長，收入不斷增加，但是英國的財政收入大部分用於對外擴張，國內管理上用的金額基本上不變，也就是說，文官團隊比較清廉，比較節儉，稅收沒有被腐敗吞噬。「自十四、十五世紀以來，英國政府有償提供公共產品的規模增長與效率提升就主要表現在國防或國外市場的擴張上，對內的協調功能長期以來幾乎沒有發生大的變化，其內政開支甚至保持了幾百年如一日的穩定[5]。」

在對外方面，英國政府雖然花費了當時世界上最高的稅收，但也確實最有效地保護了國家的利益。在歐洲一百多年的列強爭霸時代，英國透過軍事力量，不僅確保英倫三島、北美

5 宋丙濤：《英國崛起之謎：財政制度變遷與現代經濟發展》，社會科學文獻出版社，2015，第218頁。

殖民地、歐洲大陸市場的絕對安全，而且阻止了任何一個可能的競爭對手的出現。雖然戰爭連綿，但是不斷獲勝，可以獲得賠償。而且戰爭支出刺激了經濟增長，促使英國經濟更加繁榮，「國家支出的猛烈增長，特別是海軍部訂貨造成的對生鐵、木材、布匹和其他物資的巨大而持續的需求，造成一個『反饋環』，促進英國的工業生產，刺激了技術上一系列的突破[6]」。大量的英國工廠、企業和商人都透過戰爭發了財。這進一步提升英國人的納稅能力，形成良性循環。

因此，英國納稅人認為他們對政府的投資是合算的。他們相信，交給國家一鎊，國家回報給自己的遠超過一鎊，這使英國的徵稅阻力很小，徵稅成本相當低[7]。

馬德斌說，正是因為這樣，世界上首先被制約和限制的權力，成為最有效、最強大的權力，英國的國家能力因此大大增強。

而中國皇帝呢，表面上稅收能力很強，如前面我們所說，漢武帝時期，隨心所欲地透過稅收掠奪民間財富，導致上千萬人成為奴隸。再例如明朝末年，隨意加收三餉，並沒有人能反對。然而事實上，古代中國的財政能力是很差的。

為什麼呢？

第一，在普通民眾看來，稅收就是官府對人民的合法搶劫，納稅積極性不高，千方百計逃稅。

第二，也是更為主要的，因為無法有效治理腐敗，透過官僚體系徵收的稅款，真正送達中央的很少，有八〇%甚至九〇%的稅費被各級官員中飽私囊，成為陋規的主

6　保羅．甘迺迪：《大國的興衰：1500～2000年的經濟變遷與軍事衝突》，國際文化出版公司，2006，第77頁。

7　不過我們要說明的是，英國人均納稅雖然遠高過中國，但是在整個財政收入中並不是主要部分，這方面下一章有說明。

要來源，成為官員們發財致富的主要手段。這就是所謂的「強政權與弱治理並存的矛盾體」。因此古代中國的國家能力很差，無法建立起公開透明的稅收體系，無法提供一些基本的公共產品。

因此，鴉片戰爭後，中國有一位著名的保守派官員劉錫鴻，被派到英國當外交官後，透過親眼觀察，發了一通感慨。他說中國老百姓不願意交稅，英國老百姓卻很積極，為什麼呢？因為英國人徵稅，是老百姓選出的議員在議會上決定的，取之於民，用之於民，大家當然是願意。而中國徵稅去做什麼，誰都不知道，當然沒有人願意交了。當然，這話是他私底下偷偷說的，回國之後他是絕口不提。

第四十三章

「借錢」的能力與英國崛起

〈一〉

光榮革命之後，英國不但在與中國的鴉片戰爭中輕鬆獲勝，在歐洲大陸，也沒有了敵手。

在歐洲歷史上，英法兩國是老對頭。在光榮革命之前，英國的國力是無法與法國抗衡的。光榮革命時，英國的總面積是三十一萬平方公里，總人口是八百九十四萬。而法國的面積是五十六萬平方公里，總人口達一千九百三十萬。當時法國的GDP是一萬二千一百五十九萬英鎊，差不多是英國的兩倍（英國約為六千四百一十八萬英鎊）[1]。

從國王的集權程度也就是集中力量辦大事的能力來看，英國更是遠遠不及。英國國王的權力一直受到貴族們的重重約束，而法國國王權力極大，法國王室從十四至十七世紀一直是歐洲最富有的王室。

因此在光榮革命之前，英國不是法國的對手。一三三七至一四五三年間，英法打了一場當時世界上最久的戰爭，即長達一百一十六年著名的「百年戰

1 計秋楓：〈近代前期英國崛起的歷史邏輯〉，《中國社會科學》2013年第9期。

爭」。戰爭以法國獲勝結束，英國幾乎喪失所有的法國領地。

然而一六八八年光榮革命之後，英國開始了軍事上的崛起，從「光榮革命」到滑鐵盧戰役的一百二十七年裡，英法兩國有一半時間（六十四年）都處在斷斷續續的戰爭狀態[2]。最終的結果是英國全面獲勝，摧毀法國的海上力量，奪取法國的海外殖民地。隨著拿破崙帝國的瓦解，英國迎來了輝煌的十九世紀。

那麼，為什麼光榮革命後英國軍事力量變得如此驚人？

主要是因為英國人的借錢能力變強了。

上一章我們講了，英國的稅收能力遠強於中國。然而，在英國的財政收入中，直接的稅收還只是小部分，大部分是國債。也就是說，英國的財政能力更主要的部分，是表現在「借錢」的能力上。

我們知道，打仗就是打錢，就是比誰的錢禁得住消耗。光榮革命之後很長時間，因為國家規模的關係，英國的稅收仍然沒有法國多，但是英國透過發行國債，獲得了巨額資金。光榮革命後沒幾年，一六九五年，英國的國債總額就達到八百四十萬英鎊，達到稅收的兩倍。以後更是直線上升，一七〇〇年達到一千四百二十萬英鎊，一七六三年增到一・三二六億英鎊，而到了一七九〇年，國債總額攀升到二・四四億英鎊，是當年政府收入的十五倍[3]！正是強大的籌資能力，支撐著英國打贏了一場又一場戰爭，成為世界頭號霸主。

換句話說，英國之所以能稱霸歐洲，就是因為它在歐洲最能借錢。

相反，法國失敗是因為它借不到錢。法國人也不傻，為了打仗它也努力發行國債。然

---

2 計秋楓：〈近代前期英國崛起的歷史邏輯〉，《中國社會科學》2013年第9期。

3 同上。

而法國在這方面很失敗。雖然法國政府願意付出的利息差不多是英國政府的兩倍，達到六％以上，然而，卻沒有人願意買法國的國債。拿破崙時期在位十年，籌到的國債一共只有六千三百多萬法郎，約合當時的二百七十四萬英鎊，不到英國國債的一％[4]。這是拿破崙最終遭遇滑鐵盧的根本原因。

〈二〉

為什麼法國借不到錢呢？因為國家體制不同。

我們說過，在歐洲國家通向建立中央集權的統一民族國家的過程中，有四種模式。西班牙的絕對專制式、荷蘭的鬆散聯邦式、英國的君主立憲式我們都已介紹過，在這裡我們再花點筆墨介紹一下法國的君主專制式。

和歐洲其他國家一樣，中世紀法國也是一個鬆散的封建制度國家。國王名義上是全法蘭西封建主的最高宗主，實際上並不能控制全國。王室的領地很小，在大大小小諸侯的封地海洋中像一個島嶼，人們稱它為「法蘭西島」。王室的收入相當微薄，不夠宮廷費用。以致腓力一世曾率領臣僕搶劫過路的義大利客商，以補不足[5]。然而，諸侯們卻占有大片土地，各據一方，有時還與國王打仗。

讀到這裡，相信大家一定會想到周天子遷都洛陽之後的情況。當時周天子地盤大大縮水，入不敷出，窮困潦倒，只好厚著臉皮，派出使者到周圍各國去化緣，「求賻

4 李方恩：〈「老賴」拿破崙：信用差評，焉能不敗？〉，《文史博覽》2017年第12期。

5 陸炘如：〈淺述法國封建中央集權制的形成及其主要特徵〉，《歷史教學》1979年第10期。

（喪葬費）」、「告饑」、「求車」、「求金」。為了一件小事，鄭國還公然與周王室大打出手。

從十一世紀起，法國國王就不斷試圖加強自己的權力，透過戰爭，王室直轄領地不斷擴張。由於大陸型國家的環境和稟賦，法國的君主集權比英國要順利，經過持續不斷的頑強努力，十六世紀，中央集權的君主專制國家漸漸形成，在路易十四時期，達到了中央集權的鼎盛階段。一六八八年時，英國忙於光榮革命，而法國則在忙著集中力量辦一件大事，就是建設規模浩大的凡爾賽宮。第二年，也就是一六八九年，凡爾賽宮落成。如果你到凡爾賽宮去玩，相信你一定印象深刻。這座建築裡面林林總總的收藏和陳設，反映出集權制法國的強大和奢華，與中國古代帝王的宮殿在精神上並無二致。

法國的君主專制比西班牙要先進，因為它兌現了對資產階級的承諾，破除封建關卡，促成國內的統一市場，推動了經濟發展，但是這一制度的問題在於對君權缺乏有效約束。

在中世紀封建制度下，和其他國家一樣，法國國王的權力受到貴族的地方統治、城市三級會議和各種行會組織的約束。但是中央集權的擴張漸漸突破了這些約束，表現之一就是稅收的增長。例如在路易十一統治期間，稅收增長近四倍。為了徵稅，法國建立起一支龐大的官僚團隊[6]。貴族在地方的統治權逐漸被國王任命的行政官僚取代，這個過程與戰國時期中國的郡縣化改革相似[7]。

---

6 道格拉斯·諾斯、羅伯特·托馬斯：《西方世界的興起》，華夏出版社，2014，第157頁。

7 王濤：〈中央集權的政治困境——再議托克維爾熱之盲點〉，《探索與爭鳴》2013年第9期。

到了路易十四階段，國王權力無限膨脹，個人獨斷獨行，官僚機構越發龐大，擁有軍隊達三十萬，達到「君權神授」、「朕即國家」、「法律出於我」的與中國帝王相仿的程度[8]。而正是在這個過程中，英國國王的權力卻日益縮小，並且在光榮革命中被架空成「虛君」。正是這一進一退，導致兩國的借錢能力出現巨大差距。

〈三〉

為什麼法國人借不到錢呢？道理很簡單。借錢最關鍵的是什麼？是信用。信用好，能借到錢。信用不好，沒有錢可以借給你。

歐洲歷史上戰爭不斷，大大小小的國王為了支持戰爭早就開始想盡辦法借錢。一開始，國王們總是以自己的個人信譽來借，但是這樣借到的錢有限。為什麼呢？一是因為有的國王誠信度不高，說話不算話。二是國王的壽命是有限的，老國王死了，新繼位的國王有可能不承認前任國王欠下的債務。所以國王們雖然付出很高的利息，卻通常借不到多少錢。

十六世紀，哈布斯堡王朝要和法國開戰，急需資金。這次，哈布斯堡皇帝腦筋一轉，不再用個人的名義借錢，而是以其領地荷蘭州議會的名義來借。

為什麼以議會的名義來借呢？第一，荷蘭州議會信譽特別高。我們講過，荷蘭是歐洲議會制度最發達的地區之一，議會制度最為成熟。荷蘭州議會誕生之後，一直信譽良好，從來沒有違約過。荷蘭曾立法保障銀行交易的絕對自由，因此當後來荷蘭和西班牙的軍隊在海

8 陸炘如：〈淺述法國封建中央集權制的形成及其主要特徵〉，《歷史教學》1979年第10期。

洋上廝殺時，西班牙貴族手中的白銀居然仍可以自由地從阿姆斯特丹銀行的金庫中流出。荷蘭的銀行，甚至還可以合法地貸款給正在和自己國家作戰的敵人。所以，大家信得過荷蘭[9]。

第二，更為關鍵的是，國王會死，但荷蘭州議會卻是永久性機構，不會消失。

第三，哈布斯堡皇帝有時窮有時富，荷蘭州議會的稅收卻一直穩定增長，有穩定的還債能力。

當然，荷蘭州議會不會無條件為哈布斯堡皇帝借錢，荷蘭州議會同意為皇帝借錢，但要求以後有權限制哈布斯堡皇帝的財政支出，這樣還款就有了雙重保障。

於是，哈布斯堡皇帝以交出部分財政權為代價，將自己的「個人借貸」轉換為由議會這一公共機構發行「公共債務」，「國債」就誕生了。荷蘭州議會以其高度的信譽、穩定的償還能力和永久存在的生命，輕鬆地為哈布斯堡皇帝借到大量的錢。

因此，國債制度的誕生，意味著根本性的制度變革，即「王權」受到限制，而議會的權力獲得擴張。

英國「光榮革命」之後，來自荷蘭的威廉三世繼承了英國的王位，把荷蘭的這套國債制度帶入英國。

英國擁有良好的發行國債的基礎。因為與荷蘭一樣，英國擁有成熟的議會制度。人們對英國政府充滿信心，相信英國政府肯定能守信歸還本息。所以英國民眾非常踴躍地購買債券，認為這樣比把錢存在銀行划算。英國人均購買的國債額，在威廉三世

9　中央電視台《大國崛起》節目組：《大國崛起：荷蘭》，中國民主法制出版社，2006，第114頁。正是因為視信用為生命的觀念，導致世界上第一家中央銀行（1609年的阿姆斯特丹銀行）、第一家證券交易所、第一家股票可以自由買賣的股份有限公司（1609年的荷蘭東印度公司）都誕生在荷蘭。

時期達到三・一英鎊，到美國獨立戰爭時期更增加到二十九・一五英鎊。由於英國政府的透明度較高，歐洲大陸的投資者也都非常願意投資英國。荷蘭人、猶太人甚至敵對國家法國的投資人，都踴躍購買英國國債[10]。所以英國能借到全世界的錢，來支持自己與法國打仗。

因此，一七八六年，英國首相皮特在下院宣布：「這個民族的生機乃至獨立建立在國債基礎之上。」

〈四〉

在發行國債方面，法國人遠遠不行。法國實行君主集權制度。專制就意味著任性，意味著朝令夕改，意味著不講信用。在國債發明之前，法國國王以個人名義舉債，總是借不到多少錢，因為歷史上法國王室的信用一直很差，是著名的「老賴」，法國有的國王甚至用殺掉債權人這種辦法來逃債。

英國人發行國債之後，法國也有樣學樣。但是法國的議會政治不成熟，代議制度很落後，議會無力控制國王。法國的三級會議在一六一四至一七八九年間，一百多年沒有召開，國王的權力不受約束，經常東一下西一下瞎折騰。因此雖然法國國債利息很高，但是大家信不過這個國家，沒有人買。

「老賴」的法國王室借不到錢，只能靠不斷增稅[11]，甚至透過賣官鬻爵來籌集軍費。

10 計秋楓：〈近代前期英國崛起的歷史邏輯〉，《中國社會科學》2013年第9期。

11 而法國政府在徵稅過程中，因為過程不透明，民眾交稅意願不高，徵稅成本高達25%

王室財政危機最終引發政治風暴，導致王朝轟然倒塌。法國大革命後上台的革命政權做得更絕，他們乾脆一筆勾銷了三分之二的債務，結果法國政府的信用更是一落千丈，只好大量收稅，稅收總額大大超過了革命之前的水準。

到了拿破崙時期，因為這種負面歷史遺產，同樣借不到錢，財政支撐能力越來越差，拿破崙雖然擁有天縱的軍事天才，最終也不得不兵敗滑鐵盧。

因此有人評論道：「拿破崙是在用自己的本金和英國的利息來進行戰爭，焉有不敗之理？」[12]

---

12 李方恩：〈「老賴」拿破崙：信用差評，焉能不敗？〉，《文史博覽》2017年第12期。

第四十四章

被約束的權力更強大

〈一〉

上一章我們講了，成熟的議會制度為英國帶來了一個意想不到的好處，那就是發行國債的能力大大增長。這個能力像變戲法一樣，讓英國國力一下子提高好幾倍。

了解國債制度，我們就可以解釋，為什麼小小英國的財政收入能輕鬆超過龐大的中國。

英國的財政收入是什麼時候開始超過中國的呢？有些學者的研究結論是中國的乾隆時期[1]。

在清代早期，也就是光榮革命之前，英國的財政收入還遠不及中國。例如康熙二十四年，也就是一六八五年，光榮革命前三年，大清帝國財政收入為三千一百二十三萬兩[2]，英國則為四百九十三萬兩[3]，僅為中國的一六%。

1 東北師範大學的楊慧在她的論文《17～19世紀中英財政收入和支出結構比較研究》中進行了詳盡的比對，將英國的數字換算成了中國的銀兩。

2 《17～19世紀中英財政收入和支出結構比較研究》中所引周育民研究的數字。

3 《17～19世紀中英財政收入和支出結構比較研究》中楊慧研究的數字。

乾隆朝的這個財政收入數字是人們一直以來津津樂道的，被認為是盛世的一個重要指標。一七九一年也就是乾隆五十六年，達到四千三百五十九萬兩[4]。這在中國歷史上是一個非常高的數字。明代成化十六年，即一四八〇年，財政收入是一千三百三十二萬，到了明代收入比較高的一六〇二年，也不過是二千二百九十五萬[5]。所以清朝的財政收入比明朝強很多。

然而，事實上，這個數字放到今天其實並不算大。乾隆朝的四千多萬兩白銀，如果按白銀的價格換算，不過相當於今天的十億美元左右，今天一個民營公司的收入可能都比這多[6]。

光榮革命之後，因為國債發行額呈幾何級數增長，英國的財政能力猛增。在財政收入達四千三百五十九萬兩的乾隆五十六年左右，英國財政收入已經達到五千一百萬兩，超過了大清帝國。在此之後，英國更是絕塵而去，到了一八一二年，也就是嘉慶十七年，大清帝國財政收入四千零一十三萬兩，而英國已經是一萬九千五百一十一萬兩，已經是中國的四・八六倍。

在財政優勢下，英國的軍費更是清王朝的數十倍。看到這兒，你就會明白，鴉片戰爭中，中國是毫無勝機的。

4 《17～19世紀中英財政收入和支出結構比較研究》中所引周育民研究的數字。

5 《17～19世紀中英財政收入和支出結構比較研究》中所引吳承明研究的數字。

6 陳志武在《為什麼中國人勤勞而不富有》中提到，2017年中國財政收入百強縣指標，一個縣級市（崑山市）的財政收入都能達到352億，約合50億美元，也就是說，今天一個縣長能支配的財政收入都五倍於乾隆皇帝！

〈二〉

既然缺錢，那麼，中國為什麼不會像歐洲國家那樣發行國債呢？

道理很簡單。首先，中國的皇權是籠罩一切的，普天之下，莫非王財。所以中國皇帝沒有借的思維，只有搶的思維。他缺錢的時候，會直接沒收富商的財產，或者強迫他們捐款，但是沒想到和他們借錢。所有的東西包括百姓的性命都是皇帝的，他怎麼可能想到去借呢？在鴉片戰爭開始前，清政府就已經陷入財政危機，國庫存銀只有一千多萬兩，而鴉片戰爭的軍費高達三千萬。那麼，這中間巨大差額是從哪兒弄來呢？我們前面說過，除了花國庫的錢之外，清政府的軍費還有兩個來源：一個是「攤廉」，說白了就是挪用官員薪資，從文武官員的養廉銀中扣；二是「開捐」，就是強迫富商地主捐款，這實際上就是公開搶劫。

其次，即使皇帝願意發國債，也沒有人願意買。雖然老百姓在皇帝面前表現得很順從，但是他們內心深處不相信皇帝會守信用。近代以前，中國政府從來沒有發行過國債。一直到一八九四年，清朝政府近代化轉型過程中，才因財政極度困難而效法西方，發行公債。然而清政府發行的「昭信股票」、「郵傳部京漢鐵路贖路公債」、「愛國公債」，幾乎無一例外地在全國上下遭受冷落，迅速失敗。從「昭信股票」的名字看，清政府本來是憋足了勁想講一回信用的，無奈沒有人信，最後忍不住強盜脾氣復發，強制攤派，又拒不付息，中小投資者血本無歸，導致國債淪為橫徵暴斂的工具。清政府自己也灰心喪氣地說，「自昭信股票之後，信用未復」。

因此，傳統中國的產權制度等與西方根本不同，權力不受約束的中國皇帝能獲得的有效稅

7 馬德斌：《中國經濟在歷史上什麼時候落伍的》。

收，要遠遠低於王權被憲政制約的荷蘭和英國[7]。

經濟學家陳志武在《金融的邏輯》中說，過去人們總認為，國庫真金白銀越多，國家就越強大；借錢花的國家是弱國。但是事實也許並非如此。他說，如果把一六〇〇年左右的國家分成兩組，一組是國庫藏了很多現金的國家，像明朝中國國庫藏銀一千二百五十萬兩，印度國庫藏金六千二百萬塊，土耳其帝國藏金一千六百萬塊；另一組是負債累累的國家，像英國、荷蘭、各義大利城邦國家，你會發現一個驚人的結果：幾百年過後，當年國庫藏金萬貫的國家，都是比較落後的國家，而當時負債累累的國家，今天都是已開發國家[8]。因為借的力量其實比搶的力量強大，或者說契約的力量大於槍桿子的力量。

〈三〉

講到這裡，我還需要補充一筆，再聊一聊法國的君主專制制度，以及它和後來震驚世界的法國大革命的關係。

細讀歷史，你會發現法國的集權過程與中國秦朝的集權過程非常相似。他們都是透過官僚集團取代原來的自治社會。對於地方貴族，秦始皇是用暴力強行遷徙到首都。當然歐洲人想像力再豐富也不敢做這樣的事，路易十四的辦法是在凡爾賽宮中每天舉辦舞會和晚宴，發布最時尚的羽毛、綢緞和蕾絲，把數萬名貴族吸引到巴黎，從早到晚待在宮殿裡，讓他們沒有時間去管理地方，吸引他們瘋狂採購，削減他們的財力。

8　今天美國的經濟之所以能保持世界第一，基礎也是其世界第一規模的國債。

我們講過，周秦之變中，大共同體取代了地方自治。原本「出入相友，守望相助，疾病相扶持」的「百姓親睦」的民間社會，變得冷冰冰，以致父子之間，婆媳之間都如同路人。而在法國的集權過程中，也出現同樣的情況。原本在各地封建莊園中，貴族、農民和商人是相互依存的共生關係，而「中央集權下官僚機構的行政活動取代了地方民眾的公共生活」，原有的地方有機社會被破壞。「在打碎封建制度的政治關係之後，中央集權也破壞了附著其上的社會紐帶和人際網絡，以及各階層持有的共同觀念、共同情感和共同習慣[9]。」有機社會迅速沙化，原來是利益共同體的民眾成為陌路。貴族不再參與地方管理，與其他階層脫離。作為沉重軍役賦稅唯一承擔者的農民階層，則仇恨其他階層。

和秦國不一樣的是，擁有強大中央集權的法國，一度是很想為民眾謀福利的。托克維爾在《舊制度與大革命》中說，自國王路易十四開始，中央政權一片好心地要把全社會的責任承擔起來，不但積極承擔全國財政、公共工程和社會治安的管理，而且還大力籌辦慈善事業，甚至幫助農民學習新技術，培訓農民。然而，中央政府積極進取為民眾辦好事，卻導致民怨重重[10]。

為什麼呢？因為社會的自治能力被取消後，「中央政權已成為社會機器的唯一動力[11]」，什麼事都要由它主導，不許別人插手，不許民間自發解決問題。所有不被它控制的力量都被它視為一種威脅。「最小的自由結社，不論目標如何，均使政府不快[12]。」所以，在鎮壓和防範社會上，國王做了很多令人反感的事，

9　王濤：〈中央集權的政治困境——再議托克維爾熱之盲點〉，《探索與爭鳴》2013年第9期。

10　同上。

11　托克維爾：《舊制度與大革命》，商務印書館，2013，第109頁。

12　同上書，第105頁。

抓了大量的人。

如果排除了民間力量的政府能把一切事都辦得完美，那自然也沒問題。但是政府顯然沒有解決一切問題的能力，「它的排他性會讓關切公共事務而受阻的民眾，對政府充滿了指責和批評」。天底下的事總是這樣的，關乎你的事，如果讓你參與，那麼做錯了你也不好說什麼，因為你自己也參與決策了。但是如果不讓你參與，無論結果如何，你總可能會挑剔。既然民眾無法參與關乎自己利益的公共事務，他們就挑剔而報怨，「連那些最無法避免的災禍都歸咎於政府；連季節氣候異常，也責怪政府[13]」。托克維爾看到，中央集權下的政府面臨著社會的整體性疏離與反對[14]。雖然政府有時確實一片好心，但是它把民眾推到了自己的對立面。這是法國大革命爆發的一個基礎。

〈四〉

君主專制制度的另一個嚴重後果是，專制國家的性格也敗壞了民眾的品格。路易十四的君權強大蠻橫，蔑視法律，政策朝三暮四，缺乏穩定性。「有什麼樣的政府就有什麼樣的民眾」，在這樣的政府下生活的民眾也模仿政府的行為方式，內心深處不相信法律，只想鑽法律的漏洞。「與政府蔑視法律和缺乏信用相呼應的是，民眾不遵守規則和秩序，易於走向極端。」民眾發現法律沒有權威，因此也不遵守法律，而是相信行賄受賄和個人關係。他們表面上順服權力的安排，但這種服從不是發自內心，而是被迫的，

13 托克維爾：《舊制度與大革命》，商務印書館，2013，第112頁。

14 王濤：〈中央集權的政治困境——再議托克維爾熱之盲點〉，《探索與爭鳴》2013年第9期。

因此，當政府權力高壓一旦減輕，民眾就會從順民一下子變成暴民，「因缺少外在約束而變得任性、驕縱，以至於走向暴力」。托克維爾說，正是政府的武斷和專橫行為塑造出民眾的惡劣品格[15]。

這是後來法國大革命如此暴烈的重要原因。

中央集權化的進程破壞了傳統的有機社會，製造出一個碎片化、原子化的脆弱社會，這樣一盤散沙的社會缺乏抵禦和消化各種社會動盪的能力。正是因此，大革命能夠輕鬆地席捲法國。

這個過程，和秦國的崛起以及毀滅的過程是何等相似。秦始皇建構的權力體系看起來牢不可破，然而由於它讓社會嚴重散沙化，因此，陳勝吳廣揭竿而起，把沙土地基挖掉一角，整個國家就迅速崩塌。秦國從建國到統一天下花了幾百年的時間，而陳勝吳廣振臂一呼，不到三年，秦朝就滅亡了。因為它是一個沒有根的政權。

托克維爾說，法國君主專制制度最可怕的地方在於它破壞了法國人的自治能力，其負面影響並不止於法國大革命的爆發，更在於「它持續地使在這種民眾中建立民主共和秩序的任何努力都大打折扣」。在大革命之後，法國政治仍然頻繁動盪就是明證[16]。「大革命並沒有解決根本問題，此後近百年中，法國一直處於革命與復辟的輪迴中，社會持續動盪，經濟發展速度受到影響，工業化進程緩慢。」

15 王濤：〈中央集權的政治困境——再議托克維爾熱之盲點〉，《探索與爭鳴》2013年第9期。

16 同上。

第八篇

打開國門後的世界

第四十五章

近代世界轉型最順利的國家：日本

〈一〉

在中國鴉片戰爭結束十一年後，一八五三年七月，四艘巨大的黑色鐵甲艦，冒著隆隆的黑煙，駛入了日本的江戶灣。這就是所謂的「黑船來航」事件。

上岸的美國海軍准將佩里攜帶了美國總統寫給天皇措辭非常禮貌的信件，要求日本開放港口，與美國通商。並說他明年春季會再來，聽取日本方面對總統信件的答覆。

第二年，日本乖乖地和美國簽訂了《日美親善條約》，宣布開國。日本近代化的進程由此開始。

近代史上，還沒有其他任何國家能像日本人那樣迅速和成功地在西方的威脅面前做出機敏的反應。透過專心致志地學習西方，短短四十多年，它從一個蕞爾小國搖身一變為世界強國。

因此日本人對「黑船來航」一事，普遍抱有感激而不是仇視的心理，他們感謝佩里打開日本國門，見識到外部的新世界。日本人在佩里上岸處樹立起紀念碑。時至今日，日本每年都要舉行一次特殊的紀念活動，叫「黑船祭」，來紀念「被美國侵略」這件事，在表演活動中，當年的「入侵者」美國人是以英雄的姿態出現的，而當年的日本人則被處理成滑稽可笑、驚慌失措的小丑形象。

為什麼日本和中國在面對西方文化入侵時，有如此截然不同的反應呢？

在很多人的頭腦中，中國和日本是兩個非常相似的國家。一提起日本，我們嘴裡馬上蹦出來的詞彙是「同文同種」、「一衣帶水」。一八九八年，康有為就對光緒皇帝說，日本與中國國情相近，日本人能做到的，中國人當然也能做到。「故更新之法，不能捨日本而有異道。我朝變法，但采鑒於日本一切已足[1]。」所以中國要變革，除了學日本沒別的辦法，只學日本一國就足夠了。

〈二〉

然而事實並非如此簡單，在中國和日本相似的表面下面，其實是巨大的不同。

首先是政治權力結構的不同。開國前日本的政治結構與中國差別很大。

傳統中國實行的是大一統的集權統治，「全國一盤棋」。而日本則是諸侯林立，分為二百多個藩國，各藩處於半獨立狀態，諸侯在自己的領地上擁有行政、司法、軍事和稅收等權利，在自己的領地中是絕對的主宰，他們雖然要向幕府效忠，但幕府並不干涉各藩內政。因此這種制度實際上類似西歐的莊園領主制。

中國最高權力歷來一元，皇帝一人說了算。而日本最高權力長期二元，天皇和幕府並存。日本的天皇，只是名義上的最高首長，實際生活狀態很是可憐，連吃飯都靠別人。某一

1　蔣貴麟主編：《康南海先生遺著彙刊19．康南海文集》，宏業書局，1987，第335頁。

時代的天皇甚至窮得把自己的字偷偷拿出去賣錢。但是幕府也從來不敢公開蔑視天皇的權威，名義上還是要服從天皇。

兩國的社會結構也完全不同。中國從秦始皇之後就取消了封建世襲制，社會流動性很強，所謂「朝為田舍郎，暮登天子堂」，農民的兒子透過科舉做到卿相是常見的事。因為「富不過三代」，社會財富和地位總在不停地流動之中。

日本卻一直實行世襲等級制，社會分為壁壘森嚴的幾個階層，基本不能相互流動。不光是天皇萬世一系，其他社會階層也經常是延續幾百年紋絲不動。今天我們提到日本，經常驚訝於日本的一些老店經營了幾百年至今，這其實正是日本傳統社會固化的一種遺存。

中國實行諸子均分制，父親死了，家產兒子平分，而日本實行長子繼承制，家產主要都給長子。中國人古來崇尚多子多福，而日本人沒有拚命多生的習慣。中國以文人治國，日本卻實行武士制度。中國歷代貪污腐敗之風盛行，而日本統治階層歷來十分清廉，似乎不懂什麼叫貪污。

因此，日本實際上是一個非常特殊的國家，與一衣帶水的中國完全不同，卻與遙遠的歐洲非常相似。莊園領主制、長子繼承制、社會階層世襲制、權力多元、武士制度，這些在中世紀西歐都有，只不過歐洲不叫武士，叫騎士。

日本人能夠迅速走上西化道路，正是因為與歐洲的相似：它和歐洲一樣，都是從封建制度的基礎上，而不是從中國式郡縣制的基礎上開始轉型的。

日本啟蒙思想家福澤諭吉說，中國用文官治國，儒家思想成為控制每個社會成員的教條。而日本統治階層是世襲的武士，他們大多讀書不多，依靠基本理性行事，所以整個社會更為注重實際，對現實問題更容易做出合理的反應。

他說：「（中國皇帝以）至尊的地位和最高的權力合而為一，以統治人民，並且深入人心，左右著人心的方向。所以，在這種政治統治下的人民思想趨向必然偏執，胸懷狹窄，頭腦單純。（日本幕府和天皇分立，則）形成了至尊未必至強，至強未必至尊的情況，……恰如胸中容納兩種東西而任其自由活動一般。任何一種思想都不能壟斷，既然不能壟斷，這時自然要產生一種自由的風氣。……在汲取西洋文明方面，可以說，日本是比中國容易的[2]。」

確實，日本統治階層遠比中國的官僚階層更為現實，因此，鴉片戰爭後，清朝魏源寫了《海國圖志》，介紹外國形勢。中國知識分子和官僚對此書不加理睬，不久此書就在中國絕版，而日本人則視如珍寶，不斷翻印。

〈三〉

曾經有一些西方學者認為，在西方的挑戰面前，中國能做出比日本更快、更好的反應。因為開國前的中國，政治上比日本更集權，經濟上比日本也更繁榮。賴肖爾說：

中國是世界上最大的國家，長時期實行高度的中央集權制。日本存在著非常嚴密的閉鎖封建主義時期，因此從社會上看，它也被認為是兩國中更落後的國家。與此相對照，中國早已存在著歐洲到十九世紀才開始迎來的那種平等主義。

2 福澤諭吉：《文明論概略》，商務印書館，1998，第27～28頁。

這樣，十九世紀初期的歐洲人假如對中日兩國中哪一方可能實現近代化進行預測的話，一定會認為，中國只要重新調整一部分政策，改革一部分組織機構，就能實現近代化。反之，認為日本在可能進行近代化不可缺少的國家建設之前，必須首先進行徹底的政治革命與社會革命[3]。

康有為也是這樣認為的。在他看來，中國要現代化轉型，肯定要比日本快得多，因為中國是專制體制，皇上一句話，下面立刻執行，不像日本那樣各藩紛爭。「皇上大權獨攬，沒有日本幕府將軍專權，指揮天下如臂使指，又不必像日本那樣先要去除封建藩士。……因此治效之速，必遠過日本。」

但事實恰恰與此相反，這是為什麼呢？

賴肖爾的解釋是，中國的「如臂使指」恰恰是改革最大的阻力：「中國國土雖然遼闊，但中央政權有力量粉碎一切所謂非法的地方反應。在中國只能有兩種可能性：要麼是北京中央政府的反應，要麼是顛覆政府的民眾運動。」而日本由於權力分散，在外界挑戰面前，不同的藩可能做出不同的反應，因此，做出正確應對的機率要遠大於中國：「日本由於在封建制度下被分割為許多藩，對於西方學問與力量的態度比中國單一的中央集權制度更富於變化，能夠做出內容豐富的反應。」

確實，在開國之際，日本諸藩中的大部分藩主也都是昏庸保守之輩，做出的反應是很愚蠢的，例如盲目排外、亂殺外國人。然而，畢竟有少數藩採取了正確的應對措施：「在各藩內部

3　賴肖爾：《近代日本新觀》，生活・讀書・新知三聯書店，1992，第30頁。

也有一些敏感性強的人，出現令人驚異的各種反應。」例如水戶藩、越前松平藩、山內藩等。「這種種反應說明，日本比一元化的帝政中國有更多獲得建設性反應的機會[4]。」

資本主義在歐洲的發展，是人類歷史的一個特殊現象，這一特殊現象的產生依賴於歐洲小國林立的特殊條件。無獨有偶的是，在歐亞大陸另一端的日本，也因為諸侯林立，可以在危機面前做出多種選擇，從而使正確的選擇脫穎而出。

4　賴肖爾：《近代日本新觀》，生活・讀書・新知三聯書店，1992，第36頁。

第四十六章

朝貢體系與中國的面子外交

〈一〉

日本人愉快地接受了黑船來航，而中國被打開國門後的感覺是極度痛苦的。這種痛苦主要不是因為經濟利益受損，而是面子受損。

第一次鴉片戰爭之後，中英簽訂了《南京條約》。按理來說，一國與外國簽訂了重要條約，自然應當下發各級官員特別是外交部門了解並且執行。但是大清帝國卻沒有這樣做。

《南京條約》簽訂之後，條約文本一直存放在兩廣總督衙門，並未上繳朝廷供呈御覽，也並未向下頒發。很多外交官員也不了解條約的具體內容，「歷來辦理夷務諸臣，但知有萬年和約之名，而未見其文」。

之所以如此，當然是因為這個條約太丟面子了。堂堂天朝上國在人家的炮口下被逼簽了和約，而且和約的內容更是不同尋常。清方在條約中不得不稱「英夷」為「大英國」，稱夷人頭領為「大英國君主」，與中國皇帝並列書寫。這在當時的中國人看來，簡直是不可想像的。江蘇布政使李星沅獲悉《南京條約》的內容後，氣憤不已，說條約中「夷婦與大皇帝並書」，實在令人無法接受。所以朝廷決定，條約內容能不發就不發，盡量縮小知情人的範圍。

第一次鴉片戰爭後，廣州人和英國人之間，又展開了轟轟烈烈的「反入城鬥爭」。這個事也很重要，但是可能知道的人不多。

什麼叫「反入城鬥爭」呢？

原來在鴉片戰爭以前，洋人是不能進入中國城市的，具體地說，是不能進到城牆以內，理由是夷人低人一等，不配住進中國城市。因此英國人以前是住在廣州港口邊上。

英國人對此感覺很不舒服，因此在南京條約中，專門約定了一條，以後可以進城居住[1]。事實上，《南京條約》簽訂後，上海、寧波、福州等地都陸續允許英國人入城。只有廣州人堅決反對洋人進城。他們認為割地賠款都是小事，洋人進城這一條絕對不能接受。

為什麼呢？因為他們認為人類和禽獸不能生活在一起。廣州府學明倫堂曾貼出一道《全粵義士義民公檄》，稱：

> 華夷未可雜居，人禽不堪並處，直是開關揖盜，啟戶迎狼。

翻譯過來就是中華與蠻夷不可混居，人類和禽獸不能共處。如果讓外國人進城居住，那就是打開大門，讓豺狼進來。

所以為了進城不進城這事，中國和英國又爭執了十幾年，這也成為第二次

---

1 《南京條約》中文本第二款：「自今以後，大皇帝恩准英國人民帶同所屬家眷，寄居大清沿海之廣州、福州、廈門、寧波、上海等五處港口，貿易通商無礙；且大英國君主派設領事、管事等官住該五處城邑。」按中文理解，則一般英國人（包括商人、傳教士、旅行者及其家屬）可以居住在港口，英國女王任命的外交官則可以住在城內。《南京條約》英文本則將中文本中的「港口」和「城邑」統統翻譯成cities and towns。英方認為cities and towns指城內，因此，英國外交官和一般英國人都可以入城。條約簽字時未聲明以哪種文本為準。

鴉片戰爭的一條導火線。

第二次鴉片戰爭分兩個階段。第一個階段，英法兩國為了擴大侵略利益，一路從廣東打到天津，把清王朝打服了，於是中外雙方在天津簽了一個《天津條約》。

簽字之後，道光皇帝的兒子，當時的皇帝咸豐又後悔了。因為《天津條約》裡有一條規定，幾個西方國家可以派大使駐在北京。

這在當時西方世界是常態，今天也是世界外交慣例，但是咸豐卻感覺如坐針氈，別的條款他都能接受，割多少地賠多少款都行，就是讓外國人住在北京，想來想去，怎麼想還是不行。

為什麼呢？原因很簡單，就是因為外國人不向他下跪。早在乾隆爺的時候，英國使臣馬戛爾尼來朝，為了跪與不跪，鬧了很久，最後也沒有正經下跪。以乾隆大帝之威，尚且不能讓英人規規矩矩地三跪九叩，他當然更沒法強迫洋人獻出尊貴的膝蓋。

那麼不下跪會怎麼樣呢？咸豐認為，這會讓他在全世界丟臉。而這一丟臉，還會引起連鎖反應，這象徵著中國從此就不再是天下諸國公認的天朝上國了，以後可能連朝鮮、琉球等國，也不尊敬中國了。（「朝鮮、琉球等國，久奉正朔，每遇朝貢，皆極恭順。若見該夷之桀驁倨侮，必皆有輕視天朝之意。」）也就是說，兩千年的朝貢體系也將瓦解於一旦。

〈二〉

我們都知道，中國歷史上實行朝貢體系，中央王朝高高在上，周邊民族和小國前來進貢。這個體系「本質上是儒家的天下理論與東亞的政治現實相結合的產物，反映了儒家文化的價值追求」，它是一個文化體系，透過這一體系，中國向周邊國家不停地輸出文化。它也是一個政治體系和外交體系，中國透過這個體系，來維持與周邊國家之間的和平。

自漢代以來，能否讓「四夷賓服，萬國來朝」，或者說，朝貢國多少，就成為衡量一個王朝合法性的重要指標。

明代是中國朝貢體系建立得最為完備的朝代之一。《明會典》所列朝貢國的總數為一百一十一個，即使將位於今新疆等境內的西域小國剔除，其數量也超過一百個[2]。

當然，除了文化、政治與外交，朝貢體系也是一個經濟體系。這些國家為什麼來朝貢呢？除了傾慕中華文化，懾於大國兵威之外，經濟利益也是一個重要的考量因素。

我們都知道漢武帝打匈奴的威名，但是我們可能不知道的是，漢武帝為了面子，曾花了不少錢收買「夷狄」來朝貢。「在經濟上給夷狄以豐厚『賂遺』，這是吸引夷狄的根本。夷狄重漢財物，才會有歸漢之心。……綜觀西漢一朝，『賂遺之設』可謂遍及四海，從對域外來使的贈賜，到對歸漢酋長的封賞，西漢無時無處不在展示著經濟文化的巨大魅力[3]。」

用呂思勉的話來說，「賂遺」就是「犒賞和給養降胡費，使節所攜和來朝蠻夷所受的遺賂」。據《漢書．西域傳》，班固因此對漢武帝為了外交上的風光大量花錢，表示強烈不滿：

2 李雲泉：《朝貢制度史論：中國古代對外關係體制研究》，新華出版社，2004，第66頁。

3 石少穎：〈西漢王朝對外思想論述〉，《社會科學輯刊》2007年第1期。

及賂遺贈送，萬里相奉，師旅之費，不可勝計……民力屈，財力竭。

明代也是這樣。中國對朝貢國一直採取「厚往薄來」的政策。朝貢國進獻的貢物，明代都會按價付錢，而且比市場價格要高出很多。以龍涎香為例，據相關史料記載，此物「貨於蘇門答剌之市……一斤該……中國銅錢九千個[4]」，一斤合九貫錢。而據《明會典》的記載，朝廷給大部分朝貢國的價錢是每斤四十八貫，高出市價整整五倍有餘。再例如日本人所進貢的腰刀，每把市價最多三貫，但是明朝給日本的定價是每把十貫。

除了按價給錢，大明王朝對於朝貢國還例有「回賜」，回賜之物通常都是精美的絲綢和瓷器。同時，使臣在中國受到的接待也非常細緻周到。來到中國朝貢的船隻，通常要由中國提供護航，從踏上中國土地的那一刻起，各國貢使吃喝花用都不用出一文錢，全部由天朝上國承包。

「厚往薄來」政策形成了巨大的吸引力。數倍、數十倍的暴利驅使周邊國家和民族爭先恐後前來進貢。因此明初經常有海外商人三五成群湊在一起，花錢找個懂中文的人寫一道表文，就冒充貢使跑來上貢，送來大批香料，騙走無數錢財。例如洪武七年（一三七四年），暹羅商人沙里撥冒稱是本國國王令其同奈思里儕剌悉識一起來進貢，因為裝得不像，被朝廷識破（《明史．暹羅傳》）。

因此，傳教士利瑪竇認為，朝貢關係的本質，不是世界向中國朝貢，而是中國向世界朝貢。這話當然說得太過分了，不過歷史上很多時期，朝貢確實對中原王朝形成難以承擔的經濟

4　馮承鈞：《星槎勝覽校注》，商務印書館，1934，第28頁。

重負。例如明代與周邊的多次衝突和戰爭，通常都不是因為人家不來進貢，而是人家進貢太熱情，明朝招待不起，只好撕破臉。

例如日本人在中國打的「爭貢之役」。嘉靖二年（一五二三年）六月，日本兩個地方諸侯為了爭奪進貢利潤，派出了兩撥朝貢使團同時來到中國。他們在寧波發生衝突，不但相互殺戮，還在回國途中沿路大肆燒殺搶擄，由「貢使」變為赤裸裸的「倭寇」，明朝只好派兵鎮壓，追擊的備倭都指揮劉錦、千戶張鏜等明朝官兵皆戰死。浙中大震，史稱「爭貢之役」。

再例如土木堡之變，也是蒙古人為了進貢而打的。明初與部分蒙古勢力達成封貢協議後，蒙古人頻繁跑來進貢，進貢馬匹的數量越來越超出規定。明朝方面掏不起「馬價」，要求他們少來幾回，少貢點馬，但是蒙古人說什麼也不聽。太監王振很生氣，於是壓低「馬價」，結果激怒了蒙古人，對明朝大舉入侵，導致「土木堡之變」。這在事變後蒙古人與明朝談判的過程中說得很清楚：「自太師父祖以來，至於今日，朝貢朝廷三十餘年。你使臣進馬，往往待以厚禮，遇以重恩。近因奸臣王振專權，減少馬價，以故勒兵拘留太上皇帝聖駕，搶掠人民，殺害軍馬。……」（李實《北使錄》）

事實上，明代蒙古人為了強行進貢，除了土木堡之變外還有過一場「庚戌之變」。嘉靖年間，蒙古俺答汗多次向朝廷寫求貢書，請求進貢，原因說得很坦白：

> 臣等生長北番，……生齒日多，衣服缺少，……各邊不許開市，衣用全無，氈裘不奈夏熱，……入邊作歹。

就是說我們生活在草原地區，天然缺乏衣料等生活用品。朝廷不許我們進貢來換取生活物資，各關口又不許貿易，導致我們無法生活下去，只好入關來搶。

俺答汗承諾說：「如果許貢，即約束其下，令邊民墾田塞中，夷眾牧馬塞外，永不相犯。」如果你讓我們進貢，以後就不打你們。

然而嘉靖皇帝說什麼也不同意蒙古進貢，結果嘉靖二十九年（一五五〇年），俺答汗率軍攻到北京附近，大肆焚掠騷擾，「殘掠人畜二百萬」，宣稱「予我幣，通我貢，即解圍，不者歲一虔爾郭！」你要讓我來進貢，我就退兵，要不然，一年來打你一次！一直到明朝保證允許他們前來進貢後才退兵。

〈三〉

因此，朝貢體系在文化上具有傳播功能，在政治上具有協調功能，在經濟上則很多時候是一個賠本賺吆喝的買賣。

但是，就是這種賠本買賣，清朝也想繼續做下去，因為這事涉及中國的外交傳統，更涉及王朝的面子。所以咸豐決定，不惜一切代價，不能讓外國人在北京派駐大使。

但是，怎麼才能讓已經簽訂的條約不生效呢？條約墨跡未乾，如果直接撕毀，結果自然是爆發另一場戰爭，中國取勝的機率極小。咸豐皇帝左思右想，最後一個腦筋急轉彎，想出一條「萬全」的「妙計」。

什麼妙計呢？那就是用錢收買洋人，讓他們同意不進京。花多少錢呢？大清帝國的全部關稅。

你們洋人不是貪財嗎？那就好辦，因為我堂堂中國，偏偏好義不好利。乾脆，我大清帝國和你們做生意時所有的關稅都不要了，以此換你們別到北京來見我，這總算可以吧？

不要以為我在開玩笑，這是千真萬確的史實。

咸豐皇帝下諭說：「此時須將全免稅課一層，明白宣示，使知中國待以寬大之恩，此後該夷獲利無窮。」你們明確告訴他們，如果不派公使，我就把關稅全部免除，讓他們獲利無窮，以後發大財。

如果咸豐的這個決策真的實施，那麼中國將成為人類歷史上第一個零關稅國家。這個對外開放的力度可真是夠大的，只可惜動機有點可笑。咸豐做出這個決定，可以說是下了血本。因為當時清朝的經濟形勢是非常緊張的。鎮壓太平天國已經花光大清國庫，而海關年收入此時已達到數百萬兩，是國家重要的財政收入之一。如果沒有這筆關稅，國家經濟很快就會崩潰。

後來的學者說，「可以想像的是，咸豐帝此一政策果獲『成功』，在西方諸強的瘋狂擴張中，近代中國恐怕將無商業利益可言，清政府也早就垮台了」。孟森也說：「進口貨且不能收稅，洋人重利，其於駐使一層必可暫緩，留作後圖。而舉貨之灌輸，海關之不必設，中國又成何世界？此皆一回首而令人撟舌者。」

好在負責談判的大臣知道事情的嚴重性，不顧惹皇上生氣，紛紛上奏表示堅決反對。在大臣們反覆說明之下，智商不高的咸豐皇帝似乎也最終明白取消關稅的嚴重後果，最終只能打消這一想法。

不能用零關稅收買，那麼怎麼辦？咸豐皇帝思來想去，決定還是不惜一戰，阻止洋人進京。因此他毅然又一次挑起戰爭，戰爭的結果是英法火燒圓明園，咸豐北逃承德，並且在《北京條約》簽訂後因為怕見洋人，遲遲不願返回，最終死在了那裡。

因此，面子外交導致晚清中國做出很多錯誤決定。

第四十七章

要吞併大英帝國的緬甸

〈一〉

如果你只讀中國史，你會奇怪中國晚清統治者為什麼會如此愚昧可笑。但是如果放眼世界，你會發現，這並不是中國一家獨有的現象，有些國家在近代化過程中的對外反應與中國一模一樣。例如緬甸。

中國淪為「半殖民地」的第一步是「第一次鴉片戰爭」，而開啟緬甸近代史的則是鴉片戰爭之前十七年爆發的「第一次英緬戰爭」。

中國在第一次鴉片戰爭前不明世界大勢，不明敵我雙方的力量對比，因此遭遇慘敗。

而第一次英緬戰爭前的緬甸，其盲目自信，比中國還要嚴重。

一七八五年，緬甸大軍揮師西向，吞併了一個叫阿拉干的王國，從此與英屬印度直接接壤。一八一七年，緬甸蘭里島總督致信英屬孟加拉總督，奉緬王旨意，要求英國人向緬甸臣服，並且獻上孟加拉，交納賦稅。英國人自然並沒有如緬王希望的那樣前來叩頭。緬王大怒，決意與英國開戰，計畫先征服加爾各答，後吞併整個英帝國，並派自己的兒子去統治：

英國人竟敢……不來朝貢。……王軍可直搗加爾各答，而進兵英國，以王兒為英國全境之總督[1]。

一八二二年，緬甸名將班都拉主動出擊，進攻內夫河口刷浦黎島的英國守軍。次年，英軍決定全面反擊，第一次英緬戰爭正式爆發。

戰前的緬甸本來沉醉在一片盲目自大的情緒裡，認為打敗小小蠻夷不成問題。沒想到，戰爭進行不久，緬甸就一潰千里，面臨被滅國的前景。在英軍抵達緬甸首都附近後，緬甸不得不與英方進行和談，簽訂了著名的《揚達波條約》，割地賠款，並規定英國方面可以派出使臣駐緬甸首都。

〈二〉

緬甸國王之所以敢於要求英國臣服於他，一方面是因為他不明世界大勢，另一方面也反映出緬甸人的世界觀與中國非常相似。中國的皇帝自認為是「天子」，「溥天之下，莫非王土，率土之濱，莫非王臣」，天下所有一切國家都應該向自己臣服進貢。而相比中國皇帝，緬甸國王更為自大。歷代緬甸國王幾乎都宣稱自己是宇宙最高神毗濕奴、濕婆或是佛陀的化身。因此，緬甸國王被認為是宇宙的主宰，被稱為「水和土地的主人」。也就是大地上一切的主人，總自稱為「王中之王」、「最高之王」、「宇宙之王」。十八世紀，緬甸雍籍牙王朝的國君阿隆

1　戈・埃・哈威：《緬甸史》（下卷），商務印書館，1948，第57頁。

帕耶在一封致英國國王的信中就曾自稱「最偉大的至善的獨裁的君主……白象和黃金的主人……朕的偉大來自太陽」[2]。

之所以有相似的世界觀，是因為緬甸的權力結構與中國相似。中國皇帝權力巨大，在國內實行說一不二的專制統治。而緬甸王權之專斷殘暴甚至超過中國皇帝，清末中國史籍《緬甸國志》記載，「緬甸為純然君主專制政體，刑賞生死，皆出諸君王之意念，其政府以尊嚴順從君主為主」。因此，和中國皇帝一樣，緬甸國王有一種「特有的自豪和過分的傲慢」，不允許世界上還有與他平等甚至比他權力更大、地位更高的人[3]。

除了世界觀原因外，緬甸之所以如此自信，還有實力上的原因。在現今中國人的心目中，緬甸是一個貧弱落後的小國。在歷史上，它卻一直是東南亞的大國，戰鬥力極強，甚至一度威震八方。

向東，它長期與泰國爭雄，長期占有上風，甚至導致有四百多年歷史的大城王朝的滅亡。向北，緬甸與中國的明朝和清朝先後展開大規模戰爭，而且都是緬甸占了上風。明代晚期，緬甸主動入侵中國，並從中國手中奪取了大片領土，今天緬北的大部分地區，在明代前期是在中國版圖之內的。即使是在清朝全盛的乾隆中期，緬甸在和中國為爭奪中緬之間的土司展開的四次大戰中，也不落下風：前三次中國戰敗，最後一次雙方戰平，打得乾隆皇帝也沒脾氣。

這個面積並不大的國家之所以如此武勇，是因為它長期實行「軍國體制」，實行

2 宋立道：《神聖與世俗——南傳佛教國家的宗教與政治》，宗教文化出版社，2000，第75頁。

3 尼古拉斯·塔林主編：《劍橋東南亞史》（第二卷），雲南人民出版社，2003，第31頁。

一種類似中國「軍戶」的制度，叫「阿赫木旦」制度。這些人平時耕種，戰時出征。平時他們不用納稅，戰時又可以掠奪戰利品，在緬甸社會地位很高。因此，緬甸這個國家實際是「為戰爭而生」的，這個國家作戰時不需要動員，不需要後勤準備，每個阿赫木旦都枕戈待旦，隨時可以出征。面對這樣的虎狼之師，很多國家都退避三舍。因此，在東南亞，緬甸是令人聞風喪膽的大國，是名副其實的霸主。

緬甸和泰國在文化上非常接近，都深受印度文化的影響，也同為小乘佛教的重鎮。然而面對英國人的侵略，兩個國家的反應卻截然不同。泰國小心而理智，努力收集外部訊息，與殖民勢力巧妙周旋，最後成為東南亞唯一沒有淪為殖民地的國家。緬甸卻粗率蠻幹，戰前盲目自大，戰敗又驚惶失措。之所以如此不同，一個重要原因是泰國是一個非常重視海外貿易的國家，統治者具有商人一樣的靈活與現實，注意蒐集外面的情報，也懂得以柔克剛。緬甸在歷史上卻一直鄙視商業。

緬甸統治者一直坐享戰爭紅利，歷來不重視經濟建設。緬甸海岸線長，海上貿易條件很好，但是緬甸統治者為了維持海上安全和國內穩定，採取閉關自守的政策，嚴格控制對外貿易。和中國的廣州海關一樣，緬甸海關也非常腐敗，官員經常敲詐勒索外國商人。船上人員須幾經檢查後才能上岸，有的船隻還被勒索禮品[4]。因此，緬甸的海外貿易規模一直無法擴大。

4　賀聖達：《緬甸史》，人民出版社，1992，第184頁。

〈三〉

基於相似的政治結構，緬甸對外部世界的反應與中國高度相似。

第一次英緬戰爭和第一次鴉片戰爭，對緬、中兩國的民族自尊心和自信心都造成空前的打擊。然而戰爭之後，兩國的統治者都表現出驚人相似的顢頇和遲鈍。

在緬甸歷史上，從來還沒有哪一次戰爭像第一次英緬戰爭那樣，如此沉重地打擊了緬甸人。「國王孟既被一再復發的憂鬱症折磨，最後變成了癲狂[5]。」

然而，如此慘烈的結局並沒有動搖緬甸人的面子心理。「（英國人）認為戰敗的震驚能對阿瓦朝廷起到有益的效果，使它改弦更張。但事與願違……他們所蒙受的奇恥大辱反而使他們更加傲慢，對於外部世界照舊茫然無知，又不肯取法於人[6]。」

第一次英緬戰爭與第二次英緬戰爭相距二十六年，第一次鴉片戰爭和第二次鴉片戰爭之間間隔十六年，這兩個國家本來都有充分的時間總結教訓，大力改革。然而兩國的統治者都沒有進行任何反省，而是固守舊制度，繼續沉睡在舊夢裡。中國在第一次鴉片戰爭後除了加固了幾個砲台外，沒有進行任何內政改革，同樣一八二六至一八五二年，緬甸上層統治集團沒有採取任何改革措施。相反，仍然如以前那樣沉溺於內部鬥爭。儘管國家日趨貧弱，這一時期的緬甸國王仍然熱衷於做功德，廣建寺院寶塔。孟坑王一八四一年南下仰光朝拜大金塔，一次就布施了三千二百緬斤（將近五千公斤）的黃金。

因此很自然，中國和緬甸不久就遭遇第二次攻擊。第二次鴉片戰爭與第二次英緬戰爭

---

5 D·G·E·霍爾：《東南亞史》，商務印書館，1982，第695頁。

6 同上。

也有很多相似之處。

上一章我們講過，第二次鴉片戰爭的起源，除了英法等國要擴大侵略權益這一根本原因之外，還有「面子」因素，一個是「反入城」鬥爭，另一個是所謂「公使駐京」問題。如前所述，咸豐皇帝寧可放棄全部海關稅收「賜」給外國，也不想接受公使駐京。

而第二次英緬戰爭的導火線之一，同樣是有關英國公使進駐緬甸的爭執。

《揚達波條約》中明確規定英國向緬甸首都派駐公使，同時緬甸也向英屬印度派駐使節，以利外交交流。緬甸國王對這一條極為反感，原因與中國相同：互派使節就等於承認英國國王與自己地位平等，這是緬王無論如何不能接受的。因此，第一次英緬戰爭之後，緬甸一方面竭盡全力砸鍋賣鐵向英國人賠款，另一方面又千方百計拒絕讓英國公使進駐緬甸首都。

為了能讓緬甸接受英國駐緬甸的使節，英國人費盡了心力。一八二六年，英國派出約翰·克勞福德（John Crawford）前往緬甸首都阿瓦談判這一問題。

緬甸國王紆尊降貴地「破格」接見他，不過卻特意選擇了一個特殊的日子，那就是「悔過日」（也稱「卡多」即「Kadaw」日）：這是緬甸國王接受地方上的頭人進貢並請求國王寬恕的日子。緬王在這一天接見克勞福德，可以自欺欺人地理解成英國人是在向緬王進貢，並承認以前的錯誤：「那天，國王的一些封臣照例都一齊前來納貢。而總督送來的官方禮品也被說成是該總督臣服於『黃金之足』並對以往的過錯乞求寬恕的象徵[7]。」

這一安排與中國晚清的外交手段非常相似。在後來同治皇帝不得不接受外國公使進京並考慮公使覲見事宜時，故意把接見地點安排在中南海紫光閣。因為這是中國皇帝傳統上接見「貢

7 D·G·E·霍爾：《東南亞史》，商務印書館，1982，第695頁。

使」和「外藩」的地方，這樣一來，外國使臣仍然是被當成了「貢使」[8]。

經過重重波折，緬王終於同意英國人在首都設立大使官邸，然而這個官邸的位置不合常理，設在一片很容易被水淹沒的沙灘上：

> 當他到達緬都的時候，緬廷竟不顧他的職位，指定給他在一片沙灘上的一幢房屋作為駐所。在雨季中，伊洛瓦底江氾濫，這個沙灘就被淹沒在數英尺深的水中。他向加爾各答當局申訴說，他所受到的待遇「不是英國紳士，或說得更廣泛一些，不是任何一個普通英國人所應受到的」。
>
> ……當時，個個駐紮官都在緬甸首都傷了身體，這成了孟坑陳腐的笑柄之一[9]。

緬甸人洋洋自得，認為這樣一來自己就揚眉吐氣了。第二年年初，印度政府撤銷駐緬使館，從而斷絕了和阿瓦朝廷的外交關係。

當然，使節爭端只是第二次英緬戰爭的一個小小前奏。與面子上的爭執相比，英國人更難以忍受的是緬甸人試圖推翻《揚達波條約》。

東方民族對條約的尊重往往並不堅定。咸豐君臣在與英法簽訂《天津條約》時，

---

8 光緒年間的覲見，在外國公使的堅持下，改在了文華殿。然而各國公使覲見後，沒有走文華門的左門，而是直接走出了中門，當場被尚書敬信抓住衣袖，引發了一場不大不小的外交風波。

9 D·G·E·霍爾：《東南亞史》，商務印書館，1982，第700頁。

曾明確宣稱簽署條約不過是為了退兵而採取的權宜之計。負責談判的大臣桂良也對皇帝說，簽約只不過是「暫藉和好之說，迅速了結為得計也」，假借談判，把洋人打發走了事。所以外國人走了之後，隨時可以推翻：「此時英、法兩國和約萬不可作為真實憑據，不過假此數紙，暫且退卻海口兵船。將來倘欲背盟棄好，只需將奴才等治以辦理不善之罪，即可作為廢紙。」如今我們和洋人談的這個條約，皇帝您別當真，這只不過是咱們哄他們退兵的招數。等他們走了，您就假裝治我們的罪，說我們談判時沒聽從您的指示擅自簽約，這樣條約不是一下子就變廢紙了嗎？

緬甸人也一樣認為，已經簽訂的條約是隨時可以翻臉不承認的。

一八三七年年初，孟既國王被他的弟弟孟坑發動政變推翻。孟坑是一個堅定的「愛國主義者」，他上任之後做的第一件事，就是宣布《揚達波條約》無效。理由呢？很簡單，新官不理舊帳，這個條約不是他簽的。

> 一八三七年六月，孟坑王召見伯尼，譴責英國侵占緬甸領土，宣稱他過去沒有看到過《揚達波條約》的全文，英國人也沒有跟他締約。因此，他不理會《揚達波條約》[10]。

這種態度當然是英國人難以接受的。第二次英緬戰爭終於爆發，戰爭結果是緬甸半年之內就喪失了大片國土。一八五二年年底，英國單方面宣布吞併下緬甸，將緬甸的一半國土吞入口中。

---

10 賀聖達：《緬甸史》，人民出版社，1992，第236頁。

第二次英緬戰爭之後不久登基的曼同王，是一個力圖有所作為的國王。為了保住緬甸的「球籍」，他在國內推行了一些改革措施。但是緬甸的改革力度不夠，完全達不到扭轉緬甸國運的程度。更何況緬英雙方在此時又因鞋子問題而宣布斷交，這再一次讓緬甸國勢落入危險之中。

和中國一樣，緬甸的外交史上，禮儀之爭也漫長而激烈。中國和外國的爭執是三跪九叩，而緬甸人爭執的主要焦點是鞋子問題。鞋子在東南亞國家通常被視為不潔之物，緬甸人要求英國人見緬甸國王時必須先脫鞋，然後跪拜。然而一八三〇年來到緬甸的白尼，卻拒絕這樣做。

> 白尼堅決反對脫鞋，並明確表示：這是緬甸官員「借羞辱和貶低英國人的人格，來提高他們王的地位和滿足他們自己的傲慢和虛榮心的一種手段」[11]。

如同馬戛爾尼覲見乾隆前與中國方面為行禮爭執了一個月一樣，英緬雙方為脫鞋這件事爭執了將近兩個月，最後達成妥協，緬甸方面允許白尼可以穿鞋走到宮殿的台階前面再脫鞋。

在曼同王統治時期，雙方因為鞋子問題又起爭執。「一八七三年英國威爾斯親王到達印度。緬甸大使晉見時穿著靴子，坐在椅子上。隨後，英國提出，今後英國大使晉見緬王時不再脫靴子；從此曼同王再不見英國使臣[12]。」

---

11 黄祖文：《緬王孟既與第一次英緬戰爭》，香港社會科學出版社有限公司，2004，第183頁。

12 劉明翰等編：《人類精神文明發展史》（第三卷），中國青年出版社，2003，第474頁。

這件事導致英緬斷絕了外交關係，不再有溝通的管道，雙方關係越來越惡化，不久終於發生了第三次英緬戰爭，並以緬甸的完全失敗而告終。從此緬甸作為一個獨立國家不復存在，成為英屬印度的一個省。

因此，晚清中國的對外反應並不是獨有的，在世界其他國家的歷史上，也能找到很多例子。

第四十八章

海上來的蠻夷和陸上來的不一樣

〈一〉

第一次鴉片戰爭爆發之後，中國士大夫認為這不過是歷史上無數次蠻夷擾邊的重演。例如曾國藩在家書中提到這場戰爭就說：「英吉利豕突定海，……逆性同犬羊，貪求無厭[1]。」

歷史上中原王朝因為武力不濟敗給蠻夷是常見的事。例如明代長期對倭寇毫無辦法，而清代全盛時也曾經遭遇烏蘭布通之敗。因此第一次鴉片戰爭的失敗並沒有什麼可奇怪的。

但是不久之後，有一些人敏銳地發現，這次來的蠻夷和以前相當不同。

咸豐三年，也就是一八五三年，上海爆發小刀會起義，在混亂期間，上海海關官員逃跑，沒有人收稅。英、法、美三國的領事商量了一下，決定三國各派一人，成立一個稅務司，「代替中國政府」收關稅。這顯然是對中國主權的一種嚴重侵犯。不過令中方官員意外的是，外國人居然能認真地收稅。過

1　曾國藩：《曾國藩全集．日記》（1），岳麓書社，2011，第60頁。

了兩年，上海收復，外國人居然將他們收到的稅款七十多萬兩，老老實實地交給清政府。而且，更關鍵的是，在外國人的管理下，上海海關收的稅明顯增多，也就是說，貪污腐敗現象不存在了。「稅收大增，政府善之[2]。」

清政府大感意外，事後竟然很高興地同意由英國人代管中國海關。從此開始，外國人就代管中國海關行政，最高長官稱「總稅務司」，意即「總司海關稅務之事」。海關收到的稅款很快就比清朝收到的多出兩倍甚至三倍。（「正稅、子稅較我厘金之科則業已倍之、三之，在彼固自謂仁至義盡矣[3]。」）

外國人管理中國政府事務，這當然是西方侵犯中國主權的一個鐵證，是殖民主義者的嚴重罪惡。但問題是中國政府在這件事情上相當主動。英國外交官威妥瑪跟中國大臣文祥說，等中國海關改革完成後，中國人可以自己管理。沒想到文祥馬上回答，「用中國人不行，因為顯然他們都不按照實徵數目呈報」，還說，原來管理上海海關的薛煥近三年來根本沒有報過一次帳。後來英國人赫德跟恭親王奕訢聊海關改革時，「恭親王說，中國官員幾乎無人可信。對比之下，外國人的報告較為可靠[4]」。

後來的兩江總督曾國藩提到外國人將七十多萬關稅交給清朝政府這件事，嘆息說，想不到蠻夷之人，居然也有信義。他在信中曾讚歎道：「洋人代收海關之稅，猶交還七十餘萬與監督吳道。國藩嘗嘆彼雖商賈之國，頗有君子之行。」曾國藩認識到，這些洋人不同於中國歷史上傳統的、沒有文化根基的蠻夷：「夷非匈奴、金、遼

2 呂思勉：《中國制度史》，上海三聯書店，2009，第373頁。

3 曾國藩：《曾國藩全集·書信》（4），岳麓書社，2011，第48頁。

4 王宏斌：《赫德爵士傳——大清海關洋總管》，文化藝術出版社，2000，第37～43頁。

比，天下後世必另有一段論斷。」這些洋人與漢代的匈奴以及宋時的遼金，性質是完全不同的。

第二次鴉片戰爭中，當圓明園被燒、洋人進入北京城的消息傳來時，很多中國人都認為，大清要亡了。因為歷史上的蠻族如果攻占了中國的首都，下一步自然會建立一個新的王朝。

然而，事情的進展卻出乎幾乎所有中國士大夫的預料。這些洋人雖然也和歷史上的蠻族那樣做出野蠻的焚燒和搶劫，但他們燒的只是皇帝的別墅，也就是圓明園，而對於清王朝統治權威的象徵紫禁城及太廟、天壇等地，卻絲毫沒有動。而且談判完，就撤兵走了，沒要一寸土地。

中國人非常驚訝。沒想到還有這種蠻夷。戶部尚書沈兆霖說，英法聯軍「以萬餘眾入城，而仍換約而去，全城無恙。則該夷於專於牟利，並無他圖」。這麼強大的軍隊，進入中國的首都，費了這麼大的勁，只為了做買賣！簽完了做買賣的條約，就老老實實撤走了。原來這是一種新蠻夷，一種只愛做買賣、不要土地的蠻夷。

〈二〉

是的，跨海而來的英國人和歷史上那些傳統的蠻夷不同。

他們對接管大清的政權並不感興趣，不想直接統治這片廣大的土地。他們甚至願意幫助維持清朝的統治，鎮壓太平天國。他們還願意幫助中國實現內政改革，發展經濟。

為什麼呢？因為這樣可以讓中國人富到能買得起他們生產的商品。

也就是說，推動英國人跨海遠來的，不是一次性掠奪，而是要獲得持續不斷的巨大利潤。

由此我們需要多花些筆墨，來分析一下殖民主義的雙重作用。

馬克思論述英國對印度的殖民統治時說道：「英國在印度要完成雙重的使命：一個是破壞性的使命，即消滅舊的亞洲式的社會；另一個是建設性的使命，即在亞洲為西方式的社會奠定物質基礎[5]。」

英國人的殖民對印度傳統文化造成了巨大的破壞，摧毀了東方農村田園詩般的傳統生活。但是另一方面，英國人也在印度進行了非常重要的建設。馬克思說，英國人使印度完成了連印度人自己都完成不了的政治統一，「是使印度復興的首要前提」。而英國人組織和訓練的印度軍隊，「是印度自己解放自己和不再一遇到侵略者就被征服的必需條件」。同樣，英國人帶來的「在亞洲社會裡第一次實行的自由報刊，是改建這個社會的新的和強有力的因素」。更為顯而易見的是，英國人在印度建設了近代化交通網，建立起近代工業體系。這些客觀上加速印度的經濟成長，也延長印度人的平均壽命[6]。

當然，英國人費心費力做這一切，動機並不如他們自己所宣稱的那樣是無比高尚的。他們做這一切，動機只是一個詞，「利潤」。為了達到這個目的，一開始，「工業巨頭只是想用低廉商品壓倒它」。但是後來，隨著全球化的進展，「工業巨頭們發現，使印度變成一個生產國對他們有很大的好處。為了達到這個目的，首先就要供給印度水利設備和內地的交通工具。現在他們正打算在印度布下一個鐵路網。他們會這樣做起來，而這樣做的後果是無法估量的」。

說到這兒，我們還需聊點別的，比較一下英國式殖民與西班牙式殖民對世界造

5　馬克思、恩格斯：《馬克思恩格斯全集》（第9卷），人民出版社，1995，第246～247頁。

6　馬克思、恩格斯：《馬克思恩格斯全集》（第9卷），人民出版社，2009，第248頁。

成的不同影響。

耶魯大學教授保羅・甘迺迪（Paul Michael Kennedy）說：

我們可以繼續透過貿易保護主義、征服以及保持獨有的壟斷地位來賺取金錢，但是如果選擇了自由貿易，我們可以賺到更多的錢。而且，如果我們讓別人有錢了，他們就能夠向我們購買更多的產品。

這是歷史上以前沒有過透過公司進行征服的新型帝國，這是與傳統征服者完全不同的邏輯。傳統的征服邏輯是天地之財只有此數，我多了你就少了，所以我要搶你的。公司的邏輯是互通有無，透過貿易，能創造出更多的財富。

正是因為利潤的驅動，所以大英帝國是一個去中心化的帝國。傳統帝國去征服有黃金和白銀的地方，而大英帝國除此之外也願意開發荒蠻之地，因為可以從這些地方獲得原料，將這些地方培育成市場。為了培育更大的市場，它就必須為當地製造一個經濟發展的機制，因此自然也就帶來西方文明在全世界的擴展。用馬克思的話來說，西方殖民主義「把一切民族甚至最野蠻的民族都捲到文明中來了。它商品的低廉價格，是它用來摧毀一切萬里長城、征服野蠻人最頑強的仇外心理重炮」。

西班牙依靠暴力進行的殖民是第一代殖民方式，而荷蘭和英國公司式的經營則是一場重大的升級換代，這種方式改變了世界的面貌。

我們必須要反覆強調，不論何種方式的殖民，背後的基本動機都是自私的、貪婪的。哥倫布本人就曾經屠殺和搶掠印第安人。西班牙人在殖民過程中，造成上千萬印第安人的死亡，造成馬雅文明、印加文明的毀滅，英帝國在殖民過程中，同樣做了很多血腥和殘酷的事，他們同樣參與大規模的黑奴貿易，同樣對印第安人進行屠殺。大規模的奴隸貿易，造成了上千萬奴隸的死亡，而英國人在相當長的時間裡一直是奴隸貿易的主力[7]。

然而和西班牙式的殖民比起來，以公司的方式經營殖民地，畢竟還有不一樣的一面。西班牙式的第一代殖民者對殖民地的控制是嚴厲而死板的。宗主國規定殖民地種植什麼、經營什麼，絲毫不得違背。而英屬殖民地經濟上比較自由。「（北美洲的殖民者）具有企業主開拓和進取的精神……他們並不按照英國政府的意圖行事，不願意把自己生存的土地變成一個落後的原料供給地。而英國政府對殖民地的限制也不很嚴。所以，北美洲的移民很快開創了北美、非洲、南美洲的三角貿易，在西班牙和葡萄牙的屬地上大做買賣；他們還違背英國政府的意圖，迅速地建立了以鑄鐵、毛紡、小五金等為主的工業基礎[8]。」

在政治上，西班牙把本國的封建專制制度直接移入殖民地，建立起與西班牙完全相同的殖民地官僚體系。西班牙國王在各地建立起總督府，總督集民政、軍政與司法大權於一身，只對國王負責，唯一的任務是執行國王的命令，並不代表地方利益。

同時，西班牙國王又大展權術，鼓勵殖民地其他官員祕密監督總督，向國王祕密彙報總督的一切活動，以使官員互相掣肘，有利於君主獨

7 關於在非洲奴隸貿易中被運走的黑人的數目，不同的研究結果差距很大。有的學者認為，奴隸貿易一共奪走6000萬個非洲人，也有人說，最低限度有1000萬非洲人被劫往美洲去。據阿普特克計算，每有一個黑人活著到美洲，就意味著有5到6個黑人死亡。杜波伊斯也認為，活著到美洲的黑人與死在運奴過程中的黑人的比例為1比5。參見劉祚昌：〈美國奴隸制度的起源（上）〉，《史學月刊》1981年第4期。

8 尹保雲：《現代化通病——二十多個國家和地區的經驗與教訓》，天津人民出版社，1999，第130頁。

裁[9]。因此，我們可以想像，西班牙殖民地政府具有專制政體的一切缺點。「行政效率極差，辦事拖拉，貪官污吏層出不窮。」殖民地官員也具有專制政體下官吏的典型性格特徵，那就是對上唯命是從，對下蠻狠專橫，殘酷剝削[10]。

殖民地時期，拉丁美洲社會是實行嚴格的等級劃分的。第一等人是「半島人」，即來自西班牙半島的人，他們擔任殖民地的高官，是血統純正的主子。第二等級是「克里奧爾人」，即美洲出生的純種西班牙人。他們因為不生在母國，所以只能是二等公民。第三等級是「麥士蒂索人」，也就是西班牙人同印第安人混血的後代，只能成為小商販等普通勞動者。第四等級是印第安人，他們只能提供低級體力勞動。第五等級是黑人。第六個等級是黑奴。這六類人，等級森嚴，差別分明。因此，從殖民地時期開始，拉丁美洲就存在著北美沒有的巨大階級差別，少數統治者作威作福，大多數人則逆來順受，生活極為淒慘。

而英國對殖民地的管理則遠沒這麼嚴密。基於英格蘭自治傳統，英王對殖民地的管理也是放羊式的。殖民地時代的美國並沒有一個統一的政治規劃。「雖然英王被宣布為所有殖民地的主人，但英國對殖民地的管理在很長的一個時期內實際上並無章法。」

所以美洲殖民地一開始是一個又一個分散的殖民點，這些殖民點從一開始就是高度自治的。移民到了地廣人稀的荒蠻之地，並沒有現成的政府機構可以依靠。他們只能自己組織起來，幾乎一切關係大家利益的事，都需要透過市鎮大會解決，例如是否修路，在哪兒修建會堂，聘任誰當學校校長，或者「決定豬是否應該關在豬圈裡，還是要用柵

9 張衛良：〈試論15～16世紀西班牙君主專制制度的特點〉，《杭州師範學院學報》1993年第5期。

10 同上。

欄圈在園圃之外」。

鄉鎮政治因此成為美國政治的基礎。「在鄉鎮內部，居民享受真正的、積極的、完全民主和共和的政治生活。」杜威說。「雖然我們對家庭和社區鄰里組織多有不滿，但是不可否認的是，它們永遠是培育民眾精神的最有效的平台。借助家庭和鄰里組織，公民性格得以穩步形成，自我管理的能力得以逐步確立[11]。」

因此，美國的形成，是先出現鄉鎮，後出現縣，然後出現州，最後出現國家：隨著移民點越來越多，鄉鎮越來越密集，彼此需要相互聯結並解決一些共同的利益或者衝突，於是鄉鎮和鄉鎮透過自治的方式聯合起來，形成了縣。縣和縣聯合起來之後，又形成州。最後，州和州又聯合起來，成為「州的聯合體」，也就是美國。因此，整個美國不過是一個村鎮的擴大版。

托克維爾說：「在我們法國，是中央政府把它的官員借給了村鎮；而在美國，則是鄉鎮把它的官員借給了州政府。」

就像在美國做的一樣，作為一個代議制國家，英國把民選代議制也帶進殖民地。英國的代議制在美國、加拿大、印度、澳大利亞、南非等地都成功運作。

因此，以歐洲移民為主體的英屬殖民地今天基本上都是已開發國家。而同樣以歐洲移民為主體的西班牙（包括葡萄牙）殖民地今天則大都是開發中國家。西班牙對拉丁美洲的數百年舊式殖民統治，決定了拉丁美洲今天的落後面貌。

拉美獨立戰爭之後，雖然幾乎每個國家都建立了共和制度，然而歷史的慣性是強大的，「共和政體、憲法、議會都成為擺設。在獨立後的一百五十年中，各國草擬了總計約一百八十

11 張曉燕：《公法視野中的自治理性》，復旦大學出版社，2015，第218頁。

至一百九十部憲法」。但是這些憲法很難落實。玻利瓦爾曾經這樣說：「憲法形同廢紙，選舉是格鬥，自由即無政府狀態。」、「無論何處的憲法都沒有這樣精緻——同時也沒有這樣不被遵守。」

事實上，獨立戰爭的結果「僅僅是一場政治權力的轉移，原來的二等公民克里奧爾人（在拉丁美洲土生的白人）的種植園階級、商人階級取代了西班牙人的政治位置[12]」。也就是說，除了由克里奧爾人取代了半島人的統治外，其他沒有變化。時至今日，拉美大部分高級職務和自由職業均由白人和麥士蒂索人，即混血白人擔任。殖民地時代的吏制腐敗、賣官鬻爵、效率低下，在獨立之後，也保留了下來。因此現今南美社會存在著「家長制、裙帶關係、辦事唯親和奴隸主義等弊端，使拉美社會缺少公民責任感」。這成為拉丁美洲各國實現現代化的重要障礙，也是拉美國家今天遲遲難以完全現代化的原因。

從發展條件上來說，土地肥沃、物產豐富的拉美當然遠比北美要好。然而西班牙的政治遺產扯了拉美的後腿。阿根廷著名詩人艾斯特班·艾卻維力亞（Esteban Echeverría）曾寫道：「我們是獨立的，但我們是不自由的；西班牙的軍隊不再壓迫我們，但她的傳統卻壓得我們喘不過氣來。」

12 尹保雲：《現代化通病——二十多個國家和地區的經驗與教訓》，天津人民出版社，1999，第133頁。

第四十九章

蠻夷之國實現了中國「三代」的理想

〈一〉

前面多次說過，在秦代大一統之後，讀書人心目中就高懸起一個政治理想，叫「三代之治」。歷代儒生都夢想著回到三代，他們認為，三代之治是天下為公，而秦之後卻變成了天下為私。

那麼，如何回到三代之治，或者吸取三代之治的有效因素改善政治治理呢？

朱熹、王陽明等人是從心性角度出發來討論這個問題，他們的主張是改造人心。也就是說，不改變政治結構，只需除去人的私心，讓人回復「光明的本心」，一切迎刃而解。

這顯然只是一種延續幾千年的政治童話，並無新意。到了明末清初，天地巨變，滄海橫流，規模巨大的明帝國又一次迅速滅亡，讓一些知識分子對大一統郡縣制的弱點進行了更有深度的思考。例如顧炎武就認為，要把三代之治中的地方自治因素引入郡縣制中，以防皇帝過度集權。「封建之失，其專在下，郡縣之失，其專在上。」要下放權力，把地方治理的權力歸於地方，不僅要分權到縣令一級，還要在一縣之內繼續分權，一直分到鄉里保甲。而黃宗羲則提出了以「宰相」制來制約君主權力，以「學校」制來制約行政權力，以「方鎮」

制來制約中央權力的政治制度構想。這也是以「三代之治」濟秦治之失的想法。

不過，明眼的讀者一眼就能看出，顧炎武和黃宗羲的想法在已經固著化的傳統社會結構下也沒有什麼可操作性。因此，按照中國歷史的邏輯，唯一的現實選擇，是只能繼續忍受秦制，要回到三代，似乎是一個永遠無法實現的夢。

〈二〉

但是到了晚清，中國的讀書人驚訝地發現，「三代之治」居然可以真的實現，只不過不在中國，而在「蠻夷」之國。

最早提出這個觀點的是福建巡撫徐繼畬，一八四三年，鴉片戰爭剛剛結束，他就寫了《瀛寰志略》，致力於研究中國之外的世界。雖然沒到過西方，但是憑藉讀到的翻譯資料，他得出一個判斷：美國實行的選舉制度，符合三代的政治倫理。（「推舉之法，幾於天下為公，浸浸乎三代之遺志。」）林肯說的民有、民治、民享，近乎中國的三代之治。因此在他看來，這個國家真是人類的奇蹟：「米利堅合眾國以為國，幅員萬里，不設王侯之號，不循世及之規，公器付之公論，創古今未有之局，一何奇也。」美國這個國家，聯合眾州成為一國，幅員和中國一樣遼闊，卻沒有像一般國家那樣設立國王進行治理，而是把權力交給民眾代表組成的議會，創立古今未有的新局面，真是一件奇事！

晚清中國第一個駐歐大使郭嵩燾到歐洲以後，也認為歐洲所行的是中國三代之治。「三代以前，獨中國有教化耳……自漢以來，中國教化日益微滅，而政教風俗，歐洲各國乃獨擅其勝。其視中國，亦猶三代盛時之視夷狄也[1]。」現在的歐洲，如同中國三代時期的文明時代，而由歐洲看中國，中國倒成了沒有文化的夷狄了。

這些觀點，並非徐繼畬和郭嵩燾等個別人的看法，而是晚清一部分讀書人，例如曾紀澤、王韜、馮桂芬、馬建忠、鄭觀應、張樹聲、薛福成、康有為、譚嗣同等人的共識。他們認為，西方的力量不只「船堅炮利」，更主要的是透過政治創新實現了中國人的「三代」理想。

例如薛福成說：「孟子『民為貴，社稷次之，君為輕』之說，猶行於其間，其猶今之英、義諸國君民共主政乎？……所以三代之隆，幾及三千年之久，為曠古所未有也[2]。」

在他看來，西方政治原理正是中國三代的原則，中國秦漢以後丟失了這些原則，但「民貴君輕」的原則卻在今天的英國、義大利等國施行著。

〈三〉

三代之治，代表著讀書人對於政治的最美好理想，是一種政治烏托邦。那麼，這個烏托邦具體是什麼樣的呢？為什麼這些讀書人說西方的制度接近中國三代呢？

中國知識分子認為最能呈現西方文化與中國三代理想接近的，是議會、學校、監獄、醫院、街道這幾類地方。「當於議院、學堂、監獄、醫院、街道徵之。」

首先他們說，議會這個制度符合三代的遺意，因為據說三代在用人上是選賢任能的。

1 郭嵩燾：《倫敦與巴黎日記》，岳麓書社，1984，第491頁。

2 薛福成：《薛福成日記》，吉林文史出版社，2004，第712頁。

史書上有很多「三代鄉舉里選之法」的說法[3]。

薛福成說：「唐虞以前，皆民主也……匹夫有德者，民皆可戴之為君，則為諸侯矣。諸侯之尤有德者，則諸侯咸尊之為天子。此皆今之民主規模也。迨秦始皇以力征經營而得天下，由是君權益重。秦漢以後，則全乎為君主矣。」在唐虞以前，都是民眾做主。老百姓中有德之人，可以被擁戴為領袖，成為諸侯。諸侯中的有德之人，被推舉為天子。這就是堯舜之時的制度。等秦始皇以暴力征服天下之後，才完全取消民主，變成一切皇帝做主了。

這些顯然只是理想化的描述，在中國只見於文字，從來沒有見諸實施。然而到了西方，他們發現，這些構想居然已經落實。

郭嵩燾說，英國的議會制度證明，西洋國家不是君主的私產，民主選舉「所用必皆賢能」，朝野兩黨「推究辯駁以定是非」、「各以所見相持爭勝，而因濟之以平」。反覆公開辯論，最後是非得以分明。英國還推崇言論自由，「直言極論，無所忌諱，庶人上書，皆與酬答」，發表言論沒有任何忌諱，普通百姓也有發言機會，因此國家「彬彬然見禮讓之行焉，足知彼土富強之基之非苟然也[4]」。英國文明和富強的基礎，不是船堅炮利，也不是工廠發達，而是議會制度。

保守派官員劉錫鴻出國前極力讚美中國「天下為家，政令統於一尊」，認為中國政治最好的地方是權力定於一尊，這樣政權穩定，國家有秩序，而西方政治是一團混亂。然而他親自到英國議政院旁聽，看到「官紳士庶各出所見以議時政，辯論之久常自晝

---

3 據說周代的選舉制度是「命鄉論秀士，升之司徒，曰選士。司徒論選士之秀者而升之學，曰俊士。升於司徒者不征於鄉，升於學者不征於司徒，曰造士」。

4 郭嵩燾：《養知書屋文集》，上海古籍出版社，2002，第289頁。

達夜、自夜達旦，務適於理、當於事而後已」。「每年度支出入，並列細數普示紳民，稍有虛濫，則人共詰駁之，……眾耳眾目，故人不敢欺；公用公銷，故人不忍欺」。也就是說，議員們各抒己見，辯論經常從早到晚，一定要辯清楚為止。每年的財政收入與支出，都要詳細公開，稍有不準確的地方，就會引起人們質疑。一切都在陽光之下，所以不敢欺騙公眾。因此他不覺稱讚說：「蓋合眾論以擇其長，斯美無不備；順眾志以行以令，斯力無不殫也[5]。」說這種體制能集合智慧，也能順民心，讓百姓心情舒暢，願意為國盡力。言下之意，當時中國做不到這一點。

知識分子理想中的「三代制度」中的一個重要組成部分是學校制度，中國知識分子說，三代的教育是普及的，各個階層都有受教育的權利。例如朱熹關於三代時期教育制度的描述：

> 三代之隆其法浸備，然後王宮國都以及閭巷莫不有學。人生八歲則自王公以下至於庶人之子弟皆入小學，而教之以灑掃應對、進退之節、禮樂射御書數之文。及其十有五年，則自天子之元子、眾子，以至公卿、大夫、元士之嫡子，與凡民之俊秀，皆入大學，而教之以窮理、正心、修己、治人之道。

三代的時候，各方面政策都很完備，例如從王室、首都到普通社區都有學校。孩子長到八歲，不論王公之子，還是普通百姓的孩子，都能入學，學習禮儀、書寫、數學等。等到了十五歲，則各階層成績好的孩子，都能進大學，學習修身和治天下。

5　劉錫鴻：《英軺私記》，湖南人民出版社，1981，第14頁。

然而到了西方，薛福成等人發現，西方的學校居然存在著一個從小學到大學的完整教育體系，可以全民免費入學，教育高度普及。這豈不正是中國人的「三代」理想嗎？

劉錫鴻也對英國的教育制度欽佩不已。他在英國倫敦各處參觀，見到英國義務教育普及，窮人也能上學，國家甚至供給低收入家庭子女衣服和餐食，「貧而無力就學者，則收之以義塾焉，……供其衣服、飲啖」。而且學生素質很高，很有禮貌，「塾中子弟，言語有時，趨步有方，飲食行立有班行，雖街市邀游，不得踰越尺寸」。圖書館「各國之書畢備，任其檢讀」。這讓他嘆息不已，沒想到中國人認為只能在三代見到的情景，他在英國可以親眼看見。

〈四〉

中國外交官到了西方，最感震驚的，除了學校，還有監獄。

傳統中國社會中，最不人道的表現，除了太監、小腳，可能就是監獄制度了。

《清稗類鈔》載，清代監獄「誠為黑暗世界，基址狹小，內有獄舍五六所，四周環之鐵柵。有內地數人，政治犯也，科終身禁錮罪，居於形似棺之籠，外加鐵鎖，不能直立，亦不能平臥，其得稍見日光者，則每日二十四小時中，遞食二次之數分時而已。囚徒反以就死為樂」。監獄是一個不折不扣的人間地獄，面積狹小，見不到陽光，有的柵欄，人在裡面不能站直，也躺不下，因此，犯人們希望快點死掉，別再這樣活受罪。

因此，西方外交官參觀中國監獄後，都認為這是全世界最悲慘的地方。例如英國專使額爾金在日記裡記載的：

一八五八年一月三十一日。

——昨天，我去看了廣州兩處監獄，在那裡看到的一些景象很可怕，我自己都無法用言語加以描述。監獄中的許多囚犯由於疾病和飢餓，折磨得不成人樣，他們的四肢瘦得連我的手腕粗都沒有。我聽到這間牢房裡囚犯發出的呻吟聲，於是我就走上前去，叫人把門打開，那景象慘不忍睹！囚犯似全身皮肉綻開，明顯是遭毒打所致；其中有一囚犯已經死亡，身邊一群老鼠，——太慘了，我無法繼續描述下去[6]。

然而，據說這種監獄是秦代之後才有的。三代時期的監獄本來不是這樣的。

《周禮．秋官．大司寇》云：「以圜土聚教罷民。凡害人者，置之圜土而施職事焉，以明刑恥之。其改者，反於中國，不齒三年。其不能改而出圜土者，殺。」所謂「以圜土聚教罷民」的意思是將囚犯（罷民）聚集關押於監獄並進行教育改造。所謂「施職事」是指讓囚犯進行勞作，類似現在的「勞動改造」。所謂「不齒三年」，指囚犯出獄後三年內不得按年齡大小與鄉民排列尊卑位次，類似今天的剝奪政治權利三年。因此可以認為，周代監獄制度的核心不是懲罰，而是促使罪囚悔過自新，並最終重返社會[7]。

《尚書．立政》也有「不可誤於庶獄庶慎」之言，明代學者丘濬對此評論道：「蓋獄者，天下之命，所以文王必明德慎罰。收聚人心，感召和氣，皆是獄；離散人心，感召乖氣，亦是獄。大底事最重處，只在於獄。故三代之得天下，只在不嗜殺人；秦之所以

6 額爾金、沃爾龍德：《額爾金書信和日記選》，上海百家出版社，2011，第60頁。

7 崔永東：〈試析中國古代獄政文化的基本精神〉，《北方法學》2010年第11期。

亡，亦只是獄不謹。」三代時期，對監獄制度非常重視，因為這個制度處理好了，可以聚攏人心，導致社會和氣。處理不好，將導致戾氣充塞外溢。所以三代為什麼得人心，只是因為以仁愛為本，不喜歡殺人。秦為什麼會亡，就是因為濫用嚴刑峻法，把大量的人送進監獄。

因此，中國外交官參觀西方監獄，往往感慨，西方的監獄制度，正符合中國三代的原則。

有一次，英國方面發出邀請，邀劉錫鴻去參觀監獄，劉錫鴻機智地拒絕了，他心想，英國方面肯定是事先做好準備，形象工程，去了也看不到真東西。於是有一天他來了個突然襲擊，沒有預約，直接跑到監獄去訪問，結果大吃一驚，回來寫日記說：

> 其獄則崇樓廣廈，遍繞迴欄，壁淨階明，塵垢俱絕。……一犯居之，皆有牖以通天陽，不以湫隘閉鬱其氣也。非夏令，則機器送暖，分布於其屋，為禦寒也。……日膳凡三，肉食必具，劑以湯茗，惠養之道也。……飲食寢處，咸適其意，而氣體充矣。……在獄無老少，莫不體胖色華[8]。

英國監獄居然如此衛生，如此潔淨，每一間都能見到陽光，還有暖氣。對待囚犯如此人道，犯人有肉吃，可以洗澡，家屬可以探監，而且在監獄中可以學到雕鏤、繪畫等技巧，出獄後有人居然可以儼然變成「素嫻禮教者」。這與當時的清朝監獄比起來，確實一個天上，一個地下。

在英國待了一段時間後，劉錫鴻嘆息說，英國的制度「真是仁義之極端也」。這個國家，

8　劉錫鴻：《英軺私記》，湖南人民出版社，1981，第103頁。

上下同心，「無閒官，無遊民，無上下隔閡之情，無殘暴不仁之政，無虛文相應之事[9]」。沒有閒官，沒有遊手好閒的百姓，上層政治家與底層百姓之間溝通管道暢通，沒有殘暴不仁的政治，也沒有形式主義。因此「誠未可以匈奴、回紇待之矣」。

當然，雖然劉錫鴻在自己的日記中對英國是這樣評價的，並不妨礙他公開大肆攻擊他的同事郭嵩燾「崇洋媚外」，而且他回國後對皇帝講的幾乎完全相反，這也是晚清很多官員的做法，因為稱頌西洋國家在當時的中國容易遭受攻擊和迫害。

〈五〉

講到這兒，我們要說，晚清那一代讀書人對西方的觀察是不全面的，他們對西方列強的描述過於理想化，對西方文化的一些負面因素關注得不夠多。這主要是由於當時中西文明發展階段不同，反差過大，乍一接觸西方文化，他們被這種過於巨大的差距震撼到了，頭暈目眩之下，只注意到其中光明的部分，沒有看到或者忽略了黑暗的一面。事實上，西方到今天也沒有達到儒家描述的「三代」那樣的理想狀態。另外，晚清中國知識分子把西方理想化的部分動機，和伏爾泰們當初把中國理想化、在歐洲掀起「中國熱」的動機，也有類似之處，那就是借他處之長，來攻此地之短。他們在內心深處也許並不是百分之百地相信異邦文化如此完美，他們最終的目的，還是希望以此來觸動自己的同胞，推動自己的父母之邦變得更好。

9　同上書，第89頁。

第五十章

全球化給中國帶來的變化

〈一〉

不管情不情願，鴉片戰爭之後，中國就被併入了全球化大潮。特別是第二次鴉片戰爭之後，不得不頻繁地與世界交流。

那麼，被裹入全球化大潮，對中國歷史的發展有什麼影響呢？

首先，中華民族出現巨大的心理創傷。

中國是在毫無防備的情況下以「被動挨打」的方式被捲入全球化的。幾千年來，中國自居「天下」中心，自認為是「天朝上國」，卻突然被侵略、被殖民，不斷割地賠款而無絲毫還手之力。這對中國人的民族自尊心、自信心都造成了非常沉重的打擊。

我還清楚地記得中學歷史課堂上講到近代史時，教室裡的壓抑氣氛。和所有的同學一樣，我的心中湧起強烈的悲憤和屈辱。勤勞勇敢熱愛和平的中華民族，為什麼遭遇這樣蠻不講理的侵略與欺凌？

這種斷崖式的心理衝擊造成多方面的心理後果。一方面，它使菁英人物「開眼看世界」，嘗試「師夷長技以制夷」，開始了漫長而充滿挫折的學習西方過程。

另一方面，很多國人形成了「受害者心理」，對外部世界產生極深的敵意，他們認為，近代以來中國的積貧積弱、多災多難，都是拜西方列強所賜。「天無雨，地發乾，全因鬼子鬧中原。」

同時，經過「三千年未有之變局」，中國人發現自己在世界的眼中，已經從原來最優秀的民族，變成「半開化」的「東亞病夫」，對外心理由以前的自信甚至自負，一變而為弱者的深刻自卑，對外界的任何一點表揚、批評或者「侮辱」都高度敏感。當然，這種自卑的另一面，則是發憤圖強，「爭氣」。百年國恥使中國人積蓄起強大的心理能量，渴望迅速「趕上超過」西方國家，實現民族復興，再一次揚眉吐氣地站在世界之巔：這才是中國人習慣的位置。

其次，一次次的對外戰爭，使中國喪失大面積國土，對外賠款累計十億餘兩白銀[1]，導致清王朝財政屢次瀕臨崩潰，也帶給普通民眾沉重的經濟負擔。

除了這些影響，全球化也有另一面的作用，例如它從根本上改變了中國歷史上的一些基本規律。

改變了哪些規律呢？

首先是人口曲線規律。

在中國歷史上，「亂世」就意味著人口的大量損失。這個我們前面有比較多的論述。

中華民國時期無疑是亂世。我們一提起民國，常用的詞都是「軍閥混戰」、「兵荒馬亂」、「民不聊生」。民初的軍閥割據與混戰，看起來和東漢末年、晚唐、北朝晚期軍閥混戰很相似。按理說，這樣一個長達數十年的亂世，

---

1 王年詠的《近代中國的戰爭賠款總值》中對近代以來中國到底賠給外國多少錢，有幾種估計。多的說法是19.53億兩，較少一些的，也是更多人採用的，是「近13億兩」和「10多億兩」這兩個數字。歷次條約都在，為什麼數字差距如此巨大呢？因為中國的貨幣體系很混亂，對外賠款有用兩的，有用元的。兩又分實銀兩與虛銀兩，虛銀兩還有庫平銀與關平銀或海關銀（亦稱為「庫平兩」、「海關兩」）等名稱。王年詠據此綜合算出，近代中國戰爭賠款總值為銀圓13.75億元（折庫平銀為10.45億兩、折海關銀則為8.83億兩）。

人口應該從晚清的四億，掉到三億甚至二億吧？

然而事實卻是相反的。

太平天國內亂結束後，中國人口就開始恢復增長。《中國人口史》第六卷的研究顯示，一九一一至一九三六年間，也就是中華民國建立到抗日戰爭之前，中國人口從四．一億增長到五．三億，年均增長率達到一．〇三％。

這是什麼意思呢？

這是中國歷史上幾乎從來沒有出現過的高增長。《中國人口史》第五卷的研究證明，清朝從一六四四年建都北京至一八五一年太平天國戰爭爆發前，人口年均增長率為〇．四九％，即便是其中增速最快的康雍乾百年「盛世」，年均增長率也不到〇．七％[2]。因此，侯楊方認為，整個「民國時期的全國人口增長速度之快，可能是中國歷史上前所未有的[3]」。

而且這種增長是一種質變。

侯楊方認為，民國時期，中國人口模式從高出生率、高死亡率、低增長率的傳統模式，變成高出生率、低死亡率、高增長率這樣的現代開發中國家模式。

為什麼會出現這樣的轉變呢？原因很簡單，晚清以來的經濟社會發展和衛生醫療條件進步，導致人口模式發生了歷史性變化。

---

2 曹樹基：《中國人口史》（第5卷），復旦大學出版社，2001，第835頁。

3 侯楊方：《中國人口史》（第6卷），復旦大學出版社，2001，第575頁。

〈二〉

因此，全球化從根本上改變的第二個中國歷史規律，是經濟增長規律。

和人口一樣，中國歷史上的經濟，也是遵循著治世增長、亂世崩潰的規律。一有戰爭和動亂，經濟也迅速殘破。

例如安史之亂，數年之間就造成「宮室焚燒，十不存一，百曹荒廢，曾無尺椽。中間畿內，不滿千戶，井邑榛荊，豺狼所號。既乏軍儲，又鮮人力。東至鄭、汴，達於徐方，北自覃、懷經於相土，為人煙斷絕，千里蕭條」。政府辦公機構十中有九被毀，民居更是大規模燒光，整個黃河中下游地區人煙斷絕，物資空乏，一片荒涼[4]。

關於近代以來的經濟狀況，相信大部分讀者心目中的印象就是一團糟。我們所熟知的，就是鴉片戰爭以後西方的經濟入侵，迅速導致中國自給自足的傳統自然經濟破產，大量民眾陷入貧困化之中。

然而事實上，近年來的歷史研究已經更新了這個結論。「一八四〇年以後的近三十年時間裡，外來的機器製品並沒有真正打開中國市場，中國傳統的自然經濟結構基本上沒有變化。」直到一八六九年「蘇伊士運河的開通使對華貿易的商路大為縮短，……大幅度降低了英國機制工業品的成本，從而大大增加了英國工業品在中國市場的競爭能力」，才促使中國傳統的自然經濟出現瓦解[5]。

因此，從嚴格意義上講，中國經濟近代化過程是從十九世紀七〇年代晚期才開始

4 傅築夫的觀點，引自韋森：〈法治缺位與市場自發擴展：皇權專制政制下中國市場經濟的週期性興衰〉，《2007年全國法經濟學論壇論文集》，2007。

5 趙津主編：《21世紀高等院校經濟學專業系列教材．中國近代經濟史》，南開大學出版社，2006，第16頁。

的。一方面，太平天國運動此時平息下去，大規模的社會動盪結束，洋務運動開始興起。另一方面，以蘇伊士運河的開通和海底電纜的鋪設為代表的全球化進程，進一步把中國和世界經濟聯結在一起。

晚清洋務運動開啟中國經濟的全球化之路，讓一批近代企業在中國扎根。然而洋務運動的成果是有限的，因為官辦企業效率很低，民營經濟沒有起步，因此中國經濟發展只邁開了一條腿。中國真正的工業革命起始於甲午戰爭。

歷史教科書說，「甲午戰爭中國的失敗，使半殖民地化速度進一步加快，民族危機愈益深重」。然而凡事都有兩面，中國經濟發展曲線，恰恰從甲午戰爭之後開始迅速上揚。

因為《馬關條約》允許開放中國市場，外國人可以在中國投資，直接設立企業。為了抵禦外資，清政府不得不宣布「一切仿照西例」，鼓勵民族資本發展，許多領域被迫不再由官辦企業壟斷，而是向民間資本開放。一八九八年，清廷頒布了《振興工藝給獎章程》，首次承認了民營企業的合法性。一九〇四年又頒布了中國歷史上第一部公司法——《公司律》。民族企業普遍引入西方企業管理方法，實行董事會制和監事會制，與官辦企業相比發生質的變化，促進了近代工商業迅速成長。

我們來看幾組數字：

一八九四年中國民營資本總額是七百一十萬元，到了一九一三年則達到一．六二億元，翻了二十二倍。

一八九五年中國的鐵路總里程是四百六十七公里，到一九一一年達到九千二百九十二公里，增長了一九．八九倍。

一八九五年中國輪船噸位只有三萬二千七百零八噸，到一九一一年增加到九萬零一百六十九噸，增長了二．七六倍。

甲午戰爭前的二十年，中國對外貿易進口年平均增長速度為二．九四％，出口增長率為二．五四％。甲午戰爭後，一九一〇至一九一四年間，出口平均增長率為五．九％，進口年平均增長率為七．四％[6]。

吳承明估計，中國市場商品量一八六九至一八九四年的增長率為一．二五％，而一八九四至一九〇八年為四．〇二％。按照汪敬虞等經濟史學家的研究結論是，一八九五至一九一三年，中國一些行業的年增長速度甚至高達一五％至二〇％。這一現象「不僅過去所未有，也超過第一次世界大戰時期的所謂黃金時代」[7]。

在一般讀者心目中，民國最亂的是北洋時期，也就是「軍閥混戰」時期。然而事實上，這一時期是中國近代史上民營經濟發展最快的時期，比甲午戰爭之後增長還要快。正是在此期間，中國在現代鐵路建設、交通、教育等方面都有很大進展，這是因為大一統瓦解，沒有了對民營資本的政治約束，中國實現了一次自下而上、由民間力量主導的金融與財政革命。現在大家經常說南京政府時期中國經濟出現了「黃金十年」，不過是北洋時期經濟成果的延伸與壯大。

秦暉先生綜合民國經濟方面學者的研究成果發現，「這個時期的中國的經濟總量和人均量，也在內憂外患頻仍之中取得了艱難的增長。據迄今為止多位權威學者的統計與修正值，從甲午當年（一八九四）到一九三一年，中國的國內生產總值從四十二．四九三億兩增至一百九十二．二五二億兩，淨增了三．五二倍（可資比較的是：同一時期美國國內生產總值僅增加一．九八倍）；中國的人均GDP則由一八九四年的十．二兩，

6 韋森：〈法治缺位與市場自發擴展：皇權專制政制下中國市場經濟的週期性興衰〉，《2007年全國法經濟學論壇論文集》，2007，第247頁。

7 同上。

增至一九三〇年的四十・八兩，平均每十八年翻一番」。

正是經濟和社會的發展，導致人口發展模式的轉變。

〈三〉

近代以來的人口增長，還與中國城市的衛生文明進步有關。當然，和鴉片戰爭以來的很多社會變化一樣，這種進步也與屈辱伴生。

一六四四年，北京人曾胸前貼著「順民」二字，焚香跪接跪迎留著金錢馬尾髮式的滿族軍隊。一九〇〇年，他們再一次在門上帖上順民的黃紙，戰戰兢兢地迎接另一種「蠻夷」即洋人的到來。

洋人的記載：

> 經常可以看到手拿小旗的中國人，旗子的上半部分是空白的，下半部分寫著「順民」，……一塊木牌上寫著「好大老爺，不要開槍，我等順民」。

八國聯軍進北京，當然犯下了無數的罪行。「河東一帶，時有洋兵強姦婦女情事。」、「俄人所踞之地，被害特甚，搶掠焚殺，繼以姦淫，居民逃避一空。」然而與此同時，侵略軍也促使北京城的衛生面貌發生了一些深遠的變化。

傳統時代的北京是髒亂差的典型代表。「八國聯軍攻入北京城，然後他們發現自己置身於一個巨大的露天廁所中。」名妓賽金花在接受劉半農的口述訪談時說：「北京的街道，那時太腌臢了，滿街屎尿無人管。」這是因為明清時代「京師無廁」，隨地便溺是唯一解決辦法，因此大街胡同裡屎尿縱橫，「以我所到過的地方而論，街中雖然未必比北京好到什麼地步，然而總不至於像北京這樣骯髒，滿街路都是屎尿」。再加上當時北京沒有垃圾站點，也沒人清運垃圾，垃圾都是隨便倒的。「人家掃除之物，悉清於門外，灶爐爐灰，瓷碎瓦屑，堆如山積，街道高於屋者至有丈餘[8]。」家家把垃圾堆在街邊，有的地方，垃圾甚至比房子都高。

其實這不是北京獨有的情景，前現代化之前，世界上很多地方的城市都面臨類似的衛生問題。一六〇〇年曼徹斯特茴香街（Fennel Street）上的糞堆和垃圾堆，達到了讓市民無法「用腳走路」的地步，十七世紀五〇年代的巴斯市民，同樣因為街道上的垃圾、糞堆和石堆頭疼無比[9]。

近代西方文明變革的一個重要特點，是建立起一個囊括一切的全新體系，對舊的人類社會進行全面變革。工業革命中出現的動力革命，解決流體物質提升問題，而材料技術和施工方式的發展，又使下水系統的鋪設成本大大降低，因此讓自來水系統和抽水馬桶在西方社會得以普及。一八四四年，英國女王的丈夫下令在溫莎城堡內安裝馬桶和排污系統。一八五二年，巴黎市長下令「街上所有的新建建築物及進行重大修繕的建築物，都必須裝設下水管線」[10]。

因此工業革命也是人類歷史上最偉大的一次民生事業進步，讓人類社會進入

---

8 李家瑞編：《北平風俗類徵》（下），商務印書館，1973，第413頁。

9 儲恩濤：《近代早期其國城鎮污染與治理》，碩士學位論文，華中師範大學，2018。

10 蒲儀軍：〈衛生設備與衛生間：現代舒適生活的發展簡史〉，《建築史》2013年第2期。

有史以來最安全、最清潔的時代。工業革命之前，人的平均壽命預期不到三十歲。而工業革命完成之後，人的平均壽命預期超過六十歲[11]。

一九〇〇年，完成衛生革命其實也沒有多少年的西方征服者捏著鼻子進了北京，面對滿大街的糞便和垃圾，在近代化衛生條件下成長起來的這一代征服者感覺實在受不了。他們出於本能反應，立刻要求北京市民改變衛生習慣，因為他們要在這座城市裡駐紮相當一段時間。

「洋人最是嫌這個，便下了個命令，叫商家住戶各自打掃門前的一段，倘有一點污穢，查出來是先打後罰。」

洋人「熱切期待這次短暫的占領對中國國家驕傲的衝擊能產生積極的影響，長期以來視外國人為化外蠻夷的陳舊而頑固的傲慢會因此遭遇致命一擊，北京也會從一個封閉的城市轉而對外界開放」。德國人、聯軍統帥瓦德西入京後，倡議成立了「管理北京委員會」，「負責管理治安、衛生、民政、財政稅務」等地方性事務。管理北京委員會要求「各街巷俱不准出大小恭，違者重辦」[12]。生活垃圾如「爐灰穢土」等亂倒亦被禁止，「街前不准堆積，無處可倒，家家存積院中」。對此，英美等國界內，「均有公捐土車，挨門裝運」。北京從此才在歷史上第一次有了垃圾清運車。

為了改變北京市民在街上隨地大小便的習慣，占領軍採取了嚴厲的懲罰手段。一九〇二年，北京民間報人彭翼仲等自辦的《啟蒙畫報》，發表《防疫歌》，描寫聯

11 金碚：〈世界工業革命的緣起、歷程與趨勢〉，《南京政治學院學報》2015年第1期。

12 中國社會科學院近代史所《近代史資料》編譯室主編：《庚子記事》，知識產權出版社，2013，第33頁。

軍當初在北京的情形說：

> 回想聯軍在北京，大街小巷打掃清，禁止污穢罰洋錢，防疫無如潔淨先。
> 有位老官出恭勤，牆角蹲身未久停。欲起不得曲躬行，忽聞橐橐皮靴聲。
> 此時情形真可笑，老官心中脫脫跳，張皇四顧魂膽銷，褲帶不見手紙拋。
> 此君將來管街道，一定不准亂撒溺，此君將來修路程，一定多設官茅坑。
> 京城雖是舊京城，骯髒風俗急須更。

當時的中國市民對此非常不適應。有人在回憶錄中抱怨說：「家家頗甚受難。男人出恭，或借空房，或在數里之外，或半夜乘隙方便，趕緊掃除乾淨；女眷髒穢多在房中存積。無可如何，真所謂諺語：活人被溺憋死也。」

對此，美國轄區內採取了相應的解決措施：在「各巷口皆設茅廁，任人方便，並設立除糞公司，挨戶捐錢，專司其事」。這是中國公廁的初始。到十一月中旬，除德界，「各國界內」均已「建設茅廁，尚稱方便」[13]。

從此，北京有了公廁，也不再沿街傾倒垃圾，城市面貌發生了很大變化。「後來西太后回鑾抵京，看見街上比從前又整齊，又乾淨，很是喜歡，很誇讚洋人們能幹。」沒想到自己到西安「旅遊」一圈，回來北京大變樣了，清政府因此把洋人的這套做法保持下來。

就這樣，伴隨著殖民主義和全球化，起源於西方的「衛生」觀念進入到廣大的非西方世

13 中國社會科學院近代史所《近代史資料》編譯室主編：《庚子記事》，知識產權出版社，2013，第52頁。

界。當然，不論如何，這些變化絲毫不能減輕八國聯軍的罪責，不過西方衛生文明傳播到中國，確實在一定程度上改善了城市的衛生條件，降低城市傳染病發生率，這也是民國年間人口增長的一個重要背景。

馬克思說，殖民主義摧毀了東方農村田園詩般的傳統生活，這「從純粹的人的感情上」當然值得深切同情。然而與此同時，這也是歷史的進步。「為什麼東方大清帝國的聲威一遇到不列顛的槍炮就掃地以盡……為什麼印度居民長期過著一種失掉尊嚴的、停滯的、苟安的、消極的生活」[14]，馬克思的答應是因為「這些田園風味的農村公社不管初看起來怎樣無害於人，卻始終是東方專制制度的牢固基礎；它們使人的頭腦局限在極小的範圍內，成為迷信的馴服工具，成為傳統規則的奴隸，表現不出任何偉大和任何歷史首創精神[15]。」

馬克思進一步認為，「歷史中的資產階級時期負有為新世界創造物質基礎的使命：一方面要造成以全人類互相依賴為基礎的世界往來，以及進行這種往來的工具，另一方面要發展人的生產力，把物質生產變成在科學的幫助下對自然力的統治。資產階級的工業和商業正為新世界創造這些物質條件，正像地質變革為地球創造了表層一樣[16]。」

因此，步入全球化以來，中國的歷史主線就由原來的治亂循環這一條線，變成了中國傳統和西方文明這兩條線並行。這兩條線相互交叉，相互作用，共同主導著中國歷史未來的走向。

---

14 孫承叔：《資本與歷史唯物主義》，復旦大學出版社，2013，第101頁。

15 馬克思、恩格斯：《馬克思恩格斯全集》（第9卷），人民出版社，2009，第148頁。

16 馬克思、恩格斯：《馬克思恩格斯選集》，人民出版社，1965，第252頁。

結語

中國歷史的獨特性

〈一〉

只有把中國史放到世界史中，我們才能看清中國的特點。

中國文明並不是世界上最早出現的文明。以有文字和建築能證明國家的出現而論，中國比蘇美要晚近二千年，比埃及也要晚一千五百年。

但是中國後發先至。在西周時期，中國在人類歷史上第一次建立起整飭的大一統封建制度，比歐洲早了近一千八百年[1]。

接下來，中國又率先在世界上建立了大一統中央集權國家，同樣比歐洲早了近二千年。早在西元前三世紀，中國就實現了中央政權對基層社會的直接統治和嚴密控制，能夠在全國大規模調動資源。這是同時期世界上其他國家不能夢想的。歐洲國家直到中世紀晚期，才開始了類似中國

1 如果這一制度從周朝建立（前1046年）開始計算，而歐洲成熟的封建制度從普瓦提埃戰役（732年）開始算的話。8世紀20年代初，阿拉伯軍隊越過庇里牛斯山。732年，阿拉伯軍隊沿通往巴黎的羅馬舊道北上，進抵普瓦提埃。法蘭克王國宮相查理．馬特率軍迎擊，並成為這次戰役的勝利者，因而獲得「鎚子」（音譯為馬特）的稱號。阿拉伯帝國因此確認了地理擴張的極限。

春秋戰國的建構統一集權國家的過程。而直到十七世紀達於頂峰的法國中央集權，仍然做不到像秦始皇這樣對社會的全面而有力的控制，更何況統一歐洲。

〈二〉

中國這種相對西方近二千年的領先，帶來了諸多方面的影響。

首先是社會面貌的「現代化」，流動性增強。

在世界其他地方還在實行嚴格的等級制度時，秦朝就已經從制度上廢除貴族制度，實現了「萬民平等」，出現空前的社會流動性，有能力的人更容易上升。大一統國家之內，語言文字和度量衡統一，有利於大範圍的物資和訊息交流。這種狀態在世界上很多地方是無法想像的。西方直到中世紀晚期，才解除領主與農奴的人身依附關係，打破國內重重封建稅收關卡。日本做到這一點，要到明治維新之後。印度直到今天，種姓制度還有強大影響。

其次是大一統帶來了比較長的和平時期。中國的地理特點和文化心態，決定了分裂狀態下，群雄通常爭戰不休，「神仙打架，百姓遭殃」，結果是人口銳減，經濟崩潰。在中國人的歷史經驗中，只有建立起穩定的大一統政權，才能享有長期和平，這就是所謂的「亂世人不如太平犬」。秦漢帝國滅亡後，雖然也經常經歷分裂時期，但是大一統郡縣制度總能成功地再度完成統一。

因此，在所謂歐洲中世紀的黑暗時代，中國歷史發展卻進入了高峰期。在長期的和平下，一個王朝的經濟通常會穩定發展，因此出現了很多盛世，例如唐代的貞觀、開元和清代的康乾盛世。創造燦爛的文化成就，例如唐詩宋詞；也留下許多雄偉的建築和工程，例如萬里長城、故宮和大運河。

當然，中央集權制度領先發展的影響是多方面的。它造成中國和歐洲歷史的不同走向。第一，中國大一統郡縣制下，官僚系統極為發達。而歐洲封建體制下，自治社會傳統一直沒有中斷。

〈三〉

秦漢帝國透過「編戶齊民」，把幾乎一切社會組織打散，用郡縣制對全國進行了格式化。這與羅馬帝國相當不同。因此秦漢帝國是一元剛性結構，書同文，車同軌，舉國上下，如臂使指，步調一致。而羅馬帝國的文字沒能統一，政治制度沒能統一，甚至法律也是不統一的，保留大量地方自治因素。「二世紀的羅馬帝國，乃是自治城市的聯盟和凌駕於這個聯盟之上的一個近乎絕對專制的君主政府，二者奇妙的混合體[2]。」羅馬帝國的繁榮是建立在中央集權和地方自治的有機結合之上的。一方面，「每一個城市都有它自己的地方自治，都有它本地的『政治』生活，都有它自己所要解決的社會經濟問題」；另一方面，「在所有城市之上，有一個強有力的中央政府，它執掌國家大事——外交、軍事、國家財政」。這也許更接近顧炎武、黃宗羲等人結合郡縣制和封建制長處的政治構想。

羅馬帝國遠沒有中國這樣成熟而龐大的官僚體系，到了中世紀，官僚系統在歐洲乾脆消失了，因為各地基本上是封建自治的。在西方的歷史發展中，在分裂和動盪當中，社會

2 M·羅斯托夫采夫：《羅馬帝國社會經濟史》(上冊)，商務印書館，1985，第194頁。

自治一直發揮著很大作用，例如中世紀西歐的莊園、行會、教區、俄羅斯的米爾內等，都是某種程度上的自治社群。

而中國很早就用官僚體系取代了社會的自治功能。在西歐中世紀，自治城市成為體制外的權力中心，市民聯合起來，從封建主手中購買到自治權，成為體制外的異己力量，這在中國是完全無法想像的。

第二，中國的中央集權受到的約束很小，而後發展起來的歐洲中央集權受到重重社會力量的約束。

正如封建制是國家的早期形態一樣，中央集權制也是歷史發展的必然，歐洲的崛起與統一民族國家的出現密切相關。不過，西歐中央集權國家和中國的中央集權的形成過程相當不同。歐洲是在議會、自治城市、行會等多種社會力量發育起來之後才出現中央集權國家的。因此，在歐洲的民族國家中，君主的專制權力是有限的，君主權力不僅受法律、議會的制約，也受到各社會階層、利益團體的限制。

而中國完全不同。中國的「國家鞏固發生在社會其他力量建制化地組織起來以前」，在其他國家發揮約束力量的世襲貴族、教會、商人組織等力量，都無法約束傳統中國強大的中央集權[3]。

歐洲的中央集權之路，還進行過多種探索和比較。英國之所以後來能超越西班牙，就是因為它的體制既比荷蘭鬆散的城邦聯合體更有凝聚力，同時又比西班牙的君權受到更大的約束。透過光榮革命，「英格蘭人成功地馴服了龐然大物型的現代國家，他們沒有摧毀利維坦

3 張孝芳：〈現代國家建設與國家治理的現代化：比較政治視野下的中國政治發展路線圖〉，《教學與研究》，2014年第5期。

的巨大能量，相反是使它響應他們的意願，服從他們的法律」。因此，英國到後來一家獨大，並深刻地影響了今日世界的面貌。

中國一直沒有機會馴服利維坦，皇帝在歷史上一直注意削弱商人和地主豪強的實力，以保證皇權的獨大。因此郡縣制下的皇權只受「天命」的軟約束，沒有制度上的硬約束。

〈四〉

中國和歐洲國家形成過程中的不同，也造成了中國和歐洲社會面貌的不同。

第一，傳統中國社會是整齊劃一的一元化結構。

中國大一統大王朝的面積極大，各地情況千差萬別。為了保持國家的一元化和一致性，大一統王朝通常會對全國進行格式化的整齊劃一。

這種整齊劃一令西方人驚嘆。就像我們前面引用過的，英國人說：「自進入中國境內以來，在這樣大的地面上，一切事物這樣整齊劃一，這在全世界是無與倫比的[4]。」中國在和平時代的社會治安之良好，和政府行政效率之高，也遠優於同時代的歐洲。

但是整齊劃一也有代價。在中央集權制下，因為皇權的獨占性，君主通常對地方社會的動態發展表現出恐懼，對其他社會力量始終處於壓制防範狀態[5]。因此總是採取「消極性帶防禦性」的做法，「維持各地區的平衡，一般遷就經濟落後地區」。例如很多

4 斯當東：《英使謁見乾隆紀實》，上海書店出版社，2005，第276頁。

5 如果出現寬鬆的情況，那通常是因為統治階層本身的懈怠，而不是他們的主觀願望，比如明代後期皇帝懶政，結果卻使江南民間經濟迅速發展。

朝代經常命令大片區域種植同類作物，結果加重了社會的負擔，造成經濟倒退。明初為防海盜騷擾，下令「片板不許下海」，清初遷海令更要求所有沿海居民內遷三十里，正如葛劍雄先生所說，造成的經濟損失其實大大超過了海盜的掠奪。

大一統王朝制定政策，出發點總是「便於君」而不是「便於民」，因此經常在全國遠距離、大規模徵調人力資源，被徵調的百姓花在路上的時間甚至遠遠超過服役的時間，大大加重了民眾負擔，秦朝的滅亡在某種程度上就是因為這個原因。賈誼說，當時淮南的百姓迫切希望置於諸侯國的統治之下，而不直屬於朝廷，以便能就近服役，而不必再長途跋涉於淮南和長安之間。而明代實物賦稅制下，百姓負擔的運費居然五倍、七倍於皇糧本身，這也是長途徵調的結果。

葛劍雄先生說，在落後的交通和通訊條件下，如果政治設計更關注民生，應該更多地照顧地區差異。他觀察到，有的時候，地方性「政權的領土大大縮小了……統治層次減少了，傳遞時間縮短了，行政效率會有所提高。只要保持和平狀態，人民會因此而獲得較多實惠」。

因此大一統體制一方面維持了社會的穩定，帶來長時間和大規模的和平，另一方面卻也限制了社會變化發展的空間，也壓制地方的效率。

而歐洲因為一直沒有完成統一，各民族國家出現強烈的競爭態勢。斯塔夫里阿諾斯說，規模浩大的鄭和下西洋，因為皇帝的一道簡短命令突然停止，這在歐洲是完全不可想像的。「中國的皇帝能夠並的確發布過一道道對其整個國家有約束力的命令，歐洲絕無這樣的皇帝。」小國林立雖然動盪不休，但另一方面使得各地的活力得以發揮。

第二，中國傳統王朝的優勢是能夠集中力量，但是集中後的力量，用於提供公眾服務的並不多。我們看傳統時代的財政結構，有兩個重點，一個是皇室和貴族們的消費，另一個就是供養軍隊和百官，用於民生的幾乎可以忽略不計。葛劍雄先生說，有些人認為傳統政權既然集中了大家的力量，「必定會投資於有利於國計民生的大工程，有利於發展生產等，顯然並不符合中國的歷史事實」。那些集中起來的財富「大多被揮霍浪費，真正用於國家管理和社會進步的反而是少數[6]」。

管漢暉和李稻葵的研究證明了葛劍雄先生的這個說法。他們曾經將明代中國和工業革命前英國的財政結構進行比較，結果發現，「總體來說，明代中國和英國的政府規模相差不大」，但是兩國政府的錢，花到了不同的地方。明朝中國的財政收入主要用於宮廷和皇族的奢侈性消費，對宮殿和陵寢的修建，以及巨大的軍費開支。除了幾次治理黃河水患之外，整個明代很少進行大的水利工程修建和其他基礎設施建設，政府提供的公共產品嚴重不足。政府也沒有投資於道路的修建和保養，更別提「投資在工業製造或者其他生產性的事業上，因此對經濟的推動作用非常有限」。

歐洲的中央集權是在自治城市和商人階級的支持下建立起來的，君權又受到更多約束，君權通常不得不為經濟發展服務。因此，工業革命前的英國政府，汲取能力也很發達，但是英國的「財政收入主要用於公共工程的修建以及轉移支付，政府的投資和轉移支付帶動了國內其他投資的上升，投資的乘數效應為二．二五，這對整個經濟增長發揮了積極的推動作用。歷史研究顯示出，政府減少對經濟活動的直

6 集中力量，可以開掘大運河，治理黃河，修建水利設施，有利於生產的發展，但這項開支在總量中往往只占很小的比例。一些小型、中型的計畫，分裂政權就能辦到。比如五代的吳越國主錢鏐，對築海塘、疏濬河道、農田水利投入了很大的人力物力，還專門設置了「撩湖軍」，負責疏濬西湖。（葛劍雄：《統一與分裂——中國歷史的啟示》，商務印書館，2013，第171頁。）

接干預而改為更多地提供公共物品，這是英國經濟增長的主要條件之一[7]」。

第三，正是因此，中國王朝出現了週期性的滅亡。

與中國君權缺乏有效約束伴生的，是官僚系統非常龐大，權力同樣缺乏有效監督。如我們分析過的，中央王朝每汲取到一分稅賦，官僚系統可能會額外貪污十分。因此中國傳統王朝到中晚期，總是出現汲取能力過度的問題。在皇帝窮奢極欲的同時，官僚系統更侵吞了大量財富，結果是「皇帝與官僚共享物質財富[8]」，導致一個王朝建立不久就迅速陷入大規模腐敗當中。

由於中國傳統王朝的汲取成果不能與社會共享，用來促進經濟成長，因此這種過度汲取總是表現為壓垮脆弱的小農經濟。在社會各階層的利益衝突中，沒有妥協性管道，要解決問題，只有透過戰爭，導致大規模農民起義的發生。

歐洲在持續的小規模的動盪中發展，人口發展曲線比較平穩。而中國大一統王朝總是「脆斷」，滅亡所造成的週期性人口損失，要遠超過封建制的西歐。

中國歷代很多思想家都發現，在周秦之變後，中國社會的運轉出現了完全不同的特點。宋代羅泌在比較郡縣制與分封制時說：「建封之時，一人縱失德於上，而萬國之中各有政化，聞者德以興起。郡縣之世，一人失德，則波頹瓦解，而海內共懼其禍。」也就是說，封建制下，最高統治者一個人的失德，不會帶來全天下的滅亡。因為各地並不在統一領導之下。而到了郡縣時代，皇帝一個人不靠譜，全天下都要跟著倒楣。

王夫之說，從秦代之後，中國歷代皇帝「貪天位、戕人倫」，以致「盜賊、夷狄交相蹂

---

7 管漢暉、李稻葵：〈明代GDP及結構試探〉，《經濟學（季刊）》2010年第3期。

8 同上。

躪中國，不知其所終」，即農民起義和異族入侵交替造成社會動盪，而且這種歷史規律還找不到終結的辦法。

黃仁宇則解釋說：「中國的悲劇乃是其在地方組織及技術上的設備尚未具有規模之際，先已有大帝國之統一，因之上下之間當中缺乏一段有效的中間階段，全靠專制君主以他們人身上的機斷彌補。」、「中國在專制時代，好像皇權無限，其實大部的威權，不過矯揉造作的儀式上之裝飾，實際是對內不設防，以無數的小自耕農作抽稅的對象，財政的收入極為微薄，各種嚴刑峻法也只能有選擇性地、以殺雞儆猴的方式執行。」

〈五〉

「過去一百年、特別是五十年裡，世界各地的經濟現代化和城市化取得了無可辯駁的長足進步，農村人口、貧困人口和文盲比例都顯著下降。然而，今天世界上已經建立起穩固的民主制度國家，差不多與一百年前完全重合——說到底還是那些西方國家，唯一的例外出在東亞地區。這似乎有力地證明了，經濟的發展，甚至推行西方式的自由市場經濟加民主政治，並不能落實真正意義上完善的西方式制度；在不少地方，相反還帶來前所未遇的社會動盪[9]。」

確實，放眼世界，全球一百八十多個國家分成「已開發國家」和「開發中國家」兩類。其中所謂已開發國家二十多個，其他基本上都是所謂的「未開發國家」。透過仔細觀察我們會發現，已開發國家和地區基本分為三類：第一類是歐洲國家；第二類，是以歐洲移民為主體的英

9 陳季冰：《從土耳其的歷史，看一個古老國家的現代化難題》。

國前殖民地，例如美國、加拿大、澳大利亞；第三類，是中華文化圈的成員，例如日本、韓國、新加坡。

相反，以歐洲移民為主體的非英國殖民地，例如西班牙殖民地，以及以非歐洲移民為主體的英國前殖民地，例如印度，再加上其他大部分國家，都不是已開發國家。正如托爾斯泰所說，幸福的家庭總是相似的，不幸的家庭各有各的不幸。在這些國家，現代化以各種各樣的方式出現失敗和挫折：

土耳其從三百年前起就開始了漫長的現代化之路，其艱難與中國高度相似，經歷了土耳其版的「師夷長技」、「洋務運動」、「君主立憲」的重重失敗，直到凱末爾改革才宣告走上正確的起點，經過幾十年的發展，土耳其離加入歐盟只差臨門一腳，卻在近些年開始走上回頭路，離歐盟越來越遠。其原因是凱末爾採取的是自上而下的「菁英式改革」，雖然有效地改造了城市，但觸角難以深入到偏遠而廣大的土耳其農村。集中在農村的宗教人士和農民宗教意識仍然濃厚，二十世紀四〇年代土耳其政治民主化以後，數量龐大的底層民眾開始顯示力量，伊斯蘭因素又堂而皇之地一步步彰顯存在，到近些年達到高峰。

拉丁美洲的民選政治也步入泥潭。在貧富差距和社會動盪中焦慮不安的拉美民眾很容易受到那些激進口號的影響，他們喜歡那些提出誘人目標和簡單快速解決方式的領導人，誰的氣質和姿態最權威，最像「父親」，誰的許諾最直接、最簡單、最激進，就最容易上台。

例如委內瑞拉的查維茲許諾要為窮人提供「超福利」（免費住房、免費汽油），因此迅速崛起於政治舞台。上台之後，為了兌現承諾，查維茲大力推行國有化，把所有行業都收歸國有。但趕走有管理能力的外國投資者之後，委內瑞拉本國卻沒有成熟的企業家階層接手，國有企業陷入效率低下和嚴重腐敗當中，激進的國有化不久之後就導致各種物資短缺。堂堂的「石油富國」已經淪落到需要進口石油，超級市場沒有食物，人們到垃圾箱去撿東西吃。國家的經濟崩潰，窮人獲得的福利也自然隨之成為泡影。委內瑞拉的經濟困境，反映的其實是政治上的不成熟。

之所以在這麼多國家遭遇重重失敗，是因為非西方世界的現代化動力並不是內生的，而是被移植的，這種移植過程遠比人們想像的要更為艱苦，並且存活率很低。除了制度原因之外，現代化還需要有文化土壤。

能夠提供這種土壤的有兩種文化，一種是清教文化，另一種是儒家文化。這兩種文化的共同特點是積極進取，推崇勤奮節儉的生活方式。清教文化主張信徒必須在塵世生活中恪盡職守，把在塵世取得事業上的成功看作被「上帝選擇」的證明。「他們（上帝的罪人）應當勤奮，以便最終能得到上帝的召喚。……如果他們不用勤勉、奮鬥、勞動去獲得恩典和拯救，他們必將毀滅。」新教推崇勤勉這一品格，認為飢餓和貧困是上帝對懶惰者的無情懲罰[10]。

儒家文化則更為入世，它不追求虛無縹緲的來世，而追求修身、齊家、治國、平天下。因此它提倡「天行健，君子以自強不息」、「士不可以不弘毅，任重而道遠」。這種剛健進取的奮鬥精神，與新教倫理有異曲同工之處。事實上，如今生活在世界各地的海外華人，正在生動地向世界展示華人強大的競爭能力。例如高曉松在網路脫口秀節目《曉說》中講的，在矽谷工作的華人，如果三年還沒有升職，就會感覺不滿。而印裔工程師三十年不升職，仍然心平氣和。秉承這種「王侯將相，寧有種乎」的精神遺傳，改革開放以來的中國人，也表現出強烈的創新求變意識。

與清教和儒教比起來，通行於西班牙和葡萄牙及法國殖民地的天主教文化，則是一種中

10 王曉德：〈天主教倫理與拉丁美洲不發達的文化根源——兼與新教倫理對美國發展作用的比較〉，《拉丁美洲研究》2006年第4期。

世紀性格的宗教，它宣傳在現實生活中受罪是件好事，是未來獲得永恆拯救的前提。既然凡事上帝已經天定，努力也改變不了自己的命運，既然一切都託付給上帝，索性就萬事不著急了。因此天主教文化圈的時間觀念比較淡薄，能拖就拖，有人將之戲稱為「明日文化」。「對每一個要求，西班牙人總是回答以快樂的明天[11]。」因此，以儒教文化人口為主體的國家和地區，除了少數幾個國家，現在都已經完成現代化。這些已是現代化的儒教主體國家和地區的共同之處在於，既擁有儒教文化培養出來的勤奮進取，同時又擁有借鑑自西方的法治環境。

因此有些人，例如新儒家學者，強調這些國家和地區崛起過程中儒家文化的重要性，認為儒教文化是一些東亞國家和地區現代化成功的根本原因。當然，也有一些人不同意這一點，而是強調法治的重要性，例如李光耀說：「新加坡成功的關鍵，是英國人留下的法治制度，而不是什麼儒家文化。」而比較公允的看法是，這兩方面都很重要。

〈六〉

中國從秦到清的歷史表現為強烈的路徑依賴。所謂路徑依賴是指「一旦一個國家或地區沿著一種軌跡運動，逆轉成本是非常高昂的。也許會有其他的選擇點，但是一定制度安排的塹壕阻礙了對初始選擇的輕易扭轉」。通俗地講，其實就是江山易改，本性難移。你能相信一個四十多歲的人，會在一夜之間改變他的生活習慣和為人處世態度嗎？早在秦統一六國的

11 王曉德：〈天主教倫理與拉丁美洲不發達的文化根源——兼與新教倫理對美國發展作用的比較〉，《拉丁美洲研究》2006年第4期。

時候，中國就完成了「初始選擇」，一直到清朝都無法擺脫這個穩定的軌道。「早熟國家的歷史遺產不僅使後來的中國發展形成了不同於西方已開發國家的路徑，也使其形成了不同於大多數亞非拉開發中國家的路徑[12]。」

每一個民族的發展道路，是由它的地理條件和文化傳統等各種因素彙集而成的，或者用感性的說法，是上天所決定的，無所謂對錯。

儒家精神的強毅進取，中國人個體強大的競爭能力，在改革開放四十年中得到了充分的展現。中國的歷史、文化和地理，決定了它的大一統趨向。在大一統的框架下，我們應該可以吸收全人類的文明成果，實現「系統升級」，充分激活整個社會的活力，在每個人更幸福的基礎上實現國家的更強大。

「周雖舊邦，其命維新。」

12 張孝芳：〈現代國家建設與國家治理的現代化：比較政治視野下的中國政治發展路線圖〉，《教學與研究》2014年第5期。

後記

二〇一八年上半年，一個音頻平台找我，想請我做一個音頻的節目，在最小的篇幅內盡可能地講清楚中國歷史脈絡。

我感覺這件事很有意思，因此答應下來。

一開始，談得很順利。但蓋好章的合約寄過來了之後，事情演變成了相聲《報菜名》。對方說，張老師，先別急，要不咱甭吃包餃子了吧？太費事了。咱們改乾飯汆丸子，多擱一斤香油，這麼大的羊肉丸子，一吃稀了呼嚕多好啊！也甭喝啤酒了。

我一聽汆丸子也不錯啊，我說，也行，那你重新起草一份合約吧。

然後過了幾天，對方又說，張老師，要不咱甭吃乾飯汆丸子啦！我們廚房改革了，電飯鍋壞了。再說汆丸子那東西它不瓷實。乾脆，咱們煎餅捲大蔥吧，我再給您來碗豆腐腦兒！外加兩個羊肉串兒。這個省事兒，其實也好吃著吶。

我說您慢走吧，外頭太陽大，您打點傘。

事沒成，但是這本書已經寫了一多半。而且這個題目觸動了我的興趣點。

我一直認為，要想看清中國史，必須了解世界史。

這件事觸發我把世界史脈絡和中國史大綱結合起來，寫出這本在世界史背景下觀察的中國簡史。多年以來，我的閱讀和寫作一直是信馬游韁的，但是這匹看似散漫的馬其實也有它的行走邏輯，那就是不斷地完備自己的知識拼圖。

這次寫作，就是提前把這張拼圖的大致輪廓畫出來。我把以前閱讀和思考的結果放到一個鍋裡燉了，結果發現它們產生了奇妙的化學反應，很多知識點發生了自我聯結、自我打通，寫作過程其實也是解決我自己許多困惑的過程。因此，這本書比我自己的計畫提前出現，也是我所有書裡寫得最快也最愉快的一本，實際寫作前後只花三個月。因為寫得非常愉快，很多想法不斷湧出，經常有放不下筆的感覺。

當然，我在此要鄭重聲明，這本書不是什麼學術作品，而是一本面對大眾讀者的普及讀物。如同我以前的作品一樣，只是「野狐禪」。我的寫作一貫無知者無畏，片面而零散，充滿一己之見，因此肯定有很多粗疏和錯漏，不靠譜，不足為訓。

其次，這本書在寫法上並非均衡敘述。正如我以前的大部分作品一樣，我假設讀者已經有一定的歷史知識基礎，在這個基礎上，我為大家介紹一些讀者以前可能沒有注意到的側面。因此，有些地方一筆帶過，有些地方則展開得比較充分。要想全面地了解歷史，您必須閱讀更多基礎性的歷史作品。

第三，我還要說明的是，這本書大量地借鑑了已有的研究成果。大家能夠看到，我在書中大量地引用了斯塔夫里阿諾斯的《全球通史》，還有秦暉先生、葛劍雄先生的很多觀點，有些觀點來自閱讀，有些則來自親炙和請益。此外，這本書還引用了徐良高、曹正漢、周振鶴、李稻葵、管漢暉、劉莉、陳星燦、楊師群、賴肖爾、馬德斌、薛湧、計秋楓、陳志武、宋丙濤、麥迪森、茅海建、賀聖達、霍爾、尹保雲、張衛良、曹樹基、吳松弟、侯楊方、陳季冰、吳鈎、昝濤、雍正江、李俊麗、田雪梅、楊慧等學者的專著或者論文。當然，除了我提到名字的這些學者之外，應該還有很多掛一漏萬之處，因為在寫作的過程中，我查閱了數百篇論文。另外因為這本書不是學術體裁，註釋難免有不規範處，在此我一併深致謝意和歉意。當然，我要說，這本書如果有那麼一點點價值，那主要是得益於我的廣泛閱讀和對前人研究成果的借鑑。如果說有什麼錯誤，那當然完全是我自己的責任。

在此我還要抱歉的是，這本書的部分內容，和我以前的作品有重複之處，例如春秋戰國部分與《中國國民性演變歷程》、清代部分與《飢餓的盛世：乾隆時代的得與失》的重複。這主要是由於在寫這本書的時候，涉及這兩個時段的內容，我的觀點並沒有改變。不同的書之間內容有重複，這是我被詬病的老問題了，在此也要向讀者說明。

附錄 世界與中國歷史年表

中國歷史		世界歷史	
年分（西元）	事件	年分（西元）	事件
約前3000～2000年	中國文明的起源：傳說中的黃帝、炎帝、顓頊、帝嚳、堯、舜、禹時代。	約前4300～前3500年	兩河流域蘇美地區開始出現原始的城市。
		約前3100年	上埃及王美尼斯統一上下埃及。
前2070年～1600年	禹建立夏朝，而後傳位於其子啟，開啟了「家天下」時代。	約前3000年～前2600年	愛琴海地區進入早期青銅時代。
前1600年～1046年	成湯滅夏，建立商朝。	約前2500年～前1750年	印度河古文明時期，稱為哈拉帕文化。
前1046年	姬發滅商，建立周朝，史稱西周。	前1754年	巴比倫國王統一兩河流域，發布《漢摩拉比法典》。
前770年	周平王遷都洛陽，史稱東周。	前1000年～960年	大衛王定都耶路撒冷，統一以色列和猶太國家。
前551年	儒家學派創始人孔子出生。	約前800年	印度進入後吠陀時期，開始施行種姓制度。
前475年	東周王朝開始進入戰國時代。	前776年	第一屆奧林匹克運動會舉辦，這是希臘的歷史元年。
前221年	秦統一六國，中國實現了空前統一。	前586年	新巴比倫攻下一耶路撒冷，猶太國滅亡。
前207年	巨鹿之戰，秦亡；次年「楚漢爭霸」開始。	前563年	相傳佛教創始人釋迦牟尼於這一年出生。
前202年	劉邦建立漢朝，史稱西漢。	前550年	波斯王居魯士滅米底，建立波斯帝國。

中國歷史		世界歷史	
年分（西元）	事件	年分（西元）	事件
前138年、前115年	張騫兩次出使西域，開通「絲綢之路」。	前509年	雅典執政官克里斯提尼改革，民主政治建立。
前60年	漢置西域都護，從此，漢朝號令行於西域各國。	前509年	羅馬共和國建立，王政時代結束。
8年	王莽稱帝，國號新，西漢滅亡。	前449年	希臘、波斯訂立《卡里阿斯和約》，希波戰爭結束。
25年	劉秀稱帝，東漢建立。	前337年	馬其頓腓力二世召開全希臘會議，希臘城邦時代結束。
97年	西域都護班超、甘超出使大秦等國，到達波斯灣。	前330年	波斯被馬其頓滅亡。
105年	蔡倫將改進後的「造紙術」奏報朝廷，聞名於後世。	前324年	印度之旃陀羅笈多自立為王，建立孔雀王朝。
208年	赤壁之戰，孫劉聯軍大敗魏軍，三足鼎立之勢形成。	前146年	羅馬開始確立在希臘的統治。
220年	曹丕廢漢獻帝，稱帝，國號魏。東漢亡。	西元元年	耶穌基督誕生。
265年	司馬炎篡魏稱帝，建立晉朝，史稱西晉。	52年	大月氏建立貴霜帝國。
318年	司馬睿在健康稱帝，東晉建立。	77年	羅馬勢力擴大到英格蘭。
376年	前秦皇帝苻堅滅前涼、代國，統一北方。	132年	猶太人起義反抗羅馬被鎮壓，最終離開巴勒斯坦，流落各地。
386年	拓跋珪建魏，史稱北魏。	227年	薩珊王朝滅帕提亞。
399年	法顯出發西行，往天竺求經。	439年	汪達爾人在北非建立汪達爾王國。
420年	劉裕稱帝，國號宋，南朝自此始。	486年	克洛維在高盧北部建法蘭克王國，創墨洛溫王朝。
439年	北魏軍滅北涼，十六國時期至此結束。	493年	東哥德人統一義大利半島，建立東哥德王國。

中國歷史		世界歷史	
年分（西元）	事件	年分（西元）	事件
446年	北魏武帝滅佛，禁佛教，誅沙門，毀經像	590年	格列哥里一世即教皇位，從此確立教皇權威。
479年	蕭道成廢宋順帝稱帝，國號齊。	610年	穆罕默德開始傳布伊斯蘭教。
502年	蕭衍在建康稱帝，國號梁。	622年	穆罕默德從麥加出走麥地那，回教紀元開始。
534年	高歡進兵洛陽，立元善見為帝，遷都鄴城，史稱東魏。	646年	日本大化革新。
535年	魏文帝元寶炬在長安即位，史稱西魏。	651年	波斯亡，阿拉伯正式與唐朝往來。
550年	東魏高洋自立，史稱北齊。	711年	阿拉伯征服西班牙的西哥德王國。
557年	西魏宇文覺受禪稱天王，史稱北周；北周滅北齊，統一北方；周武帝再次宣布滅佛；梁大將陳霸先受禪稱帝，國號陳。	750年	阿拉伯阿拔斯王朝建立，定都巴格達。
581年	北周外戚楊堅廢帝自立，北周亡，隋朝建立。	870年	《梅爾森條約》簽訂，中法蘭克退為義大利王國。
589年	隋滅陳，統一全國。	882年	基輔羅斯國誕生。
606年	隋煬帝始建進士科，定科舉制度	909年	北非法提瑪王朝建立。
618年	隋煬帝死於江都兵變，隋朝滅亡；李淵在長安稱帝，唐朝建立。	911年	諾曼公國建立，並接受基督教。
626年	玄武門之變，李世民繼位，開啟「貞觀之治」。	920年	東法蘭克改名為德意志。
629年～645年	玄奘西行前往天竺取經。	962年	鄂圖大帝加冕稱帝，建立神聖羅馬帝國。
630年	日本第一次派出「遣唐使」。	1054年	基督教會分裂。

中國歷史		世界歷史	
年分（西元）	事件	年分（西元）	事件
630年	唐軍大敗東突厥，李世民被尊為「天可汗」。	1130年	諾曼人建立西西里王國。
690年	武則天稱帝，改國號為「周」，史稱武周。	1168年	牛津大學建立。
712年	唐玄宗繼位，開啟「開元盛世」。	1261年	拉丁帝國終結，恢復了拜占庭帝國。
751年	怛羅斯之戰，造紙術隨被俘工匠傳入西方。	1295年	英國「模範國會」召開。
753年	鑑真東渡抵達日本，傳律宗。	14世紀～16世紀	歐洲文藝復興運動。
821年	唐蕃會盟，在拉薩立「長慶會盟碑」。	1337年～1453年	英法百年戰爭。
907年	後梁建立，唐朝滅亡，五代開始。	1348年	歐洲開始爆發「黑死病」，人口銳減三分之一。
916年	耶律阿保機建立契丹國。	1378年～1447年	羅馬教會分裂，兩教皇並存。
937年	段思平建立大理國。	1415年	葡萄牙亨利王子占領摩洛哥休達，開啟大探險時代。
947年	耶律德光南下滅後晉，改國號為遼。	1436年	德國約翰·古登堡發明活字印刷術。
951年	郭威即帝位，建後周，滅後漢。	1453年	拜占庭帝國滅亡。
960年	陳橋兵變，趙匡胤建立宋朝。	1467年	日本應仁之亂開始，進入戰國時代。
1023年	成都富戶連保發行「交子」，這是世界上最早的紙幣。	1479年	卡斯提爾和亞拉岡兩大王國合併為西班牙。
1038年	李元昊建立西夏。	1492年	哥倫布初次航行到美洲。
1115年	完顏阿骨打建立金朝。	1497年～1498年	達伽馬開闢西歐到印度新航路。

中國歷史		世界歷史	
年分（西元）	事件	年分（西元）	事件
1125年	金滅遼。	1519年～1522年	麥哲倫第一次環球航行。
1127年	靖康之變，金滅北宋。康王趙構南渡後即位，史稱南宋。	1580年	西班牙吞併葡萄牙。
1206年	成吉思汗鐵木真建立蒙古國。	1581年	荷蘭聯省共和國成立。
1227年	蒙古滅西夏。	1600年	英國東印度公司成立。
1234年	蒙宋聯軍滅金。	1618年～1648年	德國三十年戰爭，丹麥、瑞典、法國先後參戰。
1236年～1241年	拔都西征，攻占基輔直至多瑙河。	1620年	「五月花」號到達北美新英格蘭。
1252年	旭烈兀西征，攻占巴格達，滅阿拔斯王朝。	1640年	英國資產階級革命開始。
1253年	蒙古滅大理。	1648年	《西發里亞和約》簽訂，哈布斯堡霸權終結。
1271年	忽必烈定國號為元。	1683年	鄂圖曼帝國被奧波聯軍擊潰，擴張宣告終結。
1275年～1292年	威尼斯商人馬可波羅來到元朝。	1687年	《自然哲學的數學原理》發表，牛頓力學體系確立。
1368年	朱元璋驅逐元順帝，建立明朝。	1689年	英國通過《權利法案》；俄國彼得一世開始改革。
1405～1433年	鄭和七次下西洋。	1700年～1721年	俄國和瑞典「北方戰爭」。
1553年	葡萄牙人開始在澳門居留。	1701年	普魯士王國建立。
1555年～1558年	胡宗憲、戚繼光、俞大猷等接連重創倭寇。	1707年	英格蘭、蘇格蘭合併為「聯合王國」。
1567年	明朝廷開始有限度開放海禁，史稱「隆慶開海」。	1768年	英國人瓦特改良蒸汽機，第一次工業革命開始。

中國歷史		世界歷史	
年分（西元）	事件	年分（西元）	事件
1598年	西班牙人闖入廣東。	1776年	《獨立宣言》發表，美國獨立。
1601年	荷蘭炮艦首次開到廣東。	1789年	法國大革命爆發；《人權宣言》發表。
1616年	努爾哈赤建立後金，後改國號為清。	1815年	維也納會議召開，維也納體系確立。
1644年	李自成建立大順政權，義軍攻占北京，明亡。	1821年～1829年	希臘獨立戰爭。
1683年	清廷設台灣府。	1836年～1848年	英國憲章運動。
1689年	中俄簽訂《尼布楚條約》。	1848年	歐洲革命爆發，馬克思發表《共產黨宣言》。
1726年	清朝對西南少數民族地區「改土歸流」。	1861年	義大利王國成立。
1727年	清廷正式設立駐藏大臣。	1861年	俄國農奴制制度改革。
1762年	清廷在新疆設伊犁將軍。	1861年～1865年	美國南北戰爭，林肯簽署《黑奴解放宣言》。
1840年～1842年	第一次鴉片戰爭，簽訂中英《南京條約》。	1868年	日本明治維新，開啟近代化進程。
1856年～1860年	第二次鴉片戰爭，簽訂《璦琿條約》、《天津條約》、《北京條約》。	19世紀70年代	第二次工業革命開始。
19世紀60到90年代	洋務運動。	1871年	德意志帝國成立。
1883年～1885年	中法戰爭。	1882年	德、義、奧三國同盟形成。
1894年～1895年	甲午中日戰爭。	1889年	第二國際建立。
1895年	中日《馬關條約》簽訂。	1903年	愛因斯坦提出相對論。
1898年	戊戌變法開始及失敗。	1907年	英、法、俄結成協約國。

中國歷史		世界歷史	
年分（西元）	事件	年分（西元）	事件
1900年～1901年	八國聯軍侵華，簽訂《辛丑條約》。	1914年～1918年	第一次世界大戰。
1912年	中華民國成立；宣統帝退位，清朝滅亡，帝制結束。	1917年	俄國十月革命。
1916年	袁世凱恢復帝制失敗。	1919年	共產國際成立；巴黎和會召開。
1917年	張勳復辟失敗。	1922年	蘇聯成立。
1919年	五四愛國運動爆發。	1923年	土耳其共和國成立。
1921年	中國共產黨成立。	1929年～1933年	資本主義世界經濟危機。
1924年	中國國民黨第一次全國代表大會召開。	1939年	第二次世界大戰全面爆發。
1927年	蔣介石在南京建立國民政府。	1941年	太平洋戰爭爆發。
1931年	九一八事變爆發。	1943年	中、美、英發表《開羅宣言》。
1932年	偽滿洲國成立。	1945年	德國、日本簽訂無條件投降書；聯合國成立。
1937年	盧溝橋事變爆發，中國開始全面抗戰。	20世紀40到50年代	第三次科技革命開始。
1940年	汪精衛偽國民政府在南京成立。	1947年	美國提出杜魯門主義，冷戰開始。
1945年	日本宣布投降。	1948年	以色列建國，第一次中東戰爭爆發。
1946年	共產黨發動全面內戰。	1949年	北大西洋公約組織建立。
1949年	中華人民共和國成立。		

■ 左 —— 老村長木雕（榕木，前2465至前2458年，現藏埃及國家博物館），古埃及早期文化代表作品

■ 右 —— 烏魯克雪花石膏大瓶（約前3000年，現藏伊拉克國立博物館），蘇美早期文化代表作品

■ 上 —— 曾侯乙尊盤（戰國早期，現藏湖北省博物館），典型的戰國時期青銅禮器

■ 下 —— 臂鷹出獵圖（遼代壁畫，現藏內蒙古自治區敖漢旗博物館），畫中的契丹人髮型很有特色

■ 上 —— 良渚文化玉琮，現藏江蘇省南京博物院

■ 下左 —— 良渚文化玉琮，現藏江蘇省南京博物院
■ 下中 —— 齊家文化玉琮，現藏甘肅省靜寧縣博物院
■ 下左 —— 薛家崗文化玉琮，現藏安徽省文物考古研究院

■ 上 —— 亞述古城復原圖

■ 下 —— 姜寨文化遺址模型

- 上左 —— 埃及神廟遺址
- 上右 —— 馬雅神廟遺址
- 中 —— 希臘神廟遺址
- 下 —— 中國太廟

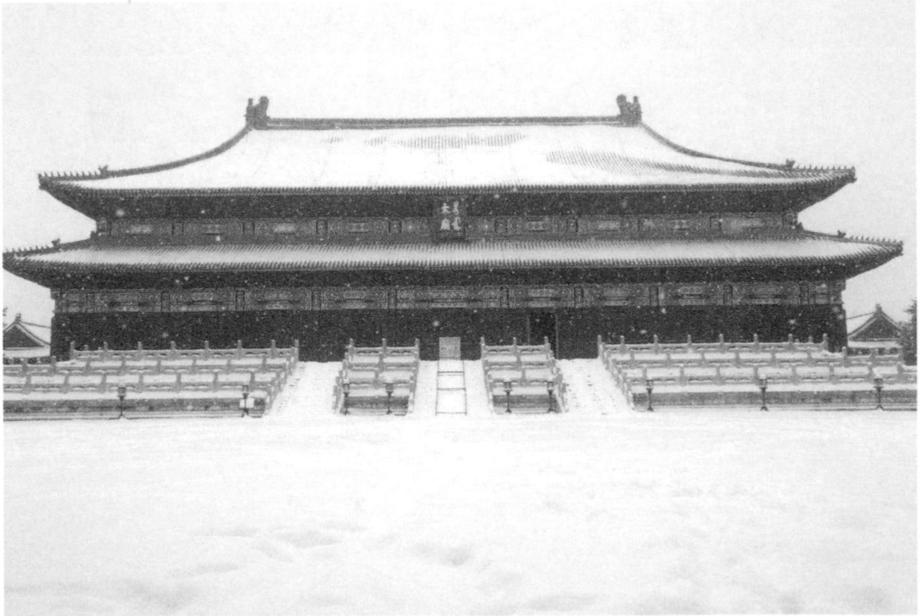

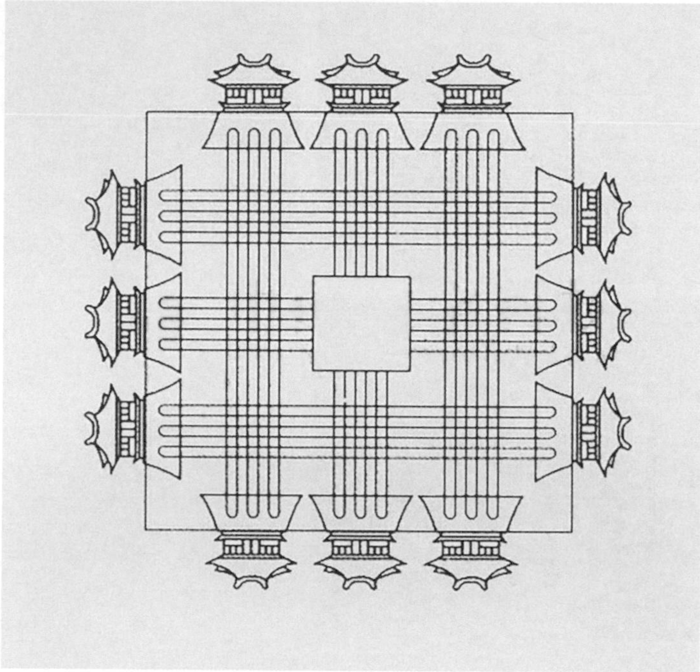

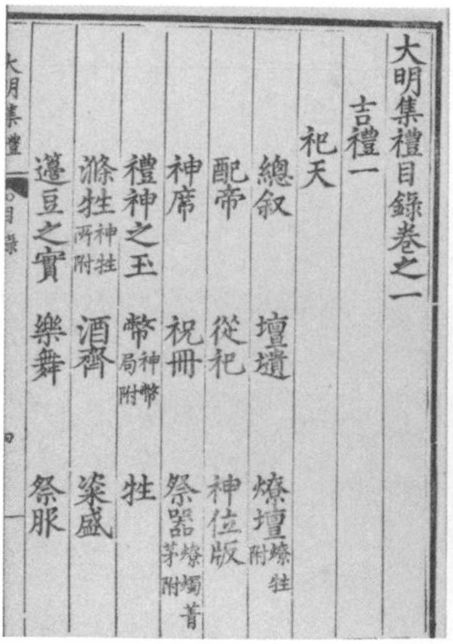
大明集禮目錄卷之一

吉禮一

祀天

總叙　壇壝　燎壇附燎柱

配帝　從祀　神位版

神席　祝冊　祭器附燎燭茅著

禮神之玉　幣附神幣局　牲

滌牲附神牲所　酒齊　粢盛

籩豆之實　樂舞　祭服

大明集禮　一　目錄　四

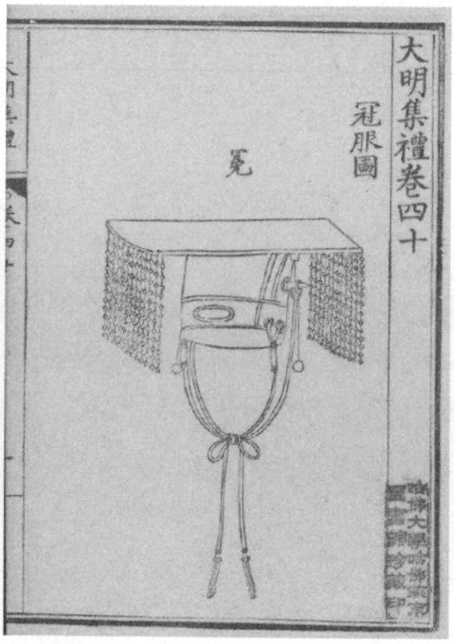

■ 上 —— 根據《考工記》繪製的理想王城圖

■ 下 ——《大明集禮》制定了詳細的禮儀制度

■ 上 ——「黑船來航」的場景，日本畫家本間北曜（1822至1868年）繪

■ 下左 —— 帶有東印度公司紋章的特許狀複本

■ 下中 —— 小斯當東與乾隆交談，英國畫家威廉・亞歷山大（William Alexander，1767至1816年）繪

■ 下右 —— 鴉片戰爭中的英國軍艦，英國畫家奧斯瓦爾德・沃爾特斯・布賴爾利（Oswald Walters Brierly，1817至1894年）繪

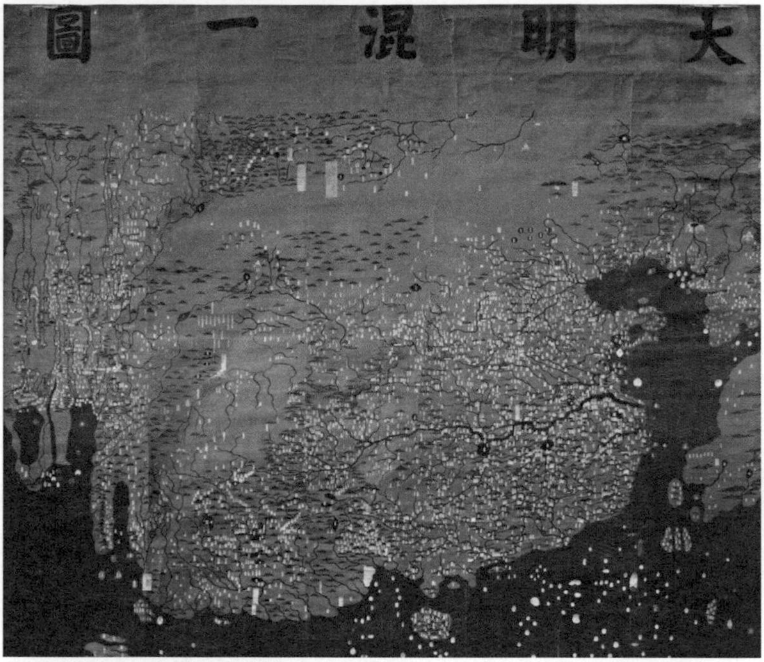

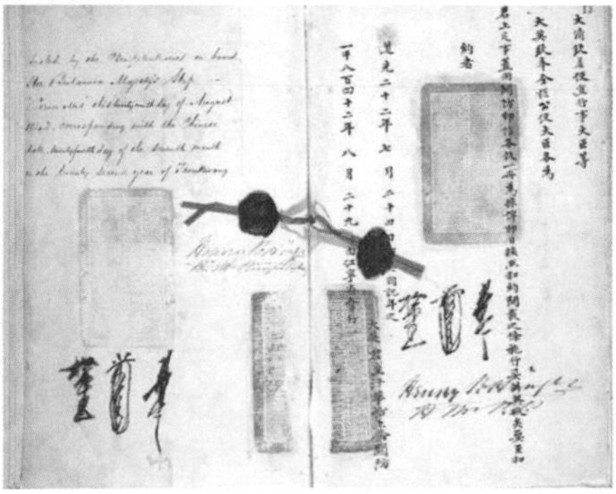

■ 上 ——《大明混一圖》(繪於明洪武年間，現藏中國第一歷史檔案館)，現存最早的中國人繪製的世界地圖
■ 下左 —— 光緒二十四年（1898年），清政府發行的昭信股票
■ 下右 ——《南京條約》的中英外交官簽字頁